皇道無間第二部

——歷史深處

（二）

第 六 門 著

文 學 叢 刊

文史哲出版社印行

皇道無間第二部——歷史深處

目錄

第二冊

第七章　五胡入華中段

※※※※※　中軸線訊息　※※※※※

承前

Σ本甲=Σ異三　且Σ本甲=Σ異四

Σ異三↑↓Σ異四　／／苻氏前秦與慕容鮮卑前燕對立／／

令　本十=異十　異十↓0　Σ異四 > Σ異三　／／前秦滅前燕／／

∴異＝Σ異三+Σ異五+Σ異六 +Σ異七　／／前秦統一北方各族／／

又　異↑↓代　但母＝1／代（+本）+異　異≠Σ異四　代＝代　／／肥水之戰前秦失敗／／

∴異＝（代）Σ異三+Σ異五+Σ異六+Σ異七　／／其餘各族繼續入華流程／／

※※※※※　中軸線訊息　※※※※※

話說慕容儁拿著假造的傳國玉璽，與晉朝皇帝自製又失而復得的傳國玉璽對峙，嘴巴官司沒打出結果，當然最後都要輪出拳頭來。慕容儁命令慕容評鎮守鄴城，親自率軍攻佔冀州與青州各郡，並隨時準備渡黃河南下。

之後事情後表，且先回頭。

就在冉閔與慕容儁在冀州與幽州交戰時，殷浩北伐大軍出動，準備先進駐已經降伏的黃河以南，然後攻打苻健盤據的關中，收回長安。計劃看似穩穩當當，而且晉軍加上投降者的兵力，遠大於苻氏勢力。等關中收回，跨黃河平定河北，也不是不可能。

殷浩受命中軍將軍，假節，都督揚豫徐兗青五州諸軍事。此時也怪異，因為奇葩桓溫出世，鬧得輿論一致要求北伐，原本都不想北伐的各江南大族，此時忽然改變態度，主動要求朝廷響應北伐要求，甚至都湊出士族兵力交給朝廷，並且訓練官軍編入殷浩帳下。

殷浩統帥這些部隊，行大都督職位，節制各州兵力。

淮南殷浩軍營。

殷浩招來淮南太守陳逵、兗州刺史蔡裔、護軍將軍王羲之、督統謝尚和與督統荀羨來此開會。

殷浩（粉黃眼眶）最後一個進主營，其他人都等待多時，他頭戴綸巾，手搖羽扇，穿鶴氅衣，兩個男童左右隨後一人持香，另一人捧書簡紙卷。眾人身穿甲冑，站立行禮。

這兩個隨侍殷浩的男童，長像怪異，一個五官緊湊，身材瘦小，另一個呆頭愣腦，看人只會傻笑。

「參見大都督。」

殷浩坐在主座上，兩男童分立於側，他示意眾人入座，正式展開軍議。

他喃喃道：「天道好還，報應不爽。胡羯屠戮中原，而今自己也受戮而亡，中原再次大亂。朝廷命本都督總管五州諸軍事，負責北伐中原，光復河山，以安黎民。」

這些人雖然都屬於殷浩親善的心腹，但其實也深知，殷浩只是清談作勢之人，不過有時候殷浩又能穩穩妥妥辦好一件事情，甚至也能出奇不意，提出突破性的見解。所以眾人對他，又不得不另眼看待。

總之這個殷浩，也是個奇葩，難怪年輕時候能與桓溫齊名。

從陳逵、蔡裔、王羲之、謝尚、荀羨依序把自己北伐中原的策略說出，有先河北後關中的。有先穩固兗州與青州後，仿曹操當年平定北方戰略的。有先關中後河北的。有招降納叛，同步分兵出擊的。

殷浩（粉黃眼眶）聽完之後呵呵一笑，搖扇說：「中原子民已苦胡羯久矣，關中氐族苻健，河南羌族姚襄都名義上歸附於大晉。但苻健兵力強盛，又打敗了姚襄，所以前者必定心懷不忠。用兵方面，我當派遣一部兵力與姚襄同行，先進攻關中的苻健。而河北冀州就讓冉閔與慕容儁去一較高下，等他們打完，我等也已經收復關中，屆時再收拾河北就不難了。」

謝尚說：「大都督高見，姚襄與我親善，若派我前去與他共謀關中，相信更能凝聚他們的力量。」

殷浩（粉黃眼眶）說：「非我族類，其心必異。姚襄目前雖然忠誠於我朝廷，但他畢竟是西羌一族，當年他與他父親也是同石羯手下，一起作亂之賊。謝督統要特別小心此人啊，別太推心置腹！他若是聽命還好，可以使作前鋒殺敵，讓羌胡之間自相殘殺，越打越瘦，死一個少一個。」

說到末尾，還瞪大眼睛，法相莊嚴，面目凶狠。完全不知道自己這種作法，叫做卑鄙小人行為。

此語一出，眾人同時倒吸一氣，頗感驚愕。

本以為他會言此即止，沒想到繼續說下去。

殷浩（粉黃眼眶）揮揮羽扇，說話低沉：「但假若不聽號令，必要時，派人潛入將他暗中殺了，或可在其飲食暗中投毒，讓其斃命，其夷狄黨羽自然一哄而散，我等就無掣肘之患。最好連同關中氐酋苻健也一併做掉。在此北伐之前，本大都督就已經招募了一批暗黑刺客流派，手段皆有，可供隨時調遣！呵呵呵呵呵！」

說到末尾瞪大眼睛，頭左右觀望，露出呵呵詭異的笑容，以及驚悚的笑聲，還不時搖動羽扇。身後兩個男童，一個緊聚五官，不斷苦笑點頭，另一個也跟著點頭傻笑。

眾人驚愕又上一台階。聽殷浩說話，真的是聽古代版的驚愕交響曲。

殷浩自幼就與桓溫齊名，一人是飛龍一人是翔鳳，兩人之間又互相看不起對方。桓溫雖然是司馬家的女婿，本該最被朝廷信任，但他時常口出奇言，倚靠建立滅國之功，大談晉朝先祖過失，直呼司馬懿父親，司馬防以下名諱，批評司馬懿行為陰暗，鞭屍般評論。讓朝廷皇族聽說之後，感到非常不信任，恐懼他有犯上作亂之心。

而這殷浩的口出奇言更是上天下海，斯文兇狠，夾雜正義與卑劣，還帶著可愛的邪惡，本來這殷浩確實不亞於桓溫。不過卻沒桓溫這麼大器，當然不會批評司馬家先祖名諱，朝廷用他較為心安。

所以驚愕歸驚愕，眾人仍認為他或有大策於胸，可以光復中原。

殷浩（粉黃眼眶）或許知道，自己說得太過，轉口說：「戰爭本來就是不擇手段，本人決不做宋襄之仁，更不會口含道德，夸夸其談，自誤誤國。目前姚襄尚稱忠誠，此舉對他當前只是備而不用。反倒可以認真考慮，用之對付盤據關中不降的氐人酋長苻健，或是河北慕容之流。我批准謝督統的請求，希望你與他合作無間，一舉先拿下洛陽與許昌。」

王羲之開口說：「稟大都督，原石羯的豫州牧張遇，表稱降於我朝廷，聽候號令，實際上據探報，他與關中氐人暗通款曲，不斷招募兵員。在下認為他不是真心投降，可能據許昌反叛。而氐人苻健有稱帝之心，或許會在這當中支援他。」

殷浩（粉黃眼眶）說：「張遇小人，原本說要歸順朝廷，以本都督看來，他就是利用朝廷權威穩固他的地盤，求取朝廷官職讓他收買人心，當朝廷要他付出北伐之義務時，就對朝廷虛以委蛇，甚至從後掣肘，其目的就是意圖割據一方，伺機稱王稱帝。這種人說是中土人士，實則跟姚襄這種夷狄一樣，都是人面獸心。先前各州歸順當中很多這種人物，肯定是我們北伐燕秦兩夷狄的障礙。在正式討伐燕秦兩夷狄之前，當先著手處理掉。先以朝廷號令招他前來，若來就當場拿下，若不來就出軍討伐。總之得先用這種人的人頭來祭旗，他的部眾就會乖乖聽命，同時也增加朝廷北伐的軍力。呵呵呵呵。」

說罷，又瞪大眼睛，頭左右觀望眾人，露出呵呵詭異的笑容，以及驚悚的笑聲，還不時搖動羽扇。身後兩個男童，一個緊聚五官，不斷苦笑點頭，另一個也跟著點頭傻笑。

王羲之愣了一下說：「若如此，難保這場戰爭不會曠日持久，糧草將是問題。」

殷浩（粉黃眼眶）揮動羽扇淡淡一笑，似乎內心胸有成竹，轉問陳逵：「長江以西開田一千多頃的收穫如何？」

陳逵說：「據報，因先前大都督派出善耕巧農，所以收穫豐盛，一年可以兩收，田畝還不斷再擴張當中，半年即可得軍糧百萬石以上。通過船隻可以運達淮北，直接上驢馬牛車，支援北伐物資。十可入六，即前線將士可得六十萬石。一年就可以供應一百二十萬石。」

殷浩（粉黃眼眶）揮動扇子說道：「這就是本大都督的先見之明，兵法上說，三軍未動糧草先行。古往今來作戰，往往敗在軍糧，如今我們糧餉充足，遠過於北方蠻酋，又有朝廷廣大的江南荊州巴蜀為背。打持久戰，勝利的只能是我們。只是各位剛才各述先後策略，本大都督必須解釋，為何先平許昌洛陽，繼平關中，最後方為河北！」

於是示意旁邊一童男，攤開地圖，此地圖紙張長寬都十餘尺，由很多紙張細細拼接，幾人圍觀上來相互都不比肩，一看內容臉色都驚呆。地圖不止大，而且標示非常明確，河流，山脈，道路，城池，所在人口約略數量。然後童男擺上兵棋。地圖包括從長江以北，直到萬里長城，當然包括關中河北等地。

殷浩（粉黃眼眶）以扇子為指揮棒，看著眾人驚呆之色，頗為自豪說：「本都督，早就已經預備好北伐一切情報，暗中招募能工巧匠繪製地圖。」

接著說：「朝廷北伐第一步只能在兗豫司三州，此地天下要衝，四通八達，不先控制必定後續戰局處處被動。第二步則必須是關中，否則若先往青冀河北，關中敵人憑藉地形險要，以先秦之故事，隨時可能從中阻攔，而且河北騎兵為主，未平關中就以步卒爭奪，易陷入弱勢。反而河北之敵，若在我們圖略關中之時南下，會陷入四面無險，受擊之擾，必有因河坐觀兩虎相爭之心。那麼第三步才可以是河北各州，如當年曹操克復河北故事，以我們比曹操當年，掌握更廣大的領土範圍，以及討伐胡羯名正言順之勢，必定更為簡單。」

眾人頻頻點頭，無論兵棋怎麼思考，的確殷浩怎麼看都是正確的。至於搭配暗殺刺客投毒，直接做掉對方頭目，看似小人，但戰場上本來就不擇手段，殺掉對方頭目，反而可以減少戰場廝殺次數，避開很多人命傷亡，其實這也沒錯。於是紛紛表示認同。

殷浩（粉黃眼眶）又搖羽扇，詭異微笑說：「本都督，在這透漏一個私密消息。先前我已經派使節秘密潛入關中，以關中的都督委任狀為條件，讓氐酋苻健手下的大臣，梁安與雷弱兒等數人，讓他們背叛苻健，以其人頭來換。這數人本來只是苻健入關中強收的胡漢各族人，並不歸心，他們已經答應了本都督之請，只要本都督率軍北上進逼許昌，他們在關中就會策應。無論他們成功失敗，也無論他們最後會不會背信違約，都會讓氐酋內部相互猜貳，心戰動搖其內，使之離心離德。各位且看，這次北伐本都督比那桓溫伐蜀，所下的功夫更多，策略更遠。呵呵呵呵呵呵呵呵。」

說罷，又瞪大眼睛，頭左右觀望眾人，露出呵呵詭異的笑容，以及驚悚的笑聲，還不時搖動羽扇。身後兩個男童，一個緊聚五官，不斷苦笑點頭，另一個也跟著點頭傻笑。

眾人再次微笑頻頻點頭，佩服殷浩真的是考慮周全。

王羲之行揖說：「沒想到大都督，謀畫之深，方方面面，乃至算入敵營內部。在下欽佩至極，相信中原光復有望，華夏衣冠將可北還中原。」

殷浩便依照此戰略而行。

殷浩親率大軍北上，準備開入許昌與洛陽。

結果張遇果然是假降，聽到朝廷北上要收復中原，恐懼自己眼前狹小短暫的割據權益受損，當即翻臉，起兵叛變，並且向前秦求援。他據許昌叛亂也罷，竟然也分兵與前秦軍隊合作，攻破洛陽，並且攻打晉軍的前哨據點倉垣。

倉垣的晉軍雖少，但糧食充足，軍備防務完整，全軍死命抵抗得免。

但張遇反水，殷浩因此大軍受阻，於是命令謝尚與姚襄一起出兵攻打張遇。

但姚襄內心也早有反意，也是假降，只是礙於與謝尚的交情，以及江南名士們的敬重之誼，所以願意出一點力，但是絕對不賣命。

一場激烈混戰，謝尚軍團大敗，且戰且走。

謝尚敗走，身旁只帶著殘兵數十人，奪小路往後跑。而張遇派的追兵還在後追殺。

忽然一聲號角，伏兵四起。正當謝尚以為中埋伏，大喊命絕。

姚襄（棕眼眶）策馬出來喊：「謝兄弟勿驚，我來支援！」羌兵一千餘人截殺追兵，打得追兵四散逃竄，眾人得救。

謝尚行揖說：「感謝姚兄弟來援，否則我等命休！」姚襄下馬與他回禮，並拉出一匹馬，讓他乘坐，護送一起緩緩南下。

「我們朋友情誼，當初一見如故，都已經兄弟互稱，不必謝。」

「慚愧啊，受大都督之令討伐張遇，但大敗而歸。相信回去，必定受到朝廷追究，未來還能不能見到姚兄弟，都不可知矣。」

「此次戰敗，全是大都督派兵太少，張遇等人用兵狡猾，責任不在謝兄弟。」

「朝廷不會管這麼多，若兵少，本來就不該輕率冒進。況且當初調兵，大都督也考慮到，人若是帶太多，則糧食運送又是大問題，很容易被賊兵從中截糧。這是兩難啊。」

「說的也是，我也是用兵之人，能理解這兩難之處。且慢慢撤回淮南，容後慢慢籌畫北伐之事。」

「…………」

謝尚回頭一望，發現姚襄兵少，心中一楞，轉而輕聲問：「姚兄弟，您的羌族勇士難不成也嘗到敗績？為何只剩這些人馬？」

姚襄（棕眼眶）說：「我軍進到許昌外圍，與賊兵交鋒一陣，沒分出勝負。聽到謝兄弟敗走，我就只有拋棄輜重，率精銳騎兵一千人，快速來此增援。其餘部眾已經緩緩退回淮南駐地，請謝兄弟放心。」

謝尚此時忽然想到之前殷浩所言：非我族類，其心必異。姚襄目前雖然忠誠於我朝廷，但他畢竟是西羌一族，當年他與他父親也是同石羯手下，一起作亂之賊。

謝尚露出一絲疑色，但趕緊收回。但這一絲疑色，也讓內心早有暗鬼的姚襄瞄中。

謝尚似乎也看見了這一霎那間，他察覺露色，姚襄瞄中之狀，改口說其他事情：「姚兄弟給在下這匹馬真好，能否轉讓在下，不知道需要多少金才能割愛。」

姚襄（棕眼眶）哈哈笑說：「不需要一錙一銖，這馬也只是普普通通罷了，是因為臨場戰爭，情急之下拉出來的，不然這馬也只能調去拉車，就送與謝兄弟了。」

謝尚稱謝，然後轉說其他話題。姚襄全程護送謝尚到芍陂，達安全之處方散。

殷浩行軍當中，收到謝尚戰敗的消息，馬上想到姚襄出了問題，於是趕緊提筆下軍令。

「傳令官，傳各軍本大都督令，全軍撤回淮南。」

「得令。」

淮南，殷浩大本營。謝尚自我反綁，入營謝罪。

謝尚含淚說：「末將無能，請大都督降罪。」

殷浩（粉黃眼眶）命人替他鬆綁，然後搖羽扇說：「整個交戰過程，本都督已經聽人說了。那個姚襄肯定是心懷二意，不然怎會他還保存強大力量，而謝督統你苦戰大敗，傷亡慘重？難不成你還相信他？」

謝尚含淚說：「大都督教訓的是，先前跟姚襄一見如故，江南士人也都欽佩他見識淵博，磊落為人，可此次與賊交戰，且別說死力一戰，他分明就是不出力氣，只像逢場作戲。真如大都督先前所言，胡羯非我族類，其心必異。」

殷浩（粉黃眼眶）說：「就算同我族類，也未必同心。例如此次作戰，張遇本身就是中土漢人，因一些狹小短暫之利，竟然就臨陣叛亂。可恨啊！」

謝尚問：「末將是必定要受到處罰，但北伐之事當如何？」

殷浩（粉黃眼眶）揮揮羽扇說：「謝督統放心，此次之敗，本都督會稟告會稽王。請之從輕發落，謝督統頂多就是貶降處置，重新努力再替朝廷效力，逐步再升遷就是。而北伐本都督當然不會放棄，令人噁心的姚襄，先不打草驚蛇，本都督自會找機會收拾他，並且動員更多力量過江北上增援，方能全心北伐。一切計畫不變。呵呵呵呵呵呵。」

說罷，又瞪大眼睛，頭左右觀望，露出呵呵詭異的笑容，以及驚悚的笑聲，還不時搖動羽扇。身後兩個男童，一個緊聚五官，不斷苦笑點頭，另一個也跟著點頭傻笑。

謝尚感佩殷浩，看似邪裡邪氣，但關鍵時刻還是穩穩妥妥方方面面。而姚襄看似光明磊落，實則關鍵時刻踩踏要害，甚至做到讓朋友慘敗，也對他無可指責。

人心確實複雜。沒有一般人看得那麼簡單！

謝尚受到貶降調回江南後，殷浩重新整備力量，隨即打算再起兵。當年九月，殷浩率領主力大軍駐屯泗口，又派河南太守戴施，率軍據守石門，滎陽太守劉遯率軍據守倉垣，更罷太學以節省經費，積極預備北伐。而姚襄則在淮南屯田，招兵買馬，對外號稱要支援北伐，但實則擔心晉室北返，自己就無法割據一方稱王稱霸，決心伺機搗亂。

但殷浩也知悉姚襄的內心，於是佔據了戰略要害之後，殷浩不馬上出擊。先扣押姚襄派來做人質的弟弟，並且依照先前的『程序』派出大量刺客，要殺掉姚襄。姚襄駐地。

一名貌美的女刺客，原本被派來服侍姚襄。實際上她乃殷浩收買的暗殺流派手下的成員之一，要向姚襄的飲食投毒，但放下手中毒藥，跪在姚襄面前。

「紅珠，怎麼妳……」

女刺客（綠眼眶）說：「婢妾不叫紅珠，本名張塵，祖籍洛陽人士。是蛇龍組織的手下殺手。但將軍是英雄，婢妾不願意為虎做倀。」

姚襄（棕眼眶）席地跪坐，長嘆一口氣說：「妳也是刺客？」

張塵（綠眼眶）抬頭說：「將軍何稱也？」

姚襄（棕眼眶）說：「妳是第三個向我投誠的刺客了。說吧，是不是殷浩派妳來的？」

張塵（綠眼眶）平伏於地說：「是的，我的上司蛇龍組織頭目魏憬，就是殷浩的手下將領。但我以為他只派我來。」

姚襄推開門，向外呼喊，進來了兩個男子。

姚襄（棕眼眶）說：「妳認不認識這兩個男子？」

張塵搖頭。

姚襄（棕眼眶）說：「他們兩個也是被派來殺我的，妳是一個月前嫁給我的婢妾，他們一個是剛投奔我軍營的文士，一個是剛來的伙夫。都是要殺我之際，臨時放棄而告知我詳情的。你們之間互不認識，代表殷浩用間，分了好幾波人。我知道該怎麼辦了。」

三人一同下跪。「將軍您英雄蓋世，請不要怪罪我們。」「是啊，我們也是被逼所為。」「殷浩真是個卑鄙小人，我們願意投降將軍。」

姚襄（棕眼眶）開懷笑說：「你們放心，我不會怪罪。但請你們一同到全軍面前，本將軍要對全軍做一次心裡喊話！」

於是招集治下全軍數萬人，高臺上除了姚襄本人，還有這三人，透過木製傳聲筒。姚襄提高嗓門，先把事情原委都說了出來。

最後高喊：「……無論羌胡還是漢人，本將軍一概一視同仁。這三人已經主動投誠，做伙伕的繼續做伙夫，做婢妾的繼續做婢妾，當文士的本將軍還是推心置腹。若還有人是殷浩小人派來行刺本將軍的，現在站出來，本將軍既往不咎，如同這三人一樣。」

於是全軍十幾人站出，紛紛跪下痛哭，大罵殷浩小人。然後一一盤查，已經沒有人再有潛伏行刺的嫌疑。

至此，殷浩的暗殺部隊，竟然一下全部垮掉……而且，全部跳出來大罵他小人……

殷浩聽聞之後，立刻找魏憬來問。

「你訓練的人，怎麼會是這樣的？到了現場就當場叛變。」

「這，末將知罪，實在沒料到，他們先前都是逃離中原南下的華夏子民，訓練時都熱淚盈眶，沒想到臨場竟然投奔夷狄，末將識人不明，請大都督降罪。」

「你真是糊塗！這些人不可靠！中原漢民未必都心向王師！那你說現在該怎麼辦？」

「末將親自帶可靠且武藝高強的五百死士，夜襲姚襄大營，直接將其誅殺。」

「很好，彎彎曲曲不如直接斃命，以後本都督也要牢記這點。呵呵呵呵呵。」

殷浩瞪大眼睛，頭左右觀望，露出呵呵詭異的笑容，以及驚悚的笑聲，還不時搖動羽扇。身後兩個男童，一個緊聚五官，不斷苦笑點頭，另一個也跟著點頭傻笑。

於是暗殺隊伍的首腦魏憬，直接帶五百死士，趁夜直襲姚襄本營。結果姚襄早有防備，伏兵四起。

張壟（綠眼眶）抽出佩劍，指揮兵卒大喊：「他就是殷浩手下，訓練暗殺刺客的首腦，想要行刺姚將軍！」

魏憬認得此女，收編各暗殺流派時，還曾對她頗有好感，大罵：「賤女人！竟然妳是這種不要臉的賤婢！叛徒！殺了他們！」

張塵（綠眼眶）反罵：「你當跟殷浩小人一起下黃泉！」

魏憬再反罵：「該殺的是妳這個賤貨！」

在場一陣火拼，雙方都喋血廝殺不退。

殺！鏗將！鏗將！

張塵與其他倒戈的刺客，抵擋不住五百死士的攻擊，當場就被殺死，血肉橫飛。魏憬氣得將張塵當場人頭斬下，一腳踢出去。但姚襄調動手下兵馬來支援，人數越來越多，將之團團圍困，魏憬等人寡不敵眾，死戰後又突圍失敗，也當場被殺，姚襄發現愛妾張塵被斬殺，也氣得也將魏憬斬下頭顱洩恨，手下五百死士全部戰死。

殷浩收到敗報，更加厭惡姚襄。但無可奈何。於是以朝廷制令，遷姚襄到梁國的蠡臺，表授他為梁國內史。但實則，再找機會收拾姚襄。

殷浩暗中以都督關右之權，誘苻健大臣的梁安和雷弱兒等人，要求他們殺死割據關中，並妄自稱帝的苻健。雖然梁安等人只是假意答應，不會對苻健造反，但的確如殷浩所料，引起前秦內部君臣猜貳。苻健調動兵馬自保，並動手誅殺有嫌疑的大臣，所以其侄兒苻眉，則因此事離開洛陽前赴關中，以穩定關中局面。

殷浩收到苻眉離開的探報，因而以為，苻健已被梁安等人所殺，於是請求進屯洛陽，修復園陵。

收復中原的戰機可能出現，但若等到苻健穩定內部之後，便隨時可能再入洛陽，況且姚襄也同時在招兵買馬擴大力量，殷浩已經不能等待。於永和九年冬天，舉全軍七萬精銳，帶著大量糧草輜重北伐。準備先進入洛陽，再收長安。但姚襄始終在側，形成威脅，不是辦法。於是命令姚襄率軍先行，準備從後動手將其解除武裝，一舉殺掉。

姚襄表面順從，實際在重要道路佈置埋伏，準備反戈一擊。

殷浩行軍本陣。

殷浩乘坐兩輪木車，由人從後推送，羽扇綸巾，途中還不斷跟旁邊的參軍討論軍情，兩個書童也跟在後面。

王羲之策馬來報：「報大都督，姚襄聽說我軍要討伐他們，他已經部眾四散。」

殷浩（粉黃眼眶）大喜說：「很好！這個羌賊，早就該殺，當斬其首傳遞中原！全軍前進，殺了姚襄之後北伐就無掣肘之患！」

督統荀羨急忙諫言：「大都督！姚襄此人如同當年的孫策，狡詐多端，善於分化收買，蠱惑人心，不少中原漢民也跟著他為逆。此次他必定料算我軍行動，然後引誘我軍前去追擊，恐怕會有伏兵，請大都督小心為上。」

殷浩（粉黃眼眶）揮動羽扇說：「他先前躲過刺客，也躲過夜襲。但躲不過身旁的叛徒。前幾日，他手下一名士卒，因違反軍令被判亂棍打死，但僥倖沒死，逃到本都督帳下療傷。他告知，姚襄軍聽說要當北伐先鋒，進攻洛陽迎戰強敵，軍心浮躁，又與我軍交惡，所以醞釀四散。如此他就算安排伏兵，也不能有多少戰力！下令全軍追擊，一定要殺掉姚襄！」

於是全軍加速向前，追到山桑一帶，忽然伏兵四起，飛矢蔽地。

姚襄軍殺入殷浩本陣，雙方混戰成一團，但是姚襄軍已經佔有地利先機，一部兵馬甚至殺到殷浩面前，殷浩貼身盾牌衛隊，拚死抵擋，但最終大多陣亡。

眼看殷浩就快被擒獲，王羲之率領一百餘名精銳勇士，策馬殺來，揮劍砍死數名姚襄手下兵卒。同時與之混戰一團。

大喊：「大都督快走！這裡交給我們殿後！」

「哎啊！」一聲慘叫，殷浩滾下輪車，全身泥巴，狼狽跳上馬背，苦喊：「王護軍小心！不要戀戰，也速速撤退！你性命重要，將來還有再起之機。但本都督主戰受挫，遇到這種奇怪之事，可能就完了。呵呵呵呵呵。」

瞪大眼睛，頭左右觀望，露出呵呵詭異的笑容，以及驚悚的笑聲，但此時已經沒有羽扇可搖，兩名書童也趕快各牽一匹馬，跟在後準備逃命。

殷浩此時仍然笑得出來，果非常人。不過王羲之立刻用劍鞘，拍打殷浩坐騎馬股，殷浩坐騎立刻往後衝出，兩書童的馬也跟著逃出。最後殷浩全軍被衝殺得四分五裂，各自為戰。殷浩本人已經逃走，王羲之、荀羨各自率親兵衝出包圍圈。殷浩七萬大軍，死戰勉強逃出一半，但是龐大的物資全被奪走。

衝出之後，殷浩坐定計畫，派劉啟與王彬之忽然反撲。剛開始，姚襄軍隊以為戰勝，沒想到殷浩軍又忽然反撲，被殺得四處遁逃。但姚襄指揮得當，再打一個反擊，兩人隊伍都被打得大敗，兩人也在激戰當中陣亡。七萬大軍，最後只剩一萬多人撤回。

姚襄於是全軍南下，兵臨長江北岸，收編流民壯大軍隊，建立根據地，分派官員，上書控告殷浩所做所為。而姚襄本人也真打算學習孫策，佔據江東自立。

建康城震動，全城周圍進入戒嚴，並且調動會稽郡兵卒北上防衛。姚襄為了麻痺建康城，表示自己並非叛變，而是全因殷浩相逼，願意道歉，請求解除戒嚴。

建康朝廷於是回信告知，命令他先北返駐地，表示沒有渡江之心，朝廷則同意在他北返之後調查殷浩，卻被姚襄當場拒絕。必須要求解除戒嚴，才能表示自己沒有渡江之心。兩邊都各自戒備。

兩場浩浩蕩蕩準備良久，消耗頗鉅的北伐。竟然都連洛陽與許昌的邊都摸不到，連燕秦兩國的皮都沒打傷，就都被投降自己的姚襄搞垮，損失慘重。

建康城於是流傳童謠：「當年殷浩不出山，誰救天下蒼生？如今殷浩已出山，誰救天下蒼生？誰救天下蒼生？誰救天下蒼生？」

朝野因而一陣大罵，要求處分殷浩。桓溫見狀大好，也上奏控告殷浩罪狀，真的是牆倒眾人推。

會稽王府邸。

殷浩身穿平民素服，滿面土色，形如槁灰，單獨跪坐在會稽王司馬昱面前，大廳除兩人之外，只有司馬昱的兩名侍女跪坐於司馬昱左右。

司馬昱桌上擺滿一張張控告殷浩的奏書。一張看完，甩一張在旁，最後地上滿是紙張。

司馬昱長嘆一口氣，冷冷說：「當初孤王以為，你是管仲！是諸葛亮！用盡各種方法，獻上各種禮遇請你出山，委以重任。萬萬沒想到，你是這等草包，兩次北伐，第一次連洛陽的邊都沒摸著，第二次連敵人的影子也沒碰到，卻被自己友軍打得大敗，喪師辱國，從古至今沒見過這種案例。」

垂頭喪氣說：「來這之前，應該聽說最近關於你的童謠了吧？當年周幽王敗國之前有童謠，項羽走向敗亡之前有童謠，王莽敗亡之前有童謠，漢末董卓禍國時有童謠，我大晉諸王相爭與永嘉慘禍之前有童謠，而今又有童謠……先生只有這一點，可以比過古人。」

殷浩面無表情，如同木人，只跪坐面前，一言不發。

幾近半刻。

司馬昱忽然一拳砸在桌上，大喝：「先生！你說句話啊！」兩侍女被這一聲驚雷之吼，叉手平伏於木製地板。

殷浩（粉黃眼眶）先是緊閉眼，接著面目開始扭曲，眼淚掉下，也跟侍女一樣，叉手平伏於地板，抖著說：「自古以成敗論是非！罪人此次大敗，所部傷亡慘重，即便有千萬理由申辯，也無可言。即便言出，也無人會信。」

司馬昱呵呵冷笑一聲，低聲說：「先生，孤王信。你總結一句就好，就一句！」

殷浩（粉黃眼眶）平伏地說：「罪人此次之敗，王文獻公當年就已經料知。罪人不信邪，沒有自知之明，強當此任，當有此敗。」

司馬昱頭甩一邊，苦笑說：「先生，原來你是個渾人。王導死了十多年，他生前什麼時候有說過你會北伐？你會失敗？他死的時候你還沒出仕當官呢！」

殷浩（粉黃眼眶）平伏地說：「文獻公生前確實沒說過，但他已經用行動表明，無論是誰，北伐都不會成功。也就是因為這次，荒謬絕倫，前無古人的慘敗，才讓罪人感覺到當中，有而無之之義。罪人應該被罰，請殿下嚴懲不貸。」

司馬昱站起身，頗為不屑地說：「有而無之。請先生恕孤王沒有智慧，去聽懂你的玄學清談。你回家把你這次，從頭到尾的一切，包括如何計畫北伐，如何調兵，如何犯下這些大錯的一切一切，都寫上供狀，交給尚書令，朝廷自會招集群臣議論你的罪責。請先生回去吧！」

然後拂袖離去，仕女站起從後跟隨。只留下平伏的殷浩，緩緩落寞地回家書寫。確實，中國的超個體分層次說話，當輪到了『一群小屁孩』都出來說話指點江山，那這個朝代不敗亡都不行。雖然大家都看不出超個體的層次，但童謠一出皇朝動盪，這是大家翻閱史冊都能看清楚的。

為了防止禍端，最後朝廷群臣在一陣叫罵當中，判殷浩廢為庶人，流放東陽郡信安縣。

殷浩但無怨言，仍然清談不絕，家人亦看不出他有被流放的傷感。但殷浩終日以手在空中寫字，家人竊之，乃「咄咄怪事」。

一日殷浩單獨出門買東西，兩個書童只能服侍殷浩，跟在後提物，商家老闆眼尖認出了他，恭維了一番，也問說怎麼老是書寫咄咄怪事，傳得滿城都知道。

殷浩（粉黃眼眶）說：「店主何必這麼說，我現在無官一聲輕，平靜生活，不會遭遇怪事。」

店主問：「前大都督，您之前當官時候，遭遇了什麼怪事呢？」

殷浩（粉黃眼眶）說：「我只知道全都是怪事，但到底是什麼怪事，這我自己也很想問，真的是天知道矣，也許一千年後或兩千年後，有人會看出這到底是怎麼回事，呵呵呵呵呵。」

瞪大眼睛，頭左右觀望，露出呵呵詭異的笑容，以及驚悚的笑聲。兩個書童也在後各自苦笑點頭。

感覺這當中有「咄咄怪事」的，不是只有殷浩。

建康城，桓溫府邸。

一名朝中文書，將殷浩所書自己北伐經過的一切，拿到此處。因為朝廷已經沒有任何人想看殷浩寫什麼內容，只有意圖也要北伐立功的桓溫，他有興趣要看，才派人去取來。

桓溫遣退左右，從下午一直閱讀到夜晚，叫進書僮點燈，命他退下之後繼續閱讀。讀完殷浩從裡到外的一切佈置，以及後來發生的事情，大感困惑！其實殷浩的計畫沒有漏洞，兵法提醒的事情樣樣都有準備，甚至過之無不及。糧草，用間，擾敵，心戰策反，兵力佈署，搶奪戰略要地，行軍配置，甚至也早就意識到，姚襄這個人有問題。即便要大敗，也不至於敗到連敵人都碰不到，被自己友軍打得如此淒慘。

桓溫（粉黃眼眶）喃喃自語：「真的是咄咄怪事。」

於是呼喚車駕，不顧戒嚴宵禁，深夜出門。中途巡夜士兵見到桓溫車駕，當然紛紛開道不敢阻攔。桓溫拜訪同在建康等待連坐責任的荀羨。桓溫深夜來訪，驚動了他急忙穿著木屐在門口迎接。

「桓公怎麼會在建康？」

「我秘密進城的，你別多問，進去說！」

桓溫一進門，直接拉著他的手進房，然後直接問殷浩北伐經過，是不是如他自己書寫的情況。

荀羨仔細看查，點頭說：「前大都督殷浩，確實是如此佈置的。」此時已經入夏，夜晚蟲鳴聲不絕。

桓溫（粉黃眼眶）沉吟片刻，打破沉默說：「那真是怪哉，假設我是他，佈置北伐也大概就是如此。甚至用間諜以及心戰策反，擾亂敵人製造機會，老實說，我還沒他思考這麼細密。而殷浩他手下有你荀羨，有王羲之，有謝尚，有王彬之等等忠心能人，認真辦事，怎麼會如此這般……」

荀羨說：「可有一個心懷禍亂的姚襄羌賊，就足以搞垮我們了！」

桓溫（粉黃眼眶）搖搖頭，露出疑惑說：「姚襄的問題，殷浩其實也早已經察覺，應對也都沒有鬆懈。我有一種說不出的奇怪感覺，罷了。看了這些供狀，我認為殷浩還是有些才能的，只是放錯了位置，我希望再徵招他出來做官。」

荀羨作揖拜說：「此話當真？」

桓溫（粉黃眼眶）說：「不隱瞞你，我也想要北伐中原。而殷浩也許還可幫上一點忙，後人的成功總得以前人的失敗作基石，故請你派人告訴他吧！」

荀羨大喜，不斷感謝。

但是咄咄怪事還在發生，甚至直接發生在殷浩的腦中。

殷浩聽說桓溫要再找他來當官，可當尚書令，非常欣喜，於是寫書回信，但是又怕言詞不佳，不斷拆開重寫，又放回去，來回十多次。最後信使把信交給桓溫，一拆開看竟然是一張白紙，不懂什麼意思，氣得桓溫不再理會他。

殷浩最後就在這連番咄咄怪事中，失意憂鬱，生病死去。

桓溫於是出兵，率四萬餘人北上。

避開先前殷浩路線，直接進攻關中，突擊攻破武關，並命司馬勳從子午道側翼入關中，但被苻雄率軍擊敗後撤，相互對峙。桓溫本軍則已經打進關中。

藍田。

前秦皇帝苻健親率六萬兵馬來戰，桓溫四萬餘人與之對陣。雙方都旌旗蔽空，殺氣騰騰。

苻健用氐族語言呼喊，激勵士氣，所有騎兵隊伍高舉武器呼應，一時聲響陣動天地。可是桓溫的部隊這邊卻一聲不響，士卒們都緊張地緊握武器，看似有些畏懼。

苻健已經忍不住，命人擊鼓，一下六萬騎兵全數衝鋒。桓溫此時才身披鎧甲，命令擊鼓，步兵長矛方陣在前，弓弩在後，並陣邊緣都有厚重盾牌，緩緩向前。

兩軍交錯血戰後，桓溫才令騎兵方陣擊鼓，左右夾殺而來。一下子氐族部隊的衝殺氣焰，逐步削減下去，最後桓溫站在戰車上，率兵衝入戰場，親自指揮攻擊。

前秦軍逐漸不利，苻健與左右不斷遭到攻擊，傷痕累累。不得不且戰且走，但是氐族士兵見到皇帝退走，以為大敗，紛紛潰逃，於是桓溫大獲全勝。

但是桓溫兵力不足，不敢太過追擊，率軍抵達霸上。而苻健退守長安，此時長安城經過先前幾次戰火蹂躪，殘破不堪，苻健只有在長安邊上的小城池，率數千人固守待援。

霸上桓溫軍營。

當地民眾很多都以牛和酒款待桓溫軍，而老人亦感觸得哭泣著說：「沒想過今天還能看到官軍！」桓溫一一安慰。

忽然一男子，穿著殘破，蓬頭垢面，抓著蝨子前來，用當地漢語，直呼桓溫本名。在這種場合，桓溫本不想理會此人，但仔細一看，此人眼睛炯炯有神，沒有一般鄉民俗氣。本來要回營，忽然轉念回頭，命令士兵帶此人先去洗澡換衣，然後請他進帳。

「鄙人王猛，拜見桓大將軍。」於是平伏行禮。桓溫一見此人果然氣宇不同，便迎他入座。

開頭便問：「不知先生祖上哪裡人士？是何姓氏門第？如何稱呼？」

王猛（金眼眶）淡淡一笑說：「祖上哪裡人不知道，沒有門第，而剛才鄙人已經報姓王名猛。」

桓溫（粉黃眼眶）說：「那就是一般寒門？」

王猛（金眼眶）甩頭笑說：「桓將軍是做大事的人！怎麼也染上曹魏朝以來，官宦門第之見？可見在下今日是白來一趟。」

桓溫（粉黃眼眶）苦笑，致歉說：「那我收回剛才疑問，只問先生剛才為何在帳外時，呼喚我全名？」

王猛（金眼眶）說：「名字本來就是讓人叫得，呼喚名字直接了當，免得桓大將軍猜我意圖。」

桓溫（粉黃眼眶）說：「那先生，來這是為何？可有指教？」

王猛（金眼眶）沉穩地點頭說：「指教確實有一個，桓大將軍您率軍在霸上也有些日子，氐人皇帝苻健已經兵敗躲入小城。但桓大將軍卻沒有下一步動作，不怕對方恢復元氣後反攻嗎？」

桓溫（粉黃眼眶）搔頭反問：「這我心裡有數。閣下只是沒有門第平民，卻對時局這麼關切，可見也是有些學問之人。但是本大將軍時間有限，跟先生沒太多交集，在這只問一句，我來關中也有一段時間，怎麼關中豪傑知道苻健已經失敗，卻沒有群起響應？」

王猛（金眼眶）說：「閣下來關中，確實關中父老都有聽聞，但止於霸上良久不進。關中人士不知道閣下內心到底想做什麼？怎麼敢隨意賭上性命響應？」

桓溫一聽發楞，沉默良久，然後低聲說：「先生的見識，江南無人可及。請先在我軍中任職，之後還有事情可以一一詢問。」

王猛暫時答應。

過幾日，兩人再次於帥帳中相對座談。

桓溫（粉黃眼眶）又問：「我代表大晉王師驅逐胡虜，幾日之前，閣下說因我良久不前進，但我能帶的力量是有限的，倘若關中豪傑能夠像當初漢高祖入關那般響應，何愁胡虜不滅？為何關中豪傑似乎不太願意我來此處？」

王猛（金眼眶）反問：「這幾日鄙人在桓大將軍您帳下走動，閣下的力量並非有限，而是閣下的心思不純而已。」

桓溫（粉黃眼眶）怒目激動，地雙手一同擺起問：「你說什麼？我心思不純？我的兵力寡少，關中父老也知！先生此話怎講？」

王猛（金眼眶）雙手也舞起，按下桓溫雙手，也大聲回答：「桓大將軍閣下！你所部都是荊州士卒，都督各州兵權。連建康朝廷都不能過問你所部軍政，此力量不會輸給當年漢高祖。想要歸附於將軍的人，也並非我等少數。唯一跟漢高祖不同者，是你背後有一個與你相互猜忌的朝廷在後面，所以你害怕失敗！任何作戰你都必須要保存力量！簡單來說，你跟當年的曹操一樣！我說的對吧？」

桓溫從怒目激動舞起，轉而目瞪口呆，雙手下垂氣勢衰竭，眼睛瞇成一條線，微微點頭不敢否認。

王猛（金眼眶）長嘆一口氣說：「曹操不能統一天下的原因就在這，害怕失敗，在戰場上考慮太多非戰場之事，那往往就容易失敗。桓大將軍對此，還是要多想想為好，沒有打從內心的積極性，沒有不畏懼失勢，沒有不畏懼死亡的勇氣，北伐是不會成功的。甚至要犧牲自己一切，成就別人去成功，這都有可能！」

桓溫氣沮，眼神左右飄忽，一言不發，他知道王猛一語打到要害。轉而命自己的親信書僮進來，將王猛說的事情記錄下來。

桓溫（粉黃眼眶）說：「我曾經看過殷浩北伐的經過，以他為鑑。而我自己北伐，也將隨軍記錄發生的事情，或許可以給後來者為鑑。閣下所說，真的是振聾發聵。」

王猛（金眼眶）說：「那眼下，桓大將軍打算怎麼做？立刻採取積極攻勢？還是只能學曹操？」

桓溫一言不發，搖搖頭，然後離開帥帳。王猛內心也對桓溫搖頭。王猛在當時的見識確實已經超越時人，讓桓溫無法不認可，但真實的情況，就算桓溫聽王猛的建議，採取絕對積極，同樣不會成功。

前秦的苻雄，很快就凝聚力量，率領前秦全軍反撲，與桓溫軍大戰於白鹿原。此時的前秦軍幾乎人人血戰，異常兇猛，桓溫軍敗退，退往地形險要之處設立軍寨，建立防禦工事。然而拖延到秋季，桓溫所部缺乏軍糧，當地的麥子要收割之時，又被前秦軍搶先割走。桓溫全軍出動要奪回，前秦軍堅壁清野，反過來堅守不戰。

桓溫不得不帶著當地三千多戶願意南下的平民，全軍撤回江陵。臨行前呼喚王猛一起南下，願意以高官厚祿許諾，但是王猛拒絕，單獨離去。前秦軍此時大舉反撲，桓溫軍傷亡慘重，此次北伐失敗，結果只比殷浩好一點點。

建康朝廷當然開始對他有負面評論，朝野各地散播桓溫失敗，桓溫自然不甘心，於是再次動員根據地的兵馬，帥軍北伐，此次方向改為打擊姚襄。

姚襄本想渡江進攻建康，重演孫策故計，但他也碰到了咄咄怪事，身邊的人不斷勸阻他南渡的動機。本來姚襄拒絕，他認為中原混亂貧瘠，且豪強眾多，無險可守。江南富裕而兵勢衰弱，倘若自己渡江南下，必定可以如孫策，所向崩潰。最後佔領江東，不失孫吳第二。

可這時，軍心開始浮動，本來擁護他的眾人，開始詬罵。

弟弟姚萇年齡雖少，但也看出了風向不對。建議他放棄渡江南下，率軍北返尋找基地。

姚襄思量再三，於是自封大單于大將軍，宣布先北上進攻晉軍駐防之地，但當地人已經察覺其反叛朝廷之心，堅守城池嚴加防範不出，所以沒有成功。之後率軍佔領許昌，全軍包圍割據洛陽的豪強，此時張遇與對抗殷浩時候不一樣，立刻暗中逃之夭夭。

正當姚襄以為可以長期佔據洛陽與許昌之際，就收到消息，桓溫率軍北上，向他攻打過來，於是故技重施。先放棄洛陽包圍戰，全軍在伊水北岸的樹林埋伏，派使節送信，宣稱願意投降晉軍，請桓溫退兵。

桓溫收到信件，冷冷一笑，看出姚襄心懷不軌。於是親自身披重甲率隊出擊，引出姚襄所設伏兵，全軍反覆攻殺，雙方一場激戰，姚襄大敗北逃，最後轉而向西逃走。

桓溫率軍追趕，意圖徹底拔掉這個北伐大患，但最後還是給他跑了。姚襄之後還圖略進攻關中，卻被前秦軍擊敗後當場斬殺，弟弟姚萇見兄長已死，率眾投降前秦。

桓溫在俘虜跟隨姚襄部眾與平民後，竟然發現姚襄深得人心，聽聞姚襄北逃之時，部眾就有五千人拋棄妻兒追隨他離去，平民也有一堆人拋棄財產追隨。明明整個來看，一個二十多歲的姚襄，就是心懷不軌，包藏禍心的羌賊，但怎麼僅憑外表的氣宇軒昂，雄武英雄氣，就可以收買這麼多人跟隨？

再三詢問認識姚襄的人，有人說他英雄氣概，像當年的孫策。桓溫（粉黃眼眶）雖然嘴上沒有反駁，但內心不以為然，心思：你見過孫策嗎？孫策又真的是好人嗎？

殷浩碰到了慣性線，姚襄也碰到了慣性線。搭配先前百戰悍匪石勒，企圖南下時也碰到被衰弱的晉軍打敗。這條慣性線，應該說是兩條慣性線，性能皆很有效！之後還會有人不斷來觸碰。

鄴城，皇宮。

「你是誰？」「朕是這座皇宮的主人！」「混帳！朕才是這皇宮的主人！」「你才混帳！這座鄴城宮殿明明是朕發十餘萬役伕建成的，你竊奪了朕的皇宮！」

他氣急敗壞，抽出佩劍砍殺過去，大喝：「朕慕容儁才是這皇宮的主人！」

沒想到對方抓住他的手，大喝：「朕石虎才是這座皇宮的主人！」

罵完馬上咬他持劍的手，乃至咬斷。然後雙方又廝打，他被石虎打得血肉橫飛躺在地上。

慕容儁驚醒，滾下矮床。侍寢的昭儀段氏，急忙拉起他喊：「陛下！陛下勿驚！」趕緊拿絲絹巾，替慕容儁擦拭冷汗。

慕容儁（紫眼眶）氣喘吁吁說：「原來是夢！」

段氏同為鮮卑人，用鮮卑話問：「陛下到底夢見了什麼可怕之事，如此驚慌？」

慕容儁站起來，推開門外，打開窗戶，段氏追上去替他披上衣物。兩名宮女點上油火夜燈，替慕容儁照明。窗外一輪明月滿天星辰，與室內燈火交映，皇宮在鄴城高台上，望過去是整座如棋盤一般整齊的建築，此時整座城陰陰暗暗，但也可遠望到一些宅邸還通燈火，如散佈的螢火。

臂。」

慕容儁（紫眼眶）怒目說：「朕夢見石虎！為了跟朕爭奪這座宮殿，咬了朕的手

段氏說：「原來是那個暴君石虎？可惡的羯胡，竟然驚嚇真天子。」

慕容儁（紫眼眶）緊握拳頭說：「只可惜他早就死了，不然朕不會放過他，會讓他比冉閔死得更慘！」

段氏說：「妾身聽說，這石虎就葬在鄴城附近，會不會就因為是這樣，他死後不甘願國亡城被佔，所以這樣驚擾陛下？」

慕容儁（紫眼眶）一聽瞪大眼，怒目望著窗外，狠狠地說：「原來是這樣！朕要他死不得安！」

於是次日一大早，調來五千衛士，大隊人馬開出城外，由一個民間的婦女與一個工匠一起帶路，找到石虎的墳墓。

「妳確定是石虎的墳墓？」

「我很肯定！這個暴君就是葬在這裡！我之前是做葬器的婦工，他出葬時我有跟蹤看到！」

「我也很確定，之前我就是做陶俑的工匠，把東西都搬到這，從數量判斷肯定不是疑塚！」

慕容儁下令挖開。查閱墓誌銘，果然是石虎。於是命令開棺，屍體竟然只有僵

硬沒有腐敗，於是命人把拖出墓外。慕容儁親自拿著長鞭猛打。同時大罵：「死胡！竟然敢夢中嚇天子！」

打完之後還用鮮卑髒話大罵，然後在地上吐口水說：「死胡，朕唾棄你的墳墓！」於是命御史中尉陽約，數其殘酷淫暴之罪，繼續命人鞭屍，打成數塊之後，丟到漳水去。到此還不洩憤，命人把墓徹底剷平回填，砸掉墓誌銘與所有陪葬物，墳墓內的可燃物也全部縱火焚燒。這當中，還不斷罵其死胡。

之後重賞這個帶路婦人千金。

如此大動作，引來鄴城內外居民圍觀，一陣指指點點。

看到附近居民如此指指點點，怕人誤會他慕容儁學曹操盜墓，此時慕容儁頗為不安。慕容儁徹底毀掉石虎的墳墓與屍體後，下令收隊，並驅散這些圍觀的鄴城居民全部回去。

回到宮中，慕容儁表面平靜內心還是頗不安，命人取來『傳國玉璽』仔細端詳，感受到統御天下的器制，終於感到舒暢一口氣。找來聽幾名有讀書，有文化的中原漢籍宮女，唱幾首漢末三國流傳下來的中原曲調，內心的暴戾之氣，慢慢得到緩解，於是就在聽歌當中入睡。

幾日後，請人找當地最有學問的書生來對談。

一名漢人白衣書生前來，慕容儁表現禮賢下士，磨茶請他對飲。

慕容儁（紫眼眶）說：「聽尚書令說，先生學富五車，說話直率而有深度，與他人不同。幾日前真是暢快，朕幾日前鞭打石虎的屍體，誰叫他在夢中驚擾朕！朕是真天子。朕想請問先生，將來統治天下之道。」

書生（白眼眶）笑說：「統治天下之道，眾人鄙俗，根本沒有學問，所以說來難。但以我所見，其實不難，就在陛下幾日前的表現當中，就有將來統治天下之道。」

慕容儁（紫眼眶）笑問：「這就有統治天下之道？可奇了！此話怎說？」

書生（白眼眶）問：「請問陛下鞭打石虎屍體的時候，怎麼罵他？」

慕容儁（紫眼眶）說：「朕罵他是『死胡』。」

書生（白眼眶）哈哈一笑說：「那在下有一言，句句真實，請陛下聽完不要生氣，更莫怪罪，因為這就是陛下當前，要面對的統治天下之道。」

慕容儁（紫眼眶）說：「朕不怪罪，先生請說。」

書生（白眼眶）說：「石虎是羯人稱胡，而石虎已死，所以是死胡。那請問陛下是什麼？」

慕容儁（紫眼眶）一愣，低聲說：「朕當然是天子。」

書生（白眼眶）說：「石虎生前也這麼認為自己是天子，而且他的傳國玉璽是石勒搶來的，您的傳國玉璽可以說是暗示別人假造的。他統治的地域雖還沒一統天下，但逼近當年的曹魏，比陛下眼前統治的地域還廣大。確實，石虎淫暴天下怨恨，他當然是死胡，而陛下雄才賢明古今少有，在下漢人書生都十分景仰。但天下尚未平定，人又皆有一死，如何保證陛下身後，不會也被別人罵是死胡？」

更嚴肅地神情說：「如何證明羯人是胡，鮮卑人不是胡？如何證明他是胡，陛下不是？」

慕容儁發楞，目瞪口呆，手腳乖錯，回答不出。

書生（白眼眶）哈哈一笑，站起行禮，然後說：「請陛下好好想想，接下來該怎麼辦？不是死胡，這四個字就是如何統治天下的重點喔！陛下只要突破了這一點，天下九州華夏子民，對鮮卑沒有排斥，甚至願意仰慕陛下聖賢之德，天下九州自然就全部屬於陛下了喔！」

慕容儁微微點頭，但很難接受書生還把自己當胡，於是賞書生一些錢，遣他離開。但仔細想想，確實難保自己之後不會跟石虎一樣。變成別人口中罵的死胡，一定要想辦法解決！朕慕容儁活著時候是真天子，死後也當然還是！絕對不是死胡！

在宮中往返踱步，后妃侍奉都不耐煩地推開，甚至低聲咒罵，仍然唸叨：「嗯……死胡。」

鄴城，太極殿朝議。

慕容儁收到前線桓溫北伐，晉軍各地兵力與燕軍交戰，爭奪黃河以南各郡的奏報。聽完之後，慕容儁意氣大發，站起來發言。

「我大燕自統合段氏鮮卑，再滅冉閔，又北擊零丁部落，而今青州，兗州與許昌各地，為我所控，關中苻秦所屬部將又來投降。天下秦、晉、燕三國，我大燕最強！朕去歲已派人到各地查核男丁人數，無論鮮卑戶還是漢戶，若每戶只留一個男丁，可得兵力一百五十餘萬！朕意已決，每戶僅留一男丁顧家，明年開春其餘全數到鄴城集合！練兵半年！朕要親帥一百五十萬大軍與秦晉決戰，一統天下！」

此語一出，滿朝皆驚。一時議論紛紛。

慕容評、慕輿根、慕容恪紛紛進言阻擋。但慕容儁堅持己見，乃至於發生口角。

「陛下不可！國家剛從戰亂中大定，應當休養生息！」

「天下混亂，朕沒辦法休息！」

「若如此招兵，臣怕騷動。石趙壓榨民力快速敗亡的前車之鑑，不能忘記啊！」

「這怎麼能想比？石趙壓榨民力，是建築宮殿，搜刮美女，壓榨財富給死胡石虎一人享受！但朕是真命天子，平定亂世一統天下，替全天下人之安寧請命！所以你說的這不是理由！」

「國家兵力有限，先前幾場大戰，不少傷亡，將士們厭戰啊！」

「先前傷亡，都是鮮卑本族壯丁，而如今調兵還有漢人壯丁。至於厭戰，這更不可取！身為國家兵將，就是要能打仗，況且鮮卑本族人等，豈能因為得到財富土地，就安逸拒戰？這也不是理由！」

「河北剛剛平定，中原還有盜賊，注意內政勸課農桑才是正道。」

「天下沒統一，人心不定，宵小投機，才有盜賊不止！朕的大智慧，你懂什麼？」

「朝廷還有很多重要事情要做，沒辦法打仗！」

「什麼事情會比統一天下還重要？蠢才閉嘴！」

「打仗老是死人，臣堅決不認同。」

「哪個地方不死人啊？什麼年歲沒死人啊？你給朕住口！」

慕容儁一個個反駁。

結果其他人還在議論紛紛……

慕容儁（紫眼眶）大喝拍桌，喝斥眾臣說：「爾等不要再說了，這不是為了個人享樂，朕決心發丁，展開一統天下之戰！朕會身披鎧甲，身先士卒，無人可以質疑！」

劉貴雖不是宗親，但審慎思考之後，勸阻諫言：「陛下雄才大略，一統天下是一定要做的，此也是天下子民所願！但可否聽臣一言，以免陛下的偉略因為準備不周，最終功敗垂成？」

慕容儁（紫眼眶）說：「朕聽著呢！」

劉貴說：「發兵作戰，除兵丁之外，最重要準備的物資是什麼？」

慕容儁（紫眼眶）說：「糧食、輜重、鎧甲、盾牌、武器、戰馬，以及醫藥雜物！」

劉貴說：「可陛下一戶只留一個男丁，耕種養活全家，孝敬父母養活子女尚且不及，如何長期供應糧食武器與醫藥雜物？」

慕容儁一愣，無法反駁。

劉貴又說：「當年秦一天下後招兵北伐匈奴，南征百越，徵調期限短，以致天下皆反。陛下招兵期限似乎更短，況且一百五十萬大軍集結鄴城，糧食或許各州郡可以調來，但一時如何供應武器與住所可以來練兵？到時候一團混亂，豈不是仗還未打，自己人馬已經損失，怨聲載道？」

慕容儁一言不發。

劉貴最後說：「況且晉室在江南，若平定關中之後征伐，兵臨大江。恐怕還要造船練兵，所耗費又是難以估計。河北兵丁在沒有後續支援情況下，如何南渡？這些陛下是否有深思熟慮？」

慕容儁（紫眼眶）緩口氣說：「朕知道了，可以不要徵調這麼多人。但一統天下之戰還是要打。你們重新討論一下，調兵人數該多少？還有約期該在何時？」

眾臣一陣議論紛紛，看在慕容儁要玩真的，最後眾臣討論結果是，改為五三發丁，並且約期改為明年冬季。慕容儁准奏。

但過不久，慕容儁患病。

拖著病情，終於等到了大閱兵的時候。此時調兵來了近五十萬大軍，慕容儁站在鄴城城牆上，看著五十萬人從清晨就開始集結，最後中午列隊，高喊萬歲。

慕容儁（紫眼眶）仰天哈哈一笑說：「朕不一樣，朕的確是真天子。傳令！各軍歸營！準備南征！準備西征！滅秦滅晉，一統天下！朕要當一統天下的真天子。在這之後還要開疆拓土，征伐四方，超過漢武帝！朕是真命天子啊！哈哈哈……」

說罷當場昏厥，左右急忙帶他入後宮休養。過不久病殂。

可惜慕容儁雖然真英雄，但還是殂，不是崩。

而這新招五十萬大軍，在他殂後，因為沒有糧餉養這麼多人，解散一半回家。其他各自回所屬州郡等地協助捕抓盜賊，聽候招募，逐漸又解散而去。

激進的不是只有慕容儁。

此時桓溫已經是勝利，大舉開進洛陽城，修護原司馬皇族的陵園。為了誇要軍功，派使節帶著奏書到建康朝廷，請求將都城遷回洛陽，並請在永嘉年以來，南遷的各家族，可以開始北返。

司馬昱坐在輔政大臣的位置上，皇帝司馬弈雖坐於帝座，但毫無實權。

建康群臣都知道，鮮卑與氐人實力還很強盛，這根本不可行，但眾人畏懼桓溫權勢，怕得罪他最後遭到報復，都不敢反對。

使者唸完桓溫要求北返，發現群臣沒有一人敢反對，連會稽王司馬昱都無聲，便壯膽要求朝廷開始真實執行。

「既然陛下與朝廷諸公，都不反對桓大都督的意見。臣請朝廷立刻執行方案，還都洛陽，一雪永嘉之恥。桓大都督將派兵，護駕北上，以安中原黎民。」

發現他不是只打嘴砲，而是要來真的，此時沉默已久的群臣，才開始炸開鍋。

司馬昱發現不說話不行了，於是示意散騎常侍孫綽當場反駁。

孫綽說：「還都洛陽萬萬不可行，在下有奏表。」

司馬昱命人拿上來，並且當廷唸。大體意思是，自從朝廷陷入諸王相爭，胡羯叛亂，中原殘破，遷都建康已六十餘年，當年中原勳貴，許多人都已經故去。而如今中原還是陷入爭戰當中，倘若大舉北上，百姓震駭，難保不會再出災厄。請桓溫先移鎮洛陽，掃平鮮卑慕容在許昌盤據，並起且平定先前沒有平定的關中，然後開通漕運，才可以徐圖還都。

使者只能拿奏表，回到荊州給桓溫看，竟然是讓自己先移鎮洛陽，桓溫氣得大罵。再次上書，堅持要還都。

揚州刺史王述認為，這只是桓溫拿光復洛陽之功，要脅朝廷的計策。於是建議司馬昱，奏請皇帝同意桓溫回洛陽的奏書，但把光復洛陽的重任列出來，交給桓溫。

雙方演變成為表文嘴砲之戰。往返辯駁申論十多次。

最終建康朝廷雖然被迫下詔還都洛陽，但司馬昱把重任一一列出，尤其當中還要廓清舊疆，讓大晉重歸一統，請桓溫與朝廷分工合作。

桓溫傻眼，自己雖然統轄荊州大部分的兵力物力，但若沒有朝廷配合調動所有人力，自己也不可能做到這些事。倘若依照詔書所言，複雜的工作又誰來協調？誰來開始？司馬皇族已經沒有權威，若自己來協調工作，士族們會同心？朝廷又豈會始終安心？顯然都不會！只好暫時不提遷都。

但桓溫事後又感到古怪，平常大家都在喊光復中原，這不就是你們日日夜夜哭泣要去做的？可一定真要光復中原的時候，每個人都畏畏縮縮，把問題都丟還給提議者。倘若朝廷不要這樣猜忌自己，真的把人力物力逐步北上，並且要求桓溫一起行動，眾志成城，而北方胡人統治不穩，還真有可能光復中原。

桓溫內心已經重演殷浩『咄咄怪事』。

長安，宮殿。

殺了暴君苻生而繼位的苻堅，去掉皇帝稱謂表示謙遜，改稱天王。但除了稱呼之外，其餘規制等同於皇帝。並且重用王猛，勵精圖治，兩人詳談之中，同樣談到統一天下。

王猛（金眼眶）說：「陛下，還是先別急著這個話題。一統天下這件事情，臣有很深層的疑慮。」

苻堅（紫眼眶）追問：「為何？有何疑慮？當年秦國一統天下，基礎還沒有我們足夠。而今我們國號也是秦，流落在江南的晉室衰微且不用提，唯一的勁敵只有河北的慕容氏。先生難道是疑慮，當前割據在各州郡的厲王諸弟？」

王猛（金眼眶）說：「臣確實擔心他們，但他們還不至於成氣候，只要陛下動兵討伐皆不足慮。關於一統天下，確實當前大敵是鮮卑慕容，但他們仍然不是最大的障礙。真正的問題在晉室。」

苻堅（紫眼眶）淡淡一笑說：「江南的晉室衰微，當年司馬家同室操戈，天下離心，如今又被權臣桓溫的威勢操控。他們絕對不會是一統天下的問題所在，先生多慮。」

王猛（金眼眶）說：「江南的晉室雖弱，但臣有一種說不上來的感覺。臣請陛下，倘若要定天下，必須先穩定關中而後圖略慕容。江南晉室只能放在最後，徐徐圖之，不可先把晉室當成要吞併之敵！待將來平定北方，臣再與陛下共同商議江南之事。」

苻堅微微點頭。

原來不只殷浩與桓溫，其實王猛內心也開始有『咄咄怪事』。

東晉興寧元年，桓溫獲加授侍中、大司馬、都督中外諸軍事、錄尚書事、假黃鉞。次年，桓溫率水軍移守合肥，朝廷改以桓溫為揚州牧、錄尚書事，並兩度徵桓溫入朝。桓溫在第二次徵召時才入朝，行至赭圻時停止並留駐當地。燕軍又再進攻洛陽，守將陳祐留兵出奔。司馬昱知道後，於是於興寧三年與桓溫商議征討之事，並讓桓溫移鎮姑孰。但同年因晉哀帝殂，征伐之事就暫停。

同年，燕軍攻陷洛陽。

洛陽已經易幟很多次，但就是似有似無，沒辦法穩穩牢固。這彷彿是個大局的暗示。

對於洛陽失陷於燕，朝廷消極態度，桓溫非常不滿，於是再次謀劃北伐，這次他可是有備而來。請與徐、兗二州刺史郗愔、江州刺史桓沖及豫州刺史袁真等一同討伐前燕。而桓溫其實一直都希望控制，郗愔在京口所統領的精兵，郗愔子郗超時為桓溫參軍，便修改了父親寫給桓溫的書信，變成以老病辭任二州刺史職位，並勸桓溫接掌自己所領軍隊。桓溫看信後十分高興，桓溫亦因而得以自領徐、兗二州刺史。

桓溫正式起兵，率五萬久經訓練的直屬部隊，從姑孰出發北伐。並調動各部，分兵北進。大軍抵達金鄉，將臨黃河。

「一、二、三、四。一、二、三、四。」「光復中原，在我胸膛，我是華夏好兒郎。」「十八條好漢在一營，我們是精銳的長矛兵。」「夜色茫茫，星月無光，盪平胡虜，恢復中華。」「看我王師隊伍，雄壯威武，聽我王師歌聲，響徹雲霄。」

各分隊軍歌響徹大地，一路經過人口較多的城池附近，都引來不少當地人圍觀，同時在道旁議論紛紛。「是桓大將軍的部隊，竟然這麼英武。」「這樣唱歌行軍，竟然完全不怕被敵人的間諜知道。」「桓大將軍就是不一樣。」「這樣的軍隊從來沒見過。」

桓溫與其參軍郗超，一同並行騎馬督導部隊北上。

郗超（粉藍眼眶）說：「大都督的軍隊，就是跟別人不一樣，一路高歌無畏。燕國自慕容儁死後，內政日亂，沒有強大的統馭力。此次北伐，倘若步步為營不重蹈舊轍，有很大的機會能獲全勝。唯獨要小心關中的苻氏，他們經過這些年勵精圖治，是最強的勁敵。」

桓溫（粉黃眼眶）微笑說：「景興啊，這在姑孰之時，你提醒我好幾次了。你讓我想到以前討伐蜀地成漢叛軍時，當時我的參軍袁彥叔了。他讓我反敗為勝，出兵之前也是反覆提醒。可惜他死得早，平定蜀地後就不在人世，否則他若今天還在。與景興兄弟一起輔佐我，那我更能確定北伐必勝。」

到了金鄉，桓溫下令紮營並且開渠引水，準備引河入黃河，讓水軍可以直接開進黃河。

郗超與桓溫共同騎馬立於河岸旁，看著正在開渠引水的士兵與當地民伕，桓溫見他面有憂色，問何故。

郗超（粉藍眼眶）說：「大都督您這計畫，工程量太大，而且全軍將在此陷於被動，萬一燕軍前來挑戰，對我們將十分不利。我建議直接越過黃河，兵臨鄴城，打得鮮卑人措手不及。」

桓溫（粉黃眼眶）說：「不不，我軍已經立柵結營，不怕他燕軍來戰。只有開拓出運河，才能讓水軍快速進入黃河，北伐的後勤支援才能源源不絕。跨黃河直接挑戰，太冒險了。」

郗超（粉藍眼眶）疑問：「何言冒險？大都督您先前進攻成都，也是這樣一舉成功的。」

桓溫（粉黃眼眶）說：「北伐與進攻蜀地不同，先前殷浩北伐太過躁進，結果大敗。而我第一次北上進攻關中苻氐，則是糧餉供應太慢。如今只有穩步推進，才能逐步成功。如今的北伐，總感覺有一股很大的阻力，但又說不上來，不穩扎穩打不可能成功。」

郗超（粉藍眼眶）說：「倘若如此，不如駐紮黃河濟水一帶，管理現成的河流漕運，累積足夠的物資再發動進攻。出發之前我們也討論過，殷浩北伐是失敗於躁進，我們第一次北伐沒顧慮到糧道而敗，第二次北伐沒有對縱深的敵人打擊，以至於敵人捲土重來，無法守衛洛陽。而在下認為這個方案都有兼顧先前的經驗，請大都督三思。」

桓溫（粉黃眼眶）仍然搖頭說：「還是不行，那一帶地形不利於防守，而且糧道運輸容易被劫持。總之這次北伐我們要記取經驗，一定要求穩，再求穩，步步推進。我們這邊開通了渠道，只要袁真那邊也開拓石門水路成功，那整個糧道進入黃河就不成問題。屆時我們再考慮越過河北上之事。」

郗超（粉藍眼眶）苦臉說：「在下總感覺這樣不成，開出石門的水道不容易，袁真也未必能真的辦成。其他地方的守軍力量薄弱，萬一我們這邊不斷被敵人進攻，那就非常不利，大都督三思。」

桓溫仍然搖頭，堅持己見，一定要穩步推進，所以還是拒絕。

數日後。

緊急傳令兵持令旗闖入桓溫營主營，桓溫正與郗超及其他部將，在地圖面前討論兵勢。

「急報，燕軍來襲，燕軍來襲，數量眾多，一望無際。」

眾部將皆驚駭，桓溫（粉黃眼眶）說：「何必緊張？全軍出擊。」

於是桓溫帶領部將，大舉出戰。

殺！鏗將！鏗將！殺！鏗將！鏗將！

桓溫在馬上來回指揮，苦戰半日，終於把燕軍擊退。

才回營與眾部將休息數個時辰，傳令兵又來報，燕軍再次來襲，兵馬更盛。

桓溫與郗超等人，才沐浴一半，他繼續喊：「何必緊張？全軍出擊。」

馬上又急著披上鎧甲出戰。

殺！鏗將！鏗將！殺！鏗將！鏗將！

又一番死戰，再次擊敗燕軍。

眾兵將帶著疲倦再次回營。傳令兵又來報，燕軍另外一股又來襲擊。

桓溫苦臉，下令：「全軍堅守營壘，弓弩全部射出去。」

但是燕軍很快突破營壘，桓溫親自披甲死戰。殺！鏗將！鏗將！殺！鏗將！鏗將！桓溫軍隊果然久經訓練，再次死戰殺敗燕軍。

眼看再次獲勝，燕軍逐漸撤退，郗超（粉藍眼眶）騎著馬來到桓溫身旁喊說：「大都督，此地不宜久留，我們也該轉移，否則如在下先前所言，處處被動。」

桓溫（粉黃眼眶）說：「好，全軍搶奪前面幾處山頭，然後整軍休養前進。附近必有鮮卑胡虜的大營，這一次換我們主動出擊。」

於是趁勝指揮全軍搶奪幾處山頭，果然發現遠處小城，集結燕軍，於是桓溫整隊飲食休息片刻，全軍前進。猛烈擊鼓，全軍衝殺，燕軍被打得大敗潰逃，小城被攻破，主營也被一把火燒光。桓溫全軍進至枋頭附近的小城休息，殘餘的燕軍繼續潰逃到黃河北岸。

此次燕軍慘敗，鄴城震動，急忙派使者到長安請苻秦出兵，承諾割讓虎牢關以西土地。苻堅立刻同意，大舉出陣。

到了枋頭，築壘建寨，取水挖坑，埋鍋造飯，建立防務後，全軍休養，桓溫再次希望求穩。

在軍事會議上，郗超（粉藍眼眶）再次建議說：「聽聞關中苻氏虜兵，已經準備支援。我們在此等於又陷於被動，大都督應該準備跨黃河北進，直接取得成功。不然苻秦與慕容燕兩軍合流，對我們將大大不利。」

桓溫（粉黃眼眶）說：「景興啊，不需要這麼緊張。我認為這樣以守代攻，節節推進就很好。先前我們不也這樣殺敗了他們一回嗎？我軍多為步卒，敵軍多為騎兵，用此種戰術並沒有錯。」

郗超（粉藍眼眶）說：「大都督難道是，借鑑戰國時長平之戰，白起用兵之法？」

桓溫（粉黃眼眶）哈哈笑說：「正是，景興還是有見識。」

郗超（粉藍眼眶）苦臉說：「可現在情況不同，當年的白起兵多將廣，還有關中秦王能源源不絕將糧食供應，再配合地勢之力，敵人輕浮，才可用以守代攻之法。我們兵少，而胡虜兵多，我們糧道有隨時被截斷的危險。一旦糧道被截斷，到時候想要撤軍，步卒抵抗不了眾多的騎兵。」

桓溫（粉黃眼眶）問：「袁真的石門水道開成，我們水軍直接運輸，有戰船護航，敵人的騎兵就很難截斷。」

郗超（粉藍眼眶）說：「大都督還是別指望袁真，他力量有限，石門水道工程量又大太，很難短期之間能開成。」

桓溫在會議上抓著算籌，還是忌諱殷浩失敗的教訓，以及自己先前的經驗，猶豫不決。最後還是決定，在枋頭營壘內部休養，等待敵人內部出現問題，再把握戰機。

結果袁真所部，仍然無法開通石門水路運輸，但燕軍不斷騷擾陸上的運輸，桓溫軍再次缺糧草與補給，軍心逐漸動搖。

桓溫於是只能焚燒船隻，放棄輜重，全軍撤退。燕軍發現機會大好，趁機追擊，一場攔截戰，桓溫軍大敗。退到譙郡，前秦軍隊又殺來，一場激戰又大敗。只剩一萬多人撤出南下，採取與殷浩相反的北伐策略，結局竟然跟殷浩一樣。

東晉朝野對桓溫一片嘲笑之聲泛起，甚至有人提出要等同於殷浩的處分！桓溫以殷浩為前車之鑑的結果竟然還是跟殷浩一樣，終於惱羞成怒，發狂作亂。

把罪過全推給袁真身上，朝廷害怕桓溫仍有實力，只能決定先懲罰袁真。袁真憤而據壽春反叛，投降前燕，最後憂鬱病死，兒子繼續盤據壽春。桓溫則趁機率軍攻打壽春，擊敗前秦支援的軍隊，斬殺袁真之子。

桓溫（粉黃眼眶）問郗超：「我平定壽春能否挽回聲望？」

郗超（粉藍眼眶）說：「當然不能！」

桓溫（粉黃眼眶）仰天苦嘆，轉而激憤地說：「我桓溫自幼便有大志！立志要做前無古人的大丈夫，時常想著頂天立地傲視古今！富貴我也不驕傲淫亂，砥礪自己前行，如今已經白髮蒼蒼，皺紋滿面，齒牙動搖，一生努力竟然得到這種羞辱性的結果。我恨天！我恨啊！」

郗超（粉藍眼眶）低聲問：「你的決定？」

桓溫（粉黃眼眶）說：「景興兄！我既然不能作頂天立地，受後代景仰的大英雄，我就做個奸賊被後人唾罵！」

激憤之餘的桓溫，決心作惡，於是跟曹操與司馬懿一樣，從英雄墮落為權奸。帶兵強壓朝廷，重演王敦的惡行，廢皇帝司馬奕，誣稱皇帝陽痿不能人道，現在的皇子都是別人生的，沒有資格當主上，改立司馬昱為皇帝。並且在朝堂上，大肆誅殺反對自己的重臣。

桓溫（粉黃眼眶）在朝堂上大喝：「司馬家當年的帝位，也是這樣來的！倘若不遂我意，難道我桓家不能同樣這麼作嗎？別忘了司馬懿父子當年誅殺我先祖桓範，只是今日世道好還，爾等公卿，自己去書汗青！」

然而，要做奸賊，卻又在最後企圖篡位的那一步，猶豫不前。

瞥到了掛在上朝走廊上的一面銅鏡，本來這銅鏡是讓上朝的大臣正衣冠用的，見到自己全副武裝兇惡的神情。

桓溫（粉黃眼眶）心思：我桓溫怎麼會這樣？

忽然轉神情，收回刀劍。命令所有士兵退下，然後對司馬昱平伏說：「臣一心忠於國家，幾次北伐中原可以明鑑，今日在陛下面前言行過激，自知有罪。當引兵歸鎮，不再節制朝廷，聽從陛下旨意行事。臣請告退，陛下恕罪。」

司馬昱早被他一上朝就帶兵來殺人，既驚嚇也憤怒，揮揮手同意，一語不發。

桓溫於是退下。

對於北伐明明是眾人所求，雖然自己失敗，也不該被這樣朝野恥笑批判！然而對朝廷逼宮，淪落為權奸，竟然眾人害怕，不敢阻攔，連謝安等名臣，都打躬作揖，自稱臣屬。

桓溫身邊的咄咄怪事，還是圍繞不去。司馬昱怕他言不由衷，會再次興兵殺人，於是下詔書讓他入京城主掌朝政。桓溫則親自上朝，表明自己前日所言，是真心誠意，於退回自己的鎮所，叫群臣們自己自便。

廣陵城，桓溫府。

桓溫已染重病，侍女餵藥之後正要退出。

桓溫（粉黃眼眶）拉住侍女的手，急忙說：「等等，妳陪我說幾句話。」

侍女大驚，但不敢違抗，只好跪坐在床旁。

桓溫（粉黃眼眶）說：「放心吧，只說幾句話就好，不耽誤妳的時間，我已經命不久矣。」

侍女說：「主人莫言這種話語，吃藥休息就會好的。況且奴婢的時間，本來就屬於您的！」

桓溫（粉黃眼眶）有氣無力，病懨懨說：「不不，別這麼說。妳還有很好的年華，我是行將就木的老叟，妳的時間寶貴啊，不該是屬於我，是屬於妳自己的！」

長息一口氣，接著說「不說閒話。眼前已經沒有其他人能跟我言及更多。但我若不說這些話，以後永遠也沒機會說了。可以嗎？」

侍女說：「主人請說，奴婢伺候著呢。」

桓溫（粉黃眼眶）拿起手絹，抵住自己的口，咳了幾聲，然後面朝窗外說：「現在朝廷上下，包括至尊皇帝在內，都害怕我的權勢。許多士族都認為我有篡位稱帝之心。或許吧，我輕視司馬皇族，我也有動過這種念頭，但我得說這不是我的初心。應該說，不是全是這樣的念頭。我跟王敦都是司馬家女婿，但我跟王敦不一樣，真的不一樣。他是敗壞中原，一心篡奪的惡人！我卻不是這樣，我是要光復中原，成為頂天立地後代景仰的英雄。我怎麼能跟他一樣？」

侍女點頭說：「奴婢知道，主人是忠臣，誓死效忠皇帝，沒有二念。」

桓溫（粉黃眼眶）緩緩說：「是啊，我是臣屬，我也是有主人的，皇帝是我的主人。我應該效忠自己的主人。但是最後我被人罵，迫害自己的主人。」

又喘著氣，氣息奄奄說：「我想說的是，我的初心是要光復中原，成為古往今來無人能及的英雄，讓後人看到史冊都為之驚嘆，這比皇帝寶座還要更有價值。光復中原的大英雄，與偏安在江左的小皇帝，哪個比較好？我又不是傻瓜，怎麼會分不出來？但是這樣光明正大的事情，反而朝廷上下支援我的人少。而我廢立皇帝，對自己主人不敬，露出不臣之心，這種黑暗奸邪的事情，反而朝廷上下許多人都避我讓我，好像就等我跳進那個位置。他們好像在說，司馬家當初就是這樣奪位當皇帝的，你要行這個道，我們不反對。可我不想要，我的初心是獲得更大的東西，不是那個偏安江南的割據皇位。我不傻，跳進去那就是個陷阱。我要的是另外一樣東西。這個東西甚至比大一統的皇帝還有價值。」

「聽說苻秦已經滅了慕容鮮卑，一統北方。但我不擔心，因為我的北伐遭遇怪事，相信假設苻秦若要南下滅我大晉，也會遭遇怪事的。說到這怪事。」

他實在無力說下去，最後強忍一口氣說：「殷浩失敗，咄咄怪事。我也失敗，面對這樣局面不也是咄咄怪事嗎？這種怪事我已經想不透，就讓下一個還想北伐的人，去參透到底什麼原因吧。也許他能更接近成功。就讓他去參透什麼原因吧。讓他去吧。讓他去。讓他去。」

他是誰？桓溫不知道，但是後世的人知道。

說罷，放開侍女的手。桓溫閉上眼，心理始終徘迴矛盾。

如同他曾經徘迴於成都城外，徘迴於關中霸上，徘迴於故都洛陽，徘迴於黃河邊的枋頭，徘迴於江南建康城外，徘迴於皇位週邊。心中徘迴於中原，徘迴於曾經北伐的豪情壯志，徘迴於史冊的輝煌功名，但卻失意而死去。

侍女手一摸他氣息，已經斷氣，只好對外大喊：「快來人啊！快來人啊！」

到底為何如此？他自己終生沒參透，讓下一個人去參透吧。

話鋒回頭。

說桓溫第三次北伐失敗後。前秦天王苻堅派人去鄴城，要求履行先前割讓虎牢關以西土地承諾。但是前燕君臣同聲拒絕。苻堅大怒，決心出兵消滅前燕。

前燕吳王慕容垂在擊退東晉桓溫的北伐軍後因受到慕容評排擠，於是出奔降秦。苻堅早於兩年前知道慕容恪去世的消息時就已經有吞併前燕的計劃，還特地派了使者出使前燕以探虛實，然而苻堅因為慕容垂的威名而不敢出兵。現在慕容垂自來，苻堅十分高興，並親自出郊迎接，對其極為禮待，更以其為冠軍將軍，不顧王猛要他提防慕容垂的諫言。同年十二月，苻堅以前燕違背當日請兵的諾言，不割讓虎牢以西土地予前秦為藉口出兵前燕，以王猛、梁成和鄧羌率軍，進攻洛陽，並於次年年初攻下。

苻堅再命王猛等出兵前燕，自己更親自送行。王猛終在潞川擊潰率領三十多萬大軍的前燕太傅慕容評，並乘勝直取前燕首都鄴城，苻堅更在王猛圍攻鄴城時親自率軍前往鄴城助戰。拿下鄴城後，正出奔遼東的前燕皇帝慕容暐被前秦追兵生擒，前燕在遼東的殘餘反抗力量亦遭消滅，前秦正式吞併前燕。

慕容儁造出來的傳國玉璽，到了苻堅的手裡。於是在慶功大典上，正式受璽。

各豪強看到此璽，內心波瀾又起，慕容垂與姚萇內心觸動最深。

「我慕容氏傳國玉璽竟然落入苻氏之手。」「當初我父姚弋仲與你苻堅祖父蒲洪，共同平等臣服於石羯，我羌族力量仍在，怎麼變成你是君我是臣？實在是不平！」

被傳國玉璽觸動過的人，是不會輕易回頭的！

在前秦吞併前燕，收撫前燕領土的同一年，名義上臣服於前秦的仇池公楊世死，其子楊纂襲位後只受東晉朝命，斷絕與前秦的臣屬關係，苻堅遂在次年派兵進攻仇池。當時楊纂叔父楊統正與楊纂兵戎相見，東晉梁州刺史楊亮知道前秦進攻後亦派了郭寶等領兵協助楊纂，然而最終楊纂軍大敗，在仇池兵臨城下及楊統率眾降秦之下，楊纂只得出降。此後前秦命參與進攻仇池的將領楊安鎮守仇池。前仇池至此滅亡。當時苻堅有意在河西樹立威信，以德懷民，於是盡釋早前俘獲的前涼將領陰據及其所統五千兵士，前涼君主張天錫在佑道前仇池被前秦攻滅後甚為畏懼，至此就被逼向前秦稱藩。吐谷渾君主碎奚亦因前仇池滅亡而遣使向前秦進貢，苻堅亦授予其官職爵位。另外，苻堅又出兵攻伐隴西鮮卑首領乞伏司繁，盡降其眾，苻堅留乞伏司繁在長安，只由其堂叔乞伏吐雷統眾。

前秦建元九年，東晉梁州刺史楊亮派其子楊廣進攻仇池。但楊廣敗於仇池守將楊安，原先駐守沮水防備前秦的各軍戍更因而棄守潰逃，逼使楊亮退守磬險。而楊安亦趁機進攻東晉，進攻漢川。不久，苻堅更命益州刺史王統領攻漢川，毛當等攻劍門，大舉進攻東晉梁、益二州。楊亮在青谷率巴獠抵抗但失敗，只得退保西城，結果漢中、劍閣、梓潼等地先後失陷。東晉益州刺史周仲孫在緜竹要抵抗來侵的朱肜部時，另一邊的毛當已經快攻到益州治所成都，周仲孫唯有逃到南中，於是前秦攻下了益、梁二州。次年，益州發生叛亂，蜀人張育、楊光起兵反抗前秦，並向東晉稱藩，而巴獠酋帥張重、尹萬等亦參與，苻堅於是命鄧羌入蜀鎮壓；同一時間，東晉益州刺史竺瑤及威遠將軍桓石虔則受命入蜀，進攻墊江。當時張育等人圍攻成都，但期間他們內訌爭權，終被鄧羌等人擊敗，叛亂被平定。竺瑤和桓石虔雖於墊江擊敗寧州刺史姚萇，但不能擴大戰事，只得退還巴東，前秦始終固守了蜀地。前秦建元十二年。苻堅以張天錫「雖稱藩受位，然臣道未純」為由出兵十三萬進攻前涼。當時苻堅亦派閻負和梁殊出使前涼，徵召張天錫到長安，然而張天錫不願投降，決意與前秦決一死戰，下令斬殺二人，並派馬建抵抗前秦。隨著前秦軍西渡黃河，攻下纏縮城，張天錫更派掌據到洪池協同馬建作戰，自己更親自率兵到金昌助戰。然而，前秦軍進攻二人時，馬建竟向前秦投降而掌據戰死，張天錫驚懼而退還都城姑臧。前秦軍接著直攻姑臧，張天錫被逼出降，前涼至此滅亡。隨著先後攻滅前燕、前仇池和前涼三個割據政權，北方唯一的割據政權就是拓跋氏建立的代國。在滅前涼的同一年，苻堅以應劉衞辰求救為由，命幽州刺史苻洛率兵十萬，另派鄧羌等率兵二十萬，一起北征代國。當時代王拓跋什翼犍先後命白部、獨狐部及南部大人劉庫仁抵禦，但都失敗，而什翼犍因病而不能率兵，被逼北走陰山，但高車部族此時卻叛變，什翼犍只得回到漠南，並看準前秦軍稍退，於是返回雲中郡盛樂的都城。此時，拓跋斤挑撥什翼犍子拓跋寔君，令其起兵殺死父親及其他弟弟；前秦軍聞訊亦立刻出兵雲中，代國於是崩潰，為前秦所滅。苻堅隨後殺死拓跋斤及拓跋寔君，拓跋窟咄被強遷至長安，而什翼犍諸子亦被殺，什翼犍孫拓跋珪尚幼，再無於當地有效控制代國統下諸部的人。苻堅因而聽從燕鳳的話，分別以劉庫仁及劉衞辰分統代國諸部，借兩人之間的矛盾互相制衡。

至此，前秦成功統一北方，只剩下據有江南地區的東晉。

長安，王猛府邸。

先前王猛病重，苻堅幾次來探望，並不斷派使節到各山川名勝祈福，但都無果。王猛自知已經挺不住這場病，派人告知苻堅，自己已經最後關頭，請他親自駕臨，要做最後的諫言，苻堅立刻趕到。

苻堅遣退所有人，握住王猛的手，與之最後面談。

王猛（金眼眶）說：「臣已經時日無多，可能就是這幾天的事情，有一件事情必須要說。」

苻堅（紫眼眶）憂容滿面地說：「先生請講，朕自知無力延長先生陽壽，只能傾聽。」

王猛（金眼眶）說：「天王陛下已經統一北方各族，如今九州天下只剩江南晉室。臣知道，陛下有混一寰宇之志，但臣死後請陛下，絕對不要南征晉室，晉室雖然衰弱，但承襲正統。國內的鮮卑與羌虜才是仇敵，當先除掉他們。」

苻堅聽了一言不發許久。

王猛（金眼眶）大概理解苻堅內心所想，微微閉眼，提盡內力說：「自臣侍奉陛下起，臣的建言陛下多數都能接受。唯有誅殺慕容垂，分散鮮卑，陛下不肯接受，拆散羌虜除掉姚萇，陛下也不肯接受。若在為人之道，陛下是對的。但是在為國之道，臣肯定是對的。臣有一種說不上來的感覺，像是老子說的『吾不知其名，強名曰道』。這感覺就是，唯有徹底除掉這些胡虜，才能正陛下為正統，不然陛下做的所有好事都不能算數。只有殺掉慕容垂與姚萇，誅滅鮮卑與羌人的豪強，逼迫餘眾分散各地，國家才能得安。」

苻堅（紫眼眶）說：「先生，在漢人眼裡，朕也是胡虜，鮮卑與羌若都要除掉，我等氐人如何？晉室若是正統，那朕該如何自處？難道要讓朕，以如今統一北方之勢，以強降弱，率眾歸降晉室？」

王猛（金眼眶）說：「臣知陛下仁德聖君，不會聽臣這個諫言，臣只能說出自己的感覺，拿不出明白條理來說服陛下。但南征晉室，是有明確事理的。」

王猛從旁櫃，拿出一疊摺紙，苻堅趕緊接過。

王猛（金眼眶）說：「在侍奉陛下之前，桓溫曾經北伐關中，臣投身過他。他曾與我談及殷浩北伐所歷之事，記在他的隨軍記錄中，臣將之謄抄過，而之後臣順著桓溫後續的北伐所歷之事，又記載各項細節。殷浩認為自己碰到咄咄怪事，桓溫也認為他碰到了咄咄怪事。而臣認為他桓溫自己最後失敗，也是咄咄怪事。總有人會在這當中，用各種不同理由，去破壞理所當然之事，即便準備再充分也是無用。臣認為，假設他們所遭遇的怪事，真是有一股力量所形成，那麼北伐與南征一統天下，都同樣會碰到它。」

「臣知道，陛下看不起桓溫，曾笑他北伐失敗，惱羞成怒，回去廢立自己的主子，是志大才疏，是受了『妻子的氣發在老爹身上』的人。當然更看不起殷浩此等草包。反而認可劉淵、劉曜、石勒、石虎。陛下知道，臣以前也是這麼認為，但如今臣自知，先前是錯的！這個見解必須改變！」

說到此，王猛衰竭面容仍強撐堅毅神情，繼續說。

「劉淵與劉曜，只是趁時邀利之賊，石勒只是凶狡善鬥之徒，石虎更只是淫暴匪類。而殷浩心思縝密，循序漸進，招攬賢能為其屬下，會被時人捧為管仲諸葛亮，則不是浪得虛名。桓溫更是在眾人昏昏逆境中，圖創大業立志弘遠之能人，立志全局，則不是志大才疏。然而前者四個賊虜豪強得志，後者兩個能人志士的失意，都有環境力量所使，到底是何種力量，臣肉骨凡胎看不出來。但臣知道，這全因短暫錯亂對比，顛倒是非，以致其深層原因被遮蓋。但無論怎麼顛倒是非，假象仍然改變不了底層被遮蓋的真實。所以我國家雖強，但終究只是假象，陛下再三深思，先除去鮮卑與羌虜，真正獲得正統認可，才去徐圖或談判，或武力，逐漸收降晉室。」

苻堅頻頻點頭，但是內心並不以為然。王猛看出苻堅沒有完全聽進去，只能作罷。躺回病床，最後再次叨唸：「請陛下一定三思，三思。」

苻堅安慰他之後，滿面愁容回到天王宮。

之後王猛病逝，苻堅痛哭流涕，但是對於他的臨終諫言，仍然沒辦法接受。

「先生多慮了。先生既然連最英雄的石勒都否定，又為何要做比他更狹隘的事情？」

過數年，苻堅準備大舉南征晉室，引發朝野爭論。這場爭論已經爭了一個月，除了慕容垂與姚萇等人與年輕將領之外，朝廷多數重臣都反對，苻氏宗親也是不斷勸阻，甚至搬出了王猛的遺言，但苻堅仍然認為，天下必須一統，各族應當一家。苻堅表示不怕長江天險，當朝喊出了『投鞭斷流』決心親征江南晉室。

夜晚，王弟苻融入宮面見苻堅。桌上擺著傳國玉璽，這當然是慕容儁當初擁有的那一顆，但苻堅仍然當成是真貨來用，到宮中夜談，主題仍然是征伐江南晉室的大事。

苻融很堅定地說：「王兄，臣弟堅持數日來的己見，晉室不可伐。朝野多數臣子都是反對，陛下對此議題爭論已經月餘，難道還要堅持南征？」

苻堅（紫眼眶）很不耐煩地說：「你們每言晉不可伐，已經阻擋朕數年，這場爭論甚至是一個月，不斷稱不可伐。朕甚是奇怪，難道是認為漢人說的夷狄就不能混一天下？你是朕的親弟弟，也不能理解？」

苻融說：「王猛臨終前的遺言，不能忘。國家的大敵不是晉室，而是內部的鮮卑與羌人。晉室自流落江南之後，明君賢臣輩出，與在中原之時完全不同。如今謝安更被稱為王導第二，賢能肯定不是浪得虛名者。」

苻堅（紫眼眶）拍桌說：「朕不認為他有多賢能！不過又是個清談之輩！」

苻融當場沉默。

苻堅（紫眼眶）數著手指頭說：「從王猛之後，眾人說晉不可伐，理由有『國家夷狄說』，有『鮮卑羌人大敵說』，有『晉室正統說』，有『國家征戰疲倦說』，有『北馬南船阻遏說』，有『長江天險說』，還來一個和尚談到『天命未歸人心不穩說』，再加上你剛才的『晉室明君賢臣說』。但朕思來想去，眾人一大堆說法，沒有一個是有道理的。」

苻融說：「正是因為陛下是聖君，眾人才用盡各種方法，不希望陛下犯錯。臣弟還願意再提供一個說法，這是臣弟在巡獵關中山林，向一個樵夫求茶水時，聽他說的。」

苻堅（紫眼眶）苦著臉笑，低聲道：「宗親，大臣，文士，和尚，太學生，遺老，現在連樵夫都要上場對天下大勢提出意見了。呵呵，好，朕不妨聽聽還有什麼說法。」

苻融說：「當初桓溫北伐到關中，這樵夫跟王猛都有去拜見。樵夫雖然不識字，但他認為桓溫無論北伐多少次都不會成功，原因是天下人打從內心不願意晉室回中原。如今天下人似乎也不願意我大秦南征晉室，所以他們北伐不會成功，我們若南征也不會成功。正式彼不可來，我亦不可往。若真要見到天下一統，只有聽王猛的，先誅殺鮮卑以及羌人的豪強宗族，打散他們餘眾使之不存，然後不斷蠶食晉室，派使節威逼他們使之離心喪志，才可以執行！」

苻堅（紫眼眶）哈哈大笑道：「彼不可來，我亦不可往，總算又有一個新鮮說法。但朕不認為天下人不願意見到一統！至於王猛說殺慕容垂與姚萇，朕不願意誅殺沒有罪之人，不然將來如何統御天下人？退下吧，朕意已決，南征必須要行！你是朕的親弟，必須跟朕一起南征。」

苻融見到已經不可挽回，只能暗中祈禱，默默退出。

※※※※※　※※※※※　※※※※※

陰陽一體，古怪相連。超個體陰古與陽怪。

陽怪：又一個要硬闖長城國璽的陰陽慣性，看上去表象是很好啦，都讓我們有點猶豫了！

陰古：統一格局。確實是很好啦！也應該要這麼做！

陽怪：但是，這成分不對啊！怎麼還有這麼多搓鳥活著？中國是可以有這麼多搓鳥並存的地方嗎？

陰古：這沒想清楚，要倒棋囉！

陽怪：給個教訓？還是繼續搓掉？

陰古：搓鳥這麼多，他若是沒有搓掉，後來者，就會像他一樣越來越不上道。

長城局這個主遊戲，可不是這樣玩的。

※※※※※※※※※※※※※※※※※※

苻堅下詔、大舉攻晉。民每十丁抽出一丁當兵。良家子年二十以下有材勇者，皆拜羽林郎。八月，以苻融為前鋒都督，指揮慕容垂等步騎二十五萬先行，苻堅隨後繼發，共有戎卒六十餘萬及騎兵二十七萬，旗鼓相望，隊伍綿延千里。

苻堅終於率領八十餘萬大軍，大舉南下。前幾年前哨戰，已經攻破襄陽與川蜀。此時整個長江上游與中游的重鎮都已經陷入前秦之手。並且大軍分批集結完成，派使節告知長江沿岸各城，這次南下是要一舉滅晉，各地應當立刻投降。

消息傳到建康與江南各郡，舉朝震動。謝安計無所出，只能四處旅遊，假裝閒散不見客。

苻堅到達項城，而涼州之兵剛到咸陽，巴蜀之兵在此時方順流而下，冀州河北之兵至於彭城，隊伍水陸齊進。運糧的船隻數以萬計，自河經石門，汴水、蒗蕩渠前往汝潁。苻融則率兵三十萬，先到潁口。

大敵當前，謝安最後不得不做出決斷，便上奏，任命謝石為征討大都督，謝玄為前鋒都督，與將軍謝琰，桓伊等率眾八萬，以北府兵為主力，北上抗擊秦軍。

前秦軍渡過淮水，大舉攻陷壽陽。晉朝派去援助壽陽的胡彬水軍，聽聞壽陽失陷，退守硤石。

苻融命將軍梁成帥大軍五萬進攻洛澗，截斷淮水通路，意在截斷胡彬的退路，也使晉軍不得從淮水水路西進。謝玄大軍自東而西推進，在到達洛澗以東二十五里處停止前進。

胡彬派人給謝玄送信說：「今賊盛，糧盡，恐不復見大軍。」送信人被秦軍捉去。苻融趕快送信給苻堅說：「賊少易擒，但恐逃去，宜速赴之。」苻堅見信，留大軍於項城，帶輕騎八千，趕到壽陽。

謝玄遣劉牢之帥精兵五千人赴洛澗。梁成隔洛澗布陣以待。劉牢之渡水進擊，大破梁成軍，殺了梁成。前秦步騎崩潰，爭赴淮水，士卒死者一萬五千人。於是謝石大軍，水路俱進，迫臨淝水。

苻堅和苻融登壽陽城東望，見晉軍布陣嚴整，又望八公山上草木，皆以為晉兵。苻堅（紫眼眶）開始有懼色，回頭對苻融說：「此亦勁旅，何謂弱也！」

苻堅派朱序去晉軍大營，勸說謝石投降。朱序原是東晉襄陽太守，襄陽之戰時戰敗，被迫投降，到了晉營，不但不勸說謝石投降，反給謝石劃策，說：「若秦百萬之眾盡至，誠難與為敵。今乘諸軍未集，宜速擊之。若敗其前鋒，則彼已奪氣，可遂破也。」

前秦軍緊靠著淝水西岸布陣，晉軍進到淝水東岸，與秦軍隔水相峙。謝玄派人對苻融說：「君懸軍深入，而置陣逼水，此乃持久之計，非欲速戰者也。若移陣少卻，使晉兵得渡，以決勝負，不亦善乎！」

前秦的將軍們都說：「我眾彼寡，不如遏之，使不得上，可以萬全。」苻堅（紫眼眶）說：「但引兵少卻，使之半渡。我以鐵騎蹙而殺之，蔑不勝矣。」

苻融也同意這個主意。苻融指揮軍隊稍退。哪知大軍一退，便收不住了。謝玄等領晉軍渡水，沖殺過來。苻融想攔阻退兵，不想馬倒，死在亂兵之中。朱序又乘機在陣後大呼：「秦軍敗矣！」

苻融一死，前秦軍已慌，又聽得已敗，一發不可收拾。晉軍從後追殺，直追出三十多里。前秦軍自相蹈藉而死者，蔽野塞川。逃奔的兵卒，聞風聲鶴唳，皆以為晉兵且至，晝夜不敢息，在荒野凍死餓死者甚多。晉軍收復壽陽。苻堅中流矢，只帶領少數人退回淮北。

此時慕容垂率軍迎接苻堅，所有鮮卑部眾都勸說，趁機殺了苻堅。但慕容垂拒絕，派人護送苻堅退回關中。苻堅回到長安後，痛哭苻融，下詔安撫百姓承認錯誤。

但此時慕容垂仍懷有叛意，於是北上前燕故地，攻破鄴城，招兵買馬宣布自立。

乞伏國仁於是裹脅隴西鮮卑諸部叛變，後建立起西秦。

慕容泓知道慕容垂的行動亦在關東收集部眾自立，甚為強盛；慕容沖亦在平陽叛變，後投奔慕容泓，慕容泓於是建立西燕，並率眾進攻長安。前燕被俘擄的皇帝慕容暐，此時意圖裡應外合，於是借兒子新婚為由設計在其家殺害苻堅。然而苻堅因大雨而沒有去，事情洩露，有人密報苻堅。苻堅非常憤怒鮮卑人不斷叛變，後悔沒有用王猛之言，於是誅殺慕容暐與長安城內的所有鮮卑人。

苻堅徵召鉅鹿公苻叡，令其與竇衝及姚萇同討慕容泓，但最終苻叡兵敗戰死，姚萇遣使謝罪卻因苻堅殺其使者而逃到渭北牧馬場，乘機煽動羌族豪帥共五萬餘家歸附，自稱秦王，建立後秦。苻堅自率二萬步騎討伐後秦軍，屢敗後秦軍，更逼得後秦軍中缺水，更有人渴死，但此時天降大雨，後秦軍隊再起，隨後更反敗前秦軍隊。苻堅見慕容沖等已逼近長安，於是回軍長安並組織抵抗，但所派的苻琳、姜宇都兵敗，慕容沖成功佔領阿房城，長安遭圍困。

苻堅在長安宴請群臣，但當時長安已鬧饑荒，發生人食人的事，諸將回家後都吐出宴中吃下的肉來餵饑餓的妻兒。隨後前秦與西燕軍互相攻伐，互有勝負，但在衞將軍楊定被西燕所俘後，苻堅大懼，竟相信他曾經下令禁止的讖諱之言，留太子苻宏留守長安，自己率數百騎及張夫人、苻詵和苻寶、苻錦兩名女兒一同出奔五將山。然而苻堅到五將山後，後秦將領吳忠就來圍攻。苻堅雖見身邊的前秦軍都潰散，但亦神色自若，坐著安然等待吳忠。吳忠及後將苻堅送至新平幽禁。

姚萇及後向苻堅索要傳國玉璽。

苻堅（紫眼眶）張目喝道：「小小羌胡竟敢逼迫天子，五胡的曆數次序，沒有你這個羌人的名字。玉璽已送到晉朝那裏，你得不到的了！」

姚萇於是又派人提出苻堅禪讓給他，苻堅（紫眼眶）亦說：「禪代，是聖賢的事，姚萇是叛賊，有甚麼資格做這事！」苻堅自以平生都待姚萇不薄，甚至在淝水之戰前將「龍驤將軍」這個祖父曾受以及自己殺苻生奪位時有的將軍號，珍而重之地封予姚萇，現在姚萇反叛並逼迫他，於是屢次責罵姚萇以求死，並為免姚萇凌辱兩名女兒，於是先殺苻寶和苻錦。姚萇命人將苻堅絞死於新平佛寺內，享年四十八歲。張夫人及苻詵亦跟著自殺。

苻宏聽聞噩耗，宣布在長安稱皇帝。並集結殘餘的兵力，決心與姚萇死戰。另外一方面。在江南的謝安，聽聞前秦北返之後大亂，便宣佈北伐計畫。

然而立刻各士族之間爆發衝突，尤其荊州與揚州的集團利益對立，最為嚴重。諸多士族擁護桓溫的後人，公然抨擊謝安居功自大，甚至直接抓他在淝水之戰『踢斷木屐』為由，說他完全浪得虛名。三國大軍演取得的慣性線，這次再度用上。

謝安聽到消息，便把同宗族的侄兒謝玄找來，討論此事。

謝玄大吐不滿說：「叔叔，你說什麼？要我放棄荊江兩州的刺史，讓桓家子弟各自擔任？你可知道這是在說什麼？」

謝安（金眼眶）：「這我當然知道！你還是聽叔的，辭讓這個職務，交給桓家吧。」

謝玄來回在房內踱步，非常不愉快，但又不敢違逆身為宰執叔叔的話。

「北伐在即！就有人故意把荊揚矛盾，拿出來炒作。這其實就是怕我們謝家掌握大權！」

謝安（金眼眶）嘆口氣說：「不只如此，他們這時候把桓家扛出來，北伐就沒有統一的號令，只能是荊揚兩邊，各吹各的調。我只擔心，北方苻秦大亂的時機，又得像當年石趙大亂的時機一樣，被白白糟蹋，北伐又因為諸多問題，功敗垂成。只擔心這個啊。」

謝玄說：「那叔叔更不應該叫我讓出去！這個位置統領荊州精兵，掌握戰略要地，向北收復洛陽，向西收復益州，都得在這出發。若能配合揚州廣陵北上，那麼收復整個中原都不是不可能！其他時間要我讓可以，這時候絕對不能讓！」

謝安（金眼眶）苦著臉安撫他說：「不讓也不行！現在朝廷已經有人放出風聲，說我們謝家居功自傲，準備學桓溫用半調子北伐，心懷不軌，意圖欺壓皇室。挑撥我們跟皇室不和。」

謝玄問：「是誰放這風聲？」

謝安（金眼眶）板起臉孔說：「是誰這你不要管！倘若我們不犧牲自己的利益，專斷北伐，那朝廷上下就會開始猜疑四起，甚至會很多人從後搗亂！現在只有北伐收復中原，才是一切！我們要以大局為重！」

謝玄氣沮，點頭說：「好吧！叔叔說了算。若如此，您也要坐鎮建康，統籌各路北伐調度事宜。」

謝安（金眼眶）說：「這也做不到了，統籌各方只能變成協調各方。而你們若北伐有成果，我將視朝廷內部與皇族的風向，交出手上的所有官職與權力，表示忠誠。讓所有官卿士族都無話可說，利用這個，你們北伐中途，至少有一次機會，可以擋住後面放出來的冷箭！」

謝玄瞪眼說：「叔叔你……你說什麼？」

謝安（金眼眶）說：「不要懷疑！連我也得放棄！我左思右想很多天了，北伐要有最大機會成功，我們謝家必須要犧牲一切自己的利益，甚至生命都在所不惜！不要浮躁，我們先下盤棋。」

於是拿出一個圍棋棋盤，兩人對坐，謝玄執黑子先手，很浮躁地下了一子，謝安則慢慢引導他靜下來。兩人下到整個棋局的一半，謝玄也專注在棋局上了。

謝玄此時才心平氣和說：「我有一種感覺，假設北伐是一個棋局，我們在跟一個眼睛看不到的對手在下棋。」

謝安（金眼眶）說：「你終於開始進入狀況。倘若那個對手真的存在，他眼睛盯著的棋盤，肯定不是只有我們北伐。包括先前苻堅南征，竟然一下慘敗，乃至眼前苻堅遭遇的一切。這個對手，極可能像以前傳說當中，終南山的一位高人，同時跟幾個人下盲棋一般。我們這次遭遇這種對手，不集中一切，是不會勝利的。」

謝玄說：「知也知也。叔叔雖沒有超人之智力，但賢能識大體，這無話可說。我們謝家就讓吧！咬著牙也得讓！就像你說的，讓出一切，換取一次抵擋後面放出的冷箭！」

在謝安用盡心力策動下，各路晉軍再次北伐。桓家子弟各自領荊州精兵，向西收復益州，向北再次收復洛陽。而另外一路由謝玄率軍從廣陵北上，連連收復兗州、青州、司州、豫州。

這時果然建康內開始政治騷動，有人認為謝安北伐不斷獲勝，最後將會學王莽一樣篡位。謝安早有準備，立刻辭去所有官職，自貶到地方，請求出鎮廣陵調度北伐事宜。

雖然如此，後援仍然有限，劉牢之跨河北上，準備收復最關鍵的冀州時，在鄴城被慕容垂擊敗。

就在苻堅死前不久，建康城。

謝安此時病重，北伐將領劉牢之此時派了使者武郁之來問計。謝安挺著病，接見武郁之。

武郁之平伏行大禮，說：「謝公竟然病重，還肯接見下執，下執感激涕零！願謝公早日康復。」

謝安（金眼眶）說：「別拜了，我的病我很清楚。已經是沒得救，現在是迴光返照。趁我還有最後的一點時間，替我大晉北伐做出一些些貢獻也好。」

武郁之說：「那下執就閒話少說，劉將軍先前幫助苻秦舊部對抗慕容垂，但遭遇失敗，只能依照謝公您的指示，苻秦部隊共同突圍而出，退守黃河南岸。劉將軍希望籌備力量之後，再次北上收回河北，希望謝公對當前北方局勢給他指示。」

謝安（金眼眶）暈眩，左右侍童急忙扶助，他強挺扶床緣說：「苻秦在淝水之戰前為我大敵，但戰後反而是我盟友。這也是劉牢之將軍北上之前，我有不斷提醒他的事情。苻堅在關中不斷遭遇叛變，走投無路，氐族苻秦敗亡只是時間問題，他已派人到江南，將傳國玉璽送交我朝廷，其願意歸降心志已經明確。所以我軍仍然要保持聯合苻秦，消滅鮮卑與其他各族。之後就繼續維持這個方針，對此我已經提不出其他具體方略，只能你們後生晚輩見機行事。」

武郁之微笑說：「在下必將此話轉告劉牢之將軍。相信我大晉，很快就可以光復中原，重回故都。」

謝安（金眼眶）苦笑說：「但願如此。然而我已經行將就木，也就不必深藏內心多年的話！因為再藏下去，就只能爛在土堆中，永遠也說不出口囉。」

武郁之提起精神傾聽。

謝安（金眼眶）面容憔悴，印堂發黑，喘著氣說：「從王導，殷浩到桓溫。他們的經歷，乃至我數年前放棄家族都督荊州利益，甚至放棄朝廷大權，平衡荊州與揚州的勢力，穩定後方，乃至暗中聯絡昔日大敵苻堅，團結朝廷全力北伐收復河山，已經籌備到這麼完整，連宿敵都為盟友，而今卻仍然受阻。這些一切事實，告訴我一件事情。那就是，北伐永遠不會成功，大晉司馬家也永遠不會返回故都洛陽。即便現在洛陽，又再一次被我大晉軍隊收復，但很快地，可能又會再再一次失陷。」

武郁之大驚失色，追問：「謝公賢明，酬算萬千，如今何出此言？」

謝安（金眼眶）緩緩摸著額頭說：「當初我以為王導至桓溫的時期，中原人心仍舊不附大晉，依然介意大晉司馬家當年禍亂中原，所以才北伐失敗。」

苦笑自嘲了起來，接著說：「然而回想淝水之戰，苻堅敗得這麼離奇，害得我當下踢斷木屐，當初假裝鎮定，計無所出的行為被人識破，貽笑建康城。我也得坦承，當時我還真以為江南也當落入夷狄之手。」

喘口氣，接著說：「無論先前殷浩、桓溫，利用後趙滅亡的大亂北伐，利用秦燕對立的亂局北伐。乃至我用盡心力，放棄一切家族利益，團結眾人北伐。都慘遭失敗。而苻秦重用幹才王猛平定中原，大舉南下也同樣慘遭失敗。從這些人的失敗，到今天你等不斷失利，只能說，都敗得離奇！離奇！還是離奇！其實都沒有真的失敗的理由啊！沒有啊！絕對沒有！」

謝安（金眼眶）忽然又暈眩，左右侍童再次端藥湯。謝安緩緩喝湯藥，武郁之耐心聆聽。

接著說：「我本以為是中原人心向背。但仔細看清，根本不是！匈奴劉淵等，大略中原，羯人石虎淫暴兇殘，敗亡之後又中原大亂。這些亂局比當年大晉司馬家諸王，有過之無不及，況且他們還是胡羯。當時的中原人心也都希望，我大晉朝廷北上。畢竟我朝廷當時就已檢討，對天下人懺悔之前的過錯。殷浩北上計畫周全，思慮縝密，豈有失敗之理？桓溫更是精明強悍，又豈有這樣慘敗者？苻堅南下竟然與兩者一樣，敗敗敗。最後我只發現，有一股力量，夾帶著人的流動。似乎它……能感應人與山川地理的互動，它說，五胡運數還沒完，它劃出的一條線，在完畢之前都不能跨越。無論北上還是南下。運數完了，天下才會歸一。」

「好了，我沒有力氣說下去了……去告訴劉牢之吧……不，不只有劉牢之，去告訴天下人……」

於是示意他退出。

武郁之回去之後，大感意外，竟然賢能的謝安，最後說了一些他不明白的話。但這畢竟是謝公所言，還是轉告了劉牢之。只是劉牢之聽不明白，便也不以為然。

不久之後謝安病死，苻堅也被殺害。

謝安感覺有一條線，確實！這條線存在！但這條線怎麼形成的？誰去形成的？所有歷史學家都看不到，直到一千七百多年後今天，才有筆者慢慢看清楚。

他看到的這條線，其實就是一道人際互動的坎，超個體在三國時代大軍演，就練出來了。

建康城。

皇帝司馬曜的御座桌上，擺著兩個傳國玉璽。

謝安主動放棄大權之後，司馬曜便命令親弟弟司馬道子擔任丞相，畢竟司馬皇族大權旁落已久，難得靠著謝安賢能，重掌權力。

司馬曜與司馬道子一同看著桌上兩顆傳國玉璽。

司馬曜（粉紅眼眶）指著其中一個說：「這顆傳國玉璽，是武皇帝在受魏禪，統一三國之前，發現原來曹魏所傳的傳國玉璽有假，銷毀之，再命人重新打造的。及至永嘉之禍，它被劉聰搶走。隨著劉曜敗亡，被石勒搶走。隨著石虎敗亡，冉閔奪走，及至冉閔死後鄴城被圍，其臣蔣幹派人重新送到江東，回歸我大晉。」

指著另一顆說：「這顆據說是，當初慕容儁攻破鄴城滅冉閔時，強令冉閔之妻董后，打造獻璽出來。之後苻堅滅燕，繳得此璽。苻堅如今也慘敗，不斷遭遇叛亂，派人送到這裡。」

司馬道子（粉紅眼眶）說：「那這顆夷狄自製的假貨，應該銷毀掉。」

司馬曜（粉紅眼眶）搖頭說：「不，不能銷毀。」

司馬道子（粉紅眼眶）問：「這是為何？」

司馬曜（粉紅眼眶）搖頭說：「朕的想法與宣祖武皇帝不同。本來我們司馬家造的這一顆，也不是真實的。它們都有各自的來歷，那就都可以是真實的。從秦始皇帝到曹魏，傳國玉璽雖然只有一顆，但是真真假假。如今傳國玉璽一分為二，假假真真。如今北方苻秦崩潰，群豪相爭，鮮卑慕容再次復起。他們先前就造假一次，若有需要，必定會繼續造假。那麼所有的假，都可以當作真的使用。所以不用急著毀掉。因為毀了還可以再造，那局面就更亂了。不如全部保留，誰再造假為真，那就全都真不了。如此才能對那些夷狄，心理上釜底抽薪。」

司馬道子（粉紅眼眶）笑說：「皇兄陛下，清談玄學精妙，能領悟到這當中道理。弟弟我昏庸，就不理解陛下說的。」

且不論真真假假，假假真真，鮮卑慕容的確如他所料，要繼續造『傳國玉璽』，並且自己為之陷入權力迷思。司馬曜已經看透了傳國玉璽的部分功能。

第八章 傳國玉璽發酵 五胡入華後段

※※※※※ ※※※※※ ※※※※※

承前

同理由，

Σ異三↑↓Σ異五；Σ異五 ↑↓Σ異六；Σ異六 ↑↓Σ異三

∵ 代↑↓異 代＞Σ異三 Z＞Σ異五 ／／劉裕北伐與北魏強勢／／

∴ Σ異三 →0　Σ異五→0
本+〉1　異=（代）+Σ異六+異七
母=1／代（+本）+異　代+異〉1　／／南北朝開始／／

※※※※※　※※※※※　※※※※※

話鋒轉到北方戰局。

苻堅被姚萇殺了之後，姚萇自立國號也是秦，史稱後秦或姚秦。苻秦與姚秦兩軍拼死戰鬥於關中，而西北涼州呂光自立，國號涼。慕容垂攻占鄴城後，繼續兼併冀幽二州乃至到龍城，正圖謀恢復前燕時期的大部分地盤，定都中山。在代地到朔方這一區域，原本被苻秦兼併的拓跋鮮卑部，也趁勢自立。

正在此時，一個北方奇葩慕容永出現。

被苻堅殺掉的前燕皇帝慕容暐，其弟弟慕容泓起兵反秦。慕容沖也另外組一股力量反秦。但慕容沖兵敗投奔慕容泓，表示自己放棄稱帝之念。就當慕容泓要稱帝時，忽然謀臣高蓋，認為慕容泓執法太殘暴，便殺了慕容泓，擁護慕容沖繼位。

慕容沖稱帝後，率軍攻破長安，部下大掠財貨。正當這些鮮卑部下，準備東歸時，慕容沖卻因為聽說慕容垂已經在黃河以北站穩腳跟，實力強大，而且不容他們這些姪兒輩稱帝。於是遂主張定都長安，留守關中，堅決不讓這些鮮卑人東返。鮮卑部下們紛紛躁動，殺掉慕容沖，相互一陣自相殘殺後，慕容家族的旁支慕容永繼位。史稱慕容永的國家為西燕。

慕容永只能在部下的恐嚇之中，率著大家東歸，擊敗苻丕後進入并州地界，定都長子，與強大的後燕慕容垂相鄰。

長子城，皇宮。

說這是皇宮，實在無法跟當年西晉的洛陽與長安皇宮相比，也不能跟前秦的長安皇宮相比，甚至不如鄴城的皇宮。無論規格還是宏制都差了一大截。

慕容永招集大臣廷議。

慕容永（粉黃眼眶）內心對放棄長安，讓自己所有規格都小了一大截，確實是心有不甘的。但礙於慕容泓與慕容沖兩人的前車之鑑，還有一大堆在自相殘殺時期，死掉的大小慕容們的前車之鑑，他實在不敢再得罪這些部下。

如果比喻當前所有其他稱王稱帝者，其勢力都是戲班的話。江南東晉的戲班品牌最老且最有規範，慕容垂的戲班則陣容強大，苻秦的戲班雖然沒落將散，但至少過去曾經闖出驚人名聲，姚萇、呂光、拓拔珪，戲班雖然也屬草創，但努力敲鑼打鼓鬧得響亮，都似乎有光明前途。但就他慕容永的戲班，手下全都是跳樑小丑，不太聽他這個唱主角的指揮。只有聽說，黃河南岸還有一個極北南下的丁零族人翟遼，自己建國號稱魏，宮廷只是土牆瓦屋，找一些同族老婦當作宮女，戲班更加跳樑小丑，以致於無人承認他有建國之外，就屬慕容永最難堪。

而且近日，還有來自慕容垂派來的使節，拿出了宗譜，告訴他的位置是庶族的庶族，旁支的旁支。要他立刻歸順，可以視情況給個王爵。

基於內外都立足不穩，慕容永非常憤恨，決定拿出一個大絕招，扭轉整個內外局面。

慕容永（粉黃眼眶）今日強挺威嚴說：「我大燕慕容家族，自武宣皇帝時代……」愣一下，看大家似乎呆滯，又問：「你們知道武宣皇帝是誰吧？」

文武官員互相對看，有人說知道，但有人卻搖頭，問在旁的其他大臣，竊竊私語。

慕容永（粉黃眼眶）有些不耐煩，正色說：「就是慕容廆！慕容皝的父親，慕容儁的祖父！也是現在在中山稱帝，阿六敦的祖父！」

眾人才紛紛微笑點頭。旁邊的司儀卻在慕容永耳旁說：「朝堂之上，不適合直稱歷代先祖名諱。」

慕容永（粉黃眼眶）聽後，甩了頭冷笑，指著群臣說：「朕不得不直稱名諱，不然他們很多人不知道大燕武宣皇帝是誰啊！」

眾人一愣。

慕容永（粉黃眼眶）用鮮卑話反問司儀：「對了，我想要講什麼？」

底下群臣又是一愣。

司儀也一愣，也不知道他到底想說什麼，只有回答：「剛才您說大燕慕容家族的武宣皇帝時代。」

慕容永（粉黃眼眶），也愣了一愣，改口說：「算了，不提武宣皇帝那麼遙遠的事。說說現在的阿六敦吧！他已經在中山稱帝，控制幽冀二州乃至遼東及龍城故地，號稱擁兵四十萬。先前派使節來到朕這裡，拿出宗譜指著我的位置，說不允許我們庶族『僭舉位號，惑民視聽』。說他們才是大燕正統，要我們取消年號，奉他正朔。還得放棄兵權城池，入中山稱臣，還可以給我們旁支宗親待遇。」

慕容永（粉黃眼眶）大聲繼續用鮮卑話說：「如果要這樣可以啊！那朕可以不稱皇帝，依照宗親血脈，朕血緣疏遠，給他封個縣王，但可能就不會有封地。你們這些人，看阿六敦能給你們什麼官？」

眾人一陣議論紛紛。都自知不會被慕容垂待見，所以都堅持拒絕降伏。

「我們反抗！」「對，絕不妥協！」「他們才是『僭舉位號，惑民視聽』」「沒錯，怎麼可以東邊有一個燕國，西邊也有一個燕國。哪個燕才是真正的燕？」

最後群臣跳出來共同說：「請陛下對阿六敦開戰！」

談到開戰，慕容永嚇到了，因為慕容垂的實力比他強大，硬碰硬自己未必勝利。

慕容永（粉黃眼眶）趕緊喝令眾人安靜，然後說：「開戰不急！這還需要準備兵馬糧草。目前最重要的就是針對他說的『僭舉位號，惑民視聽』！假設同一個寶號兩家共稱，確實會讓人疑惑，到底誰才是真正的寶號。先讓子民都認可，朕這個燕，才是真燕。阿六敦的是假燕，我們再起兵討伐他們，不就明正言順了嗎？」

眾臣紛紛點頭稱是，但卻又拿不出辦法。

慕容永（粉黃眼眶）哈哈一笑說：「阿六敦派人拿著宗譜當作正統，說朕是疏族，朕的燕是假的。但朕有一招，可以反擊，直接置阿六敦入死地！讓他再也不敢拿慕容家的宗譜來說事！」

眾臣問何招？

慕容永（粉黃眼眶）拿出一個璞玉，擺在桌上，哈哈大笑說：「傳國玉璽！」

眾臣聽說過這個，一個大臣問：「傳國玉璽不已經回歸江南晉室了嗎？這眾所周知啊！」

慕容永（粉黃眼眶）說：「朕看過史籍，傳國玉璽的一切典故。晉室兩方傳國玉璽，都是假造的。以致於跟秦始皇帝的傳國玉璽，型制差距太大！朕在長安時候有人賣給朕這個璞玉，質地甚好，可依照史籍所述的規制，重造傳國玉璽！然後公告天下，朕在長安漢宮故地遊玩時，有祥獸獻瑞，把這個傳國玉璽獻給朕。所以朕當這個皇帝，是天命所歸。如此一來，當子民爭論誰才是真正的燕？非朕莫屬。之後就可以跟阿六敦正式決裂，一決雌雄！」

眾臣紛紛下拜，雖然秩序很亂，但還稱挺得住場面。高呼萬歲。

慕容永的權威，在這當中的確開始加強，而且部眾也因此對他越來越尊重了。

於是慕容永派人去治下比較大的城池，晉陽城。花重金找來一個有名的玉匠與一位懂得古文的博士，專程趕來長子城，依照典籍重造傳國玉璽。結果造得確實非常逼真，吻合秦璽記載上一切細節，方闊皆六寸，高四寸六分，依照西漢末王莽篡漢，太皇太后王政君擲璽於地崩一角，而後王莽以黃金鑲補上的故事，同樣敲掉一角，鑲黃金補之。又依照東漢末曹丕篡漢，曹節擲璽於地的故事，以高明的工法敲出一些裂紋，來正這一段典故，而底面璽文，則雕刻鳥蟲篆，文如秦璽，『授命於天，既壽永昌』。

慕容永拿到之後，見到雕工精美，簡直經典再現，於是大喜，再次重賞這兩位工匠與博士。他本人則將自己獲得傳國玉璽之傳聞放出去之後，在城牆上高舉傳國玉璽，眾人高呼萬歲。之後派人將印文，四處宣告，同時派使節前往中山。

在前往中山之前，慕容永設計好一套震撼慕容垂的方式。先命畫師，將傳國玉璽各角度都臨摹下來。

慕容垂聽到來意，果然大感吃驚，也找來漢人博士與明白經典的大臣，在殿內等候。

使者在中山宮殿上，就先亮出畫像，宣告慕容永得到傳國玉璽。然後滔滔不絕，大意是說：「之所以先前不言明，是怕你方尷尬。但你方既然已經對著我方，把『僭舉位號，惑民視聽』都喊出來了，那我方只有拿出傳國玉璽，以表正統。」

慕容垂這一方質疑的博士問：「你倒是說說，他是如何得到傳國玉璽的？」

使者講述當時慕容永在長安得玉璽傳奇：「祥獸躍出，口銜玉璽，下跪奉獻，天散紫霞，雲有龍形，雁鳥高歌，鳳凰展翅，百獸奔騰，豺狼躲避。及回家宅，滿室芬芳，水泉甘甜。及其夜晚，神靈托夢，擁有天命。」

慕容垂這一方所有漢人博士，圍觀鑑別，不知道是有意還是無意，都被畫像嚇到，紛紛點頭說這確實吻合經典所云，而江南晉室兩方都不是真的。

慕容垂當場面色難堪。

慕容垂這一方的一個漢臣，似乎是知道雙方會爆發衝突，頗似搧風點火，但又非常有技巧，以免自己被慕容垂質疑，轉而大聲質問慕容永這邊的使者說：「這幅畫雖然吻合一切經典，印面畫像也頗似失傳的鳥蟲篆，為失傳秦文。但你方並沒有把真實的玉璽拿來，誰能認證真有此物？如果我找一個懂得經典，也明白失傳古文的畫師來作，一樣可以編造出這些東西！當中的雕工，與真實鑑文，根本無法鑑別！」

慕容垂此時轉而露出微笑，在場大臣也紛紛點頭。

使者哈哈大笑說：「我就知道你方會這麼說，但我們陛下得到天命之物，豈可隨意外帶？萬一賊人覬覦開罪天命，這誰也擔當不起。」

於是亮出蓋上傳國玉璽的蓋印紙文，掛在牆上，說明這正是秦璽經典，鳥蟲篆文『壽命於天，既壽永昌』。

使者大聲說：「畫像可假！但真正蓋印鑑文在此，你等且來看看，這是不是真實的失傳秦文！至於傳國玉璽的玉質問題，可以派使節來長子觀看！」

喔！吼！啊！呀！

在場經典漢臣博士，面面相覷，紛紛露出驚嘆之色。

「真的是鳥蟲篆啊！」「雕工大器！」「江南的確實不是！」

如此一來，假的也成真的，更多臣民會認可慕容永。

使節露出得意之色，然後說：「所以我們陛下說，到底是誰在『僭舉位號，惑民視聽』？」

慕容垂當場尷尬，手下眾臣議論紛紛，建議派人親自去鑑別。

年近七十，見多識廣的慕容垂，已經知道該怎麼對付。

慕容垂（紫眼眶）冷笑，眼皮青筋跳動，嘴角強忍上揚，發狠地說：「喔……原來如此，那朕真的該去一趟長子城，有天命的原來是慕容永皇帝陛下。是是是…皇帝陛下萬歲萬歲萬萬歲。」

說罷，露出兇狠的神情站起，甩袖退出大殿。

在一旁的宗親大臣慕容農站起來，走到使節耳旁大喊：「回去告訴慕容永！萬歲萬歲萬萬歲啊！」聲音震動殿外，使者的耳膜當場昏聵，之後非常不適，直到回到長子報告，才恢復聽覺。

於是慕容垂下令，動員備戰，傾舉國之兵，消滅兩股跳樑小丑。先打慕容永，再打翟遼。

說這完全符合經典，幾可亂真的傳國玉璽，讓慕容永加速引來災禍，這也不盡然。在朔方的拓跋珪，以及河南的晉軍，聽說慕容永這麼生猛有力，況且這雙方與慕容垂都交惡，於是都派使節來與他結盟。

這慕容垂調集七萬精兵，主力大舉進攻晉陽。另外分兵攻掠附近小城。慕容垂本人坐鎮鄴城，招募後續兵力。慕容永出動所有兵馬共五萬人，派太尉大逸豆歸，征東將軍小逸豆歸。分道迎戰。

慕容永知道這些手下，大多都是小丑，為免他們不忠誠，藉著傳國玉璽的加持，自己也意識大增，把這些帶兵的主要將領的妻子都趁機扣在手上當人質。

雙方主力在臺壁交戰，後燕的大將慕容農指揮攻擊，連連擊破西燕軍，不少西燕將領戰意低落，紛紛放下武器投降。慕容永氣得殺掉這些將領的妻子。然後自己率領所有主力部隊出擊，慕容垂本人也帶兵趕到，詐敗退走，慕容永率軍猛追，之後慕容垂伏兵四起，四面圍殺，慕容永大敗，部下被斬首八千多人。

慕容永突圍出去，逃回長子。晉陽守將發現這個天命皇帝戰敗，於是投降後燕軍。

慕容垂親率大軍，進逼長子。

慕容永這時候才發現，這個傳國玉璽不能再保留了。趕緊派出使節，先向拓拔北魏求援，然後又派兒子帶著經典的傳國玉璽，跑到東晉北伐軍求援，願意將傳國玉璽獻上。

於是晉魏兩方都同意出兵拯救慕容永。

但兩方的救兵還沒有趕到，太尉大逸豆歸，認為慕容永已經玩完了，先前誅殺將領們的妻子，強逼這些本來就沒多大能力的將領去死戰，行為太過惡劣。於是當場叛變！打開城門迎接後燕軍。引導後燕軍把慕容永與其兒子生擒，最後都被慕容垂下令斬首。

奇葩確實是奇葩，但先天不足，局勢險惡，再出奇招也無法挽狂瀾。

之後慕容垂馬不停蹄，派兵滅翟遼的黃河南岸小魏國，同樣斬首。

接著迎戰來支援的晉軍，連連獲勝，分兵攻破青州與兗州許多城池。至此，後燕領地大增，聲威震動整個中原。也就在此同時，關中的戰局也大致出現勝負，姚萇病死後，兒子繼位姚興，率軍打敗前秦皇帝苻登，將之擒殺，解散其部眾。只有殘餘宗室，或逃到荊州投降東晉，或西奔被隴西鮮卑人，或被西秦乞伏乾歸消滅，前秦遂滅亡。

建康城宮殿。

慕容永敗亡消息傳來後，皇帝司馬曜與司馬道子再次一起觀看御桌上的傳國玉璽。

桌上已經從原本兩個，變成了三個傳國玉璽了。此時還招來群臣一起觀看。

司馬曜（粉紅眼眶）說：「加上這一方剛從慕容永那邊獻上的傳國玉璽，連同原本的兩方，已經變成了三方御璽了。朕要你們看看，到底哪一個才是真的。」

晉室群臣，仔細觀看。

他們知道先前兩方的來歷，也都知道兩方都為各自假造的，與經典不合。仔細鑑別過慕容永送來的傳國玉璽後，全都大驚失色。

「陛下，這慕容永不知道如何得來？」

司馬曜（粉紅眼眶）說：「怎麼？看你們的神情，似乎認可他的傳國玉璽才是真的？」

群臣紛紛點頭。

一名大臣說：「經過仔細鑑別，只有他這一方傳國玉璽，才最吻合所有經典。包括這玉的材質，確實乃上等南方好玉，與西域和闐玉不相同。乃至於鳥蟲篆文，如今大多文字都已失傳，但其文字古樸不似偽造。當中文字走勢行氣，還可以辨別其文，確實乃古代雕工。而缺角相補黃金，工序確似漢法，裂紋也不像今人所造，完全吻合王莽篡漢與曹丕篡漢的各自歷史。」

司馬曜（粉紅眼眶）笑說：「不管多麼吻合經典，偽造的還是偽造的，只是慕容永找到真正明白一切經典的大師人物，或是一些奇人異士相助而已。當年我大晉受曹魏禪讓，還都沒得到真璽。朕就絕對不相信，一個小小鮮卑部族旁支的慕容永，能如他言這般傳奇，能得真實的傳國玉璽。」

司馬道子（粉紅眼眶）說：「既然是偽造，不如毀掉。」

眾臣也紛紛認定應該毀掉。

司馬曜（粉紅眼眶）說：「不可。毀掉簡單，但這件事情必定中原人士必定知悉。倘若我們不以之為寶，象徵天命仍歸大晉，那肯定中原還有第二個慕容永，第三個慕容永。所以朕決定，它既然吻合經典，那就以它為國寶，其他兩方則各有來歷，也全放置一旁，存而不論。」

眾臣點頭稱陛下聖明。

不過司馬曜雖然有小聰明，也正確對待傳國玉璽。卻因為對自己的張姓愛妃，說出了：妳年三十，應該被廢，朕要更年輕的。就被張姓愛妃殺掉了。並且張姓愛妃，收買了所有知情的人，太子司馬德宗愚蠢癡呆，司馬道子昏庸，都沒去追究。

張女應該是有對他說：你年三十四，應該駕殂，妾要更安靜的。司馬曜成了第一個遭遇後宮女子叛變，且被殺的皇帝。

司馬曜一死，癡呆的太子司馬德宗繼位，其能力比當年在洛陽的癡呆惠帝司馬衷還要低能，言語障礙難明，連冬天與夏天都分辨不出。暫時由司馬皇族旁系親王掌權，各地實力派又開始騷動，不聽從皇帝號令，謝安用盡心思犧牲自家利益，平衡江南士族力量，籌劃北伐的成果，當然又無法維持。司馬家已經流落江南，卻又重演當年在中原故事，因而走向滅亡。司馬家確實再怎麼經過賢能人的努力，也扶不起來。所以當年的司馬昭不應當笑話劉禪。

陰狠的張女殺了司馬曜，擊打了司馬家最後的命門。令人想起司馬懿當年的妻子張春華，也是陰狠的張女，為了掩護司馬懿裝病不出仕曹操幕府，殺了婢女滅口。而今同樣是張女，卻是命令婢女殺了丈夫司馬曜，目的也是滅口。

防止北伐的那道慣性線，是複合許多支脈的，連劉禪的影像，張春華的影像，都能加強版之後，罔兩問景，投影再現。

三國時代大軍演，真的是很成功。主軸慣性線下，還有諸多支脈慣性線可以套用。不過三國時代再怎麼成功，都只是演習。超個體或稱古怪，眼睛盯的真正戰場，是這個時代，因為這個時代才有古怪所需要的東西。

話鋒重回北方。

慕容垂消滅了慕容永，又再次擊破支持慕容永的晉軍，擴大統治區域，讓各路晉軍不得不全面守備城池後。很快就把目標，轉在原本也支持慕容永的勢力，拓跋鮮卑部。

此時拓跋珪雖然身居代地北方長城一帶，但自稱魏王，國號與被慕容垂滅掉的翟遼一樣。但慕容垂很清楚，拓拔珪的魏，與翟遼的魏，那不可等同而論。

先前拓跋珪一立國，知道周邊全是強敵，內部還有叔父企圖叛亂奪位。北有賀蘭部、南有獨孤部、東有庫莫奚部、西邊在河套一帶有匈奴鐵弗部、陰山以北為柔然部和高車部、太行山以東為慕容垂建立的後燕及以西的慕容永統治的西燕。於是先聯合實力最強的慕容垂，大舉消滅內部叛亂，接著南征北伐東征西討，打敗各部實力大增。尤其大破匈奴鐵弗部劉衛辰，劉衛辰被部下殺害，接著殺其宗族下屬五千人，震動整個河套地區。有了足夠實力就敢翻臉，因後燕使節不斷索要良馬，遂交惡改支持慕容永。

等到慕容永被消滅，兩股不同支系的鮮卑勢力便正式敵對，北魏遂不斷騷擾邊境。

此時慕容垂年已七十，已經厭倦戰爭，遂改派太子慕容寶率軍進攻北魏。

拓跋珪知大軍前來，率眾到河西避戰。後燕軍到五原後收降魏別部三萬多家人，又收穄田穀物及造船打算渡河進攻。拓跋珪亦進軍河邊，與燕軍對峙。北魏一方面派許謙向當時已經在關中強大的後秦請求援兵，一面派兵堵截燕軍與後燕都城中山的道路，逮捕後燕信使。因慕容垂在出兵時已經患病，而堵截道路令慕容寶久久都不知道國內消息。

拓跋珪使用他人獻上的計策，逼令抓到的使者，向燕軍謊稱慕容垂的死訊，打動慕容寶急於回中山繼位之心，成功動搖後燕軍將士的戰意。兩軍對峙許久，後燕軍終因內亂而被逼燒船撤退。其時黃河河水未結，北魏軍未能及時渡河追擊。但次月大風令河面結冰後，拓跋珪即下令渡河並派二萬多精騎追擊後燕軍。北魏軍在參合陂追到後燕軍。

滿山遍野忽然衝殺而來，後燕軍心崩潰，各自為戰，最終大敗。慕容寶則率親信逃回中山。拓拔珪俘獲大量燕軍將士及官員，拓跋珪除了選用有才的如賈閨等人數十人留下外，將其他官員都送回後燕，但聽從王建的建議，將後燕兵數萬人都大舉阬殺。史稱參合陂之戰。

參合陂慘劇消息傳到中山，舉朝震動。中山大殿。

慕容垂靠著幾個中官攙扶，勉強坐牀臨朝聽政。

太子慕容寶不斷建議再出兵討伐北魏。

慕容垂（紫眼眶）怒目說：「你還有臉談討伐！國家七萬精兵讓你一戰喪盡，還要折損多少？難道要我這七十老叟，幫你作戰不成？」

太子慕容寶低頭不敢言。其餘大臣也一時不敢多語。

慕容垂（紫眼眶）說：「什翼圭！當年英雄苻堅滅代國後，釋放不殺的小娃兒，沒料到如今變得如此可怕！成了可怕會吃人的毒虎！咳！到底這算不算是，朕對不起苻堅的報應？咳！咳！」

慕容垂說話用力氣，就會不斷咳，旁邊的中官趕緊遞上藥物熱浸的布，讓他敷在胸口。

慕容德趁他稍微恢復，站出來建議：「陛下，請恕臣弟直言。太子此次戰役敗給什翼圭，他們必定從此輕視太子。而陛下年事已高，若照此下去，將來太子繼位必定遭其輕視。陛下神武無敵，自景昭皇帝龍城起兵破石趙與冉閔以來，便所向皆捷，討伐各部蠻夷無不克捷，連強敵桓溫都在敗在陛下之手。苻堅更是以陛下投奔，而喜不自勝。中原人無不知道陛下用兵，勝過當年曹操。請陛下趁尚有陽壽之時，討滅什翼圭，替子孫剷除後患。」

慕容垂（紫眼眶）苦笑了一下說：「說我快沒陽壽，也就你慕容德能言。好啦，朕知道。但戰爭之前就必須先料定敵我雙方的內心，先前失敗，必定令士卒內心恐懼敵人。需要調動哪裡的兵，不怕什翼圭的？」

慕容德說：「幽州與龍城精兵，先前都沒參加戰爭。此次陛下親自率領他們，必定士氣旺盛，能夠一戰克捷！」

慕容垂（紫眼眶）站起來說：「去辦吧！但記得秘密調兵，對外宣稱我已經病入膏肓，下令止戰。」

眾臣遵旨。

自從慕容垂的兄長慕容儁進入中原，主要的軍國大事，都是慕容家族控制，漢人大臣無法參予。直到慕容垂而今也是如此。所以慕容垂雖然是能征善戰的真英雄，戰場上多為勝利，甚至比曹操還能用兵。且鮮卑慕容家族在中原也沒有大的惡跡。但就因為這個原因，較難見容於中原漢人，他的勝利成果，就難以保存。以至於慕容鮮卑部的實力，比拓跋鮮卑部還要強大，但最終不會是慕容鮮卑部獲勝。當年『三國大軍演』時，袁紹只任命兒子或外甥，擔任州郡太守領兵，最後敗給廣用他人的曹操。其暗中助力的慣性，已經建置在這當中。其原因並非任人唯親就一定會失敗，而是廣用他人者較容易滲透於其中，導入預先設定好的局，避免造成一股同族的自成系統局面而與大局相斥。

不過回到眼下戰局，仍然果然薑是老的辣。

慕容垂不走正常道路出兵，大軍通過青嶺，經過天門。出現山嶺無路可進，便命令工匠與士兵，共同合作鑿山開路，山路靠懸崖危險處，都釘上木樁綁上繩索形成安全帶，白晝所有部隊都休息，夜晚大軍銜枚牽繩，小心翼翼通過山路。慕容垂年紀雖老，也親自帶宗親將領，通過此道。

大軍忽然出現在雲中郡。

但慕容垂為了慎重起見，本部大軍駐紮在獵嶺，派慕容農與慕容隆，各自率軍進攻平城。此時守城池的拓跋虔，才知道後燕大軍由慕容垂親自攻來。

號角一吹，後燕大軍全力攻城，很快就爬上城牆。殺！鏗將！鏗將！殺！鏗將！鏗將！

「城池守不了！城池守不了！」

後燕軍隊只有龍城士兵不怕北魏軍，快速占據城牆，經過一番廝殺，城門洞開。各路燕軍衝殺入城內，拓跋虔率最後衛隊死戰，但最終被後燕軍圍殺而死。大批北魏士兵投降。

慕容垂派人傳令：北魏士兵多數也都是鮮卑人，不得擅殺報復，投降立刻收編，並將消息告知周邊所有部族。於是平城附近所有鮮卑部族都投靠了後燕。

消息傳到盛樂，拓跋珪大為吃驚。本打算放棄盛樂逃走，但部眾知道拓跋虔已經戰死，心懷二意，拓跋珪知道若一走就會崩潰，只好強忍堅守，命令各軍戒備。

慕容垂得到前方戰勝的消息後，沒有馬上進入平城，率大軍前往參合陂。命令全軍設壇祭奠，收攏到處散亂的屍骨，重新整齊安葬。不少人的兄弟都在參合陂被殺，全軍因此痛哭失聲。

慕容垂（紫眼眶）見了，鬱悶在胸說：「朕當初沒有親自帶你們，害得你們遭此屠戮，慚愧啊！」激動之後當場嘔血病發。

「陛下！」「快扶陛下上車！」

慕容垂只能癱坐在馬車上，前往平城療養。

一日，病情好了些後，站在平城城牆上，與慕容農、慕容隆望著日出。

慕容垂（紫眼眶）問：「什翼圭這個惡賊，他離開盛樂了沒有？」

慕容農說：「聽潛伏在盛樂的細作回報，他本想離開，但看著部下都有二意，忍著恐懼與騷動，沒有離開。」

慕容垂（紫眼眶）握緊拳頭，苦臉說：「這個惡賊，不是普通的賊。似乎冥冥之中，有力量在幫助他。不然他早該驚恐逃離，也正是我們的機會。」

慕容隆說：「陛下可再出戰計，攻打過去，由我等執行，一定會完成。」

慕容垂（紫眼眶）微微搖頭說：「他不離開盛樂，我們不能隨便動兵。」

慕容農問：「這是為何？惡賊內部已經騷動，強攻下去也能獲勝。」

慕容垂（紫眼眶）搖頭說：「不能因為我們扳回一成勝利，就因此小看這惡賊，他先前能在四周都是強敵的狀況之下，冒著風險四面出擊，獲得全勝，最後還在參合陂殺了我們這麼多勇士。朕活這麼多年，沒見過如此精明兇悍之徒，恐怕連石勒之猛、姚萇之狡，都不能勝過他。且拓跋鮮卑部，還保有兇悍善戰的傳統，恐怕之後真會成為你們子孫之患，你等千萬警惕矣。」

日出光芒乍現，眾人神情一悅。

慕容垂（紫眼眶）忽然說：「我有一種感覺，整個天下運勢要有新的變化，從大晉朝中原混亂各族入侵之後，到此要有一個大轉折，中原不會永遠這樣混戰下去。」

慕容隆說：「這轉折，當是我們大燕的契機。」

慕容垂（紫眼眶）指著遠處說：「在那邊修築一座城池，叫做『燕昌城』，但願這個運勢助我大燕。」

說罷回城休息。

各軍依令共同修築城池後，慕容垂病情加重，只有率軍南歸，途中病死，享年七十一歲。慕容寶遂繼位。

慕容垂死前察覺到的這個運勢，其實就是所有不出聲音的漢人，隱性催動的動向。這動向為何？圖讖運數之說，當然都是胡說八道，沒有真實的依據與價值。但倘若觀察前面的歷史『三國大軍演』的各項細節，就知道在這個時代，會遭遇到的各種慣性與選擇。也約略能推測出最終結局。

運勢真的不在鮮卑慕容部這裡。

當然，這是在那個時代，怎麼想也想不通的，即便在一千六百多年後的今天，也尚未有他人想透。

慕容垂一死，消息很快傳到拓跋珪耳中，當場喜不自勝。他認為最可怕的敵人已經不在，於是改元皇始。同時調集所有部隊，要大舉伐燕爭奪中原。

拓跋珪果然比石勒還厲害，把慕容垂攻破平城的戰術，立刻模仿起來，對後燕還以顏色。

親率十餘萬大軍，對外號稱四十多萬，不走正常道路，而南出馬邑，越過句注南攻後燕并州。同時又命封真率偏師數萬人，進攻後燕幽州。魏軍進至晉陽，守城的慕容農率軍出戰但大敗，晉陽城守將此時叛燕逼使慕容農率眾東走。長孫肥率眾追擊，在潞川追上，慕容農妻兒被擄，只能與三騎逃回中山。北魏遂奪取後燕并州之地，並置官員治理當地。

隨後，此戰術繼續運用，拓跋珪命于栗磾及公孫蘭等暗中開通昔日韓信在井陘用過的路，越過太行山，忽然出現在後燕京師中山城附近。後燕軍決意嬰城自守，打持久戰，於是拓跋珪在攻下常山後，分兵進攻其他城池，其東各郡縣的官員不是棄城就是投降，北魏於是輕易地得到中原大部分郡縣歸附，僅餘中山城、鄴城及信都城三城仍然拒守。拓跋珪見到戰局有利，於是兵分三路分攻三城：自攻中山，拓跋儀攻鄴及王建、李栗攻信都。然而，拓跋珪在攻中山城時遭燕軍力拒，於是暫時放棄中山城，改而南取其餘二城。

拓跋珪加入進攻信都城，終於逼得守將慕容鳳棄城出走，但其時慕容德卻成功離間進攻鄴城的拓跋儀及賀賴盧，令他們退兵，並乘機從後追擊，大破魏軍。

先前，拓跋珪憎惡的魏將沒根，使其自疑而叛魏投燕，其侄兒醜提恐怕會被株連，於是決定自并州率部回北魏後方作亂。拓跋珪見內亂起，於是自後燕求和，但慕容寶卻意圖乘此機反擊，拒絕之餘更派步兵十二萬及騎兵三萬七千出屯柏肆，在滹沱水以北阻擊魏軍。魏軍在滹沱水南岸設營對峙。

慕容寶也並非一無是處，組織精兵準備夜襲。

後燕軍於是乘夜渡水進攻，以萬餘人突襲魏營，並乘風勢放火。魏軍此時大亂，拓跋珪慌忙起來棄營逃跑，後燕軍士兵殺入他帳中但見不到人。

後燕軍此時卻無故自亂，互相攻擊，拓跋珪在營外見到，就擊鼓收拾餘眾，集結好後反攻營內燕軍，並乘勢進攻營北作支援的慕容寶親兵隊伍，逼使慕容寶退回北岸。此戰後，燕軍士氣大降，而魏軍卻已重整。拓跋珪乘慕容寶撤退的機會追擊，屢敗後燕軍。慕容寶恐懼下更拋下大軍率二萬騎兵速返中山；又怕被追上，命令士兵拋棄戰衣及兵器輕裝撤還。大量後燕兵因大風雪而凍死，許多後燕朝臣及兵將都被俘或投降。

明明一場好機與勝機，偏偏變成大敗，比苻堅的淝水之戰還要冤枉。慕容寶改向拓跋珪求和，並說要送還拓跋觚，並割讓常山以西土地。拓跋珪已答允，但慕容寶卻反悔，拓跋珪於是率軍進圍中山。最終慕容寶等人棄中山城出走，拓跋珪原本打算在該晚入城，王建則以士兵會乘夜盜取城中財寶為由勸阻，拓跋珪於是等到日出才入城。可是慕容詳卻趁機自立為主，閉門拒守，拓跋珪試圖強攻但攻了幾日都不果，於是試圖勸降，可是城中軍民卻表示，擔心會有昔日在參合陂被殺的降卒一樣的下場，所以必須堅守到最後。拓跋珪想起當日勸他殺俘的正是王建，導致現在難取中山，於是向其吐口水。拓跋珪撤圍，到河間補充軍糧。在圍攻中山的同時，拓跋珪派庾岳率兵討平國內叛變的賀蘭部、紇鄰部及紇奚部，竟然用偏師就成功解決內亂。

據中山的慕容麟因飢荒而率隊伍離城，轉移到新市，拓跋珪於是主動進攻，並在次月於義臺大破慕容麟。慕容麟出走後，拓跋珪入據中山。鄴城也因慕容德棄守而落入魏軍手中，拓跋珪於鄴置行臺後回到中山，並打算回盛樂，於是修治由望都至代地的直道，設中山行臺以防變亂，又下令強遷新佔之六州官民和外族人士到代郡充實人口。

至此多數後燕城池都投降北魏。

拓跋珪遷都平城，營建宮殿、宗廟、社稷。改年號天興，即皇帝位。拓跋珪即位後不久便北巡，並分三道進攻高車各部，大破高車三十餘部，另拓跋儀又以三萬騎兵攻破高車殘餘的七部，皆大有所獲。拓跋珪派遣建義將軍庾真及越騎校尉奚斤進攻北方的庫狄部及宥連部，將他們擊敗並逼令庫狄部的沓亦干歸附。庾真等軍接著又擊破侯莫陳部，凱旋而歸。

至此拓跋珪稱霸中原，鮮卑慕容部大敗後，分成兩股流竄，一路北上逃回龍城，但所屬眾叛親離，一陣自相火拼後，慕容寶最後被遠親蘭汗所殺，蘭汗一族又被慕容寶的兒子慕容盛所殺，奪回控制權。後燕勉強苟延殘喘。另外一路為慕容德率領進入青州割據自立，史稱北燕。

話鋒轉說另外一頭。

說這姚萇死後，兒子姚興滅了前秦站穩關中。

於是他也開始四處擴張爭戰，先率兵進攻東晉控制的湖城，弘農太守陶仲山及華山太守董邁都投降。姚興於是進至陝城，並攻下上洛。另又分遣姚崇進攻晉室數次收復的洛陽城，因太守夏侯宗之死守金鏞城而未能攻克，於是改攻柏谷，強遷兩萬多戶流民西歸。

姚興之後重新備戰，命姚崇及楊佛嵩再攻洛陽，守將辛恭靖堅守一百多日後失守，晉室的洛陽城又再次失陷。後秦奪得洛陽後，淮河、漢水以北各城大多都向後秦請降，並送人質。

再派姚碩德進攻西秦，西秦王乞伏乾歸率眾抵抗，兩軍對峙期間姚碩德軍中柴草缺乏，姚興就暗中領兵支援。乞伏乾歸知道姚興派軍前來，於是命慕兀率二萬中軍屯柏楊，羅敦率外軍屯侯辰谷，自己領數千輕騎等候秦軍。不過其夜遇上大風和大霧，乞伏乾歸與慕兀的中軍失去聯絡，被逼與外軍會合。天亮後，乞伏乾歸就與後秦軍作戰，終大敗並逃返苑川，後秦軍受降共三萬六千多人，姚興則進軍枹罕。乞伏乾歸初降禿髮利鹿孤，但因怕不為對方所容，最終決定歸降後秦。

姚興命姚碩德進攻後涼，並兵圍後涼首都姑臧。後涼本控制整個河西到西域之處，但不斷有豪強叛變自立，分裂出西涼，南涼，北涼。後涼王呂隆已經失去信心，被逼向後秦請降。而在後秦攻涼時，西涼李暠、南涼禿髮利鹿孤及北涼沮渠蒙遜都遣使向後秦請降。姚興因而派了齊難等人到姑臧，駐兵當地並送呂氏宗族內徙長安，吞併後涼。另外在攻打後涼姑臧時，連帶的將名僧鳩摩羅什請回長安。

就在姚興不斷進攻晉朝在中原的前進基地，同時準備進攻洛陽時，東晉同時遭遇內亂。每當東晉有可能要回到中原，內部就一定要開始內亂，無意之間去策應北方的敵人。

首先是王恭上表，要求以謝安以來收復的中原土地為基礎，北伐光復全中原。司馬道子雖然昏庸，但早已經知道王恭勾結荊州軍閥殷仲堪等人，有不軌企圖，又一次挑撥『荊揚矛盾』，於是拒絕他的北伐計畫。王恭便上表以討伐奸臣王國寶為名，大舉進兵建康。司馬道子聽聞後恐懼，賜死王國寶後，請王恭罷兵。

司馬道子雖然犧牲大臣勸退這次兵變，但這些藩鎮自然就順理成章不聽建康命令，司馬道子於是起用皇家較有才能的司馬休之與司馬尚之，分散藩鎮的兵權。於是王恭大怒，與各藩鎮推桓玄為盟主，再次起兵叛亂。桓玄在白石大敗朝廷軍隊，並與楊佺期進兵橫江，司馬尚之退走而司馬恢之的水軍全軍覆沒。朝廷軍於是分守石頭城和建康附近以作防備。而王恭當時亦因逼司馬道子誅王國寶的事而感到十分威風，亦因他自負其才能和門閥地位，對倚靠作爪牙的劉牢之待遇不好，僅當他是普通將領看待。

劉牢之對此其實十分憤恨，司馬元顯於是派了同為北府軍將領出身的高素去遊說劉牢之，並許事成後以他接任王恭的本職，劉牢之於是答應。當時王恭從何澹之口中得知劉牢之意圖叛變，但王恭以他們二人之間有私怨而不信，但及後就與他結為兄弟，並將手下精兵交給他，命其為前鋒進攻建康。然而，劉牢之至竹里就叛降朝廷，派劉敬宣和高雅之倒戈攻伐王恭。王恭兵敗逃亡，不久被捕並被處死。

王恭死後，楊佺期等沒有離去，反已進兵石頭城，司馬元顯命丹楊尹王愷至石頭城抵抗。不過此時劉牢之率兵入赴建康，嚇得楊佺期和桓玄退還蔡洲。雖然二人後撤但仍接近建康，而殷仲堪大軍亦在蕪湖，因朝廷對荊州軍隊的虛實並不清楚，故此內部十分憂慮。而左衞將軍桓脩當時就向司馬道子建議利誘桓玄和楊佺期二人，令其倒戈背叛殷仲堪。司馬道子聽從並以桓、楊二人分別任江州和雍州刺史，而由桓脩代殷仲堪為荊州刺史，貶殷仲堪為廣州刺史。殷仲堪知道後大怒，下令桓玄等進攻，只是桓玄心中卻想接受朝廷的意思，猶豫未決；而殷仲堪亦聽聞楊佺期也想接受朝命，於是因畏懼而後撤。桓玄等亦狼狽西退，至尋陽與殷仲堪相遇，並結成聯盟，以桓玄為盟主，皆不受朝命，並為王恭申冤和求誅劉牢之及司馬尚之。朝廷對此十分忌憚，唯有罷去桓脩官職並讓殷仲堪復職，更下詔慰問，尋求和解。最終楊佺期、桓玄和殷仲堪皆接受朝命，各還所鎮。第二次叛亂姑且平息。

就在王恭叛亂，孫秀的後人孫泰，信仰五斗米教，也趁機煽動百姓叛亂，配合王恭。但隨著王恭失敗被殺，孫泰也被捕處死。其姪兒孫恩逃到海島上，招集流民組織船隊，再次掀起叛亂。奸賊的後人果然還是奸賊。

勉強平息了荊州軍閥亂局，沒料到海賊又鬧了起來。自然北方中原的部隊，仍然沒有後援去抵抗姚興的進攻。

大舉從三吳地區登陸，此地少有戰亂，一看到叛軍殺來，紛紛崩潰。太守王凝之被殺。

太守府邸。

太守夫人乃是謝道韞，是謝安的姪女，聽聞叛軍來襲神色自若。

一婢女逃到府內，喊：「夫人，有軍士來報，太守被殺了。」

身邊眾婢女一陣驚慌。

「快逃吧！賊兵要來了！」

謝道韞（黃眼眶）大喝說：「慌什麼！」於是抽出佩刀，又說：「妳們跟我出去殺敵！」

婢女們雖然害怕，但是不敢抗命，於是用小轎扛著謝道韞出門。

一出門口，只見軍士在大街上跟賊人拼殺，但已經節節落敗。謝道韞下了轎，徒步向前廝殺，八名婢女們也持刀矛在旁護衛。

賊兵們發現一群女人殺來，頓然手足無措，連著被砍殺許多人。謝道韞更是左批右砍，發狂似地廝殺，連續斬殺數人。

賊兵改換木棍，一擁而上打倒她的左右婢女，然後也當場將謝道韞制伏。押到孫恩處。

孫恩（紅眼眶）問了俘虜的人，知道她是名門女子，不敢輕率，質問：「妳們不過是一群女子，怎敢持刀跟我作戰？」

謝道韞（黃眼眶）怒目說：「亂臣賊子！人人得而誅之，我丈夫已經被你們所殺，今天沒什麼好說的。要殺便殺。敢汙辱我們任何一人，我們都會拼死到底！」

左右都勸，把這些婢女賞給將領，謝道韞則孫恩自己納之。

孫恩（紅眼眶）見到她這麼兇悍，又是謝安忠臣一門女子，怕若羞辱之，則天下人都會憤怒，對他進攻建康奪取江南政權不利，於是搖頭說：「她們是忠孝名門，不可以為難。放了她們，還有她們的家人都放出城。」

於是謝道韞與其身邊八名婢女們，都得以脫逃。但謝家族人，也大多失散。

郊外。

由於兵荒馬亂，謝道韞與八名婢女仍然都持刀劍自衛，很快就沒有糧食可吃，眾女子都坐在郊外的官道旁相互依畏。

忽然一名將領騎著馬帶著數十人士兵，從遠方奔來。眾女子驚慌，持刀矛擺出護衛隊形。

謝道韞（黃眼眶）說：「別驚慌！那是官軍。」

將領見到有女子在道旁，於是下馬前來。此人眼睛炯炯有神，一臉英氣，但氣質又不似名門有才學者，頗像是地痞流氓之徒。

將領問報姓名：「我是劉牢之將軍手下的參府軍事，劉裕。妳們何人？怎麼會手持兵器在這?」

謝道韞(黃眼眶)冷冷說:「我是王凝之太守的妻子,謝道韞。」

劉裕(藍眼眶)微笑,只輕輕行揖說:「太守夫人,謝氏名門女子,大名鼎鼎如雷貫耳。恕小將甲冑在身無法行大禮。現在兵荒馬亂,天色又已近傍晚,賊兵已經攻破城池,妳們在這恐怕有危險。」

謝道韞沒有回答

一名婢女替其回答說:「危險我們已經遇過,我們才從城中出來,孫恩並沒有殺我們。」

劉裕(藍眼眶)說:「果然名門女子就是不一樣,連賊人也不敢隨便動手。但天色近晚,妳們就準備在路旁過夜嗎?」

謝道韞(黃眼眶)說:「不在這過夜能如何?反正我們都有武器,不管賊人還是豺狼虎豹,我們都能應對。」

劉裕(藍眼眶)說:「我們的臨時營寨就在山邊,倘若不嫌棄可以跟我們過上一夜。但您放心,我跟我的手下們都不會冒犯妳們。等次日清晨,我將護送妳們到附近沒有被賊兵進攻的縣城,那邊的官吏肯定會保護妳們。然後我們才去執行任務。」

謝道韞與眾婢女,竊竊私語,但看劉裕後面數十人,似乎都是單純的年輕士兵,仍然有所猶豫。

劉裕（藍眼眶）把馬牽給謝道韞，然後說：「如果不信我們。那把馬給妳，我們步行回寨。」

說罷，就要徒步率隊離去。

謝道韞（黃眼眶）說：「等等，次日清晨，你確定會護送我們去縣城？」

劉裕（藍眼眶）笑說：「北府兵的紀律雖然不一定好，但還不至於欺負弱女子。況且連孫恩賊人都放走了妳們，倘若我身為官軍反而做惡，那真是該千刀萬剮了。」

謝道韞（黃眼眶）說：「好，我跟你走。」

於是謝道韞乘馬，眾婢女牽馬護衛向前，劉裕等軍士們在前帶路，來到小寨，這是官軍的前進觀察基地，算是一座土城，裡面雖然無人，但仍然有小房間以及屯放的糧食。

劉裕命人把小寨城門關閉，以防夜晚有豺狼虎豹闖入，並在土城中點燃火把，升火煮食。官軍士兵雖然都不時偷瞄謝道韞身邊的婢女，但畢竟都是有紀律的士兵，所以都安靜執行劉裕分配的任務，不敢鼓譟。謝道韞便在火堆旁，與劉裕聊了起來。

謝道韞（黃眼眶）問：「你來自於什麼門第？」

劉裕（藍眼眶）苦笑了一下說：「慚愧，就是寒門。聽人說我嬰兒時期，母親就染病死亡，父親沒有錢養我，差點被拋棄而死，親族母代替母親收養，才存活下來。年輕時候喜歡賭博，一點點家產都敗光，鄉里的人都看我不起，所以才投身軍旅。」

謝道韞（黃眼眶）緊繃臉色，原來這個人真的是門第與品行都很低劣，就是個賭徒而已，微微點頭微笑。

劉裕（藍眼眶）又說：「不過我很納悶，現在的人怎麼都這麼看重門第？妳能回答我嗎？」

謝道韞（黃眼眶）坦白，冷峻的臉色說：「這攸關從小的教養，耳濡目染的薰陶。以門第看人，並非全無道理。也許血統傳承，也是會影響人的好壞。」

劉裕（藍眼眶）說：「那這麼說來，我祖上血統很好，也有光榮過。可不輸給夫人。聽人說我二十一世祖先，是漢高祖的弟弟，楚王劉交。不過當時的諸侯王，一大堆子孫，延續四百年的漢朝也早就滅亡很多年了。當年三國時代的劉備自稱中山靖王之後，都賣過草鞋，我以前也賣過草鞋。」

謝道韞（黃眼眶）手遮著嘴，撇然一笑，然後說：「傳到你這時，變成地痞混混或是賭徒，也很正常。」

劉裕（藍眼眶）說：「沒錯，是地痞賭徒，在鄉里生活不下去，才會投身軍旅。」

謝道韞於是跟劉裕，聊了許多事情，才逐漸沒有繼續鄙視劉裕此人，當談到中原地區此時也遭到夷狄進攻時，劉裕說出了內心的疑惑。

劉裕（藍眼眶）說：「自從大晉永嘉五年，洛陽被匈奴人攻破後。至今也將近一百年。」

謝道韞（黃眼眶）笑著打斷他說：「這件事情我算過。至今八十九年。」

劉裕（藍眼眶）也笑說：「是，是八十九年。在這當中，北方有好幾次大亂。首先是石趙滅亡之後的大亂，苻秦與慕容燕之間的對立。之後又有苻秦滅亡後的大亂。乃至今天中原更是，好幾股夷狄勢力相互火拼。在這當中，朝廷並非沒有利用機會北伐，洛陽更是收復過好幾次，但都聽聞最後因各種原因，或失敗，或放棄，或像今天一樣因內亂而無暇顧及。怎麼這麼多年的時間，至少三代人以上，竟然都沒有真正成功。我實在很疑惑，這根本不合理，是怎麼一回事？」

謝道韞（黃眼眶）說：「這都是因為人心喪亂，就像我叔父謝安，替朝廷收回將近一半中原，但王恭兩次叛亂，現在又有賊人孫恩都來造反。聽人說，中原土地，如今又一步步被夷狄搶去。」

劉裕（藍眼眶）說：「人心喪亂或許解釋得過去。但這八十多年來，大晉在江南也不是管得不好，司馬皇家也用了很多賢臣企圖穩定江南，並非像在中原稱帝時代那樣天怒人怨。這麼多時間，難道不足以讓人心自行穩定下來嗎？而且往往何時不鬧事，偏偏都跟北伐過不去？妳的叔父賢能傳天下，肯定也是注意到這件事情，所以犧牲妳們謝家控制荊州的機會，犧牲自己在朝廷的權位，交換一次能專務北伐的時機。這些事情天下人都知道。但他的北伐，到黃河則止，越河北上仍然後繼無力，結果也並沒有比桓溫當年的北伐強多少。為何朝廷就不能出一個平定中原的英雄？」

才思敏捷傳遍江南的謝道韞，一時回答不出來，看著英雄氣滿身的劉裕。

劉裕（藍眼眶）坐在石凳上，看著火堆，雄心勃勃地說：「老實說，從最早的王敦、蘇峻一直到前一陣子的王恭。甚至民間之賊孫恩都跳出來，我認為這些人都是來搗亂的。這些人若要當皇帝，就認認真真來當皇帝，當不成皇帝就乖乖聽朝廷的，不要出來鬧！原因是驅逐夷狄，收復中原，天下一統，這個價值比誰家當皇帝還要重要！」

不止謝道韞與身邊婢女們，連劉裕手下的士卒也都聞之吃驚。

劉裕（藍眼眶）微笑說：「我講的難道不是嗎？天下在大漢時後本來是我們姓劉，後來交給姓曹與姓孫的拿走大部分，他們都統一不了天下，之後天下轉給姓司馬的統一短暫時間，結果又大亂，中原喪於夷狄。乃至到現在為止！」

謝道韞（黃眼眶）說：「如果你有辦法，那我會支持你。不過眼下，你還是先替朝廷討伐賊人，比任何雄心壯志更重要！」

劉裕（藍眼眶）沉默片刻，低聲說：「明日之後還能跟夫人見面否？」

謝道韞（黃眼眶）說：「我會一直住在會稽，哪裡也不去。但你這句話會讓人誤會，雖然我的夫君是庸才，且已經死去，但我是永遠不會作出違反名節之事。」

劉裕（藍眼眶）笑而行揖說：「別誤會，我這等下品之人怎搭得上名門夫人？我只是想請夫人幫一個忙，這還真得用類似夫人這般，名門的身分才做得到。」

謝道韞（黃眼眶）說：「什麼忙請說。」

劉裕（藍眼眶）說：「當年祖逖一次北伐、殷浩兩次北伐、桓溫三次北伐、你叔父一次北伐。他們的所有相關記錄，肯定朝廷名門大夫家中，會有保存。尤其是夫人的叔父，他的一切準備北伐的細節，若能蒐集得了，請夫人幫我整理出來。倘若這次剿賊成功後，我還活著，那我肯定會有一定的軍權，這對我將來有重大的幫助！前人的成功經驗其實不重要，因為學習前人成功經驗，自己不會成功的。但是前人的失敗經驗，那就非常重要，極可能是我成功的基石！」

謝道韞（黃眼眶）點頭說：「這我盡力協助，只要此戰過後你還活著，而且要有一定的軍階，不然我找到這些資料，也不知道往哪送才能到你手上？」

劉裕（藍眼眶）說：「夫人千萬別過了明日，就忘記囉！」

謝道韞（黃眼眶）質問說：「我是謝家的名門女子，一諾千金，可不是鄉野俗婦那般信口雌黃。你當我是你見到的，喜歡賭博詐欺的地痞無賴嗎？」

劉裕（藍眼眶）苦笑說：「是是，我才是那個賭博詐欺的地痞無賴！所以名門女子，總是讓人欽羨。」

次日，劉裕等人護送謝道韞去縣城後，便離去刺探孫恩軍的行蹤。

結果數十人竟然遭遇數千人的孫恩軍，劉裕揮刀指揮火拼，一路從田地喋血廝殺到草叢，數十人只剩數人躲在草叢中，孫恩賊兵們仍然搜索追擊。劉裕握刀忽然反向殺回，左劈右砍所向披靡，賊軍們紛紛倒退。劉牢之子劉敬宣派兵搜尋劉裕，見劉裕獨力幾人就驅趕數千人，都讚歎劉裕的能力，並率軍進攻，俘殺一千多人。不久諸軍擊敗孫恩各軍，又攻下會稽郡治所山陰，孫恩不得不率軍乘船退回海島。

孫恩整頓所有海賊之後，再次調動大批船艦，襲擊會稽，殺害駐鎮會稽的謝琰，劉牢之率軍前往才擊退孫恩。劉牢之及後命劉裕率軍防守句章，孫恩就率眾進攻句章，而劉裕自知兵少，就身先士卒，每戰都摧其鋒銳，致令孫恩無法攻下句章，最後劉牢之率軍將之打敗。孫恩乘船轉戰海鹽，劉裕跟隨其進攻方向，於海鹽築城抵抗，又大敗來攻的孫恩。

孫恩運用海賊的四處挖心戰術，循海路至丹徒，劉裕得到海上漁民傳來孫恩動態消息，率不足千人的部隊從陸上趕路，與孫恩同時趕至。當時劉裕軍隊疲累，丹徒守軍亦無鬥志，但面對孫恩來襲，劉裕仍能率眾死戰，大敗對方，逼其狼狽登船撤離岸上。孫恩不久轉屯郁洲，朝廷以劉裕為建武將軍、下邳太守，討伐孫恩，多次交戰後大破對方，令其勢力轉弱而南撤。劉裕接著追擊，又再敗孫恩，令其再度逃到海島。

晉軍派將領辛昺，率水軍登島追殺孫恩。

孫恩知道大勢已去，於是遣散部眾，自己跳海自殺，跟隨他一同跳海的妓妾與同黨共有數十人。然而其餘部眾，事後仍然沒有散去，推舉他的妹夫盧循為頭目。

盧循則表示順從朝廷，才勉強平定亂局。

好不容易才把孫恩之亂暫時平定，荊州的桓玄跟朝廷的驃騎將軍司馬元顯又鬧了起來，桓玄宣布起兵進攻建康。司馬元顯只是皇家貴族公子，計無所出，只能請劉牢之出兵討伐桓玄，但劉牢之反而想要投降桓玄。

劉牢之軍營。

劉裕與北府軍不少將領，一起勸說劉牢之支持朝廷，反對桓玄。

「將軍，桓玄趁著朝廷剛平定孫恩之亂，就傾荊州之兵叛亂，萬一桓玄得志，將軍也將有性命之憂。」眾將領都以此勸劉牢之。尤其何無忌更是不斷強調，不幫助驃騎將軍反抗桓玄，之後必無去路。

劉牢之（粉紅眼眶）說：「你們說的我當然知道，但如果消滅了桓玄，我將如何對付司馬元顯？」眾將領一陣驚愕，原來他劉牢之連朝廷中央也要對付，那麼我們這些將領不就只是你的政治棋子？

劉裕（藍眼眶）建議說：「將軍自參加謝公主導的北伐以來，功勳卓著，所對付的都是朝廷敵人。而今天子愚鈍，人皆稱有當年惠帝之狀，司馬元顯雖然對其父司馬道子不孝，但畢竟尚是皇族親貴，所作所為還勉強可看，所執掌的也是朝廷的驃騎將軍之位。依朝廷規制，我們應當聽從司馬元顯，桓玄只是荊州豪強，以地方官吏對抗中央朝廷，這是大罪。末將只請將軍三思。」

劉牢之（粉紅眼眶）說：「司馬元顯素來輕慢我們。這已不必再說，我心意已決，先降桓玄。除掉司馬元顯之後，再考慮這件事情。」

眾將領一陣沉默。

果然桓玄大軍進入建康，司馬元顯根本沒有多大的力量反抗，很快就被逮捕誅殺，皇帝司馬德宗也被控制住。桓玄深深忌憚劉牢之手下強悍的北府兵團，於是以皇帝旨意，剝奪其兵權，任命劉牢之為會稽內史。

劉牢之聽聞大怒，招集部將準備反桓玄，但劉裕根本沒來。聽完劉牢之，控制江北討伐桓玄的計畫後，所有將領都面露不滿。

劉牢之（粉紅眼眶）說：「你們怎麼回事？不說句話嗎？」

參軍劉襲說：「人做的事情，最不可以的，莫過於反。將軍往年反王恭，近日反司馬郎君，今日又要反桓公。一人三反，如何自立於天地？」

說罷就離開軍帳，在場所有將領竟然也跟著他離開，對劉牢之頗為不屑。劉牢之發現自己對軍隊失去控制，大為恐慌，最後自殺。桓玄將其梟首示眾。

桓玄於是開始清洗一些強悍的北府舊將，強化控制朝政。表面上附和將近百年的『政治正確』，惺惺作態說要北伐，但是又故意要朝廷下令禁止。而且內部政令混亂，朝令夕改，人皆失望。桓脩後以劉裕為其中兵參軍，並於同年參與討伐統領孫恩餘黨的盧循、徐道覆。當時桓玄誅殺了多名北府舊將，但劉裕仍領兵討伐盧循部眾，更獲加任彭城內史。之後桓玄決心篡位，在篡位之前還詢問劉裕，是否可行？劉裕則答覆，司馬家已經氣數已盡，無力統治天下，桓公則為當年桓溫大將軍的兒子，繼皇位有何不可？

桓玄遂認為可行，於是真的篡位自立，改國號為楚。

劉裕跟從桓脩入朝建康，桓玄亦十分賞識他，出遊都殷勤接引，賞賜亦甚為豐厚。當時桓玄皇后劉氏就勸桓玄除去劉裕，但桓玄仍圖藉助劉裕攻略中原，拒絕加害。

早在劉牢之失敗之時，劉裕就向何無忌說：「桓玄若果守著臣子的忠節，就應與你輔助他；否則，就要與你對付他。」及至劉裕入朝後回到京口，就與何無忌、劉毅、孟昶、諸葛長民、王元德等人合謀舉兵討伐桓玄，並準備在京口、廣陵、歷陽及建康，四地同時起兵。

劉裕託詞遊獵而外出募眾，終得百多人。

何無忌率軍殺了桓脩，刁弘率眾前來，劉裕則假稱江州刺史郭昶之已在尋陽迎司馬德宗復位，桓玄更已被處決，自己只是奉密詔誅除桓氏叛黨。刁弘信以為真，不敢拼死抵抗，劉裕就率隊誅除刁弘，控制了京口。同時孟昶等亦成功控制了廣陵，並率眾至京口與劉裕會合，劉裕獲眾人推舉為盟主，總督徐州事，起兵進攻建康。

桓玄此時才發現，自己中了劉裕的計，發現此人確實狡詐異常。便派吳甫之及皇甫敷抵抗劉裕，劉裕先於江乘之戰殺吳甫之，至江乘以南的羅落橋時，一時差點失敗，拼力廝殺，轉敗為勝，又殺皇甫敷。劉裕進攻覆舟山，並命弱兵登山，持著旗幟分道而行，營造四周皆有士兵，數量很多的假象；而又因桓玄守軍大多是北府軍出身，面對劉裕都沒有鬥志，劉裕於是與諸軍進攻，順利以火攻擊潰桓玄守軍，而桓玄亦棄城西逃。

不久，劉裕奉武陵王司馬遵承制總百官行事。劉裕在進建康城後派諸將追擊桓玄，終於當年六月誅殺了桓玄，焚燒桓玄尊奉桓溫的皇帝牌位，並讓司馬德宗在江陵復位。然而，桓氏勢力仍在荊州盤據，並反攻江陵，直至義熙元年，才再收復江陵，驅逐當地桓氏勢力，並自江陵迎司馬德宗回建康，不久劉裕就還鎮丹徒。

義熙二年，劉裕因功受封為豫章郡公。

丹徒，劉裕兵鎮府邸。

一個女子身邊帶著數名保鑣，來此拜謁劉裕，並送上厚厚一疊文書。

劉裕在偏廳接見密談，保鑣與劉裕的衛兵都站在門外。

女子說：「婢女是奉我主王夫人之命，來此履行數年前的諾言，您要的關於殷浩、桓溫、以及謝太公的北伐事跡，有案在朝廷或無案在朝廷者，全部都蒐集這裡。為此我主是花了不少積蓄，從各處收買而得。」

劉裕（藍眼眶）說：「謝道韞真的是名門女子，一諾千金。怎麼稱呼妳？」

女子說：「我叫蘇花，在您當初討伐孫恩與我主夜談時，那晚上我有在場。」

劉裕（藍眼眶）問：「蘇花姑娘，可否再問，這些文案是怎樣蒐集而成？」

蘇花說：「有從朝廷官吏處取得的資料，有從參加北伐的老兵那詢問所得的記錄，也有委託族人從謝太公遺留的每日記事那截取者，最早也有些當事人的祖父輩，參加過祖逖北伐時口述流傳的事跡。我主做事情絕不會潦草隨便，所有文案都有重新整理抄錄，判斷正確的資料才予以保留，一覽便知，請劉將軍不要擔心。」

劉裕（藍眼眶）行揖稱謝，並親自送走蘇花等人。

夜晚，劉裕仔細閱讀一切記錄，他向來不信任官方記錄，認為肯定遺漏了很多重要的訊息。果然謝道韞蒐集的資料，遠比他看到的官方記錄齊全得多，而且謝道韞在當中也記下了很多自己的見解。因為她猜中，只要劉裕得志，必定跟其他人不同，會謹慎地再一次北伐。

謝道韞分析：

一、祖逖北伐：條件最差，又最為壯烈，但是當時皇家剛流落江南，沒有實力支持，王敦又在後作亂，所以失敗是必然的。

失敗原因就在於，沒有後方支援，朝廷無力，後有叛亂。

二、殷浩北伐：記取前者教訓，已有穩定的朝廷支持，且他並非大家所說的，只會清談的庸才，北伐準備妥當，手下也都是忠誠的英豪，而且當時北方混亂時機良好。但沒料到竟然會出現，姚襄這個羌族豪傑，跑來當作假盟友，做出假忠誠，實際不斷暗中搗亂，把殷浩底細刺探清楚之後，將之擊敗。

失敗原因在於，有假盟友從旁搗亂，而且這個假盟友，其行為與能力，是像孫策一樣善於收買人心的亂局豪傑。

三、桓溫北伐：則除掉了前兩者之患，但是卻與朝廷相互猜忌，出現『荊揚矛盾』，明明沒有曹操的背景，卻落入跟曹操一樣的情況，往往不能動用全部的兵力北上。而且當時北方已經逐漸穩定，秦燕兩國實際都有足夠實力對抗他的荊州兵，時機已有缺陷，桓溫太過輕敵，沒有投入全力就往往劃地自限，只要一個猶豫就容易失策，一失策就立刻失敗，一遭遇失敗就無力挽回。

失敗原因在於，與朝廷相互猜忌，內部不和諧。

四、我叔父謝安北伐：又用盡方法，除掉了前三者所有的問題，面對北方前秦崩潰大亂，找準時機，對內讓出荊州的權力平息『荊揚矛盾』，又讓出自身權力平息與朝廷各士族的猜疑，並以賢能之名，平息所有可能的豪強內部叛亂，照理說應當是所有人之中機會最好的。但怪異的是，當時北伐因此各吹各的調，出動的力量沒有形成完整的組織，也沒有建立具體的目標與計畫，這與我叔父謝安放棄所有權力，換取平息內部矛盾與朝廷猜忌，有很大的關係。

失敗原因在於，內雖和諧，外雖契機，但因放棄軍政權力，從而沒有組織的能力。

謝道韞總分析：若要北伐成功，必須總結這些人的經驗，首先就是要控制朝廷，讓朝廷不會猜忌自身，防止重演桓溫故事。第二就要削平後方的叛亂來源，讓後方能不斷補充力量到前方，防止重演祖逖故事。第三就是絕對不能過分信任中原的夷狄，也不能盡信北方漢人豪強，必須保持防範之心，必要時除掉對方，防止出現殷浩故事。第四就是要強而有力的控制權，讓江南各士族，都能聽從有效的組織計畫與指揮，防止出現我叔父謝安故事。這四點都做到，還要趁北方沒有穩定之時，找準時機，大舉北進對各股夷狄，先弱小後強大，各個擊破，就能收復中原。另外，我叔父謝安認為苻堅的南征失敗，與眾人北伐失敗，相互之間都有異曲同工之狀，極可能有更深層次的原因在作怪，這一點甚至叔父謝安都尚未明白甚麼原因？對此要非常小心謹慎。

劉裕（藍眼眶）看完全部分析，來回在房間踱步思索，喃喃自語說：「謝道韞真是個才女，連號稱名將者也未必能分析到這種程度。北伐確實是這樣。倘若謝道韞不是女人，而是男人，就肯定是一個天下大將軍。」劉裕對於自己該如何建立北伐之功，已經有了底氣。對於謝安認為苻堅失敗的共同更深層原因，暫時他也想不透，就不以為意。

謝道韞能分析到這種程度，確實已經夠深層次，然而事實卻仍然沒有那麼簡單，這個局不是死的，而是有活著的力量在後方，而且這個力量不希望北伐成功。不然對其而言，先前『漢末三國時代大軍演』，損失的一切人事物白費還事小，整個長城之局未竟全功，那才是麻煩巨大。

正在劉裕內心思索前人北伐成敗之時，還就有人給他機會。

在拓拔珪攻破後燕時，慕容德率眾退往青州另外建立燕，史稱南燕。而慕容德晚年只有女兒沒有兒子，當年金刀贈別後，姪兒慕容超拿著金刀來與慕容德相會，最後被立為太子，慕容德死後繼皇帝位。而此時後燕退往龍城一帶的勢力，已經因被高雲取代，高雲被殺之後，漢人馮跋替其平定反叛，再取代其位，史稱北燕。

鮮卑慕容如今只剩這最後一股在中原的力量，仍然沒看清楚時勢。此時後秦因為匈奴人劉勃勃反叛，而劉勃勃的殺族仇人拓跋珪實力強大，劉勃勃不敢打仇人拓跋珪，反而不斷進攻曾給他恩惠的後秦姚興，造成後秦國力逐漸衰竭。這種情況下，慕容超仍認為後秦較強，稱藩於後秦，不斷騷擾淮南東晉的郡縣，擄掠大量人口北上，訓練成為音樂樂伎。

劉裕收到消息，評估當前自身在江南，已經以善戰的聞名，遂打算拿慕容超開刀。於是上表朝廷，率本部軍隊北伐，向南燕發動總攻擊。

建康城外，劉裕向朝廷各士族門閥宣誓北伐。共集結十萬餘人。

參軍胡藩、諮議參軍檀韶、建威將軍向彌等十餘將領從旁跟隨，分批搭乘戰船北上。準備到淮泗之後再步行向北。

胡藩說：「此次北伐，倉促準備就行動，後方還有諸多軍門，例如劉毅與司馬休之。更有心懷不軌的海賊盧循等，從朝廷至我等皆十分擔心。但怎麼看將軍似乎有十足把握？」

劉裕（藍眼眶）微笑說：「一切都在掌握之中，但真實原因並不僅是先前跟各位將軍所云等等，而是有局外人的相助。早在此次動兵北伐之前，他就已經給我莫大之支持。」

胡藩問他是誰？劉裕笑而不答。

慕容超聽到消息之後，竟然力排眾議，拒絕割光禾苗也拒絕堅守險要，準備放劉裕通過險要之後，以騎兵衝殺晉軍步兵。

結果劉裕大軍過險要，非常欣喜，擺下戰車陣與步兵隊伍，迎戰慕容超的鐵騎兵。

一場惡戰後，慕容超軍大敗，逃回廣固城，途中不斷派人請求後秦的姚興出兵。結果姚興自己也被叛變的匈奴人劉勃勃打敗，只能派人去恐嚇劉裕。

劉裕（藍眼眶）找來姚興的使節大罵說：「回去告訴姚興！我攻克慕容燕後，休兵三年，就會大舉進攻洛陽與關中，倘若今天能自己送上來，那就快點來！」

劉穆之事後責怪劉裕說：「事情無論大小都該謀劃，才不會失敗。而今罵回姚秦使節，不足以威懾反而會讓其憤怒，若廣固城打不下，羌賊又帥軍攻來，我們當如何？」

劉裕（藍眼眶）笑說：「這是兵機，不是卿能理解。兵貴神速，倘若他們真有能力來救，必定害怕我們知道，豈有先派使節來示威的？我晉軍不出已經很多年，忽然大舉北伐，必定震撼中原。羌人現在陷於叛亂，自保不暇，還能救誰？」

果然原本出動的一萬後秦軍，因為劉勃勃再次進攻關中，後秦大敗，不得不把這一萬人招回。

但是廣固城死守良久，攻城士兵傷亡慘重，劉裕大怒，率領全軍攻城。眾將領害怕勸阻，但劉裕不理，於是四面八方推出攻城器具，拼死猛攻，最後把廣固城打下。

劉裕憤怒，想要屠城阬殺，並把女子都賞賜給將士。

韓範（灰眼眶）急忙勸阻說：「晉室南遷多年，中原鼎沸。士民無援，只能依靠強者。既然成為君臣就必須盡忠。這些人以前也都是華夏衣冠，乃大晉先帝遺民，倘若王師今日不安撫，反而盡阬殺，中原人民將不會歸順。恐怕西北之人將更替夷狄盡力，拼死與王師相敵，將軍之後談何光復中原？」

劉裕（藍眼眶）沉思片刻，行揖道歉說：「這是我的錯誤，當立刻改變。」

於是下達軍令，不殺漢人官民。但仍然將慕容鮮卑三千人，全部斬殺，家屬萬人全部遷往江南為苦役奴婢，並且剷平所有城牆，發洩傷亡慘重的憤怒。並把慕容超綁回建康城斬首示眾。

可就在劉裕北伐軍出發時，南海番禺。

一個名叫徐道覆，賊眉鼠眼的人，親自到這來見盧循，展開了論戰。

盧循（灰眼眶）見了他頗感不悅，說：「你來這做什麼？先前我不是回信告訴過你，不能再反了嗎？」

徐道覆（橙眼眶）說：「如今劉裕北上進攻中原，這是大好良機。已故仙人孫恩也就是差點攻破建康，只是被劉牢之與劉裕等人所敗，如今劉牢之已死，劉裕北上主力跟夷狄糾纏，此時不反更待何時？」

盧循（灰眼眶）說：「不行！我們好不容易取得朝廷的諒解，如今又要再反，那永遠就不能再回頭。」

徐道覆堅持再勸。盧循再三拒絕。兩人僵持了快半個時辰。

徐道覆（橙眼眶）火了，站起來說：「我們本是三吳之人，豈有在這南嶺之外傳之子孫？本來是因為劉裕難敵，而今天劉裕頓兵於廣固堅城之下，我以三吳思歸之士，打敗何無忌與劉毅，如同反掌。不掌握這個機會，苟安於現況，到時劉裕帶兵回來，以朝廷之名招你入京，剷除隱患。請問你怎麼辦？就算你再神勇也無能為力。朝廷真的能相信我們這種人嗎？在他們眼中，我們永遠是賊！而且是海賊！」

盧循（灰眼眶）氣沮，仍然搖頭。

徐道覆（橙眼眶）說：「你若真不同行。那我自己率領最南端始興郡的部眾北上，直指尋陽。」

盧循（灰眼眶）也站起來指著徐道覆，說：「你這是強逼我上架。」

徐道覆（橙眼眶）說：「看著成功機會喪失，我不甘心。你可以跟我畫清界線，表示這次北上是我自己與始興郡的賊人自做主張，你就待在番禺對朝廷表忠心吧。」

盧循（灰眼眶）氣沮，低頭說：「你這樣做我又怎麼脫離干係？罷了，當初孫恩一敗亡，你們就不該繼續擁護我做海賊！那就一起北上吧，但真的打起來，你們可別先逃！」

徐道覆（橙眼眶）微笑說：「當然不會！」

於是徐道覆將南康山的木材，都運往始興郡，並開始賤賣。

此時正值劉裕即將攻破廣固。

密探快馬加鞭北上，夜晚，進入劉裕軍營。

「你說什麼？徐道覆囤積大量木材？」

「是的，但在市場上賤賣，買者甚多。所以朝廷的校事府認為這不是做舟船，不以為意。」

「那就大錯特錯了！我敢說他絕對要謀反！」

「將軍何以判斷？」

「他的木材多大？是怎麼賣？價格低於市價多少？」

「都是巨型的木材，並且分材料歸類販賣。價格低於市價一半以下。」

「如果是建材，在南邊不會都是巨木，分類販賣則容易知道木材流向，低於市價一半以下就容易買回。所以等他建船之後，肯定會造反！」

「聽線報說，賊人是害怕將軍的威名，肯定是因為將軍北上才起賊心。」

「朝廷不是還有何無忌與劉毅在嗎？他們也是北府兵舊將，手下的兵力也不弱。」

「但聽說賊人認為打敗此二人容易，將軍才是真正敵手。若如此，將軍是否要提前南下？」

「不！現在廣固城已經被圍困，若是放棄就前功盡棄。你立刻回去組織眼線，繼續監視盧循與徐道覆這些人的舉動！若有消息立刻派人來通知。」

「是的，在下立刻回去辦。」

劉裕（藍眼眶）眼神飄忽，此時想到，謝道韞先前的申論。

喃喃自語說：「難道真有股力量，會扯後腿？倘若江南都一直是相互牽制掣肘，那麼真的該好好整理整理所有人了！不然北伐一動，後面就開始作怪！但眼前，我不能重演前人的故事。」

徐道覆與盧循果然分兵北上，何無忌於是率軍到尋陽迎戰。

左右都勸何無忌，堅固城池，等待賊人無所掠奪，疲乏之後才迎戰。但何無忌不聽，堅持當面決戰，而且率水軍迎擊從水路來的徐道覆。

然而要打水戰，徐道覆更勝一籌，而且徐道覆的船艦巨大，兩船隊一遭遇，何無忌馬上落於下風，雙方火矢交錯。徐道覆派弓弩手在西岸邊協助射擊，忽然西風起，何無忌小船隊被漂向東岸。

徐道覆船隊全面衝撞，大破何無忌船隊，軍隊大亂。

何無忌學劉裕的勇猛，大喝：「取我蘇武節來！」左右急忙將節交給他。

何無忌持節指揮最後反擊，但賊兵雲集，都跳上船，短兵相接。何無忌與左右全部戰死。

消息傳到建康，中外震駭。急忙派人通知劉裕，並請劉毅出動本軍迎戰。

左右參軍都建議劉裕率主力南下保護建康根本之地，只在南燕故地以偏師留守。此時廣固城已經打下，劉裕此時再次想到與謝道韞的申論。

於是反其道而行，力排眾議，堅持留守精兵在南燕故地，堅持不退讓任何城池。自己率領一小部分兵力快速先行南下，同時寫信給劉毅，告訴他賊兵輕果，倘若人多就勇猛，失敗就崩潰，請求他先堅守不出不要迎戰。

並派劉毅的堂弟劉藩，去勸劉毅，不要進軍，但劉毅大怒說：「以往是一時之功推讓主位，你以為我真不及劉裕嗎？」

於是率兩萬餘人舟師，逆江而上進入荊州迎戰。此時徐道覆與盧循兵合一處，與劉毅軍大戰於桑落洲，賊兵不斷增援，劉毅軍被截殺成數段，最後大敗，大量物資被擄獲，部眾被俘擄投降。劉毅棄船數百人從路上逃走。

劉毅大敗的消息傳到建康，朝廷重臣紛紛要求渡長江北上避難。

劉裕此時率一萬餘人乘船冒險渡長江，遇到風浪，群情震恐，但仍堅持南渡。終於到了京口，並進入建康。但此時建康城只剩下四千多殘兵，而自己帶回來的兵馬也多有受傷。而聽聞盧循已經兵力達十萬以上，戰船堅固高大，艦隊百里不絕，順江而下，因此整個朝廷人心仍然不定。

建康朝堂。

孟昶與諸葛長民，極力勸建整個朝廷奉皇帝北上避難。劉裕堅決拒絕。

孟昶（粉紅眼眶）說：「先前將軍北伐時，眾人都認為難成功，唯獨在下認為必成。而何無忌與劉毅要討伐盧循，當時我當眾認定失敗，果然兩人都兵敗。如今在下認為，將軍雖然神勇，但此戰賊勢太盛，必定失敗。若不奉駕北上，朝廷危矣。」

眾人紛紛點頭，劉裕不以為然，面色難看。這又讓他想到了謝道韞的分析。心思：只有謝道韞這奇女子才講人話，你們這些男人都說鬼話！

龍驤將軍虞丘進罵說：「你孟公別以為自己是神人，都以為自己料事如神，這世間的事，或許你知道一些，但肯定不會知道全部。劉將軍打仗到目前為止都沒有失敗過，我就偏不信盧循有多強大！」

劉裕微笑點頭。心思：終於又有人說人話。

諸葛長民說：「賊勢非常之大，而且他們都是平民賊寇組成，與王敦、蘇峻、桓玄等逆將不同，乃朝廷遷到江左為止，第一次遭遇者。沒有辦法靠談判能夠妥協，萬一御駕被劫，大勢已去。北上且躲避兵鋒，又有何不可？」

王仲德當場對劉裕說：「明公新建大功，威震六合。妖賊不過趁虛而入，聽聞明公凱旋，自當崩潰。奈何自先遁逃，其勢如同匹夫？匹夫號令，何以威物？何人聽從？若依此謀，我就此請辭！」

劉裕哈哈一笑，頻頻點頭。

孟昶（粉紅眼眶）不甘心，堅持說：「戰爭本就有進退，如今賊勢強大，卻要暴虎馮河，才是孔子說的匹夫之勇。朝廷大事又豈是幾句豪語可以蔽之？在下堅持認為要渡江北上，暫避鋒芒。」

劉裕（藍眼眶）對孟昶說：「如今重鎮外傾，強寇內逼。人情危駭，莫有鬥志。朝廷一旦遷動，便土崩瓦解。江北又豈能到達？設令到達，不過苟延歲月。如今我軍雖兵少，自足以一戰！若能戰勝，則君臣同休，若不能勝，橫屍廟門以遂以身許國之志！決不竄伏草間以圖存活，我決心一戰，卿勿復言！」

孟昶（粉紅眼眶）竟然惱怒，大聲罵說：「今日不聽我言，他日後悔莫及。此戰必敗，並非我欲苟安，我願意一死以表無私！」

劉裕（藍眼眶）也拍桌罵說：「卿且申一戰！待我戰後，再死不晚！」

孟昶只好搖頭放棄。

回家後抗表陳情，大意是說：劉裕北伐時，大家都不贊同，唯有臣認為可行。以至盧循賊人趁機坐大，社稷危殆，乃臣之罪，謹以一死以謝天下。

於是命人上表之後，仰藥自盡。

他這一死，劉裕內心更加納悶。孟昶原本智計橫出，怎麼如此表現失態？難道他就只是個匹夫？就算是匹夫又何必這樣拼死醜態演出？原因除了認定他是匹夫愚人，無從分析。但是總感覺不對勁，想到謝道韞的分析，難道說整個江南朝廷，一旦牽涉北伐光復中原，不是變惡人就是變蠢人？

那麼將來若要再次北伐，就得先對內把這些可能的阻礙，一個個除掉。

劉裕握緊拳頭，露出暴戾兇光，決心拿出兇狠手段，把可能阻擋北伐的歹人都全部槌下去，哪怕打爛到底也再所不惜。

於是全體備戰，琅邪王司馬德文坐鎮宮廷，都督宮中衛隊。劉裕自率所有部隊進入石頭城，分兵京口建立防線。

盧循水軍到達新亭附近。

徐道覆（橙眼眶）立刻進言：「我大軍未到，孟昶就先自裁，劉裕最厲害的智囊也不過如此。應當焚燒所有船艦，兵分數路全部進攻，一下把建康拿下。」

盧循（灰眼眶）搖頭說：「大軍未到，孟昶就先自裁，代表他們人情恟懼，自己不久就會崩潰。我們若死戰只會增加士卒傷亡，不如按兵不動。」

徐道覆頓感失落，再三勸戰也不聽，只能退出感嘆自己將被盧循所誤。

這徐道覆這樣就不對了，當初盧循本就不想要反，是你自己用各種方式逼他同行，若真的失敗，到底是誰誤誰？也許兩者都互誤，反正爾等也只是用來扯劉裕北伐後腿的棋子，自己不自知是棋子而已。

雙方各自紮營，盧循宣稱要從白石北上，劉裕命令徐赤特與沈林子，各自建築壁壘，嚴禁出戰。

盧循兵不斷來襲，徐赤特竟然主動出戰，結果中伏兵大敗。沈林子只能固守壁壘柵欄，拼死防守，激戰過後情勢不利，朱齡石急忙率軍來救援，盧循於是率軍退走，繞道丹陽郡。

劉裕於是以抗命罪斬徐赤特。

盧循到處劫掠，但此地各縣城都已經加強固守，堅壁清野，所以擄掠不到人與財富，便下令撤退，告訴徐道覆準備撤往荊州，準備奪取整個荊州。

劉裕聽聞，令全軍追擊，同時分兵乘戰船，南下從海上進攻南海番禺，趁他準備去奪取荊州時，搗毀盧循的大本營。

此時在巴蜀獨立稱王的譙縱，派使節聯合後秦姚興，也準備圖略荊州。姚興自己都內憂外患，竟然還派兵兩萬支持譙縱，大舉進入荊州。同時荊州的桓家舊部，也投奔盧循，整個荊州人心不定。荊州各守將只能拼死作戰，先消滅桓家反叛，桓氏遂絕。桓溫也是一世英雄，直系後人被滅，令人頗感唏噓。接著荊州各將領奮起作戰，擊敗譙縱入侵，同時擊破徐道覆。

劉裕見狀大好，親自率軍追擊盧循，雙方艦隊在江上激戰，盧循與徐道覆聯合軍都大敗，從陸上撤走，兩人的部隊各奔東西，劉裕死追盧循不放，接二連三擊潰盧循軍。

盧循發現大事不妙，率殘兵逃回尋陽，徐道覆也來此會合，準備退回番禺。沒料到劉裕派遣的沈田子率水軍，已經攻下番禺，並且誅殺了所有賊軍黨眾，兩人與之幾次交戰又敗，於是逃往交州。徐道覆便逃往始興郡。

盧循在交州攻陷合浦郡，並攻向交州治所龍編。盧循雖然遭交州刺史杜慧度率軍擊敗，但仍有三千餘眾，而先前作亂的前九真太守李遜餘部李脫等人亦率五千人歸附盧循，盧循於是再攻龍編，至龍編南津。守將杜慧度盡散家財賞賜給士兵，與盧循作戰，並對盧循的船艦擲火具，施以火攻。

一場海戰盧循被官軍擊敗，盧循先毒死妻子，然後逼問妓妾們是否願意一同跳水而死，多數都不願意，只有少數願意。於是盧循殺死不願意的這些人，自己跳水而亡。但杜慧度率領官軍很快就衝上船俘虜還未跟著跳水的妓妾，並且逼問盧循投水處，派水兵打撈出盧循屍體，當場斬首。並且將盧循的親信與其父親其兒子都滿門斬首示眾，人頭送往建康。

最後官軍也攻破始興郡，當場斬殺徐道覆，徹底平定這場亂局。劉裕也官拜太尉。

整場亂局雖然因為他堅持做戰，各地將領也因此奮起反擊而平定，劉裕的內心卻開始滴咕。這個問題很簡單，各地將領本來都人情恟懼，才讓盧循等人勢力變得如此無法控制，但他一南下回援，堅持作戰到底，各地守軍就全部改頭換面，奮起作戰讓他也能勢如破竹，擊敗賊軍。可見各地守軍不是沒有力量，而是因為一些原因沒有積極性，到底為何如此消極？倘若都積極起來，北伐不就成功？這種詭異的氣氛，讓他開始先從與自己不相和的劉毅開始懷疑起。

劉毅向來文雅，而劉裕不喜歡學習，所以朝廷文士都偏向與劉毅交往。

果然，劉毅在亂局平定之後，要求領荊州江陵兵力，劉裕同意。之後請求兼任廣州交州，也被批准。他的要求一律答應，但實際上劉裕已經準備動手除掉他。劉毅終於在荊州反叛，劉裕兵發建康，率領船隊逆江而上討伐。

長江上艦隊中劉裕座艦。

劉裕站在甲板上，看著艦隊緩緩逆江而上，內心忽然有了一股窩火。對左右將領們說：「豪門、妖道、海賊、軍閥、還有誰？還有誰要反！」

沈田子問：「太尉此語何意？」

劉裕（藍眼眶）屈指數著說：「應該要從王恭這個軍閥開始，然後桓玄這個荊州豪門，孫恩這個妖道、盧循這個海賊、現在又換回劉毅這個軍閥。還有哪些不怕死的，想要阻止我北伐光復中原的大業？」

眾將領沉默。

沈田子低聲說：「在下大概理解太尉的意思了。自從朝廷自中原遷往江左，威信喪失，除了王導、謝安治理的那段時間尚稱小治，其餘都是被豪強掣肘。讓人感慨大晉是否真的無法中興。」

劉裕（藍眼眶）窩火苦笑，露出陰狠之色說：「不不不，我不是說這個。我忽然感覺，這些人似乎是衝著我們這種想要振興朝廷，光復中原的人來的，他們還輪著來，變面孔來，設一個局來！哈哈哈，我劉裕就不信邪，那就拿著劍一路打著過去，看哪些不怕死的賊人還要擋我！看是我狠還是這個局勢狠！我們看誰狠！」

他再次想到謝道韞的那些分析。

說罷進入船艙，一個人分析地圖與兵力，劉裕決定發狠到底，一定要打到沒人敢掣肘，打到沒人有意見，打到沒人來搗亂，打到沒人敢唱反調。

於是兩軍在荊州正是開戰，由於雙方部眾都是北府兵，相互都熟悉，所以士卒一邊交戰還一邊對話，並沒有激烈的死鬥。劉裕親自率兵增援之後，劉毅部下發現劉裕親自來，紛紛潰散，劉毅不得不逃跑，最後在追捕當中自殺。屍體被斬首示眾。

之後回到建康，又誘殺京口掌兵權的諸葛長民，除掉隱患。

雖然戰勝凱旋，並成功誅殺可能下一個反叛者，但劉裕立刻招集所有重要部將商議，包括劉裕最倚重的政治參謀劉據之也來密會。場會上佈置軍布幃幔，以及各軍軍旗，一股雄渾氣氛。

【詭曲：九化意之劉裕疑】

「沈田子、沈林子、朱超石、朱齡石、王鎮惡、王仲德、檀道濟！」

眾將領都各穿甲冑一同拜見。只見劉裕面色兇狠，似有重大決斷要說。

劉裕(藍眼瞘)說：「我們得數一數還有多少敵人！無論是檯面上還是檯面下的！到底還有誰會掣肘我們光復中原的！」

一提光復中原，眾將領一陣驚愕。

劉裕（藍眼瞘）說：「你們沒聽錯！就是光復中原！我來先數一數，你們幫我看看還少誰！」

於是拿出好幾塊木牌，分別寫著豪門、妖道、海賊、軍閥。

「豪門是桓玄這一類的。目前已經滅亡，王謝名門則沒有人能阻擋。」「妖道是孫恩這一類的，目前都死絕了。」「海賊是盧循與徐道覆這一類的，也都死絕了。」「軍閥是王恭與劉毅這一類的，目前各地擁兵權者，也沒有威脅者。」

接著說：「你們想想！再想想還有沒有潛在的人會阻擋我們的！」

眾將領一陣議論。

朱超石說：「還有另外一種，反賊！」

劉裕（藍眼睚）陰冷地神情問：「你說的是？」

朱超石說：「割據巴蜀稱王的譙縱！」

劉裕（藍眼睚）說：「對，北伐之前得先平定巴蜀！自大晉中原大亂後，巴蜀這是第二次反叛割據，第一次是桓溫在北伐之前滅掉，這一次我們同樣要先滅他們再北伐！除了他們，再想想還有誰？肯定還有不一樣的鬼躲在暗處，窺伺我們北伐從後搗亂！肯定還有！」

眾將領又一陣議論。

王鎮惡說：「皇族旁支。」

劉裕皺著眉頭搖頭晃腦，王鎮惡補充說：「天下出乎意料之事，往往就起於疏忽。司馬皇家雖然已經衰弱許久，而今又出癡傻天子，但諸多士族若想要反對太尉北伐，就有可能擁護皇族之中較人望者，提供他兵力與太尉對抗。」

劉裕（藍眼眶）摸著稀疏的鬍鬚，斜眼望窗外說：「目前司馬皇家只有一個人有這種威望，那就是司馬休之，先前我任命他主掌荊州，他深得人心。他現在動態可有掌握？」

劉據之（粉藍眼眶）說：「據探報說他兒子在建康，很喜歡招攬俠客，他本人則與當地讀書人多有往來。其他就沒太多消息。」

劉裕（藍眼眶）說：「那繼豪門、妖道、海賊、軍閥之後，就剩下反賊、皇族兩股。先討伐譙縱之後再對付他。到時候巴蜀與荊州，都必須是同心之人。那麼荊揚矛盾這個老問題，也就迎刃而解。」

劉據之（粉藍眼眶）說：「接近一百年了，北伐一直是政治正確，有人真的去做，祖逖，殷浩、謝安等人是也。有人半真半假，桓溫等人是也。有人完全玩假的，桓玄等人是也。然而無論真真假假，半真半假，最後都有人從中阻礙。在下認為，若要玩真的就先不要大張旗鼓，但現在就可以秘密準備北伐之事宜，嘴上不說，瞪眼仔細觀察誰在當中，積極地反向作為，就能把這些阻礙全部挑出來，一個個處理掉。」

劉裕（藍眼眶）開懷笑說：「很好！正是如此！道和說得太好了！我們的北伐，實際上還有另外一條戰線，就是內部的戰線，但無論幾條戰線幾個敵人，都要堅決剷除！」

接著嚴肅地說：「北伐光復中原，光耀史冊千秋歌頌，是超越皇帝寶座名器！有人說本太尉要的是皇帝寶座，那就太膚淺了！」

確實說劉裕只是為了皇帝寶座，那太膚淺。然而說你是為了皇帝寶座，可不是只有膚淺而已，是導引後面一切事件，讓你往這條路上跳。

【詭曲結束】

於是派遣朱齡石率軍進攻巴蜀，巴蜀的軍隊向來羸弱，一戰就被打得落花流水，朱齡石兵臨城都城下。譙縱本來也是被亂兵擁護的，並非自己要反叛，性格懦弱，但他知道今天自己遇到劉裕派兵打巴蜀。與當年劉禪遇到的司馬昭派兵打巴蜀，甚至桓溫打巴蜀，情況截然不同。劉裕是個百戰殺星，於是離開成都出逃，投奔涪城的譙道福。當時譙道福知彭模失守，亦率軍回防成都，遇到棄城出奔譙縱時大怒：「大丈夫有這樣的功業，怎可以放棄！現在又怎可能成功成俘虜以求安身！世上哪有人不會死，為什麼這麼怕死！」更將劍擲向譙縱，打中了他的馬鞍。譙縱唯有離開，困逼之下自縊而死，後被巴西人王志斬首送呈晉軍。譙道福仍然想一戰，遂向兵眾說：「我培養你們就是為了今日，蜀國存亡實在是看我而不是譙王，我還在，還可以一戰！」士兵當時都答應，但當譙道福將財物都分給他們後，都紛紛離去，譙道福唯有逃到獠中，被杜瑾所捕，在軍門處斬。譙縱離開時，譙蜀尚書令馬耽將府庫封存待晉軍來到接收，而朱齡石到了成都後亦大殺譙縱宗族，譙蜀到此滅亡。

巴蜀的慣性線是『荊揚矛盾』的延伸，只是用來牽制北伐的兵力，雖然此戰劉裕也是大勝，但不得不將精兵分派到巴蜀坐鎮，防止再次出現叛亂。

果然，劉裕打完巴蜀又要回頭打荊州一次。司馬休之的兒子司馬文思，在建康招集輕俠，令劉裕十分厭惡，司馬文思終因被揭發殺害官吏而被捕，劉裕誅殺其黨眾而免司馬文思死，反送他到司馬休之那裏，要他親自教誨他，實質就是要司馬休之將其處死。然而，司馬休之並沒有殺文思，只是上表廢掉文思的譙王爵位，並寫信向劉裕道歉。這舉動令劉裕對其大感不滿，立刻就命江州刺史孟懷玉戒備。

過不久，劉裕收殺司馬休之在建康的次子司馬文寶及侄兒司馬文祖，並出兵討伐司馬休之，自加黃鉞，領荊州刺史。司馬休之則上表劉裕罪狀，派兵抵抗；當時雍州刺史魯宗之自感不被劉裕所容，故與司馬休之聯結。劉裕前鋒徐逵之初戰敗於魯軌，眾將除蒯恩外皆戰死，劉裕大怒，親自身披鎧甲率軍在第一線身先士卒衝殺。

然而魯軌及司馬文思率軍在懸岸峭壁上列陣，令劉裕難以登岸，胡藩當時就冒險攀登，司馬文思等竟不能抵擋，劉裕就乘對方後撤的機會登岸進攻，終擊潰司馬休之的軍隊，攻下江陵，司馬休之及魯宗之北投後秦。劉裕然後自領荊州軍政大權，所有士族都無人再敢反抗。

劉裕在消滅司馬休之後獲劍履上殿、入朝不趨、贊拜不名的崇禮，爵位宋公。

至此來來回回打遍東晉統治下所有地方，沒人敢再造次。

而後秦姚興已死，後秦國勢又早已衰弱，於是下令動員備戰，大舉北伐後秦。

劉裕暗暗思度，這下連中原混亂的外部機會都配合上，一切都符合他與謝道韞最早的分析，避開先前祖逖、殷浩、桓溫、謝安，等人北伐的敗因。

心訪使的工作，不是只有心訪與建立集體心靈圖像而已。當出現一個強悍的特殊成分，打亂的大局，要平衡回來，就必須建立倒映。稱之為『罔兩問景』，以罔兩而立場相反者，。

心訪使：有極端強悍的特殊成分，甚至開始質疑大局。

罔兩鏡：雖然極端強悍，但其心靈圖像並不陌生，還是那幾種組合。只是因為他會質疑前局，連結到群體的方式比較陌生而已。多動用一些慣性關聯，可以壓制得住的。

心訪使：這會讓陰陽古怪之主很不開心，因為大局會被傾斜。需要用陰陽反變『罔兩問景』平衡回來。

罔兩鏡：收到，疊合一下他原始的心靈圖像，以及連結到群體的投射，綜合心靈圖像抓到了。之後會有另外一個跟他一樣的人，跳進來走反方向，平衡回來。將心靈圖像的定位，交給陰陽古怪之主，來運轉全局。準備動用本局局中鬼去催化，並投射出倒映的強人。

這『罔兩問景』投射為何？漢末三國大軍演建立出來的諸多慣性線，相互連結之後就是活的，倘若出現一條慣性線被所屬的單位變化突破，另外一條慣性線就會出來支援。赤壁與夷陵的三國慣性線，既然還沒達到目的之前就會突破，就得把中原混戰到官渡的慣性線拿出來加速運作。

而這種慣性線遞補，到底會投射什麼？得看劉裕接下來會怎麼做。

且暫時壓下劉裕北伐之事後表，話鋒回頭。

在拓跋珪破後燕之後，自己因服用寒石散，變得殘忍而猜忌多疑。依照拓跋鮮卑的醜陋習俗，任何立太子的母親，就要被處死。當拓跋嗣母親被處死時，強忍而極度哀痛，被拓跋珪怒目斥走。但拓跋珪的殘暴行為仍然不減，身邊人一遭懷疑就被殺掉，甚至許多宗親大臣都被殺害。另外一個兒子拓跋紹的母親賀氏，因為一些過失被拓跋規囚禁，將被處死。賀氏急忙寫信派人交給拓跋紹，請兒子救自己。

這拓跋紹本身也是兇狠敢鬥之人，更仇恨父親的殘暴，於是先派人賄賂宦官與宮女，當晚就親自帶上親信，持刀兵，翻牆進入後宮，由暗中接應的宦官與宮女帶路，直接殺到拓跋珪身邊。拓跋珪的護衛宦官見狀，大呼賊來，雙方陷入刀兵相殺，拓跋珪在睡覺中聽到外投廝殺，忽然驚醒。只見兒子拓跋紹已經殺光他的護衛，持刀帶人撞開房門砍來，拓跋珪翻身奔跑，四處尋找武器。

拓跋紹邊罵邊追殺，幾次拿到武器都被擊落，只能奔跑躲避，但拓跋紹與他左右很快把他去路堵住，殘忍的拓跋珪此時才知道自己最後的命運，是被自己的兒子誅殺。

拓跋紹用力捅穿拓跋珪的胸口，大罵：「暴君！敢殺我母！我先殺你！」

拓跋珪眼絲遍滿眼球，扭曲怒目看著兒子後斷氣。

明日，宮門到了中午仍然不開，拓跋紹偽稱下詔召見百官於西宮端門前，拓跋紹從門扇間大喊：「我有兄長也有叔父，你們要擁護誰？」

群臣本來一陣納悶。忽然有人大喊：「我們要擁護大王您！」百官才猜到發生什麼事，於是紛紛附和。唯有陰平公拓跋烈哭泣而去。

於是朝野混亂，各懷有異志。肥如侯賀護舉烽火於安陽城北，所以賀蘭部人皆往赴那裡，其餘舊部亦率子弟招集族人，相聚於此地，朝廷文官武將都動員自己人脈，擁兵觀望。拓跋紹聽聞人情不安，乃發出所有布帛，班賜與王公以下所有人，上者數百匹，下者十匹。

此時才稍微安定了一些人。

然而其兄長拓跋嗣，聽聞有變即刻回去，潛匿於山中，暗使人夜告北新侯安同，眾皆響應拓跋嗣號召。當拓跋嗣到達城西，衛士便自動捉拿拓跋紹送與他。拓跋嗣雖然同情這個弟弟與其母親的遭遇，但已經篡奪皇帝位，不能手軟。於是賜死拓跋紹母子，不用刀兵見血，以綾羅綢緞絞死，拓跋紹死時只有十六歲。誅殺先前當內應的宦官、宮女者十數人。其他先前冒犯乘輿的人，群臣則在城南都當街生臠割食他們。手段殘忍，漢臣們看了都震撼。

正當劉裕準備北伐的消息傳到北魏，拓跋嗣招見了一個漢臣見面。此人名叫崔浩，智計橫出，深明世事，料事如神，而且外貌俊美如同婦女，男人看了都容易動心，他於是自比張良。拓跋嗣先前就非常喜歡且欽佩這個漢臣的智能，凡有大事都請教他，如今面對百戰百勝的殺星劉裕要北伐，自然必須請教這個崔浩。

在朝堂上。

拓跋嗣告知群臣，劉裕大軍已經進攻姚秦，而姚秦已經派使節來這請求援兵。

拓跋嗣說：「不止姚泓派使節來請求援助！劉裕也派了使節來告知，此次北伐只是為了收復洛陽與長安，並沒有跨黃河北上的意思。你們認為該如何？」

群臣都認為：劉裕大舉北上，志向是平定中原，如今水師都進入黃河，表面上是進攻姚秦，但實際上可能跨河北上。況且與姚秦有通婚的關係，必須要派兵截擊劉裕。

拓跋嗣看著博士祭酒崔浩，問他意見。

崔浩（黑眼眶）說：「劉裕圖謀收復洛陽與長安久矣，這次大舉北進志在必得，倘若我們從中截擊，等於是代替姚秦受敵。如今柔然盤據漠北草原，時刻南侵，我們國家缺糧，人民少食。若應付南邊敵人則北邊受擾，應付北邊則南邊受困。不如就讓出黃河水道，讓他西上，派兵佔據東邊要地，倘若他勝利，必定感謝我們借路讓他獲勝。假設他失敗，我們也不失救秦之名。就算劉裕勝利後，意圖率軍跨黃河北進，國家最多放棄恆山以南土地，劉裕不可能用吳越士卒，來爭奪河北，又豈能為國家之患。至於婚姻關係，為國謀略社稷利益為重，豈能因為一個女子？」

群臣聽了譁然，認為這根本就是替劉裕爭取機會，堅持劉裕表面是入關，實際上是為了北上，一定要派兵截擊。

拓跋嗣遂不聽崔浩的意見。於是命令長孫嵩與阿薄干，率軍鐵騎兵與步兵共十萬人，大舉屯駐皇河北岸。

此時，劉裕大軍已經攻破洛陽，各軍前鋒繼續向西挺進，劉裕親自乘坐戰船在黃河南岸，已經率軍進入潼關的王鎮惡派使節來請求兵馬與糧食援助。

劉裕（藍眼眶）把使者叫來，打開戰船北面窗戶，指著對岸給使者看，並說：「我先前就告知王鎮惡與沈林子，洛陽收復之後，必須緩緩前行，不要急著入關。結果你們因為順利，急著衝往潼關。你自己看！這種情況我怎麼派兵調糧給你們？」

使者一看，北面都是北魏的旌旗，而且隨著戰船隊緩緩西行，河對岸的部隊也緩緩西行。

劉裕（藍眼眶）說：「告知王鎮惡，讓他自己去跟當地鄉民買糧食，但是傳我嚴令，不得搶掠也不得侵犯鄉民一針一線，必須讓他們心悅誠服。他別忘了，自己是王猛的孫子。」

使者低頭說：「是太尉，在下立刻去傳令。」

此時劉裕想到自己反覆參閱很多次的，諸多前人北伐記錄，當初桓溫北伐時候，王猛親自來投奔。而今自己帶著王猛孫子北伐，這已經是第三代人了，若算上祖逖就是第四代人。自己策劃的這條路線，除了是因姚秦實力衰竭之外，與當初桓溫的計畫也並沒有太大差別。河北與關中都是大敵，而胡羯之間也會相互援助。實力強大的北魏，已經是篤定要來跟自己交戰了。

整個大小船隊，偶有小船因風飄到北岸，晉軍士兵就被北魏士兵殺略。

劉裕於是呼喚朱超石，命其率麾下兩千餘人，戰車數百輛，搭配弓弩手，快速在北岸一處建立新月陣地。長孫嵩見了，命鐵騎兵三萬先行衝鋒，後續調動步兵跟隨，四面八方同時衝殺。此時弓弩手已經制不住鐵騎兵，朱超石以大鐵鎚與特製精鐵的長矛兵，反衝鋒廝殺。

朱超石以步兵戰騎兵，越戰越勇，只見北魏兵馬屍骸相積，朱超石的士卒已經殺得人人滿面鮮血，還是瘋狂廝殺。

劉裕在對岸看到朱超石軍，死戰不退，於是派兵從更多地方登岸援助。幾次衝鋒，把北魏士兵打得大敗，阿薄干當場被斬殺，長孫嵩急忙下令撤軍，朱超石率軍追擊，北魏軍又敗，後退數十里躲入城中不敢出來。

拓跋嗣收到敗報，後悔不用崔浩之言，於是夜晚招他入宮商談。

命人煮茶備食，在平城皇宮夜晚，與他討論此事，直到深夜。

拓跋嗣問：「聽說劉裕已經平定內部各項動亂，準備出兵北伐。倘若他北伐，會否成功？」

崔浩（黑眼眶）說：「晉室流落江南已有百年，劉裕對內平定混亂，對外討伐外患，所向崩潰。昔日姚興滅苻秦之後，施政徒慕虛名，而少實用，其國因此由強轉弱，叛亂四起。如今姚興又死，子弟都在爭權奪利，所以劉裕北伐怎麼不會成功？」

拓跋嗣說：「那你覺得劉裕此人跟慕容垂相比如何？」

崔浩（黑眼眶）說：「劉裕比慕容垂還要強得多。」

拓跋嗣搖頭笑說：「這話如何說起？慕容垂當初以賢能善戰震動中原，苻堅都為之佩服，他來投奔才敢滅燕。而且即便暮年病垂，也出兵回報先帝在參合陂擊敗慕容寶之仇，甚至還攻破平城這裡！」說到這還指著地下。

「當時他用兵方法，就像是韓信一般，明修棧道暗渡陳倉，他穿越山陵忽然出現，先帝當時都為之害怕，只能待在盛樂不知如何是好。先生以何憑據，說劉裕比慕容垂還強得多？」

崔浩（黑眼眶）說：「劉裕起於民間，本來其實就是個平民而已，如漢高祖一般。不不，甚至比漢高祖還要卑微。投身軍旅，卻能因自身的戰功，逐步升遷，討滅桓玄，擒殺慕容超，南梟盧循，又連連平定割據。平內亂同時還圖略中原。而慕容垂出身就是王公貴族，雖在大亂之世，但只要稍微努力，族人自然會去投奔，如同群蛾奔火。」說到這指著旁邊的宮燈燭火。

「至於用兵，慕容垂以其地位，自然有能人會提供他正確之法，只要他心智賢明，自然可以做到與一代名將相敵之能。而劉裕本人從基層打起，與他同時為將者，都是跟他競爭的對手例如劉毅就是，身邊智囊也未必是自己所選自己所能，例如孟昶便是。若非劉裕有超世之能，豈能做到如今所向崩潰？」

拓跋嗣說：「如果劉裕西破關中，我大軍直搗彭城，他將如何？」

崔浩（黑眼眶）說：「今天國家西有屈丐，北有柔然，陛下不能親自與強敵作戰。國家雖有精兵，但沒有良將，長孫嵩善於內政而短於用兵，不是劉裕的對手。我們應當以靜制動，等他大功告成，必定南下回去篡奪他主人的位置，改換即將滅亡的晉室。而劉裕最大的短處，在於意圖以荊揚的施政，來統治關中華夷雜處之民，不懂得招攬北方士族之才，遲早關中為我所有，請陛下靜心以待。」

拓跋嗣頻頻點頭。

崔浩（黑眼眶）說：「臣私下評論近世之名人。王猛治國，他是苻堅的管仲。慕容恪輔佐，是慕容暐的霍光。劉裕平定內亂外患，是司馬德宗的曹操。」

拓跋嗣點點頭，又問：「那屈丐如何？他似乎也頗能打能鬧。」

崔浩（黑眼眶）笑說：「赫連勃勃，不，應該是劉勃勃。本來浮萍寄命投靠姚興，騙得封賞，不知思恩報義，反而勾結群酋反叛割裂恩主的土地，結怨四鄰。說與我大魏有仇，不希望姚興與我們和好，但自立建夏國之後，卻不敢親自來找我們大魏開戰，反而對恩人姚興不斷施以毒手，屢屢侵犯姚秦土地。壓榨自身治下臣民，更是無所忌憚。這個匈奴殘餘，蹶豎小人，比他先祖劉淵劉曜等人一般。苟能張狂於一時，他日終將被人併吞，豈能拿出來跟劉裕與慕容垂相提並論？」

拓跋嗣問：「若劉裕滅姚秦之後，北上進攻我們，如同桓溫當年的路徑，我們當如何？」

這問題相當尷尬，崔浩出身名門，是北方大族的子弟，一直被一些人懷疑，內心心向漢人的政權，但自身又已經投身在拓跋大魏這邊當官。若兩者出現矛盾，該如何回答，這是非常困難的『藝術』。

崔浩（黑眼眶）說：「這種事情絕對不會發生，請陛下安心。如果剛才所言，劉裕必定以滅國之功，回去篡奪位置。」

拓跋嗣問：「你如何肯定？」

崔浩（黑眼眶）說：「晉室失去中原，流落江南已過百年。當中不少人圖略北伐光復中原，祖逖、殷浩、桓溫、謝安。然而他們都各有原因失敗。以臣看來，最大的原因就是晉室自中原失政，早已不得人心。如今劉裕雖然削平所有內亂，但國家已傷，倘若仍擁立故朝舊政，必定讓眾人失望。若回去篡位得國，必須重新改換新政方得人心，如此沒有三十年乃至傳他子孫，如何能夠做到？請陛下放心，他會回去的。」

拓跋嗣稱讚崔浩。

但拓跋嗣內心感覺到，崔浩似乎很希望南朝能夠光復中原，雖然稱讚他的分析，但之後仍命令長孫嵩，準備更多兵馬，等待劉裕入關中若有變，立刻伺機偷襲彭城。然而長孫嵩見識過劉裕用兵的迅猛，雖然有更多的兵馬在手，但仍然盤據黃河以北，不敢南下進攻。

從而劉裕派出的各路兵馬，在逐步收復河南各地之後，紛紛殺入關中。

此時夏國的統萬城，赫連勃勃聽聞劉裕大軍入關中，非常驚恐。但此時他身邊的漢臣竟然判斷跟崔浩一樣，敏感地察覺劉裕收復關中之後，會退回江南篡奪皇位，所以赫連勃勃決定動員訓練，按兵不動，等待劉裕離開之後再動兵。

而盤據在涼州的沮渠蒙遜（紛藍眼眶）更是嚇得不輕，竟然大臣有說有笑者，就大怒說：「劉裕入關你還敢研研然嘻笑！」然後下令斬殺嘻笑者。

西秦的乞伏氏勢力本來就不強，甚至打算若劉裕有進一步動作，就歸降。

面對內部叛亂，外部強敵進逼，姚泓此時跟群臣對泣，跟當年的苻堅一樣，再怎麼努力都是枉然。只能把所有部隊全部投入作戰。

朱超石與徐猗之，面對後秦軍最後反撲，兵力寡弱大敗退走，徐猗之戰死。王鎮惡便率小船艦進入渭水。登陸之後將所有小船與物品全部隨河流漂走，全軍投入戰鬥，直襲後秦最後的主力。

晉軍士卒都江南人，知道已經沒有退路，於是以寡擊眾全軍廝殺。大破後秦主力，大舉衝過渭橋。殘存的後秦軍紛紛潰散。姚泓走投無路，只有帶著姚萇當初偽造的傳國玉璽，出長安城歸降，王鎮惡嚴肅軍隊紀律，長安城百姓安然如故。劉裕此時也率主力軍進入長安。

後秦姚氏宗族，紛紛投降。但是劉裕想到，當初殷浩北伐時，羌人姚襄是怎樣假意順從，實則破壞的，於是將其主要宗族全部誅殺。並把姚泓綁送建康斬首。

長安城。

劉裕招集諸將，討論一件事情，爭論許久。但是仍然沒有結果。

劉裕（藍眼眶）說：「如今姚秦已滅，關中收復，連同先前滅慕容超之勢，黃河以南全部回歸大晉。河北與西北的夷狄豪酋全部震動，中原淪喪百年，匡復六合就在今朝。首先就當還都洛陽，如此才能對所有夷狄表示，我大晉回歸中原恢復華夏之決心！」

眾將領已經勸阻一個上午，劉裕發覺氣氛詭異。

最後參軍王仲德說：「國家還離洛陽已過百年，如果今日還回，必定駭動。非常之事，非常人所能及，太尉當然能做到，但是大軍久經交戰，連續擊破好幾股敵人，未曾長久休養，士卒都厭戰思念家鄉。還都之計，沒有士卒支持，恐有變亂。此事不可議也。」

劉裕（藍眼眶）一陣窩火，低聲說：「當年桓溫都議論過此事，朝廷尚且不敢反駁，而今我的戰功超過了桓溫許多，為何我議論此事，連你們都不能贊成？」

眾將領一陣沉默，但面色讓劉裕看出，他們都不願意。因此又相互僵持。

王仲德轉移話題問：「先前夏國的赫連勃勃，派皇甫徽為使節，與太尉約為兄弟。太尉面對他能過目不忘，自稱不如，是否有此事？」

劉裕（藍眼眶）點頭說：「為了緩住赫連勃勃，我當然卑辭自謙。之後我當光復西北，夷狄豪酋使用這種權術動作，又能嚇得了我嗎？不止西北各夷狄，河北強敵拓跋鮮卑，我也當滅之。」

王仲德說：「我們士卒戰力已經疲乏，而夷狄豪酋的左右多有奇人異士，這就是在暗示我們，現在所處的環境不利。皇甫徽不過是雕蟲小技，而我聽聞河北的鮮卑魏國，有一人才是真材實學，名曰崔浩。此人貌似女子，但神智過人，幾乎算無遺策。」

劉裕（藍眼眶）怒目拍桌說：「貌似女子，神智過人。那有怎樣？又能如何？」

劉裕此時雖然不耐，但打中了內心，他想到了謝道韞的才能與分析，深入骨髓。

王仲德說：「世人都稱他是當代張良。最強的一股夷狄就是拓跋魏國，兵強將勇又有智能超群之人輔佐，不能挑戰啊！」

劉裕（藍眼眶）陰狠地說：「本人沒有不能挑戰之敵！鮮卑的部隊先前不也被我們打敗過嗎？」

王鎮惡說：「宋公您萬萬不可輕率。倘若今天士卒鬥志旺盛，諸將信心滿滿，即使面對再多強敵，我們仍然可以大步向前，如同以往，所向崩潰。但如今自身戰力已衰，士卒都望南思歸。應當先休兵數年之後，觀察狀況而後定。」

劉裕（藍眼眶）說：「倘若能休兵數年再動還好，你們自己看看各股夷狄，全部盯著我們隱隱蠢動，我若帶兵南返，他們必定反撲。倘若今日不接著消滅他們，那匡復六合，恢復中原，成古往今來未有之大功，豈不如同放棄？」

眾將領一陣沉默，只發現劉裕語氣越來越嚴厲，遂不敢反駁。

過數日，探馬來報一個壞消息。

先前魯軌、司馬休之、刁雍、王慧龍、韓延之、桓溫遺存的孫子，桓道度、桓道子，以及他們的家族人等，數百人，都是原先劉裕在江南的仇家。對劉裕恨之入骨。本來投奔後秦，當發現後秦又將被劉裕消滅，只能集體逃往北魏投降。其中一個劉裕的仇敵刁雍，非常憤怒刁家被劉裕殺滅，絕對不讓劉裕有統一天下的機會，在當中最為神勇，對拓跋嗣自告奮勇，願意率軍在南邊討伐劉裕。

他分析劉裕戰線拉得太長，只要以小股部隊從東到西，不斷往返搗亂，劉裕再能打仗也必敗。

經過長孫嵩推薦，拓跋嗣便以刁雍為建義將軍，撥精銳騎兵一萬人隨他南下。屯住在河南與濟水之間，擾動徐州與兗州故地。

劉裕聽了之後非常憤怒，派兵快速奔襲。

沒想到刁雍竟然打了一場小勝，然後固守城池，晉軍攻不克。而刁雍已經聚集兵力達到兩萬人，忽然突圍出去，屯駐固山，繼續打游擊戰。劉裕在長安，逛了西漢皇帝的皇陵，打掃祭祀，得到消息非常震動，諸將領都稱士卒已經疲乏，倘若繼續作戰，恐怕開始會有失敗。

同時，王鎮惡本是王猛的孫子，王猛在關中非常有人望，這次收復關中王鎮惡又是首功，關中人都非常敬重王鎮惡。沈田子等南方將領非常忌妒，與王鎮惡相互衝突。所有南方將領當場在劉裕面前告狀，而且之前就不斷有人狀告王鎮惡貪汙或各項罪行，甚至有人狀告王鎮惡憑藉關中人望，謀求自立。劉裕派人暗中查詢，才知道根本沒有這件事情，而王鎮惡貪圖錢財，也是學習當年王翦自汙。

劉裕發現自己班底已經開始分裂，戰力已經開始崩解，內心非常窩火，劉裕（藍眼眶）不知道該怎麼辦，只大罵恨王鎮惡最深的沈田子說：「猛獸不如群狐。你們十幾個人都有兵，難道還會怕一個王鎮惡嗎？」

劉裕還是不願意離去，仍然計畫先光復西北，同是再次宣告，在關中屯兵演練，準備兵分兩路北進消滅各股夷狄。而此時又來一個噩耗。代替劉裕鎮守江南建康的劉據之，已經病死。劉裕驚駭哀痛數日，才招開軍事會議討論善後，諸將領便在會議上，對劉裕做最後勸諫。

「這是軍事會議，王鎮惡呢？他怎麼沒來？」劉裕（藍眼眶）一進門就這麼問。

南方諸將領都冷眼不答話，王鎮惡派來的副將代替回答說：「王將軍希望會議之後，單獨與太尉相談。」

劉裕（藍眼眶）非常窩火地說：「大業才成功一半，竟然就開始內鬨了！很好，你們就在我眼皮底下開打啊！」

眾將領低頭不語，劉裕也默然。直到江南來的信使，告知劉據之的遺書，大意是說：自己慚愧沒有辦法繼續替宋公鎮守南方，目前江南看似穩定，但各士族門閥，都在觀察北伐後的動向。而今連年對內對外征戰，江南子民也已疲敝，望平定關中之後南歸，正大位之後再圖後舉。

諸將領此時紛紛再次表示，自己不希望待在關中的意見。

爭論了近一個時辰，劉裕（藍眼眶）嘆息說：「看來不止你們，連劉據之都不想要我繼續北伐，那就回去吧。」

終於鬆口，眾將領才終於鬆口氣。

使者鬼頭鬼腦，拿出一封信又說：「還有一封信，是希望宋公詳細考慮的另外一件大事。」

劉裕（藍眼眶）似乎沒太多心情，低聲說：「你唸吧。」

使者開信之後結結巴巴，說：「這不知道是否符合宋公之意？」

劉裕（藍眼眶）怒目說：「劉據之到底還有什麼遺言快說！」

使者只好唸：「全文不長，但鏗鏘有力。再拜宋公麾下，大晉南渡已過百年，而奈何不能光復中原？非王師不能戰，非夷狄不能克，乃江南人心自不定也。司馬皇家權威已衰，天命已盡，梟雄賊寇窺伺神器之心不止，故紛擾不休。今看似大定，實乃明公攻戰威力所致，非仁德也。若不趁勢鼎革移祚，定大位九五，某恐變亂復起，明公雖強，能以一軍之力戰天下人乎？若欲光復中原克復神州，千事萬事，惟有此事為重！」

劉裕聽了變色，在場將領紛紛下拜。

劉裕一個人走出後秦的長安大殿門，反覆喃喃自語說：「能以一軍之力，戰天下人乎？能以一軍之力，戰天下人乎？能以一軍之力，戰天下人乎？」

此時他又想到了謝道韞。

王鎮惡此時單獨來會，劉裕（藍眼眶）以手掌止住他發言，低聲說：「你什麼都別說了！現在有再多的計謀，也解決不了眼前的問題。只剩下兩條路，第一條是，我要一個人提刀北上，壯烈死在夷狄手中，名垂千古當英雄，還是第二條，回去當皇帝，令千古嘆息而已。」

王鎮惡說：「宋公您當上皇帝之後，還是可以再舉兵中原。」

劉裕（藍眼眶）說：「但願吧。」

於是劉裕發長安準備回去，關中父老聽聞，紛紛攔在他面前。一老人哭訴說：

「我等殘民不霑王化，已有百年，今日始睹衣冠，人人相慶。長安十陵都是你們劉家的墳墓，咸陽宮殿都是你們劉家的老宅。捨去這裡，又將要何往？」

劉裕也流下眼淚，只能好言勸慰，表示自己將派兒子劉義真與精銳兵將留守，於是往東南回去。可劉義真只有十二歲，於是眾人失望。

夏國國主赫連勃勃，聽聞劉裕東歸大喜，急忙詢問漢人智謀之士王買德。

王買德（粉藍眼眶）說：「關中是形勝之地，劉裕竟然派幼子留守，狼狽自行撤退，正是要回去篡位而不再以中原為意。此上天將關中賜給陛下，機不可失。只要精銳部隊突擊前進，扼守險要，斷其水陸要道，自然整個關中都屬於陛下，劉裕就算再能作戰，對此也無可奈何。」

赫連勃勃（橙眼眶）大笑說：「好！立刻傾全國兵力出擊！拿下關中！劉裕號稱百戰百勝，而今碰到我赫連勃勃，你無可奈何的，哈哈哈。」

於是急不可奈出兵。

此時沈田子害怕夏兵人數眾多，要求王鎮惡派兵來援，王鎮惡反而認為沈田子畏懼敵人。親自帶人去督戰，兩人相互仇視，沈田子假造劉裕的命令，誣稱王鎮惡謀反，於是殺了王鎮惡。兩邊的鎮兵開始內鬨。

王脩與劉義真聽聞有變，王脩親自披鎧甲質問，要求沈田子來解釋。沈田子率數十人兵將前來解釋王鎮惡謀反，王脩一聲令下，刀兵四起，沈田子護衛紛紛放下武器表示與己無關。於是王脩抓住沈田子，列數他擅自殺王鎮惡的大罪，於是手起刀落斬殺沈田子。於是以毛脩之與傅弘之率兩人之兵，反擊夏兵，大破之。

赫連勃勃聽聞前鋒戰敗，於是撤軍觀察，準備伺機再動。

然而劉義真只是紈褲少年，厭惡助手王脩屢屢禁止他在長安玩樂。左右有人說王脩殺沈田子，是幫助王鎮惡謀反，於是劉義真信以為真，讓其他人殺了王脩。於是關中諸將領，人人自危，離心離德，劉義真害怕出事，命令各地兵將全部回到長安鎮守，赫連勃勃聽聞此事，大舉進兵把周圍城池全部攻下。

劉裕聽聞關中大亂，內心窩火，但無可奈何。只有命令朱超石慰勞河洛一帶，以保洛陽不失。並命人帶劉義真東歸。並命令有帥才的朱齡石緊急接任關中，鎮守長安。

朱齡石進入長安之後，劉義真竟然放縱士兵掠奪財物女子，全軍東歸。

赫連勃勃命令夏兵追擊，兩軍接連死戰數日，傅弘之與蒯恩相繼被俘擄，不降而死。劉義真與大軍失散，躲在草叢中，最後被救走。哭訴說大業艱難。

長安百姓痛恨劉義真大掠長安，紛紛拿起武器驅逐朱齡石。朱齡石備感悲催，沒想到王師已經被看成是盜賊，只有焚燒宮殿之後，離開長安。於是赫連勃勃大軍入長安，獎賞各將士。

劉裕本下令再次出兵入關中，但眾將領全部反對，直到劉義真安全回來，才放棄。只能登城北望，感嘆英雄大業不能成功，不斷哭泣而已。

之後劉裕以圖讖：昌明之後尚有二帝。於是毒死司馬德宗，命令司馬德文繼皇帝位。

一年多後，派人命司馬德文讓位。司馬德文知道這種帝位根本是禍害，於是欣然讓位，但是劉裕登基大典沒有去，只趕快剃度當和尚。並且把三顆不同來歷的傳國玉璽，交給劉裕派來的使者。而劉裕在攻破關中，也從姚泓那邊繳獲傳國玉璽，總共就是四顆。

劉裕看到四顆傳國玉璽，才感覺自己的皇帝位置，就像是兒戲，一時氣沮。於是改國號為宋，晉朝滅亡。西晉在中原五十二年，東晉在江南苟延一百零三年，共一百五十七年。

劉裕憤恨司馬德文不夠配合，於是派人殺了司馬德文。

石頭城。

劉裕此時帶著司空徐羨之、尚書僕射傅亮、領軍將軍謝晦及護軍將軍檀道濟。四人被內定為顧命大臣。一同登城牆北望，談論兩次北伐中原的故事。

謝晦（粉藍眼眶）說：「當年諸葛亮曾經五次北伐中原，都無尺寸之功，而陛下兩次北伐，就滅兩個夷狄國家，收復半個中原江山，此功勳超越前人多矣。」

劉裕已經六十歲，此時視茫茫髮蒼蒼，知道他在奉承自己，只微微一笑。

檀道濟（黃眼眶）說：「你這說就不對，拿諸葛亮出來比，不倫不類，諸葛亮他可是鞠躬盡瘁而後已。應當以祖逖、殷浩、桓溫、謝安等人的北伐來相比，才能顯現陛下的功勳，讓千年之後的人都感到陛下神武。」

謝晦（粉藍眼眶）說：「這些人怎麼能跟陛下比！你意思是說陛下沒有鞠躬盡瘁？」

兩人鬥嘴了起來。

劉裕忽然變色，他又想到謝道韞分析的事情，獨自面朝石頭城北方落淚，竟然哭了出來。

眾臣看到，他落淚痛哭，知道自己奉承的話適得其反。紛紛沉默。

劉裕（藍眼眶）流淚說：「我曾經以祖逖、殷浩、桓溫、謝安等人的北伐為殷鑑，期待自己最後能光復整個中原。如今我的結果到底有沒有比他們好？你們說得不算，後人評說吧。」

眾臣默然。

劉裕（藍眼眶）邊走邊搖頭晃腦，眾人跟在後面，喃喃自語說：「自從晉朝流落江南，加上我應該是五個人興兵北伐。祖逖之失在於無法顧慮後方叛亂，殷浩之失在於有人掣肘，桓溫之失在於與朝廷君臣關係險惡，謝安之失在於無法統合力量。我之失在哪？我之失在哪？我之失在哪？」

謝晦（粉藍眼眶）說：「陛下沒有失誤，只是形勢比人強。而後子孫必定克成大功，消滅夷狄，光復中原。」

說到形勢比人強，劉裕看了身上的皇帝衣冕，想到當初在關中，各方人等用各種方法逼退他，又想到自己手上已經有四顆傳國玉璽，都有各自傳奇，裡面帶著一大堆人的皇帝美夢，也不乏類似冉閔一樣的善戰狂人。忽然轉而哈哈大笑，但是這笑得很悲催，甚至淚流滿面。

「哈哈哈……原來是這樣……呵呵呵……哈哈哈。檀道濟啊……千年之後，或是再千年之後的人，不會認為我神武的！更不會認為我是英雄！因為我自稱了朕，北伐最後也是……哈哈哈……我的千古功勳也就在這冠冕，被人用唬，唬弄下去啦……原來事情真相是這樣……哈哈哈哈……」

劉裕最後笑到暈過去。

眾臣急忙命宦官將他扶回去，過不久，劉裕病殂而逝。可惜還是殂，不是崩。整個慣性疊合在一起發功，外力推，內力拉，劉裕再能作戰也無可奈何，的確是形勢比人強。

同時慣性是活的，一旦要共同運用兩條慣性線以上，代表出現原來漢末三國大軍演的慣性仍然有漏洞。即無法對付腳本之外的成分，若是不斷出現，再多慣性共同運作都無法阻擋這種變化。

唯一的備用方案，就是罔兩問景，也就是哪一方出現了麻煩的成分，另外一方也要出現，除了用來產生對衝效應。同時可以用這個新成分，讓另一方更快速完成進度。

此時正要罔兩問景時，百戰殺星的兇猛，將要被複製在北魏這裡，以免南方出現第二個會破壞全局的人，也促進北方進度加速進行。

拓跋嗣聽聞劉裕病死，貪玩的惡少劉義符繼位，顧命大臣多有不服，於是大舉兵馬要南下攻略河南。

崔浩（黑眼眶）反對說：「先前劉裕與陛下相互派使節和好，如今宋國新喪，如此則有伐喪之名。若如今相攻伐，其遺臣必然拼死相抗，我則兵疲將怠。必須等待對方君臣有隙，國家自然能不疲乏而收淮河以北之地。不然北方柔然，若聽聞我往南攻，必定入寇。如此不如將人力，用在建築長城，防範柔然。」

拓跋嗣搖頭說：「當初劉裕不是也因姚興之喪而攻伐？我大魏攻之又有何不可？況且屈丐僅因劉裕東返就收關中，我大魏若不能收河南，豈非比屈丐不如？」

崔浩（黑眼眶）說：「當初姚興死，諸子相爭。而今劉裕死，君臣相佐，這不可類比。」

拓跋嗣懷疑說：「你事事料知如神，唯獨提到攻打南朝漢人，就如此阻攔。朕意已決，出兵進攻南朝，收河南之地。屈丐與其他夷狄，伺機再動。」

於是派兵二十萬南下，南北第一場大戰爆發，王仲德與毛德祖各自率軍抵抗。

北魏攻勢兇猛，接連攻克河南各郡，並且大軍逼近虎牢關。毛德祖拼死抵抗，北魏士兵前仆後繼，將虎牢關團團圍困，但傷亡慘重。最終攻破，毛德祖被俘擄，最終許昌也被攻破，此場大戰才以北魏勝利而告結束。果然，柔然聽聞北魏軍南下，於是大舉入寇，拓跋嗣聽聞之後，有些後悔，便分兵北上擊退柔然，並開始修建萬里長城。

過不久，拓跋嗣也因吃寒石散與煉丹而死，兒子拓跋燾繼位。鮮卑名字為佛狸伐，官號是佛狸。此人竟然倒映了劉裕的兇猛，成了北方的百戰殺星。他年紀雖輕，與劉裕的兒子一樣，但本性差距甚大。他非常不滿意天下沒有被統一，於是準備接替劉裕的想法，掃平所有夷狄，最後也要去消滅劉裕建立的劉宋，一統天下。

第九章　殺星倒映　南北朝開始

※※※※※　公式十一　※※※※※

承前

代↑↓異　異〉代　但 1╱異〈 1╱代

令 代（本+）↑↓Y（本+），異〉代，代（本+）↓0，異（本+）↓2，

代=代　╱╱北朝奪得強勢╱╱

※※※※※　※※※※※　※※※※※

話說劉裕六十歲死，拓跋燾十六歲繼位。古怪通過所有慣性線扭曲，倒映整個動態。拓跋燾繼位後，決心把所有他知道的敵國都消滅，於是勵精圖治，審查賢能，壯大國力。

於是招開廷議。

拓跋燾（藍眼眶）殺氣騰騰，當朝指點說：「今當用兵。相鄰之國誰當先？」以長孫嵩為首的一群大臣，主張討伐柔然。某些大臣主張討伐北燕馮氏。

崔浩（黑眼眶）說：「柔然如同鳥獸，聚集為患，大軍追之又不能及，以輕兵進攻又不能勝。而赫連氏土地不過千里，政刑殘暴不仁，且行為狂妄自大，貪婪虐民，築城殺工，制器殺匠，罪行比肩當年石虎，人神共憤。應當先行討伐！」

以長孫嵩等人堅持反對崔浩。雙方爭執。

拓跋燾止住爭執，於是先行以狩獵為名，巡弋刺探各方動靜。而殘暴貪婪聞名的赫連勃勃與當初的石虎一樣，兒子相互殘殺，赫連勃勃想要廢黜太子赫連璝，改立幼子赫連倫。赫連璝知道後率兵七萬自長安攻伐赫連倫，終在高平一戰中擊敗並殺死對方。赫連倫兄赫連昌則率軍襲擊赫連璝，將其殺死，赫連勃勃毫無喪子之慟，見到赫連昌大喜，於是立赫連昌為太子。過不久赫連勃勃死，赫連昌繼位。拓跋燾聽聞之後，決心先討伐赫連，長孫嵩又與崔浩爭執，拓跋燾大怒，命武士把長孫嵩面部壓在地上汙辱。

於是親自率騎兵兩萬人，趁著冬天黃河結冰，大舉渡河直撲胡夏的統萬城。赫連昌聽聞北魏大軍攻來，大驚失色，於是開城門出兵迎戰。但拓跋燾的部隊驍勇善戰，赫連昌大敗，急忙撤軍回城，但城門沒來得及關閉，拓跋燾的衛士豆代田，率眾殺入城中，直撲皇宮。但最後城門還是關閉。豆代田在城中大鬧，最後從城牆上槌城而出。

拓跋燾大喜，封豆代田為將軍。轉告訴諸將，統萬城城牆堅固，等來年再攻，現在應當以此威勢，大舉進攻關中。於是擄掠周邊居民回平城，派兵轉而進攻三輔地區，胡夏的守軍紛紛不戰而逃，北魏軍長驅直入。後續援軍也分道進入關中地區，赫連昌派出援軍鎮守長安，但聽聞北魏軍不斷增援，沒有人願意替殘暴的匈奴政權賣命，紛紛棄城潰逃。

於是拓跋燾以極快速度佔領整個關中。

赫連昌發現情況不對，派赫連定率精銳部隊奔向長安，與北魏的奚斤相持，雙方交戰平分秋色。拓跋燾便親率大軍趁虛再次大舉進攻統萬城，沿途嫌速度太慢，拋棄輜重與重裝步兵，以三萬輕騎兵直接逼近城池。

群臣急忙以城牆堅固，不當以輕兵進攻為理由，勸暫時等待後續攻城部隊到達，拓跋燾不聽。直接大舉逼近統萬，並且還分兵埋伏在山谷當中，親自率數千騎兵在城外示威，胡夏兵無人敢出。

正當拓跋燾認為誘敵失敗，還是得等攻城大軍，要後退紮營之時，忽然有人來報，一人名叫狄子玉，是胡夏將領，此時來歸降。拓跋燾大喜，於是招見詢問敵情。

狄子玉（粉綠眼眶）說：「赫連昌聽說陛下大舉來攻，大為驚恐。準備讓赫連定攻破奚斤之後，內外夾擊。是以打算憑藉統萬城堅固，死守不出。」

拓跋燾（藍眼眶）說：「倘若這個屈丐兒子，真如此，那事情就難辦。」

狄子玉（粉綠眼眶）說：「這倒不難，我今日來降，陛下也可派一人反向歸降，聲稱糧盡已軍心渙散。輜重在後而步兵未至，那麼以我對赫連氏那一家族人的尿性理解，就像是聞到獵物受傷血腥味的狼，必定孤注一擲死命殺來，陛下就可以伏兵四起將這些豺狼擊殺。」

拓跋燾（藍眼眶）大喜，大聲稱讚狄子玉的妙計，轉面對左右說：「到後軍叫崔浩來！」

於是傳令兵叫來崔浩。拓跋燾當面將狄子玉的計策告知，崔浩（黑眼眶）看了看狄子玉後，頻頻點頭說：「對！此計可行，匈奴人貪圖眼前機會，遺忘長遠考量，確實能把赫連昌引誘出來。」

拓跋燾便派一軍士，以獲罪為名，逃到統萬城投降。告知北魏軍糧盡，且無重裝步兵，若快速進攻便會獲勝。赫連昌也大喜，於是挑選精銳步騎甲兵三萬人，全軍出擊。

見到胡夏精兵傾巢而出，左右皆說：「夏兵重裝步兵陣列難破，不如避開鋒芒。」

拓跋燾（藍眼眶）說：「我遠來討賊，還巴不得對方不出，如今中計全軍出來，正是消滅對方時機，豈能因為發現敵軍強勢而退？準備伏擊！」

於是指揮騎兵假裝退走，胡夏兵果然鼓譟衝鋒，忽然天上風雲變色，揚沙鋪面，視野茫茫，已然將大雨。隨軍的宦官頗懂方術，勸告拓跋燾說，風向有利於敵方，迎風交戰不利，應當撤退。

崔浩（黑眼眶）大罵：「賊軍已經中計，我們奔襲千里制勝，就在這一日之中，豈能變易？賊軍貪進不止，傾巢而出，後援已絕。現在應當將伏兵繞道敵軍背後，所謂風向者，在人不在天！」

拓跋燾稱讚崔浩，於是指揮部隊全軍迎戰。

雙方人馬相交，混戰成一團，拓跋燾身穿士兵的鎧甲，左劈右砍奮力搏殺，但是座騎撲倒，胡夏兵四面殺來，幾乎快被生擒，護衛拓跋燾的拓跋齊，決死力戰，殺得眼紅耳赤，胡夏兵紛紛倒退。

赫連昌探知拓跋燾就在戰圈當中，急令吹響衝鋒號角，下令一定要生擒拓跋燾。拓跋燾大怒，跳上馬背，持長矛力戰，幾名胡夏將領當場被殺，並殺騎兵數十人。北魏兵紛紛來援，奮力死戰，擊破衝鋒。胡夏兵於是調動騎射遠距離射擊，拓跋燾身中流矢，仍然拼死怒吼，奮擊不退，連著格殺數人。所有北魏軍士見到皇帝如此生猛，紛紛狂吼向前反撲，絕死衝鋒，殺得昏天暗地，胡夏兵陣崩潰，陣斬赫連昌的弟弟赫連滿，胡夏兵陣亡過半。

拓跋燾死戰不捨，赫連昌來不及退入城中，急忙奔向上邽城。拓跋燾追殺逃入城中的胡夏兵將，跟著殺入城去，拓跋齊勸諫不聽。於是率少數部隊衝入城中。胡夏守將得報，北魏皇帝竟然身穿士兵服裝殺入，於是關閉城門，派兵四處搜捕。

拓跋齊將城門關閉的消息告知，拓跋燾（藍眼眶）大笑說：「先前豆代田就大鬧統萬，我自稱為朕，豈能不如自己的衛士？」

於是持兵刃衝入宮牆，闖入赫連昌的後宮，宮女四處奔走，拓跋燾與身邊少數兵卒，當場抓獲三人，脫光衣裙後釋放。然後返身殺出宮外，胡夏衛兵措手不及，紛紛被擊退。拓跋燾率眾人殺到城牆上，將衣裙絲成條狀，綁在槊上，架在城垛中，槌城而下逃回營中。

兩軍官兵，聽聞了拓跋燾的勇略，全都敬畏不已。

守統萬城的胡夏百官，已經膽寒，於是奉赫連昌的母親出走，拓跋燾派長孫翰追不到，但統萬城殘餘守軍開城門投降。於是拓跋燾率大軍入城，俘虜胡夏的公主、宮女與珍寶車器，牛羊數萬頭。拓跋燾將之全部賞賜給將士。

巡查統萬城，發現城牆與宮城都建造得極其堅固，每一塊夯土都可以當磨刀石，宮殿都奢華至極，窮及文采，氣得對左右罵說：「屈丐統治的蕞爾小國，竟然壓榨人民到如此，想要不亡，怎麼能夠？」

接著檢閱碑文，發現一文竟然讚譽赫連勃勃為聖賢，到了極其肉麻可恥之狀。

拓跋燾（藍眼眶）又氣得大罵：「屈丐此豎，跳樑小丑，殘暴賊寇，竟然還有人這樣為文稱頌，可恥至極。到底是誰？推出斬首！」

瞪眼一看，是天水漢人趙逸。

拓跋燾氣得命人搜捕他，崔浩（黑眼眶）急忙勸說：「文士褒貶，都言過其實，屈丐殘暴，也許情非得已，不該怪罪。」

拓跋燾才停止。

聽聞統萬被攻破，西秦乞伏氏也稱臣歸順，在關中相持的赫連定也北逃上邽，其餘安定等地，全部投降北魏。

拓跋燾率軍回平城，命奚斤與尉眷合兵，追打上邽的赫連昌。赫連昌決心以自身勇猛，來表示不輸給拓跋燾。於是率軍挑戰，接連獲勝，但最後北魏士兵都已經認識他，趁一次挑戰，群起圍攻，赫連昌墜馬被俘擄。赫連定於是在平涼稱帝，繼續死抗。

拓跋燾優待赫連昌，甚至嫁妹給他，令他共同狩獵，絲毫不怕赫連昌意圖趁機謀逆。赫連昌知道拓跋燾勇猛殘忍，雖有賊心但無賊膽，之後聽說赫連定還在抵抗，聯合南朝劉宋，於是企圖逃跑，被追兵追上後當場格殺。

拓跋燾的勇猛兇悍，已經傳到南朝，此時劉義符因紈褲無道，已經被廢殺，眾臣擁護較為溫和的劉義隆繼位，他決心收復黃河以南，遂派使節與赫連定合作。並派兵北上，拓跋燾得到消息，知道南方兵力微弱不能交戰，於是主動撤掉黃河以南，包括虎牢關與洛陽許昌等駐軍，全部退回黃河以北。

群臣都建議拓跋燾，必須先打最強的劉宋，以防止其跨黃河北上。

崔浩（黑眼眶）建議：「劉義隆與赫連定，兩人結盟虛聲唱和，但兩人都希望對方先進攻，就如同連雞一般不能俱飛。如果今天劉義隆派兵北上，一路打冀州，一路攻鄴城，那麼陛下必須親自討伐。但如今他因黃河不前，分散佔領先前失地，東西列兵兩千餘里，一處不過數千人，形勢自弱。劉義隆不過是想要以黃河為界而已，沒有北定中原之心。陛下應當先攻赫連定，克復之後從關中出潼關，一路襲捲而東，那麼劉義隆恐怕夜不能眠矣。」

拓跋燾贊同，但始終不放心崔浩對南朝的意見，於是自率主力討伐赫連定，派偏師跨黃河南下再次進攻虎牢關與洛陽。

赫連定已經退無可退，但又打不過拓跋燾，已經窮途末路。然而另外一支鮮卑族，西秦的乞伏暮末被北涼進逼，也快要窮途末路。於是赫連定拋棄最後根據地，跑去消滅西秦的乞伏暮末，攻破南安城。並且當場殺掉乞伏暮末君臣。

可謂窮途末路還在自相殘殺。

但拓跋燾大軍進逼不止，赫連定則企圖轉攻北涼沮渠蒙遜。於半渡黃河時，被吐谷渾首領慕容慕璝派軍襲擊，赫連定被俘。吐谷渾將其送往拓跋燾軍營，拓跋燾將赫連定處死，匈奴的赫連夏國滅亡。

此時南征打劉宋的偏師，再次攻破洛陽與虎牢關，除了檀道濟擊破北魏軍的攻勢，其餘部將全部慘敗，尤其到彥之的大敗，消耗了大量物資，劉義隆對於失敗，非常憤怒，但戰備不足無可奈何。只能下詔全體江南備戰，訓練士卒，繼續準備大舉北伐。

拓跋燾從細作那邊聽聞，劉義隆即便失敗還準備大舉北伐的消息，大為憤怒，準備親自南下攻宋，找來崔浩單獨面談。

崔浩（黑眼眶）勸阻說：「劉義隆現在失去了赫連作為支應，必定還在尋找其他人結盟。自晉室南渡之後，屢屢能夠北上中原，原因就在於北方沒有統一，諸多勢力相攻，使其有機可趁。如今涼州有沮渠的涼國，幽州有馮氏的燕國，北方還有柔然，西邊還有吐谷渾的慕容氏，應當先消滅這一些力量，使劉義隆形勢孤立，才能根絕國家之患。」

接著繼續謹慎地說：「劉義隆不過只是想以黃河為界，不可能以吳越士卒來爭奪河北。臣還是先前的意見，先破這些勢力，屆時出潼關東向，劉義隆必然驚慌恐懼，不能跟我們爭勝。」

拓跋燾（藍眼眶）看著地圖說：「若如此，那還有很多仗要打。吐谷渾的慕容氏，與我們同出鮮卑，如今又已然恭順，還抓了赫連定給朕以表忠心，我們也要消滅他們嗎？」

崔浩（黑眼眶）說：「慕容氏曾經進入中原，與我大魏為死敵。雖然吐谷渾的慕容氏，與已經滅亡的燕國慕容氏，相互血緣疏遠，但有燕國慕容作為前例，不能說他們就沒有這個心思。總之我大魏若先破北方諸胡一統中原，劉義隆小子能張狂多久？」

拓跋燾（藍眼眶）笑說：「說得好，可見先生畢竟還是華夏衣冠，中土漢人。」

崔浩（黑眼眶）聽出此言何意，謹慎地說：「臣也是大魏之臣。」

拓跋燾（藍眼眶）點頭，狠狠瞪眼笑說：「好！朕就聽你的！接著打下去！一直打到你說的這些敵人，全部倒下去或投降為止。然而最後的戰爭，朕還是要親征，南下親手滅掉劉義隆，這才稱得上是超世之功！劉義隆的父親，也就是你們漢人劉裕，當年滅掉所有割據，最後北上中原，不也是如此嗎？只是今天朕的方向相反而已！」

崔浩（黑眼眶）面露苦笑，微微點頭，內心已經感覺，拓跋燾在狐疑自己的內心。以為他就點到為止，但沒想到拓跋燾繼續追擊。

拓跋燾（藍眼眶）側臉露出詭異地笑容說：「朕看過你們中土華夏漢人歷史，兩百多年前曹操稱魏王，國號也是魏，跟我們現在的國號一樣，而他們也是先一統漢朝北方對吧？」

崔浩（黑眼眶）謹慎地點頭說：「是的陛下。」

拓跋燾（藍眼眶）還是同樣表情說：「這曹操當年曾經收降，漢朝宗親劉備的部下，叫做關羽。這個關羽雖然人在曹操那邊受厚恩，但還是心向劉氏。最後他北伐也是為了匡復劉姓大漢對吧？」

崔浩（黑眼眶）繼續謹慎地點頭說：「對的…是的…陛下。」

拓跋燾（藍眼眶）皮笑肉不笑地點點頭說：「這就巧囉……該怎麼說呢？現在南方的宋國，國號雖不是漢，不能稱為漢朝，但聽說是漢高祖弟弟，楚王劉交的後代，也算跟劉備一樣是漢朝宗親……他們姓氏跟劉備一樣，我們國號跟曹操一樣。曹操也是華夏漢人，卻都被人罵是篡漢賊了，而朕在你們華夏漢人眼中，是鮮卑，是北方夷狄，甚至比匈奴更疏遠於漢。」

走上前在崔浩耳旁，低聲詭異地說：「而崔公你潔白無瑕，出自名門，說智計自比張良，心性朕看來可比關羽。你會不會，也是人在曹營，心在劉氏？」

然後又頭擺一邊，側臉，詭異笑容，大呼：「喔～～喔～～～喔～～重點在這喔～～～～」

崔浩（黑眼眶）當場下跪，渾身發抖，苦笑地說：「陛下，您看看，您這把話說得……臣都不知道該怎麼回答了……」

拓跋燾（藍眼眶）皮笑肉不笑，大聲說：「崔公啊～～你年輕時候，樣貌像是女子，聽說是連男人看了都會動心的樣貌，現在雖然有些年紀，樣子還是沒太大差別

~~但朕不在乎什麼樣貌，在乎的是你內心對漢賊之辨，還有華夷之別，到底是什麼意見啊！」

這言語之中已經隱藏殺機，而拓跋燾又是喜怒無常衝動之人，難保不會對你崔浩下殺手。

崔浩（黑眼眶）已經嚇到冷汗滿面，急用衣袖擦臉，謹慎地說：「首先，關羽跟劉備情同兄弟，但臣跟劉裕，劉義隆這些人，完全素未謀面，豈有心在劉氏之理？再者關羽是漢臣，曹操一直也是漢臣但晚年稱王替兒子謀逆鋪設道路，臣則一直都是拓跋大魏之臣，不是漢臣。這……這真的不能類比，所以當今沒有漢賊之辨。再者，至於華夷之別，這根本就是腐儒之見，在春秋戰國之時，現在的荊楚江南也是蠻夷，最後還不跟中國之人一體為國？陛下，您若入主中原一統華夏中國江山，最後不也是共主？所以也根本沒有所謂華夷之別。」

拓跋燾（藍眼眶）冷冷點頭說：「喔~~那是~~朕很肯定，崔公不是腐儒。」

崔浩（黑眼眶）說：「臣對南方劉宋的意見，絕對都出自於公心，看似不贊成對他們用兵，實際上是為了大魏先穩定華夏北方，堵截後來覬覦江山者的路。自晉室中原大亂，流亡江南後，各地族群進入中原窺竊神器，相互都是因近利而火拼，所以無法人能過江南一統江山，石勒沒有平定涼州幽州，所以最後被支解，苻堅看似平定北方，但實際上慕容鮮卑與羌族實力仍在，沒有徹底消彌隱患就南征，最後苻堅不聽勸告，堅持南征而身死國亡，這些都是眾所周知者。唯有拓跋大魏擁有天命，必須堵截住其他非分妄想者，銷同各族一體為國，徹底穩定北方之後才能南下，臣所以才提出先穩定北方後平江南，都是為了證明陛下，證明拓跋大魏擁有天命。請陛下不要懷疑臣。」

拓跋燾（藍眼眶）收回笑容，點頭說：「喔，天命。說的是。提到這個天命，聽說傳國玉璽已經有了四顆，都在南方劉宋那邊。朕這邊一個都沒有，這部分崔公可不可以先替朕出個主意，以證天命？」

崔浩（黑眼眶）謹慎地點頭說：「這件事情請交給臣，臣會讓傳國玉璽，出現在陛下這裡。」

拓跋燾聽了才開懷釋疑。

而事實上，當年的三國大軍演可不是白演練的，關羽當年的人在曹營心在漢的情境，曖昧尷尬的政治氛圍，事實已經倒映在崔浩這裡，讓北方有能力的人，都陷入尷尬情境，不會全力幫助異族，以免使之擴張得太快速。

而劉裕的用兵，則倒映在拓跋燾這裡。當初劉裕對於偏遠的川蜀割據，不屑自己動手，派部將朱齡石出擊，拓跋燾對於偏遠的幽州北燕割據，也同樣不屑自己動手。數次派將領進攻北燕。北燕軍接連被打敗，最後派娥清、古弼全面總攻，燕主馮弘自知不敵，向高句麗求援，在高句麗大軍的保護之下，將龍城男女子民，全部東遷高句麗，宮女婦人身披鎧甲居中，士兵環側，共同保護馮弘會同高句麗大軍離開，同時焚毀宮殿，而北魏軍主帥忌憚高句麗軍隊，坐看燕人東撤。最後北燕雖然滅亡，但只得空地空城。

拓跋燾大怒，將娥清、古弼貶為看守城門的兵卒。

不過馮弘到了高句麗，還以為是待在自己的國家，自尊自大令行賞罰，激怒了高句麗國主。高句麗國主派兵搶奪了馮弘的侍女與王子，用來當作人質。馮弘知道自己無法久待，企圖搭船南渡投奔劉宋，最後被高句麗王派人殺死。

拓跋燾平定北燕後，大舉率軍北上進入漢朝所設五原郡故地整備，進軍討伐柔然。一直到達漠北，但找不到柔然部族，也無水草，人馬多死，只有撤軍回平城。

緊接著又招群臣，討論進攻北涼。

派去出使北涼的李順回來，向拓跋燾宣稱北涼都是枯石，沒有水草，不值得死傷慘重吞併該國。群臣都贊同李順的意見，認為該處跟漠北一樣不能久留，而北涼又沒有像柔然一樣不斷入寇，沒必要讓北涼變成第二個柔然。拓跋燾大疑，於是叫崔浩出來辯論。

崔浩（黑眼眶）聽了大感不滿，拿出漢書地理志反駁：「漢書地理志有說明，涼州為天下畜牧之饒，若無水草如何畜牧？況且漢人不在荒漠築城，涼州郡縣豈是在荒漠中建立？這是謊言！」

李順說：「你沒去過涼州，你只是耳聞，而我是親自到該處，親眼所見。」

崔浩（黑眼眶）大罵：「你是拿人錢財，替人說謊。豈因為我沒有親眼所見，就可以欺騙？這世界上的事情，很多甚至眼見都未必是真！」

轉面啟奏：「涼州州郡，在漢末三國時，都出精兵。沮渠蒙遜乃匈奴別部，奪人妻女，狡詐貪財，殺戮殘忍，淫暴無道，若都是荒漠之地，無人無錢，如何逞兇？」

拓跋燾點頭認可，於是大罵群臣。佛狸發作了，群臣皆唯唯諾諾，不敢再言。

於是拓跋燾大舉興兵西征。此時淫暴貪婪的沮渠蒙遜已死，沮渠牧犍繼涼王位置，聽到北魏軍大舉打來，嚇得無所適從。急忙派人連絡柔然以及劉宋，希望得到外援。但是所屬部眾，早就聽聞佛狸的兇猛善戰，手段狠辣，而沮渠氏平常貪婪好色，手段殘暴，沒有仁德，於是北涼兵將自動崩潰，紛紛倒戈投降北魏軍。很快就將姑臧城團團包圍。最後沮渠牧犍只有開城投降，得到拓跋燾赦免一死，全部押送回平城。看到涼州城外水草豐美，非常憤怒李順謊言，之後拓跋燾派人賜李順自盡。

接著又派兵打吐谷渾，吐谷渾軍大敗，逃往更西邊的山地，北魏拓地一千餘里，直到北魏退兵，吐谷渾才逐漸回到可以畜牧之地，但從此不敢進入涼州。同時拓跋燾又派兵進入西域，西域諸國早已經聽說佛狸兇狠善戰，紛紛入貢稱臣，於是西域也被平定。除了占據遼東的高句麗之外，北方整個地域恢復到漢朝最盛時的版圖。

終於，五胡歸一，但故事遠遠沒有結束，因為超個體要的不是五胡歸一而已。

拓跋燾於是到達洛陽，準備南征事宜，此時崔浩宣稱在洛陽寺廟泥像中，找到二個玉璽，字跡皆為「受命於天，既壽永昌」。其中一個以黃金補缺角以應王莽故事之外，另外一個旁邊還加註『魏所受漢傳國璽』，似乎是從曹魏流傳下來的，以此證明大魏正統。

洛陽城內。

拓跋燾（藍眼眶）笑問：「崔公啊，這傳國玉璽不是一方就夠了嗎？你怎麼生了兩方出來？」

崔浩（黑眼眶）指著其中一方，有黃金補角者說：「當年王莽篡漢，太皇太后王政君擲璽，崩了一角，王莽以黃金鑲補，這件事情有史料記載。及王莽敗亡，漢朝恢復兩百年後，曹丕又篡漢，皇后曹節又擲璽於地，聽聞是裂了一道縫。但司馬家篡曹魏後，司馬炎招學士來看此璽，發現玉璽有假，毀了它重刻，所以才有現在江南劉宋的那一方晉璽。劉宋有的另外三方，一方為慕容儁受降時讓董后所刻，一方為慕容永所刻，另外一方乃姚萇所刻。全部都是來歷明確的假貨。」

接著說：「所以臣造這兩方，一方代表從秦始皇到漢末三國時期為止，真正的秦璽。另外一方代表被司馬炎認為有假，拋棄的那一方。」

拓跋燾（藍眼眶）笑說：「原來傳國玉璽這樣有學問。」

說罷仔細觀看這兩方傳國玉璽，但說也奇怪，明明知道這是偽造，看了之後有了安全感。但安全感之後竟然又矛盾地產生不安全感。安全感在於，由此證明自己統一北方，也擁有天命。但不安全感在於，先前那麼多假造者，最後通通敗亡，到底哪來的天命？

尤其看到『魏所受漢傳國璽』，曹魏不也統一北方，但最後還不三十多年就被人篡奪？甚至也沒有統一江山。那自己這個拓跋魏呢？將來國運又如何？

拓跋燾（藍眼眶）雙手各持一方玉璽，低沉地說：「朕還有一事請崔公幫忙。」

崔浩謹慎聆聽。

拓跋燾（藍眼眶）說：「崔公也知道，我大魏國家本為夷狄，宗室勳貴都不能被中原名門接受，更何況朕還要平定江南。請崔公招集學者，幫朕撰寫國史，刻石立碑於平城，以此告知天下人，我大魏得到這傳國玉璽，跟江南的那四方不同。是真的傳國玉璽。是真的有天命。」

崔浩（黑眼眶）行禮說：「臣立刻去辦。」

拓跋燾此時總有一種感覺，這崔浩是不是一步一步在引整個拓跋鮮卑，走入一個局當中？

崔浩於是開始撰寫國史，因智計橫出，受拓跋燾的恩寵，權勢壟罩朝野，鮮卑權貴非常痛恨崔浩。崔浩命人撰寫完國史之後，刻在石頭上置於城外道路，裡頭詳細記載鮮卑祖先的種種陋習，甚至活人殉葬被孔子深惡痛絕的習俗，搶人妻女為正常的習俗，兄弟共妻不以為恥的習俗，各種原始巫術為醫愚昧的生活習俗，都記載於其中，漢人們看了指指點點，鮮卑人看了非常憤恨。

「我們先祖早已經改了這些習俗，八代人之前早就已經沒有人這樣，崔浩如此記載是給誰難看？」「他是故意掀舊帳，醜化我們鮮卑人！他們漢人難道都完美無缺？」「這根本就是炫耀他崔浩漢人們的優越！」「記載這樣，還刻石立碑，放在官道上給大家看，大膽到這種程度，這大魏到底是誰的？」「去找陛下，崔浩不死，我們就死在宮外。」「沒錯！他不死我們就死在陛下面前！」

於是所有宗親集體跑到拓跋燾那告狀，拓跋燾親自到城外看了國史碑文之後，果然如此，於是大怒，命人把碑文全部毀掉。同時派人收押崔浩入獄，最後下詔，清河崔氏滅族，與崔浩聯姻的漢人名門，范陽盧氏、太原郭氏、河東柳氏，都滅族。清河崔氏除了平常跟崔浩不和的一些同姓族人被赦免，其餘幾乎死絕。

崔浩處死之前，囚車推入街道，鮮卑士卒紛紛在他身上與臉上撒尿，慘叫之聲傳遍大街。

崔浩萬萬沒想到，拓跋燾翻臉這麼快，下手這麼狠，絲毫不顧慮之前功勳，也不愛惜他的才智。當然，大局慣性罔兩問景，劉裕有多猜疑，拓跋燾就有多猜疑。劉裕有多狠絕，拓跋燾就有多狠絕。

崔浩死之後，軍國議論都交給李順的叔叔李孝伯，拓跋燾自己率軍北上陰山，再次討伐柔然。

陰山軍營。

「報陛下，平城傳來的南方軍情。」通信使遞上了文書。

拓跋燾收下之後，命通信使退下，仔細看後大驚失色。眾將領問何故？

「李孝伯重病，可能快死了。同時南方的劉義隆，準備大舉北伐中原。」

眾將領議論紛紛，拿不出完好的主意，拓跋燾才因此大為後悔殺了崔浩。

拓跋燾（藍眼眶）說：「李孝伯可惜。」停頓一下，忽然又改口說：「朕失言，崔浩可惜，李孝伯可哀。」

話鋒稍前，建康城。

在聽聞北魏智計橫出的崔浩被殺，劉宋皇帝劉義隆大喜，招集群臣討論北伐。

劉義隆（青眼眶）說：「佛狸之所以能橫掃中原，盪平北方各國，皆賴崔浩之智。如今崔浩被佛狸自己所殺，而中原名門被牽連滅族，子民寒心。因此各地還有反民，心向朝廷。如今應當大舉北伐。」

眾臣群起反對，議論紛紛。

劉義隆（青眼眶）說：「朕意已決，當年武皇北伐功虧一簣，晚年每每北望中原，淚流滿面。如今中原子民苦夷狄虐政，義兵心向朝廷，不可以沮中原子民向義之心。」

太子步兵校尉，沈慶之再諫：「我方多步兵，敵方多騎兵。檀道濟兩次出師無功而返，到彥之甚至慘敗，如今王玄謨的才能還不如兩人，而軍隊之力不如往時，恐怕再次辱及王師。」

劉義隆（青眼眶）搖頭說：「檀道濟養寇自重，到彥之用兵急躁，而北虜頂多是仗勢馬匹，如今夏天黃河河川氾濫，諸多城池容易攻破，等到冬天以城池相守，若虜馬過河，可以擒獲。」

沈慶之仍然堅持不可，劉義隆非常不悅，命令其他人跟他爭辯，自己不回應。太子劉劭勸諫，也不聽從，護軍將軍蕭思話也勸諫，劉義隆（青眼眶）非常不悅，站起道：「都別勸諫了，這場大戰一定要行。中原北方胡羯並起一百多年，佛狸又重演了苻堅一統的局勢，但他記取苻堅的教訓，除了自己鮮卑族群，其餘各族都被拆散打壓。而佛狸又殺了自己的智者崔浩，更是末日窮途象徵。朕決心動員北伐，你們還是看如何遂行吧。」

眾人見勸不動，只好遵旨。

劉義隆動員，拓跋燾也動員，同時拓跋燾寫信給劉義隆，大意是說：本來我們和好許久，你主動挑起戰端，假設你能親自到桑乾川就隨意來，我不會迎接也不會相送。假設你討厭住在江南，不如你來平成我去建康，交換土地來住。只可惜你已經五十歲，只待在皇宮很少出行，能力就像三歲小孩，與我鮮卑人生在馬上，四處奔走，如何相比？我送十二匹馬讓你北上，生病我也送你藥醫。

於是南北雙方軍旅大起，徵招個貴族的金帛財物，同時發壯丁為兵。

劉宋軍分數路北上，連連攻破城池，北魏軍在河南兵力微弱，紛紛敗退，沈慶之與王玄謨各自率軍進駐要地，同時其餘諸將領也紛紛北進，抵達黃河南岸。各軍逼近虎牢關與弘農，北魏軍接連失敗。

拓跋燾起先宣稱要撤往陰山，等待冬天，但軍情緊急，於是改變主意，親自帶兵向南進發。

而王玄謨率軍進圍滑台，本來當地百姓紛紛支持犒軍，但王玄謨貪婪，徵大梨以供軍糧，民眾失望。

「佛狸來啦！佛狸來啦！」王玄謨手下的前鋒刺探，急忙回報。

王玄謨（橙眼眶）大驚失色問：「情報正確嗎？是佛狸親自來嗎？」

刺探回報：「沒錯，大軍過了黃河，皇帝大旗就直接打在前鋒，不會有別人。而且黃河南岸人人都在流傳，佛狸親自來了！」

王玄謨（橙眼眶）低聲喃喃：「是啊，在北虜朝廷，也沒人敢僭用佛狸旗號。」

眾部將參軍，都面有懼色，竟然無人敢自告奮勇。

王玄謨（橙眼眶）說：「我們還是先後撤，等沈慶之來援。」

於是率軍撤退。拓跋燾親自死追不放，終於追到，一場混戰，王玄謨大敗，所有軍械物資全部被擄獲，王玄謨狼狽逃走。

陣前統帥蕭斌，派沈慶之救援王玄謨退回主營，知道王玄謨敗逃得如此難看，幾乎沒有像樣的抵抗，大怒。準備斬王玄謨，王玄謨當場癱軟。

沈慶之說：「將軍且慢，佛狸威震天下，控弦百萬，豈是玄謨區區三萬步卒可以抵擋？如此殺將自弱，不是良計。」

蕭斌才放過王玄謨，繼續陣前效力。眾將領知道兵力不足以抵擋，準備後撤防守。此時劉義隆派詔書特使來宣告，命令蕭斌向前作戰，還把各將領應當行軍路線，都標示在地圖上。

詔令使退出之後，蕭斌再次招所有部將討論。

眾人一陣嘆氣。

蕭斌低聲說：「北虜的皇帝是身先士卒，穿著士兵鎧甲，軍前指揮。而陛下坐在皇宮，坐擁美女，派詔令使到千里之外來宣達意志指揮。也許我們陛下，更加聖達。」

沈慶之搖頭說：「人說將在外君命有所不受，不過大軍開拔之前，陛下就有明令，各地將領不能擅作主張，統帥指揮仍得聽從陛下詔令。在下知道這不可，但如今只能聽從。」

眾將領此時怕擔責任，也都主張聽詔令向前進攻。

很快兩軍對陣。

拓跋燾在陣前指揮前鋒突擊，劉宋軍各將領各自為戰，剛開始殺聲震天還能相持，但拓跋燾揮軍猛擊，逐漸把各路劉宋軍擊潰。各將領只能率殘軍分道退走，拓跋燾命令各軍分道前進。

拓跋燾親率軍到鄒山，俘虜劉宋的魯郡太守崔邪利，見到一個古代石碑。

拓跋燾（藍眼眶）命左右把崔邪利帶上來，然後問他：「你是本地太守，這石碑是什麼人立的？」

崔邪利（灰眼眶）看了一下碑文後說：「這個碑文的豎立者大有來頭，怕陛下您不知道。」

拓跋燾（藍眼眶）笑說：「你別看朕是馬背上的鮮卑皇帝，朕不是只有打打殺殺到處征伐，你們漢人的東西我都懂，只是朕一眼看上去文字與你們現在用的文字不太一樣，感覺古遠，所以才問你來解。」

崔邪利（灰眼眶）說：「確實，這碑文用的是小篆。與現在通用的文體，有些出入。」

拓跋燾（藍眼眶）說：「你少說廢話了，簡單說立碑的是誰？上頭寫了什麼？」

崔邪利（灰眼眶）低頭說：「是是，這是秦始皇派人立的碑，主要是歌頌自己平定天下的功德。」

拓跋燾（藍眼眶）忽然想到之前，曾經聽崔浩說過秦始皇嬴政的故事，便問：「是那個六百七十多年前，統一中華的那個秦始皇？」

崔邪利（灰眼眶）說：「是的，主要是歌頌，自己滅六國一統中華，設皇帝尊號，北伐匈奴南征百越。書同文車同軌，建立萬里長城，疏通運河，天下歸一。歌頌此碑文，除了要讓後世人都記得之外，還希望神仙能看到，讓他有機會在有生之年，能求得長生不老的秘方。陛下您現在不也自稱皇帝嗎？這個尊號起源就在這。」

拓跋燾（藍眼眶）感到一陣不快，甚至有些忌妒之心，但明明白白，秦始皇嬴政的功勳確實遠遠高過自己，於是憤憤不平地說：「長生不老？簡直妄想！別說真的不老，哪怕是一點點的違背生命陽壽規律，也是不可能的！朕聽說他曾經焚書坑儒，批判孔子學說，可有此事？」

崔邪利（灰眼眶）點頭說：「確實有，這是他被人稱暴君之處。」

拓跋燾（藍眼眶）於是說：「那朕今天在這裡，就教秦始皇什麼是尊儒，什麼是尊重知識，也告訴他，他的功德還早啦！永昌王！」

永昌王拓拔仁上前道：「在此。」

拓跋燾（藍眼眶）說：「聽說孔子家鄉就在這附近，把這個秦始皇的碑文推倒砸毀，然後我們親自去孔子家鄉供禮品祭拜，優待孔子後代。」

拓跋仁遵令。於是指揮軍士推倒秦始皇石碑並砸碎，然後全軍到孔子故里，以太牢之禮祭拜。

此時從關中到河洛，到處一片混戰，各地豪強有擁護劉宋也有支持拓拔魏的，相互之間也互相交戰。於是，拓跋燾撇開各處糾纏的戰局，率主力揮軍繼續南下，目標直指建康。

忽然出現大江南北都出現童謠：「南北起兵戈，良民難作田，虜馬飲江水，佛狸死卯年。」

拓跋燾大軍到彭城外，聽到鄉野小孩在田間，到處唱童謠，起先聽不懂當地漢語，感覺很好聽跟著唱和：「南北起兵戈，良民難作田，虜馬飲江水，佛狸死卯年～」

後來一個懂當地漢語的士兵告知童謠意思，大為憤怒，起了殺心。

拓跋仁勸說：「陛下，王者見辱不怒，更何況劉宋軍將領，還知道約束部眾，禁止四處殺略，倘若我們因為這種童謠就忍不住，會被天下人憤恨恥笑，就難滅劉宋了。」

拓跋燾（藍眼眶）於是息怒，哈哈笑說：「那我這個佛狸就繼續唱，南北起兵戈，良民難作田，虜馬飲江水，佛狸死卯年～」

忽然拓跋燾（藍眼眶）一陣古怪之感，說：「我們彭城都還沒拿下，怎麼鄉間小兒就預言，我們將會打到長江？甚至還預言朕的死亡時間？」

左右眾人都無法回答。

繼續行軍向前，各城池一個接一個被攻破，最後大軍抵達到彭城外，拓跋燾（藍眼眶）說：「朕懂了，其實這是代表中原民心，對劉義隆跟朕兩邊大起兵戈，各有處罰。希望劉義隆兵敗我們大舉抵達長江，而希望朕勝利之後趕快去死。不過可惜，朕會勝利，但不會死！這些漢人別小看朕！」

於是大舉進攻彭城，但彭城守軍死死守住。

劉義隆聽說各軍慘敗，佛狸已經打到彭城，原本氣得大喊要嚴懲各地怯戰將領，大罵說恨不得自己拿鋼刀在後面，逼這些將領一個個去衝鋒，但是面對戰局不利，不敢自己真的去，只能面對現實，派輔國將軍臧質，率領自己的精兵親衛隊，北上援救彭城。

臧質知道自己只有一萬兵，不是佛狸的對手，但也沒辜負劉義隆的旨意，集中兵力選擇一處血戰突擊，殺出一條血路，衝入彭城內部與守軍一起防衛，堅守不出。

拓跋燾（藍眼眶）見了，哈哈大笑：「劉義隆這老小子，手下最厲害的將軍，也不過就是如此。全軍停止攻城，南下過長江活捉劉義隆。」

於是解圍，採取跳蛙戰術，繞過堅固的城池，只打屯糧食的城池，將之搶掠一空。讓全軍不至於因為戰線拉長而失敗，大舉南下進攻，此時各軍就到處搶奪燒殺，遇到壯丁立刻斬殺，婦女遭強暴，小孩也都不能倖免，甚至將嬰兒穿在長矛上當遊戲，所過一片殘破，屍臭到處，小城池的守軍與平民，聽到佛狸發狂南下殺略，紛紛潰逃山溝躲藏。

拓跋燾（藍眼眶）一下就抵達瓜步，縱馬飲長江水。全軍高呼萬歲。

於是下令拆掉已經逃走的平民房舍做船，砍下竹葦編織竹筏，對外聲言要渡長江攻打建康。

建康城，皇宮朝堂。

劉義隆（青眼睚）拿著軍報紙張，氣沖沖上御座，拍紙張在案桌上，不等群臣朝拜喊萬歲，就掀桌大罵：「佛狸打到長江北岸啦！你們知不知道？」

群臣一同下跪平伏，在這姿式中面面相覷，不敢發一語。

「本來是我軍北上打到黃河，最後變成佛狸南下打到長江。這些罪將誤國，這些罪將誤國啊！你們說現在該怎麼辦？國家危急至此，你們快說話啊！」

領軍將軍劉遵考，起身奏：「陛下息怒，臣有建議。如今消息已經傳遍建康內外，群情震恐。首先當宣布內外戒嚴，夜晚軍戒管制，不得外出。接著丹陽壯丁男子，無論老少，全部入伍為兵。即便王公子弟身分尊貴者，也不能免，由太子親自帶兵出鎮石頭城。同時派出所有水軍戰船，在長江往返，佛狸雖然兇悍善戰，虜馬只能依靠竹筏木船過河，可以隨時被我軍截斷，佛狸不敢隨意冒險。而佛狸此次用兵線路過長，補給都靠搶掠，江北各地百姓都躲散山中，等到糧食無法補充之時，自然會請和退走。」

劉義隆（青眼睚）息怒，於是轉面看太子劉劭說：「聽到了吧！由你主事去辦！」

劉劭遵令。但此時劉劭內心非常不滿，認為自己父皇亂起兵戈，以至於要碰這種危險。

劉義隆親自登石頭城，又登幕府山，北望情勢，此時才不怪罪將領，宣稱是自己的錯誤，還說要是檀道濟還活著，佛狸就不至於這麼猖狂。派人秘密在北岸放毒酒，想毒死敵軍，但計謀都被識破。

劉義隆北望同時，拓跋燾也正在南望。發現從未見過的大船帆槳，在長江往來如飛，上面都有弓弩手與投擲火球的機械，大為失落，所有鮮卑將領看到能航海的巨船來長江往返，都非常害怕。

拓跋燾（藍眼眶）搖頭對左右說：「南朝有這些大船，我們的竹筏木舟，過不了長江，況且糧食已經短缺，派人告訴劉義隆，朕打算跟他和談。」

於是雙方派人相互試探，拓跋燾要求劉義隆把公主北嫁，他也願意把公主南嫁，雙方通婚和好。

劉義隆表面答應，派人給拓跋燾美食美酒，左右阻止怕有毒，但拓跋燾直接吃喝光，哈哈大笑，然後和談，夜晚在長江北岸舉火，當夜長江一片紅光透析，魚群都吸引在北岸。

但劉義隆最後還是沒有通婚，認為漢人不當跟鮮卑雜虜交媾。

拓跋燾北上經過盱眙，聽說臧質轉移軍隊鎮守此城，派人入城要求臧質給酒，結果臧質給糞便尿液封在酒罐中給人帶回去。

拓跋燾（藍眼眶）大怒，寫信給臧質說，北魏軍多是丁零、氐、羌還有漢人，就算攻城死亡，也只是替他少了賊寇，他將不怕死傷攻城。

臧質將此信命人抄寫，拋出城外，同時命人齊喊內文，然後說：「佛狸殘暴，殺略百姓，對待你們也如同畜牲，為何還要跟隨他？轉禍為福很簡單，只要斬掉佛狸首級，封萬戶侯，賞萬金。投降者就算無功，也升級為軍士。」

拓跋燾（藍眼眶）暴跳如雷，命令全軍攻城，城上一片廝殺，但是傷亡過萬，守軍拼死抵擋，仍然攻不破。而北魏軍開始流傳瘟疫，知道皇帝不把自己生命當一回事，多有怨言，想要北返。

拓跋燾無可奈何，忽然想到當初劉裕北伐，也是最後遭遇類似情境。

長嘆一口氣之後，宣布撤軍北返。此戰整個淮河南北損失最慘，軍民都傷亡慘重，赤地千里，房屋都被燒毀，燕子只能築巢在樹上。而北魏軍也損失過半。

殺星拓跋燾回平城之後，就開始諸事不順。宦官中常侍宗愛，多有不法惡行，被太子厭惡。宗愛先下手為強，蒐集太子身邊人的罪證，拓跋燾因為受先前信道教的崔浩影響，服用寒食散，容易發怒。於是殺掉太子身邊許多人，太子恐懼最後病死。

拓跋燾事後又懷念太子，宗愛非常害怕拓跋燾翻臉殺他，打算鋌而走險先殺掉拓跋燾。好在拓跋燾有弱點，因為易怒好殺，殺後又常常後悔，所以身邊不太敢有人服侍，都靠宗愛謹慎小心安排，機警權變的宦官，但這些都是宗愛訓練出來的黨徒。

於是趁其睡眠，夥同黨徒一擁而上蓋上棉被於臉，拓跋燾昏沉當中想要掙扎，但所有人一起施力按住他手腳，最後拓跋燾窒息身死。雖然不是卯年，但還真如淮河南北的童謠預言，飲馬長江之後回去很快就死。童謠成了殘暴殺星的詛咒，替南北大戰無辜婦女兒童討回公道。

宗愛更發動政變，殺掉宗親想要擁護的拓跋翰，而立跟自己親善的拓跋余。潛伏在平城的劉宋間諜，很快將消息傳到建康。

建康皇宮，玄武堂。

劉義隆（青眼眶）收到確切諜報後大喜，臨時招集所有群臣。

群臣在來此之前，聽說皇帝又打算興兵北伐，全部一陣冷面孔，只有劉義隆（青眼眶）一頭熱說：「佛狸被他的親信宦官殺了，這是平城的細作，交來的確切消息。」

群臣聽到此消息，才一陣彈冠相慶，露出微笑，然後一同出列喊：「恭賀陛下除此大敵，我朝萬年無戚。」

劉義隆（青眼眶）說：「趁佛狸受到天誅，朕要再次北伐，消滅北虜！」

群臣又同時變臉震恐，紛紛勸阻。

「大戰方歇不久！兵卒傷亡沒有撫卹，不當再戰。」「淮河南北還沒恢復元氣，百姓厭戰！」「淮泗數州，子民死傷慘重，流離失所，才要安頓，不當興兵！」「請陛下收回成命，以安百姓！」

劉義隆（青眼眶）站起來大喝說：「全部住口！」

群臣又同時全部呆若木雞。

劉義隆（青眼眶）說：「先前童謠說，虜馬飲江水，佛狸死卯年！當時朕還以為只是眾多童謠當中其中一個，但沒想到這竟然一語成讖，代表這是天意。佛狸殘暴，臣民反抗，已得天誅，新任之主是宦官所立，人情不附。而朕『元嘉之治』以仁義治國，減少刑罰，凡獲死刑者朕都親自審批再三，能減則減，萬民稱讚。之前與佛狸交戰固然失利，讓淮泗數州子民婦孺，死傷慘重，朕也下詔承認過錯。但今日興兵，就是要替子民討回公道，所以爾等不要再勸，相互討論一下，下一場仗該怎麼打？」

群臣面面相覷，低聲喃喃，在場一片嚴肅低語，似乎都知道不可戰，但又不能不戰。商議許久仍然沒有一個結論。

劉義隆（青眼眶）打斷群臣說：「好啦！好啦！說消滅北虜，你們可能真做不到，朕只要求收復黃河以南，最多收回關中，河北幽冀并故地，不去考慮。」

群臣才勉強贊同，重新佈置兵棋，但是全部都泛滴咕，內心皆知不可。

於是諸軍北上，張永、申坦、崔訓各率一路大軍，三面大舉進攻重鎮碻磝。三路大軍集中所有攻城武器，同時進攻，結果仍然久攻不下。

攻城戰外，三位將領愁眉相對。

張永苦臉說：「這場戰，真是越打越艱困，但陛下又已經派蕭思話當統帥來督戰，我們又不能退。這苦啊！」

申坦說：「先前到彥之北上時，北虜的河南四鎮都撤往河北。之後王玄謨北上，碻磝望風而下，只有滑台堅守。輪到我們北上，連碻磝都堅硬如鐵打不下來。我看……北虜已經越來越能守城。」

崔訓低聲說：「不是北虜會守城，鮮卑人還是那個樣子，是中原的漢民幫他們守的。漢民越來越不希望我們北上。」

申坦問：「鮮卑人兇殘，這些漢民竟然會幫他們，這些逆民不知道我們才是正統華夏衣冠嗎？真該死。」

崔訓搖頭說：「他們不這麼想，反而認為我們沒有能力收復中原，卻又要一直不自量力。而且這種事情，在前朝就發生。一百多年來無數豪傑意圖北伐光復中原，沒有一個是成功的。我朝的武皇更是當中翹楚，結果又如何？」

張永說：「只能見機行事，北伐已經是打到沒信心了。我實在納悶，怎麼前仆後繼這麼多英雄豪傑，就沒有一個能成事的。肯定是有鬼，不然不會變成這種樣子。就純論黃河以北，自永嘉之禍後，就一直在各族胡虜的統治之下，固若金湯。但詭異的是，河北之人，他們平常仍然以華夏漢民自居。但每每南北交兵，臨頭就不肯幫助南邊的王師。遙望王師又一年……說這些話，到底是不是在嘲笑我們？那是不是到最後，要江南之人遙望河北之人來渡江啊？」

三人一陣無奈。

這慣性線早在三國時代就練好了，如今還是固若金湯。慣性線，就似埋在地下的雷，活的雷，有一些還能長期存再反覆使用，讓被炸的人還不知道是誰埋的。

夜晚。北魏軍挖地道出城迎戰，燒掉崔訓軍的攻城器具，還讓陣地引燃大火。張永大敗自行先撤退，申坦軍見狀也潰散。又是一場慘敗。

督戰的蕭思話率軍前來增援，仍然被北魏軍擊退，劉義隆收到敗報，大為憤怒。命令蕭思話陣斬先潰敗的崔訓，然後將張永與申坦關押待審。

另外一路進攻關中的蕭道成軍，也被擊退撤走。另一路柳景元軍所屬將領幾路北上，也進攻受阻，糧食用盡不得不撤走。劉義隆氣得大罵：「恨不得拿刀直接逼所有將領衝！」於是罷免蕭思話，還不斷下詔令要進攻，但他自己也知道，這不會有任何作用，只能默認失敗。

說當初這拓跋燾被殺，劉義隆大喜，但自己也遭遇宮變。劉義隆得知太子劉劭和另外一個兒子劉濬還與女巫嚴道育來往，篤信巫術。先前曾原諒他們一次，知道此事非常憤怒。決定實行廢太子和殺劉濬的計劃。劉義隆將此事告訴了劉濬生母潘淑妃，潘淑妃則告訴劉濬，劉劭再從劉濬口中得知，遂決定發動政變。帶著親信的東宮軍，宣稱受到詔命入宮，守衛明知道這違反禁令，但害怕殺氣騰騰的東宮軍隊只好放行，遂直接攻入皇城，事發突然，守衛的內官潰散，劉義隆舉起几桌抵抗，卻被砍斷五指，接著被殺。

接著誅殺反抗的諸多朝廷公卿，劉義隆大殮時，劉劭稱疾不敢親往，至入殮後才穿上喪服至文帝靈前，表現得痛心哀慟。然後又向四方派大使，對一眾官員求問治國之道，又減輕賦稅及減少徭役，減省出遊耗費，又分配一些田野山澤給貧民。又先後立妃殷氏為皇后，長子劉偉之為太子。

但這仍然無法鎮住所有的人，江州刺史武陵王劉駿，是劉義隆第三個兒子，帶頭起兵，荊州刺史南譙王劉義宣、雍州刺史臧質及會稽太守隨王劉誕等人都拒命，宣布起兵討伐弒父逆賊劉劭，並以劉駿為主。幾場交戰，討伐軍節節獲勝，劉劭與劉濬兵敗被抓，所屬黨羽及后妃子女全部被殺。

劉駿為父親報仇殺了兄弟，便名正言順，繼位為皇帝。但他實際上比劉劭邪惡得多，荒淫好酒色，甚至亂倫堂妹與母親，行為非常奢華，強收地方財物，甚至對開國皇帝劉裕都語出不遜，說他只是窮困的田舍公。整個南朝至此已經無復倫理，逐漸開始衰頹，劉駿之後，也接著年輕的昏君暴君頻出，宗室骨肉相殘內亂不斷。北朝的力量逐漸壓過了南朝，在戰爭當中逐漸站上風，並且中原地帶都逐步併入北魏的領土範圍。

平城皇宮。

一名江南來的漢族女子，被帶入後宮晉見同為漢人的馮太后。

此女名喚謝婕，平伏跪拜，開口就是雅韻。

「民女謝婕叩拜太后萬安。」

馮太后聽不明白，只微微點頭。

馮太后（黑眼眶）說：「本宮聽不明白妳的話，可能本宮講的北方漢語，妳也不甚明白。但大概聽得懂，妳是在問安，請起吧。」

旁邊的宮女伏她起身。

謝婕（白眼眶）說：「太后的北語，民女聽得懂。就用這話交談吧。」

馮太后（黑眼眶）驚訝地問：「妳怎會說本宮的北語？」

謝婕（白眼眶）說：「民女本出身在謝家名門，建康有不少北方的漢人移居江南，小時常常跟鄰居用北語交談，這熟練得很。只因家父是妾室所生，不被謝家接受，民女才會流落民間。剛才向太后問安的話，是原本中原的古語。漢朝官方語言，所以太后聽不甚明白。」

馮太后（黑眼眶）笑說：「沒想到妳人美麗，學問也這麼好。又是名門血統，但沒有名門的傲氣。難得的好女子，我們這平城後宮，找不到一個能跟妳比。」

謝婕（白眼眶）說：「太后過譽。」

馮太后（黑眼眶）說：「聽聞妳本來在南朝後宮做宮婢，因為宮亂所以逃亡，經平城富商在江南私下收留，而獻給本宮。本宮想問問，南朝皇帝都是怎樣的人？要說實話。」

謝婕（白眼眶）說：「自文皇帝之後，都是暴君，荒淫無道非常可憎。」

馮太后（黑眼眶）問：「例如呢？」

謝婕（白眼眶）說：「南朝文皇帝被兒子劉劭所殺，而殺劉劭的劉駿，聽後宮長輩們傳言，他對左右一有不滿就動輒誅殺，行為奢華，淫亂無道，甚至亂倫。他死後，繼位的太子劉子業，殺的宗親就更多了，想必他們的名聲太后也有所聞。殺劉子業奪位的叔叔劉彧，更是荒淫無道，地方大臣都有離心。所以宋武皇開拓的北疆都已陷入北朝。而他還在後宮，讓宮女們衣服脫光裸舞，命大臣與宗親男女一起觀看。行為有如禽獸。至於造成這次宮亂而被蕭道成殺的少年皇帝劉昱，本身就是殺人如麻的惡少，被殺也是罪有應得。但民女看得出，蕭道成很快將奪位自立。南朝將改朝換代。」

說到此有些落寞

馮太后（黑眼眶）問：「連妳都這麼說，看來南朝劉家確實都沒好人。妳當時在後宮，有被為難嗎？」

謝婕（白眼眶）說：「這是必然。喜歡看裸女的劉彧，我就遭遇到，為了活命只能聽命。之後的惡少皇帝也因小事鞭打我與幾名宮女，所以當他被殺，後宮大亂，我們就只想著趁機逃出後宮，永遠離開那個可怕的地方。只是沒想到因緣際會，又來到後宮，換成進北朝的後宮。民女不希望當宮婢，太后要把民女當財物，賞給任何人做妻妾都行。」

馮太后（黑眼眶）笑說：「妳真是個好女子，賞給別人做妻妾才是委屈妳。妳我都是漢人女子，只是我是北方女子，妳是南方女子。妳就在本宮身邊伺候，本宮不會為難妳的。必要時還會委以重任。」

謝婕逐漸跟馮太后熟絡了起來。

過兩個月，馮太后生日，當皇帝的十一歲孫子拓跋宏，前來拜壽。滿朝宗親大臣也都來祝賀，向馮太后獻上壽禮。

祝壽禮過後，歡宴開始，在吵鬧聲中，馮太后反而跟親信宮女可以自然地聊天。馮太后（黑眼眶）轉面低聲問謝婕：「如果讓妳伺候本宮的孫子，可願意？」

謝婕一時說不出話，原來先前說的重任是這個。

馮太后（黑眼眶）笑說：「本宮知道南朝宮廷有規矩，年齡較長的宮女，禁止勾引年少的皇帝或皇子。但我們北朝沒有這種規矩，妳可大方地說出自己的意願。」

謝婕（白眼眶）說：「這是大事，聽聞北朝皇子若被立為太子，母親就得處死。

以防止母后干政。太后您因為不是先帝親生母親，才能攝政。若賤婢伺候陛下，自然就有這風險。不過太后有旨意，即便是萬死我也願意接受。」

馮太后（黑眼眶）說：「妳先前談到南朝的宮廷混亂，宮廷混亂起於朝廷乾綱不正。但我們北朝朝廷上下也好不到哪裡去。本宮孫子遲早要親政，而本朝起於夷狄。我們這些漢女，不用一些狠辣手段，怎麼在這樣的夷狄朝廷上立足？」

謝婕雖來平城後宮才兩個月，但也已經有聽聞馮太后手段確實狠辣。在一次到宮外處理雜事，就聽到大臣相互傳聞，太后有毒死前任獻文皇帝的嫌疑。而獻文皇帝的生母李太后全家，更是被她明確下令處決。

謝婕渾身顫抖。

馮太后（黑眼眶）摸著她手說：「別怕，今天晚上在本宮寢宮，我們慢慢談。」

夜晚。北風颼颼。

馮太后的寢宮，所有門窗都被關緊，屏風也擺了好幾重。馮太后與謝婕都泡過浴缸洗浴。宮燈也都點得明亮，暖房地炕也由宦官燒了兩個時辰。馮太后遣退所有宮女與宦官，留下酒水，只留下謝婕在身邊侍寢，兩人略微飲酒過後，太后直接讓她上床共眠。

馮太后（黑眼眶）說：「這裡不比南方，冬天是千里冰封。每到這季節，本宮都感覺這平城後宮真的是好陰森好孤寂。人生真的苦短難熬，悶得慌。」

謝婕（白眼眶）說：「太后都感到人生苦短，平民那更是悲涼。」

馮太后（黑眼眶）笑說：「今晚不提這些平常的閒語。妳學問很好，應該讀過史吧？知道這天下，本來不是分立南北的對吧？」

謝婕（白眼眶）說：「是，晉末諸王相爭，天下大亂。永嘉五年，匈奴人劉聰攻破洛陽，羯人石勒劫掠中原。正統漢人朝廷到了江南，而夷狄各族相爭一百餘年，最後本朝削平各族，一統中原各地。才有今天南北分立的狀況。」

馮太后（黑眼眶）說：「是啊，一百餘年的夷狄各族與漢人豪傑，都想要平定中原與關中等北方大地，甚至南朝的英雄豪傑無數次北伐，都無果。最後是本朝鮮卑拓跋，削平了這一百多年混亂，乃至於對南朝的相爭，都逐漸佔上風。不得不承認，鮮卑的男人們的勇略為天下之最。但是……」

說到這，馮太后坐起，謝婕急忙也坐起。

馮太后（黑眼眶）摟住謝婕說：「但天命真是詭異。讓天下英雄豪傑膽寒的拓跋鮮卑，現在宗室孤弱，竟然被本宮一名三十歲出頭的漢女所制，北朝大政竟由本宮所出，本宮甚至沒有生一個當兒子的皇帝，就能做到這樣，這天命到底是什麼？天下怎麼會走到這一步？本宮看得出滿朝大臣，面服心不服，只能扛著鮮卑故俗來凌辱漢民，以顯得自己是征服者。但對本宮又不得不卑躬屈膝。」

忽然哈哈大笑，這笑聲狂放又妖媚。

馮太后（黑眼眶）笑說：「哈哈哈哈，本宮算過，大概有一百六十多年了，全天下男人爭奪中原相互殘殺，打了無數戰爭，難道最後是得到這種結果嗎？哈哈哈哈。妳說對還是不對？」

謝婕（白眼眶）說：「太后，賤婢沒有頂撞的意思，恐怕這還不是最後的結果。因為時間總是在流逝，若天下沒有統一，百年之後不還得有人自認為眼前才是最後結果？若將來真有人統一南北，那他就會真的自認為，眼前的才是最後結果。」

馮太后（黑眼眶）轉而微笑，摸著謝婕的臉說：「妳好聰明，說得對。等本宮死了，皇帝親政，還不得重新執掌大權。夷狄皇帝還是笑在最後。不過這反而讓本宮察覺到，天命無常的變化，讓那些男人們無奈。地位再高，再厲害的男人，他的行為還是會跟著女人的身影走。也許眼下本宮攝政的時候，就是天下大勢轉變到一個最重要的時候，本宮或許可以左右整個事情的最後結果。」

謝婕（白眼眶）說：「是，太后說得是。」

馮太后忽然變臉，用力把謝婕的衣服扯掉，謝婕大驚，但不敢反抗。

馮太后（黑眼眶）忽然興奮地喊說：「脫光，今天本宮要寵幸妳。」

謝婕（白眼眶）恐慌地說：「太后，賤婢是女的，我們都是女人。這女人跟女人，不行的……」

馮太后（黑眼眶）說：「誰說不行？反而更好，沒有任何閒言閒語。這整個天下都荒謬地走到今天，哪個男人還敢拿禮教倫理在本宮面前說事？況且男人有斷袖，女人為何不能偶一為之？」

謝婕傻愣住了，但馮太后嘴馬上吻過來，兩嘴相吻，謝婕瞪大眼吃驚萬分，兩人在床上打滾。

什麼事都做了，兩女子都滿身大汗，就差沒東西做最後一道手續，馮太后仰天躺著哈哈大笑。

接著說：「本宮要妳伺候陛下，不是去當他的后妃。而是用妳的學問，教他一切事情，讓他內心跟著本宮的想法走，讓他信仰漢人的禮教文化。南朝的那些男人們，若能光復中原早就做到了，不會等到本朝一統中原。如今本朝力量逐漸壓過了南朝，將來天下一統，極可能得靠本朝鮮卑族人才能做到。那麼本宮得把他們的皇帝，塑造得更像漢人，而完全不像他們野蠻的祖先，這就是本宮剛才說的，自己能掌握天下最後結果。」

謝婕（白眼眶）穿上衣物，平伏在地開心地笑說：「原來太后是女中豪傑，賤婢遵命。當年賤婢小時候就聽聞，同宗堂祖姑母，謝道韞。曾經替宋武皇劉裕分析先人光復中原的失敗之處，劉裕神武善戰，但最後還是失敗。英雄苦戰白費力，凱歌卻唱女兒心。將來的史書，一定會驚訝天下重歸於一，起於太后。」

馮太后（黑眼眶）坐起，再次拉起謝婕貼在身上，輕輕在她耳邊吹氣，輕聲地說：「不會的，史書是男人寫的，他們不會這樣認為。即便事實是這樣，他們也曲筆轉述，誰又會理會本宮這一女子？除非遙遠的未來有一個明眼的人，從史書上，回頭遠望這一時代，洞悉這事情一切不落於面上的規則，才會注意到本宮。」

謝婕此時還真的開始欽佩起馮太后，對她的恐懼心裡全消。

馮太后（黑眼眶）說：「妳的那句英雄苦戰白費力，凱歌卻唱女兒心。說得真的太好。從明天起，妳就開始教導陛下讀書，女人的身影可以永遠烙印在男人心上。但不要動感情，要體會本宮的用意，妳不是皇帝的后妃，妳是皇帝內心的光影。」

謝婕遵命。馮太后又吻上去。

事後謝婕被任命為內殿女官，負責伺候拓跋宏讀書。不論鮮卑人還是漢人的皇家教書師傅，都是老男人，拓跋宏上課都心不在焉。但考核成績，卻很優異。

老師傅們前來向馮太后稟告皇帝的學習成果。

「太后，陛下平常讀書或騎射，往往心不在焉。臣等幾次規勸，都是冷冷回應。但春秋兩季考核結果，陛下的成績都相當優異，遠超過其他宗室子弟，連五經博士也都認可陛下的學問。」

馮太后（黑眼眶）坐在尊位上，微笑說：「陛下聰惠，這代表你們教學的內容，引不起他的興趣，陛下不想要駁你們的面子，所以冷淡回應。這就是你們該要檢討之處，是不是該拿出更有深度的東西，讓陛下去學習？」

老師傅們相互竊竊私語。

其中一人稟告：「並非臣等阿諛奉承，而是陛下的學習能力與方式，確有過人之處。臣等想問，既然陛下對詩文與經文都已理解，是否可以將課程改為，讀史與天文數算與籌算。史官與天文官都一併加入教師行列，教授陛下天地人倫術數之妙？」

馮太后（黑眼眶）說：「准。你等立刻下去籌備。」

老師傅們集體叩拜：「臣等謹遵太后懿旨。」

夜晚，太后寢宮外站崗的宮女，都聽到寢宮內有交歡的醜聲，甚至馮太后與謝婕同時歡愉聲音，交錯一同傳出。但宮女們面面相覷不敢多說話，因為別說男人不可能來這，就算是宦官，馮太后也禁止他們靠近寢宮。

新來的宮女怡文，偷偷問站旁邊的年紀稍長的宮女如葉。

怡文臉紅耳赤指著裡面說：「這太后怎麼？」

如葉嚴肅地說：「太后寵幸女侍中謝婕，妳來這之前，作司女官沒告訴妳，兩女龍陽，姊妹斷袖的事情，都要視而不見嗎？」

怡文搖頭。

如葉說：「太后已經有發話，就這殿裡一百多個宮女知道這件事，假設誰把話傳出去，就全部都往死裡打，集體先埋在她將來的陵寢陪她。妳不想死，那就左耳聽到右耳出去，右耳聽到左耳出去，妳不知道任何事情。哪怕誰撬妳的嘴也絕對不說此事！不然不等太后發話，我們先打死妳！」

怡文頻頻點頭。

寢宮內床上。

馮太后與與謝婕都累得滿身大汗，癱軟擁抱在一起。

馮太后（黑眼眶）壓在謝婕身上，喘說：「真是好笑，那些學富五車的胡漢兩族老師傅，竟然看不出來皇帝小兒為何上課不專心，成績卻能很好。真不知道他們的是如何治學的？妳應該沒有真的引誘皇帝小兒或交換條件吧？」

謝婕（白眼眶）說：「絕對不敢。賤婢一切是依照太后旨意來做，當陛下對賤婢有所感時，賤婢就以學問當標準要求他，當陛下內心魂不守舍，見到我也不知說什麼時，賤婢就自己認真讀書來引導他。當陛下對賤婢想動手時，賤婢就以禮儀規範，嚴肅地要他快點長大，做英明君主。告訴他皇帝不必怕沒有女人，就怕變昏活不久。」

馮太后（黑眼眶）呵呵笑說：「這就對了！這就對了！這些學富五車的教書匠，大概年紀都大了，竟然都忘記自己當初年少成長時，內心深處的感受。妳跟本宮一起看過鄴城來的戲班不是嗎？本宮曾問戲班主，為何戲劇裡的女角色要讓男人去反串扮演？妳知道他怎麼回答本宮嗎？」

謝婕（白眼眶）說：「賤婢不知。」

馮太后（黑眼眶）嬌媚地說：「妳猜猜。」

謝婕（白眼眶）說：「男人們的狂妄自尊？還是演戲就是不讓女人參與？再不然就是他們拿禮教說事，認為女人會玷污戲劇。」

馮太后（黑眼眶）搖頭笑說：「都不是，是因為只有男人才知道，怎樣把女人的角色扮演好。」

謝婕（白眼眶）問：「這話該怎麼說？男人才懂女人？」

馮太后（黑眼眶）說：「當然，只要是身體與精神正常的男人，無不對貌美的女子動心。甚至只要牽連特殊的情感知覺，男人甚至會為我們女人的身體發狂，就這麼簡單的身體，世界上女人也不少，有得是機會去別處尋覓得到，卻還是會失去理智，發狂於眼下的爭奪，去做任何難以預料的事情。這並不是男人專情，恰恰相反，是男人不專一的低劣獸性所致。那麼一個要用心去演戲的男人，就肯定會更下功夫，研究女人的舉止與心理。所以戲班主說，只有男人才知道怎樣把女人的角色扮演好，這句話是真的。結合本宮觀察，男人從小就是跟著女人的身影長大，即便是平民，也是跟著母親的身影，受其影響。男人既然有這種特性，那麼本宮就能用一個女人，去改變他內心的一切。條件是這個女人，必須是恰到好處者。」

謝婕（白眼眶）說：「太后英明，男人從小就是跟著女人的身影長大，要他學習好或學習壞，都得看女人的身影怎麼走。平民小兒是看母親舉止，皇帝小兒則是看接觸的是哪一個貌美的女官，對他善加心裡誘導。賤婢沒有辜負太后交代的任務。」

賤婢是太后的一條狗，太后是主人，賤婢只有忠誠，要賤婢生就生，死就死。」說得很興起。

馮太后（黑眼眶）遮住她的嘴說：「婕，不要這樣說自己。從現在本宮就叫妳婕，妳也自稱婕。在我們單獨相處的時候，妳叫本宮為衡。這是本宮十歲以前的小名。當然，本宮還是喜歡，當妳的主人。」

謝婕（白眼眶）說：「是的主人。」

兩女子同時發笑。

過不久群臣再請奏，上馮太后尊位，為太皇太后。更名正言順，總攬所有政務大權。

朝堂上，太皇太后繼續稱制聽政已經三年，雖然服飾與自稱都比皇帝低一級，在朝堂上自稱予而不能自稱朕，但所有人都知，皇帝決斷都必須先向太皇太后請示，太皇太后也能主動總制皇帝的所有職權。

「臣等奏，南朝已由蕭道成篡權，改國號為齊。並派人來平城報聘，我朝與南朝互不兩立，都自為中國皇帝正統，各有傳國玉璽，在入朝禮儀上已顯爭端，互相指責對方的傳國玉璽為假造。臣請陛下旨意，該如何接應報聘使者？」

拓跋宏當然面朝馮太皇太后。

馮太后（黑眼眶）說：「傳國玉璽真偽之說，姑且不論，這東西在漢末以來，就被一群自認為英雄的男人們爭奪到假貨充斥。南朝自認中國正統，是基於他們承襲南遷晉室之政，自以華夏衣冠自居而視我朝為鮮卑夷狄。我朝自認為中國正統，則基於實際控有中原大地。兩者相敵，自然相持不下。但自太武皇帝擊滅諸夷，平定晉朝永嘉五年之後的中原亂世，中國正統之說就不是南朝一方說了算。予觀史書，中國之說起於周朝，詩經云惠此中國以綏四方。但周朝起於西戎，之後一統中國的大秦，也起於西戎。而南朝自認為漢官傳承，可稱中國正統，但周秦以西戎定中國之時，哪來的什麼漢？南朝所據江南，在春秋時也曾經被視為荊楚蠻夷之地。那如此究竟誰才是夷狄戎蠻？所以諸卿試想，如此中國正統之說豈能讓南朝一家說了算？倘若諸卿對此不能據理力爭，那視道武皇帝與太武皇帝削平諸夷，創建大魏的不世之功於何地？」

一個三十多歲，正值風貌年華的美女，說起話來竟然如此鏗鏘有力。

北魏大臣們紛紛點頭，無不折服。

馮太后（黑眼眶）冷冷地說：「驅逐蕭道成使者回南朝，告訴他，中國正統已經不是他們南朝說了算。把予剛才所說，讓秉筆史官轉錄，要使者回去一字不差地轉述給蕭道成！」

「臣領旨。」

馮太后（黑眼眶）命人拿出書折。

接著說：「自國家收青州平定全中原以來，雖然國土擴增，實力逐漸壓過南朝，但國家因戰亂貧困人口減損，雖逞一時之強，無以後繼。中原農地被掌握在少數豪強之手。漢末三國至晉室在中原之時，都因土地兼併，富者田廣千里，貧者無可立錐。這都是亂世之源。三長法與班祿法當首先議論推行。李安世上奏，請行均田制，以計口授田，平均土地所有。方案都在這裡，予以為大魏要最終削平江南一統天下，必當富國強兵。先將前兩法議論執行。均田制或許牽涉太大，諸卿可以先拿去議一議。全國上下若有議論者，可自行至大司農處爭論。旨在穩步推動，緩而勿急。」

「臣等領旨。」

南朝建康。

此時蕭道成正跟司徒褚淵對奕圍棋，左尚書僕射王儉在旁治茶。

使者果然將馮太后所云，一字不漏交給蕭道成過目。蕭道成將原文傳給在場幾個重臣觀覽，他們都面面相覷。

蕭道成（銀眼眶）拿棋看著棋盤落子後，說：「朕萬萬沒想到，一個三十多歲的女子，見識能超過五經博士，三言兩語，連朕都無法反駁。倘若將來天下終歸一統，我等未必是最後的勝利者。」

又問：「你可有打聽此女子平常在北虜後宮的行事如何？」

使者說：「有的，聽聞此女子自知在臣民面前爭議很大，許多人抨擊。所以她冷酷無情，即使親信有犯罪也會誅殺，左右宦官或宮女，因小事就會被鞭打至昏厥，但事後又待之如初，對金銀財寶不吝惜重賞。左右又會更加富貴，所以又反而不會對其有二心。」

蕭道成（銀眼眶）繼續下棋說：「可見，此女子聰明狠辣，不輸男子。」

使者緩緩接著說：「另外，臣在平城宮外，聽到一個被驅逐出宮的宦官，道聽塗說一件事情，也是有關於北虜馮太后的私事。」

蕭道成（銀眼眶）問：「何事？」

使者說：「說馮太后有私寵。」

蕭道成（銀眼眶）搖頭冷笑說：「每朝每代的女主稱制，都有這種傳聞，有些根本是謠言不足採信，當中或許真的也是有實情，然人性如此不足為怪。有私寵面首，也改變不了此女主有過人之能。這種事情就不用告訴朕了，不然只會顯得朕的見識胸襟，連個女主都不如。」

使者低頭慢調說：「不，臣以為陛下該聽一聽。馮太后的私寵是女的，等於是兩女斷袖龍陽。而此女來自江南，另外此女被任命為魏主的女冠教。很特殊的職位，那位宦官是犯錯被鞭打後驅逐出宮，自然沒有說馮太后好話，臣對他所言也是有所折扣。但臣向其他北人打聽，確實是有個太后私寵女官，專職鼓勵魏主讀書，說教任賢。多方比對，這極可能是實情。」

在場諸臣私議紛紛。

蕭道成搖頭晃腦，思索片刻。本來跟司徒褚淵對奕中，忽然警醒，手中子落地。

褚淵下了一步子，問：「自古宮廷之事，本就乖亂，史書也因此大多不究原委。魏主年少肯定把持不住自己，說教任賢只是虛誕，將來恐被此女官美色操控，馮太后素來失行，毒殺前主，又以色制主，這是彼之禍，我之福。臣不解陛下何故如此吃驚？」

蕭道成（銀眼眶）搖頭氣沮說：「不對，不對，愛卿，你下棋能看幾步之後？」

褚淵笑說：「看棋局而定，但最多六步，不如陛下，所以臣每每輸棋。」

蕭道成（銀眼眶）說：「別小看北虜太后，此女厲害啊！局面成形，已料勝敗樞機。朕若與之對奕，也未必能勝。」

褚淵莫明，在一旁的王儉問：「不過就是給魏主配個女官，而且還是兩女斷袖，放縱奸邪欲望，違逆自然人倫的汙濁女子，陛下何出此言？」說到汙濁女子，還露出苦臉不屑地神情。

蕭道成（銀眼眶）指著棋盤說：「魏主年少，少年男人所欲就是玩樂與女色，你們也知道劉宋朝，雖有選擇賢能皇子教師，但屢出年少暴虐兇頑之主！為何？爾等也知道，教子難啊！教皇子更難！而此女不是魏主的親生祖母，嚴格說只是個義養祖母，稱制攬權，配制女官竟然能以色導賢，不為一己之私！此舉奇啊！」

接著說：「而更奇的是，配制女官引導少主，貌醜、貌美都不對。若任人不當，則反而養姦邪於側而不自知。劉宋朝荒淫昏君就是這樣來的。而馮太后用兩女斷袖龍陽，等於此女官就是她的影景。人性姦邪一面被她太后牢牢相接，人性變化另外一面，就是賢良善誘，轉制魏主那一面。」

蕭道成（銀眼眶）說：「可怕……沒想到北虜朝廷能有此女主……那麼……在爭奪天下的南北對立的局面當中，必定爭奪長遠而非僅於眼前強弱。此女已經替北虜朝廷，爭奪長遠棋局的勝機，在做定石。朕該怎麼辦？」

褚淵說：「陛下也當選賢用能，監督各地政令，何懼此女算計？」

其餘大臣也都紛紛稱是。

蕭道成（銀眼眶）仍然長嘆說：「話是這麼說，朕也一定要這麼做。但可能朕有些年紀了，總有一股說不上來的不安。」沉默了一下，對諸臣說：「當初劉宋武皇及文帝，與北虜相爭，旨在武力。武皇在世武力超群力壓北虜，而文帝時北虜出了同樣善戰的佛狸，反壓一籌。最終劉宋朝因昏暴之主頻出，內政乖亂，以致武力終落於下風。如今局面易轉，我們跟北虜相爭，恐怕得著眼於智謀。」

接著又指著記錄馮太后言語的書信，說：「但你們易地而處看看，就論這封回信，你們若是北虜的太后，誰能講出這種，讓朕都啞口無言的道理？」

群臣語塞無言。

蕭道成（銀眼眶）持子下棋盤，接著問：「北虜還有什麼其他事情可報？」

使者說：「據說北虜太后發佈了三長法與班祿法，北虜官員開始有薪資，不需要像以前那樣再靠貪汙索賄的野蠻方式，也同時藉此禁止貪婪索賄。但還有一法叫做均田制，內文聽說是漢人儒生所建議，主旨在打壓圈佔田地的豪強，分割所屬田畝給農民，使耕作者皆有其田宅。北虜太后已經詔告天下此法，但卻又明令不得急切執行，讓全國爭議者，都可自行至大司農官那邊爭論。」

王儉治茶完成，旁邊宦官上前對蕭道成與諸臣一一斟茶，繼續下棋，蕭道成飲了之後又搖頭晃腦，瞪眼對褚淵說：「愛卿，眼前跟你下的這盤棋，朕要佔上風了。但朕跟這北虜太后對奕的那一盤，恐怕勝負不樂觀矣。」

接著下棋說：「你們也聽見了，諸卿都是學識淵博者，北虜太后的定石想必你們懂。最令朕訝異的是，她竟然不急著讓所謂的均田制施行。」

此時諸臣已經不懷疑，馮太后的智慧超群，還有什麼深層智謀，也不會有爭議。

王儉低聲問：「她此舉有何深意？」

蕭道成（銀眼眶）繼續下子說：「凡自古改制，除非是玩假欺人者，若落實處必得罪人。商鞅因此被車裂。王莽貴為承襲大漢朝混一天下的皇帝，竟也因此喪命。改制或對大局有好處，然而必須非常謹慎度勢，否則或引火自焚或適得其反。此女讓必須先行者先快速執行，讓人無從爭論。而可能有爭議者，先行讓人議論。此女著手的三長法與班祿法必然落實處，那諸卿猜猜，她均田制這一步子，是實還是虛？」

褚淵繼續下子說：「或許不過是掩護三長法與班祿法的手段，轉移目光的煙霧罷了，讓反對兩法者去爭論更難接受的均田制。就像是女子在市場上討價還價，拉高價碼退而求其次。因為均田制落實處確實太難。所以臣認為是虛子。」

王儉說：「臣附議，此為女人常態心思，是虛子。」

蕭道成（銀眼眶）繼續下子說：「假設是虛子那倒好。但朕害怕的是，這一虛子，是等待之步，等後面的變局出現，帶出的是實處的大殺招。那就可怕了。」

王儉問：「陛下此話何解？」

蕭道成（銀眼眶）說：「讓全國爭論者，自行先去大司農處，耗費時間精力去爭論口辯，甚至正反雙方爭奪利益者，可能相互拳腳相加，打打鬧鬧，當中無論誰佔優勢，當然最後都不會有結果。但此均田制就能藉此爭論，讓天下子民皆知其內容與利害得失，誰是正方？誰是反方？誰又因為哪些利益而說謊話？此女則可以在暗處觀察。形勢明朗之後，此女就可以擇時機，結盟正確有力的一方去執行。倘若如此，只是她手段高一等而已，都還不算麻煩，朕擔心的是，此女不是這麼想。」

王儉問：「難道還有更深層的意思？」

蕭道成（銀眼眶）苦臉說：「也許這只是朕郢書燕說，並非真義。但也不能排除此可能。這得結合前面此女，用斷袖的女官，引導魏主成長一事，一同來看才能明白。一個虛法先行探路，爭論而不行，讓反對攻訐者針對她太后稱制這一方來，但魏主終究逐漸成長明理，反對者自然會逐漸歸於魏主之下。冀希望於魏主最終親政，逐漸在爭鬥中消磨其他心思，朋黨因此分化打散。但魏主受此教育，自然最終會贊同太后之政。她準備讓魏主親自執行這均田制，如果真如此。那她就準備讓魏主，一改一百多年來的胡虜惡習，使之成為真正中國之主。那親政後的魏主，富國強兵有基礎，就是我朝之大敵。」

接著低聲說：「這真是兩千年都難得一見的一名奇女子，奇女子啊！諸卿說說，面對這種佈局，朕該如何對付？」

在場七八名，陪同觀棋之大臣，皆不知如何回答。一時靜默，蕭道成則因此有憂色。

王儉打破沉默說：「臣倒有一長遠之策，雖不那麼深遠高明，但還勉強可應對一時。而且此策，陛下在劉宋朝時就有小試一次，只是執行不彰而未遂罷了。」

蕭道成（銀眼眶）問：「說說，何策？」

王儉說：「據臣所知，北虜鮮卑本來自於漠北部族，逐步南遷，消滅先入中原的其他夷狄而立國。但其漠北故地興起柔然部族，承襲其故地，也必然想走其後路。北虜貪戀中原而遺忘故本，所以反而有了大敵。我朝可連結柔然南北夾擊，使之不能專力南下。臣認為，先前之所以沒有太大效果，在於呼應連動散弱，如今順此加強互動，派人教授其國政組織，作戰兵法，陣形武裝，如春秋時期，晉國聯吳制楚，楚國聯越制吳，最後都能一擊破堤。」

蕭道成（銀眼眶）笑著下子說：「好！愛卿說得沒錯，此策雖然不如北虜太后那般深遠高明，也看似老套重演，但依仗一百多年來的天下脈絡，順勢一子，強化大局走向，也不失為可應對一時之策。如此北虜恐怕被迫得勢分兩路，即便定石高超『壓』『刺』長遠，但是要『衝』『拆』我們的棋勢，也不那麼簡單。諸卿記得，以後我朝對北方略，就是著手連合柔然。」

群臣低頭稱諾。

北朝已經在各方面，開始鋪設全局主導權。但南朝的使者也通過各種祕密管道，到漠北柔然處。

李彥之，四十二歲，南朝的名門子弟。貌似女子，身穿絲綢服裝，帶領著南朝的商團到北朝貿易，但實際上是使節團偽裝，騙過北魏各關卡，到達漠北柔然出使。使節團中有熟悉南朝漢語的柔然人當作翻譯，同時擔任嚮導。眾人騎著馬到達一座漠北山丘。

「李君，那座山坡就是約定地。」柔然的翻譯者這麼說。

李彥之（青眼眶）說：「總算是到了，這趟差使辛苦啊，要不是陛下嚴旨失敗就斬，本官才不想來這鳥不拉屎，烏龜不靠岸的地方。」

副使祖耀（青眼眶），也是類似塗脂抹粉的男子，也苦臉喘氣說：「的確太難啦。中途都病倒幾個了。現在總算來到這山，但現在才九月，就感覺一陣冷寒。」轉面問柔然翻譯者說：「阿系拉，你們的可汗派的人在哪裡？」

阿系拉說：「你們別急。」

拿出所帶的乾燥狼糞，在一處推上柴火，點燃了狼煙。

須臾，忽然山背後，越過山頂來了大批武裝人馬。彷彿天兵降臨，忽然出現的。由阿系拉帶頭，領著眾人一同往前接應。為首的一個兇惡柔然壯漢，下馬接應。

李彥之等人一看，簡直都一是一堆粗俗野人，但為了完成出使任務，不得不笑臉相迎。而這群柔然兵將們也歡鼓舞，收回兵器。李彥之等人鬆了一口氣，但來任務是完成了一半。不過這些人不知道多久才洗澡一次，都是一陣氣味。這尤其對李彥之與祖耀來說，內心非常作噁。

阿系拉相互介紹一番之後，李彥之帶領使團對行揖為禮，柔然將領帶頭也行揖回禮。

李彥之（青眼眶）笑說：「沒想到柔然人也懂漢禮，真是難得。」

接下來，柔然帶頭將領說了一長串話，然後帶著十幾位親信手下，把上衣解開，露出男人雙乳，站在一排。

李彥之（青眼眶）等人面面相覷，急問：「齁……這，這怎麼回事？」

阿系拉翻譯說：「大將軍說，我們已經用你們的禮儀相認，接下來換你們用我們的禮儀相認。」

李彥之（青眼眶）說：「你事先沒說啊。」

祖耀（青眼眶）說：「算了算了，我們也照做吧，這也沒什麼大不了，完成陛下交辦的差使，才是最重要。」

於是眾人也打算解開衣襟露雙乳。

阿系拉說：「不不不，不是這樣。我們把你們當作兄弟，兄弟相認作為賓客的一方，要用嘴向作為招待的一方，親吻雙乳。代表兄弟是來自同一對母乳所哺育，必須相親相愛不能相殘。而作為代表，您李彥之與祖耀兩位正副使節，來對這十幾人行禮即可。」

李彥之與祖耀，本來就嫌他們身上帶氣味，還要做此動作，便覺作嘔。

李彥之（青眼眶）苦著臉說：「這能不能免了啊？」

阿系拉瞪眼搖頭說：「喔…這不可以喔！在柔然當別人坦乳，代表完全沒有敵意，而遭到拒絕則代表你不把對方當兄弟，那代表就另有所想。那麼被殺被掠，也不能責怪別人了。就算你是遙遠南方來的最尊貴使節，也不可以喔！」

眾人面面相覷。

祖耀手摀著嘴，在李彥之旁邊低聲說：「難怪連鮮卑人都說他們是，蠕蠕。」

對面的柔然將領也面面相覷，有點怒色。

阿系拉說：「兩位快一點吧！不然可汗不會見你們的！難道你們不怕死在這大漠中？」

李彥之（青眼眶）仰天長歎一聲說：「罷了罷了，為完成詔命，今日斯文掃地。」於是忍著腥臭體味，拉著祖耀上前，一個個用嘴唇親吻對方乳頭，雖然只是嘴唇輕碰，但內心淌血。

李彥之（青眼眶）心思：活了這麼久，沒遭到這種事，今天真是斯文掃地，斯文掃地了啊……

祖耀心（青眼眶）思：難怪鮮卑人都說你們是蠕蠕，真的是蠕蠕啊……噁心的蠕蠕啊……

行禮完畢，兩人用衣襟遮臉，作嘔難言，眾人被簇擁著到了更北邊的湖畔。沒想到這裡也有針葉叢林，林外有大批的帳篷，許多人在當中往返，也看得到炊煙。

使節團被帶往予成可汗的大帳外，周圍來了大批的柔然男女圍觀。

予成可汗，號曰受羅部真可汗。帶著兒子豆倫與李彥之等人相見，透過阿系拉翻譯，相互認識。

受羅部真可汗哈哈大笑，四周響起歡迎的號角。通過阿系拉翻譯說：「我們知道吳地來的兄弟到此不容易，今天真的是太開心。」

李彥之（青眼眶）恭敬地獻上國書說：「這是我們皇帝給可汗的國書，隨行絲綢、金銀與精煉的鐵器，最重要的是兵法陣戰的書籍，以及古來治國之方略，可以讓可汗的國家強大，這些也都是我們皇帝贈送給可汗的禮物。」

受羅部真可汗哈哈笑說：「太好了，幾年前王洪範就代表蕭道成來使，還請我們開始學習漢字，相約共同出兵夾攻鮮卑賊虜，可惜最後沒成功。也聽人說蕭道成自己當了皇帝，有自己的年號。我也因此立下了年號叫做永康，兄弟就是兄弟，一起都有各自的年號。鮮卑賊虜說，我們是蠕蠕，實際上我們才是華夏苗裔，這些禮物我就收下哦。接下來我要對兄弟的使節，行最親密之禮。」

於是受羅部真可汗，與兒子豆倫，一起坦乳。

李彥之與祖耀差點暈倒，心思：又來了！

受羅部真可汗看見兩人面色，拉下臉瞪眼：「疑？阿系拉沒告訴你嗎？」

周圍簡直都是豺狼虎豹，身在這裡豈能不妥協？兩人內心淌血但外表非常開心。

李彥之（青眼眶）與祖耀（青眼眶）相互笑著說：「太感謝，太感謝。好好好。」

忍著噁心上前親吻行禮。

李彥之（青眼眶）心思：真是斯文掃地，斯文掃地了啊……

祖耀心（青眼眶）思：難怪鮮卑人都說你們是蠕蠕，真的是蠕蠕啊……

受羅部真可汗大喜，笑說：「今晚就在這大帳外歡宴，晚上睡覺別擔心，我們極北風俗，天蒼蒼野茫茫能兄弟重逢，那是天大喜事，自己的妻子都可以陪睡。本可汗找來了兩個本族的寡婦，都是本可汗的遠房親戚，一人一個。隨行的侍從也都有寡居婦女可以陪睡。」

李彥之等人此時內心同時一喜，外表斯文，但男人的本性誰都按耐不住。但是等歡宴飲食過後，各自進入帳篷，發現都是長相醜陋，身上也帶有氣味的女人，與先前設想的差距甚大。但眾人也不敢拒絕。

次日一早。

李彥之等使節團一行九個人在湖邊洗澡。

李彥之（青眼眶）說：「都是這長相，到底是誰在寵幸誰？祖兄，你昨天晚上該不會真的跟那個柔然女子？」

祖耀（青眼眶）低沉地眼瞄了李彥之說：「我倒想問你有沒有？」返頭問其他人：「我只當那個女的是祖奶奶，躺在旁伺候陪笑，那你們哪一個有的？」

眾人全部搖頭。

李彥之（青眼眶）低聲說：「這一回來這真的是九死一生又斯文掃地，派武夫們來多好，偏偏派我們這一群吟詩作賦的名門子弟，連護衛武士都不派一個。不來又不行，皇帝陛下也真折磨人。」

接著說：「本以為陪睡的女人好多了吧？一進帳，發現她長得竟然像我家隔壁那個清馬糞的老漢。」眾人你一言我一語。

「我那個也是，長得像建康城守北城門的校尉官。」「我那更糟糕，簡直就是個壯漢，竟然胸是平的，說話雄偉，我逃出帳外，說這根本是男人吧？她聽不懂我說的話，追了出來，還找阿系拉翻譯。」

祖耀（青眼眶）問：「她說什麼呢？」

答道：「她說她除了長相、體型、說話聲音是男的，其他就是女的，不信可以入帳行房試看看！」

眾人聽聞一陣哈哈大笑。

又答道：「我當然堅決拒絕！好在昨晚還是把她送出去，靠自己雙手解決問題。」

眾人又是一陣大笑。

祖耀（青眼眶）說：「我們這種所謂名門子弟是越來越多，久而久之也就裝模作樣不值錢了，想建功封侯就得冒這個險。快點拿著可汗的國書回去交差吧！這種地方也就只有蠕蠕待得下去。」

李彥之（青眼眶）說：「你們注意啊。在那個懂漢語的阿系拉面前，可別說什麼蠕蠕，這可是會激怒這群野人的。」

祖耀（青眼眶）問：「這我知道的。只是朝廷為了打敗鮮卑北虜，來這種地方，我認為沒太大意義。即便柔然真的與我們達成夾攻協議，也即便成功打敗北虜，到時候這柔然必然更強大且圖中原，反而多了一個強大的敵人。朝廷勵精圖治，任用賢能，自己北伐才是真的。」

李彥之（青眼眶）說：「祖兄，你歷史沒讀熟。從晉室從中原南遷開始，你知道多少英雄豪傑北伐過了嗎？若說勵精圖治，他們也都有過！但哪一次是真的成功了？」

祖耀語塞。

李彥之（青眼眶）說：「這次漠北再起一股強大的外族，自稱自己是華夏正統之一，那太好了。往往形勢比人強，順勢而為才有可能破局。」

祖耀（青眼眶）呵呵一笑說：「順勢是對。不過這個勢，得是真的勢才行，萬一不是，恐怕弄巧成拙吧？」

李彥之（青眼眶）說：「是不是，都不關我們的事了，還是想想趕快完成任務，打道回府去。不過我有一種預感，自晉永嘉五年以後的這場亂世，到今天已經是後半段了。先前中原諸胡相爭，沒有穩定地統一，而今鮮卑北虜，記取苻堅的覆轍，削平各族步步為營，我們這麼做到底能不能保護華夏衣冠？能不能拱衛姬漢舊邦？會對天下產生什麼結果？只能讓後人來評說。」

雖然他們都想趕快回去，但是受羅部真可汗還是強留他們幾天，才讓他們離開。柔然積極回復南朝，要求繼續合作，回信自稱『吾』，稱南朝皇帝為『足下』。同時柔然自稱，自己其實是來自於中原的華夏後裔，本當是中國之人，所以自稱是漢，倘若兩方共同消滅盤據在中原的胡虜，南北兄弟相認，豈不是快哉。

平城太后寢宮。

馮太后與謝婕已經沉溺於相互兩女斷袖交歡，無法自拔，漢哀帝與董賢這一對，若看到恐怕都會驚愕。從浴缸到床，捨不得片刻離開對方的身體。到了床上，兩人各用一條絲帶纏住對方身體，讓自身與對方身軀因此緊緊纏繞，兩人各自死力拉扯各自手上的絲帶，身體各處相互因此緊繃交纏，疼痛應分與激動得讓兩人都哭了出來，還不斷地交換姿勢，再死力拉扯絲帶。如此反覆，最後直到汗喘力竭倒在床上，費了好一番功夫才把絲帶脫開，還要相互私語。

這是古代女同性戀者的方式。

「婕，本宮發現已經離不開妳。」馮太后（黑眼眶）流淚這麼說。

「衡，妳才領陛下從外回來，應當很開心才是，怎麼忽然這麼失落？」謝婕（白眼眶）喘著摟著她，用舌頭舔去馮太后的眼淚。

「本宮與陛下到一山陵，已經指示自己將來的萬年福地，不需要封土，只以自然的山陵為封，陛下命人築石壘標記。所以本宮不會隨葬先帝一側，會單獨入葬一處，本宮看了該處，思考著人為何要衰老而亡？但是當年的秦始皇帝與漢武帝都想不通，也都得不到長生不老，本宮又算什麼？只能看著該處，讓自己喜歡住在那。死亡並不可怕，但怕將來得跟妳萬年互分離。」

謝婕（白眼眶）：「我請殉葬，我本來就是妳的一部份，是妳的用具。」

馮太后（黑眼眶）止住她嘴激動地說：「不行！這是醜陋的古老劣俗，這絕對不行。」

謝婕（白眼眶）搖頭說：「不，我不管，我不能與妳分離。若衡妳死，我也要死在一起。」

馮太后（黑眼眶）摟住她，深深地舌吻一番，然後說：「這樣吧，婕，倘若妳先我而去，我派人把妳秘密安葬在該福地穴內，妳在那等我。倘若我先妳而去，我會先令陛下派妳與幾名宮女宦官，為我守陵。妳告知那些宮女宦官，妳死後，就讓他們把妳屍體葬入我的福地穴內。陛下也會同意。」

謝婕（白眼眶）開心地笑說：「是，就這麼做。」

兩女子情話片刻。

馮太后（黑眼眶）說：「有線報傳聞，南朝的皇帝派人聯絡北方的蠕蠕，雙方結盟共約南北夾攻我大魏，甚至將治國方略，作戰兵法都傳授給他們，蠕蠕現在越來越有想要進入中原的架勢。這就是他們對本宮挑戰信的回應，真是可恨。」

謝婕（白眼眶）堅定嚴肅地說：「衡，妳的佈局已經讓大魏國力蒸蒸日上，壓過南朝是必然的。將來陛下一定能成為一統天下之君。後世明眼之人，也能洞察妳是奇女子，這就不要再擔心。」

馮太后（黑眼眶）說：「婕，這妳不知道。先前我太小看這些男人了。南朝的皇帝這招看似平凡無奇，實則順著漢末三國，到晉朝永嘉以來的亂世之勢。前一股異族入主中原，後面一股異族就在其背後蠢蠢欲動，使之最終在夾攻之下，力竭而衰。即便兇悍如石勒、英雄如苻堅、智勇如慕容垂，也全在這股順勢之下崩解，滅國十六。我大魏國力雖強，不懼怕蠕蠕與南朝聯合呼應，但如此國家必得分南北兩路應對，將來會發生什麼事情，不可預料，但最終怕大魏就會因此出事。」

謝婕（白眼眶）說：「陛下漸成英明之主，也不能應對？」

馮太后（黑眼眶）說：「拓跋宏他當然沒問題，但若不能先滅了一方，這問題就將延續，那他之後的皇帝呢？」

兩女子一絲不掛，又一同泡在熱浴缸，即便馮太后是奇女子，這問題也已經遠超過她的智能所及。

謝婕（白眼眶）說：「衡，我說出我的看法，妳千萬別生氣，是為了讓妳別這麼憂慮。」

馮太后（黑眼眶）說：「有什麼事情妳不能對我講的？就直說。」

謝婕（白眼眶）說：「大魏也就是鮮卑拓跋所建立，妳跟我不都是漢人嗎？只是妳是北方人，我是南方人，如今妳已經啟動了鮮卑入化為漢，富國強兵的局勢。對得起大魏，對得起鮮卑拓跋，也對得起中原子民。這天下大局，都是男人們自己的殺伐爭鬥，就不要因此憂慮太遠的事情。」

馮太后（黑眼眶）微笑，手撐在浴缸邊緣，下巴靠在手上，謝婕也同樣動作緊貼在她臉龐，說：「妳說得一點也沒錯，我能做到這樣，已經對得起所有人。之所以這麼操心國政，坦白說，是因為我先前殺的人太多。我知道無論漢人還是鮮卑人，私下都議論我是手段殘忍歹毒又失德的女人，這些我都承認。所以才想要為國做出很多英明決斷，讓他們住口。誰說女人就不如男人的？更何況，我內心何嘗不想愛男人？但這個時代，沒有一個有真正有智慧的男人，能讓我折服。我的身分也讓我不允許這麼做。先前本宮擺出這個局，對蕭道成的挑戰，就是想試探這個老男人的智慧。這算是遙遠地試探與寄情？」

謝婕（白眼眶）問：「蕭道成的智慧折服您了嗎？」

馮太后（黑眼眶）搖頭說：「小聰明而已，根本不是智慧，談何折服？」

謝婕（白眼眶）說：「如妳先前所說，史書是男人寫的，除非遙遠的未來有明眼洞穿全局的人，不然誰又會把這個時代，天下局勢改變的功勞，歸在妳身上呢？當今男人的智慧，還不值得我們兩個，這樣聰明又貌美的女子去捨身相愛，原因就是男人會為了悲哀的自尊，扭曲對真實的說法。衡，妳已經盡力了，別把壓力都扛在身上。」

馮太后（黑眼眶）說：「知道了，兒孫的事情兒孫自己去擔當，我一介女子最多只能做到這般。只是感覺沒徹底把南朝的蕭道成擊敗，只嚇了他一陣，若有所失而已。」

謝婕（白眼眶）說：「在我看，妳已經贏了。妳是用自己的手段，讓大魏的未來佔據優勢。他肯定是知道自己智計不如妳，嚇壞了，才派人去找蠕蠕來當幫手。真是不要臉的老男人。男人除了武夫蠻力，就是小聰明小手段，哪有能洞察天地萬物，令我們可以愛上的智慧者？」

馮太后（黑眼眶）說：「肯定有，只是還沒出生！可能一千年後，或是兩千年後，也或許更久，要能看懂這個時代的大局扭轉，是本宮造成的，還要能看懂古往今來所有歷史的真相本質，甚至還要懂得生死宇宙，懂得最多的一切，才值得本宮去愛。我們兩個死後同穴一起慢慢等。若死後無知就罷了，還能有知，發現這種人，到時候一起把他抓進我們的墳墓來陪葬！」

謝婕（白眼眶）說：「那他到時候，可會被我們兩個幾千年人精女鬼，嚇到從智者變癡呆。」

說罷兩女同聲嗤笑。

謝婕（白眼眶）說：「我知道妳不是真的斷袖之女，是身分環境特殊才把我找來的。但把愛情投到千年之後的遙遠未來，對空幻的想像去建立相愛關係。太后妳真的是奇女子，聽都沒聽說過呢。」

馮太后（黑眼眶）說：「當年，漢武帝派張騫通西域，稱此為『鑿空』，這些只是男人對空間的鑿空！本宮我是另外一種『鑿空』，女人對時間的鑿空！只是這只能在心中，上不了史冊，只有妳能陪我。」

謝婕（白眼眶）說：「這個鑿空我一定陪太后到底。只是到時候，太后要活著抓他進墳墓陪葬？還是等他死後抓他？」

馮太后（黑眼眶）呵呵笑說：「妳何時見過死了的人能抓活人進墳嗎？也只能等他死後去找他！到時候妳可得幫我，由不得他說不！」

謝婕（白眼眶）說：「當然，那我們的陪葬品得多一張網，到時候強迫用的。」

兩女又是同聲嗤笑。

這個時代竟由女子一舉定乾坤，一個有鑿空能力的女子，在局面陷入均勢之後，建立出打破僵局的方式。而歷史卻已然忽視此女。

故改歌詞一首《作曲：某日本曲。作詞：筆者。命新曲名：英雌神局》

編號：括囊無咎

~前奏~ 英俊有什麼稀奇，豪傑踢一邊，看來看去還是那智慧男人可在意。
然而！這時代只有刀槍林立，不知到底誰能洞穿全局？
一場夢一段情，一滴眼淚一陣悲
兩女斷袖之愛也得纏綿意
轉瞬的人生路，也得爭此時

權勢沒什麼意義，有錢轟出去，想來想去還是有理想男人可在意。
風啊！無法尋得我的感情路，天下無用看我英雌神局
一盤棋一輸贏，一段交纏一愛意
豈願兩女龍陽去逞纏綿情
短暫的感情路，卻寄數千年

~後奏~

確實，此時南朝上上下下，理智的人都已經有感覺到，北朝的發展是越來越強大，在戰爭中也逐步佔優勢。若不是柔然頻頻在北方發動進攻，最多一次出動二十餘萬人，分六路進擊。北魏軍不得不抽調大批軍隊，在修築的長城沿線設立兵鎮迎戰，從而減少對南朝的進擊，不然南朝在諸多內部不團結的慣性狀況下，肯定會很快滅亡。

在馮太皇太后去世後，謝婕果然守墓，最後因憂傷病死，拓跋宏也批准讓她與馮太后合葬一穴。

而拓跋宏，遂開始親政。

親政之後，立馬大刀闊斧推動漢化，均田制果然也下詔推行。同時禁說複合黏著的各族胡語，改說單音節漢語。禁穿胡服，改穿漢服。不斷鼓勵鮮卑男子娶漢女為妻，鼓勵鮮卑女子嫁漢男為妻。此時鮮卑貴族一陣騷動，但對此又無可奈何。進而宣布改姓氏，由皇族帶頭，改拓跋為元。其餘胡姓也都依次建議改為漢姓。

不過當時，鮮卑族早已經跟著匈奴、羯、氐、羌等各族後人一樣，有漢化的基礎，所以推動起來並不困難，只是加速這個變化而已。但因為漢化引起的一件大事，遷都，就引起一陣軒然大波。

平城朝廷大殿。

群臣沉默一片，眾人都想要反對，但也知道皇帝元宏心意已決，怎麼勸也不可能有用。君臣對立沉默一段時間。

元宏（紫眼眶）打破沉默說：「洛陽本就是周朝東都，居天下之中。後漢朝，曹魏朝，晉朝，都在該處立都。之所以殘破，是因為晉永嘉五年後，天下亂局不定。而今我大魏定中原，國力昌盛逐漸壓過南朝，他們已經無力再北上洛陽。為了我大魏盪平江東，一統天下，這遷都朕是肯定要做。」

群臣又是沉默。

元宏（紫眼眶）越來越感到自己在，自言自語，一陣氣沮，群臣簡直就是用沉默來做反抗，所幸自言自語到底。

「洛陽城在漢、曹魏、晉。三個時期的規模建築，雖然都已毀壞，而朕派人尋得前洛陽城的草圖，並製作燙樣，須臾退朝，諸卿去宏極殿觀看一番，就知道未來的都城有多雄偉。」

「洛陽之事，各位既然用這種態度，那朕暫時擱置不論。不過南朝割據江南，太武皇帝南征時都尚不能平定，而本朝勵精圖治多年，融合胡漢為一體，對於抗命不遵的南朝小子們不可不征伐。」

眾人還是死寂一般沉默，其實大家內心都有譜，南征跟遷都肯定是綁定在一起的事情。

元宏（紫眼眶）冷冷一笑說：「混一天下，富強康樂，是近兩百年來，天下人之所願，只是沒有一個英雄能破這個局。如今朕銳意革新，步步為營，天下一統之期不遠矣。諸卿今當議一議，南征之事。」

群臣至此才打破沉默，相互開始議論。

眾臣推廣川王元諧發言：「臣等贊同南征，當年世祖太武皇帝掃蕩中原，然南征受阻於大江，未竟混一天下之志。我朝自文明文成皇后稱制，勵精圖治中原富強，當大舉南征一統天下。」

元宏（紫眼眶）說：「諸卿難得意見相同，南朝齊國自蕭道成死後，皆昏暴淫亂之主，我大魏以治伐亂，以明伐闇，以有道伐無道，豈有不克復之理？南朝惟有一事，勢強於我朝，那就是自襲中原正統，天下士人心偏之。然我朝已去胡入漢之法，自當承襲正統，文成文明皇后在答蕭道成書中，制理已明，待我等以南征以竟全功而已。」

於是起精兵二十餘萬，皇帝元宏親自統帥，從各州前來匯合，浩浩蕩蕩大舉南下進攻南齊。

魏軍南下分數路前進，南齊淮南淮北的州郡，只能各自堅城自守，根本無力抵擋。元宏前鋒部隊再次臨長江北岸，派人大聲公佈南齊皇帝蕭鸞，誅殺宗親，偽裝節儉，實則奢華的大罪。南齊全國進入戒嚴，但是南齊軍始終只能在防守作戰勝利，若進入野戰就大敗，所以無法抵擋魏軍動向。

最後皇帝元宏收兵，入駐洛陽。

【詭曲：九化意之元宏堅】

親自帶著一群宗親大臣與將領，遊覽古洛陽城的殘跡。只見城牆破敗，宮殿只剩基柱，民居散落交錯搭建草房，

「陛下親自駐蹕所見，這裡殘破不堪，民居寡少，恐怕不能當都城。」右丞乞伏義受，替所有鮮卑大臣，變相勸阻。

元宏（紫眼眶）非常不以為然，說：「基柱殘破可以重建，民居寡少可以遷來。這些都不是理由。」

乞伏義受又在補充：「國家以武勇而立，如今北需抵禦柔然南下，南需交戰江東，勢分兩頭一直為當前之弊。若南遷洛陽定都，一時難跨江，但北方卻已遭輕忽，恐重蹈前面諸胡入主中原失敗之覆轍。」

元宏（紫眼眶）說：「第一，朕不會放棄北方防線，反而會更加看重兵鎮之防。第二，諸胡覆轍正是在於不與漢人相融，朕所做一切乃至遷都洛陽，就是避開這些覆轍。」

任城王元澄說：「陛下牽掛洛陽久矣，我等也爭論許久，立場也都互知，先前由頭就不重複。臣弟今天與陛下一同來此，思索到一個堅定的理由，不知道陛下可否

認真聽進去。」

元宏微微點頭，表示可以說來聽聽。

元澄指著這些殘基說：「這些基柱殘跡，是魏朝時期所建，可能是曹操，或是曹丕時期。好巧啊，他們的國號跟我們一樣，都是魏。之所以重建，是因為漢朝的洛陽被董卓焚毀，洛陽變成戰亂盜賊蹂躪之地。但之後重建，卻被司馬家篡奪，而後天下大亂，洛陽不到百年再次殘破，又是盜賊蹂躪，南北各方勢力打來打去，荒煙蔓草滿地屍骨。說這裡形勢之勝，能安定天下，臣弟不以為然。」

元宏（紫眼眶）說：「劉秀定都洛陽，以此制勝天下，形勢之勝需要仁德配合。曹魏沒有，晉室的司馬家沒有，後面各族夷狄窮兵黷武，更加沒有，自然不能用之，反而自亂。你乃我弟，怎麼見解如此淺薄？」

元澄忍不住笑著用鮮卑話說：「兄長，您沒聽明白我說的，這不是形勢之勝與德行之間的問題。」

忽然警醒，知道現在元宏不喜歡聽鮮卑話，要用漢語，於是又改口漢語說：「這裡曾經有一個魏，是三國曹家的那個魏，他們也勵精圖治，改革舊制意圖一統天下，但結果不如其預期，反而改制出了一個司馬家的契機。而我們現在同樣叫做大魏，做的事情也一樣，何其相似？從那時之後，這裡必成了是非之地。我們現在完全漢化，過一兩個世代整個國家就得跟著漢人們的規範走，我們到底能學劉秀？還是最後成了曹操?很多細節都暗示得很清楚。」

此語打中要害，群臣紛紛點頭。

元宏（紫眼眶）繼續與群臣漫步在魏晉兩朝的，皇宮廢墟中，緩緩回答：「曹操無德，司馬懿陰狠，曹魏之政恐怖，晉室之政放縱。都是子民所痛惡厭棄者。本朝大魏則有道武與太武皇帝，平定中原諸胡之武功，又有文明文成皇后稱制以來，與朕的改俗易轍，使胡漢相融，昌明文治，寬猛兼備。這些都是我們與他們不同的地方，反而我們更似劉秀。」

元澄苦臉笑說：「陛下還是沒懂，我們更像曹操而不是劉秀。第一，同樣只廓清中華北方，無法渡江混一天下。第二，不被視為正統，曹家被視為篡漢賊，我們則是鮮卑夷狄。第三，都圖改制，動搖根本。第四，都自以屯田為基，國富兵強，然眷養豪強於側。第五，都有名門世家左右時政，只能相互牽就，雖然南朝也是如此。但我們僅有的優勢，在於本出於夷狄，保有族系力量，但這力量隨著漢化革新，也逐漸喪失，若再遷都洛陽，則可能更加微弱。基於以上五者，豈可能是劉秀而不是曹操？」

元宏嘆口氣，繼續帶著人參觀洛陽，若有所思，沉默不語。鮮卑貴族跟在後面，相互私語。

等鮮卑族人都把話說完，元宏（紫眼眶）轉問漢臣們說：「說說你們的意見。」

漢臣們害怕得罪在場的鮮卑貴族，也不願意違逆皇帝，只能模稜兩可，說出都可以的話。

元宏（紫眼眶）在皇宮高台遺址上，命隨身宦官拿來一張行軍座椅，坐著看遠處的山景，然後說：「我們鮮卑祖先，世居漠北之北，寒漠大地。若非漢末三國，至晉末大亂，兩場亂局，我們也不會居住在這裡過著受人供養的生活。而漠北之北已經被柔然盤據。漢人們時不時又反抗，就是因為還把我們視為夷狄，不把我們當中國正統，實質上我們已經沒有當夷狄之本。先前太武皇帝辱殺崔浩，崔浩智計橫出，是助我大魏平定中原的大功臣，有此悲劇，原因亦是夷夏之防，互相鄙視造成的。不管我們大魏朝遷都加深漢化之後，最後會成為劉秀的大漢，還是與前面同名的曹丕魏朝最後命運一樣，僅是亂世平定之前的過渡之朝，朕都無悔。前面諸胡命運，羯人男子被滅，女子入漢，匈奴族散為各方所併而不復存在，旁族慕容鮮卑、乞伏鮮卑、氐、羌等族，逞一時之強，最終散滅，為史冊笑柄。就算最後如你所言，我們的魏也如前面的魏，這樣的結果也是諸胡中最好的。若上天對後代有其他安排，朕願意順從，只求胡漢一家同居中華，共創未來混一盛世。」

漢臣們聽了，群起下跪平伏，一漢臣代表眾人稱：「陛下脫凡入聖，心胸廣闊，古之聖君亦不及如此，臣等願誓死相隨。」後面群臣附議：「願誓死相隨。」

旁邊的鮮卑貴族，聽了也無言，只能跟著下跪平伏稱是。

元宏（紫眼眶）說：「傳敕令，除北方兵鎮隨行者，其餘各州所有兵馬都留駐洛陽，協助築城重修新的洛陽城。朕還得先北上，回平城跟另外一大群人辯論遷都之事。」

【詭曲結束】

終於在一場辯論後，強勢遷都洛陽。

元宏的太子元恂，到了新建的洛陽城池，因不滿遷都，逃回平城，得到反對漢化和南遷的貴族的支持。元宏返回後平息了變亂，廢黜元恂為庶人，因禁在河陽，衣食僅夠維生。不久，又派人將元恂賜死。一大半鮮卑人都遷居洛陽，幾乎與漢人無異，但北方六兵鎮仍保有鮮卑故俗，此時也有不少漢人與之連和。隱隱約約，出現了南朝連和柔然的效果，逐漸北方鮮卑人升遷與生活素質，都逐漸落後中原的鮮卑人，北魏產生了內部矛盾。

第十章　慣性拆解　南北朝後期

※※※※※　中軸線訊息　※※※※※

承前

若異（本+）＝2，異=0，母=1╱代。故當，異（本+）→2，異（本+）↑↓異（本-）

異（本+）＝（本+）+（異+），異（本-）＝（本-）+（異+）+（異-）

令異（本-）+代=代，代，代→0

異（本+）〉異（本-），當異（本-）=0，異=異（本+）

令本=異+代，1╱本〉1╱異　群（本）→群（異）∴母=1╱本+代

故令，代=0，母=1╱本〉1

但，異七不在母中，群（本）=2，異≠0

※※※※※　※※※※※　※※※※※

遷都洛陽徹底漢化已成定局，元宏死後被諡號魏孝文帝，除了養男寵，對皇帝不忠貞，造成皇家羞辱的皇后，被賜死陪葬，其餘妃嬪依遺詔，特准離開皇宮，改嫁他人。元宏之見識心胸，遠過他人。陵園也特令節儉。

兒子元恪繼位，北魏朝雖然潛藏著內部對立分裂的隱患，但國勢仍然蒸蒸日上。此時南朝君臣混亂，年少皇帝蕭寶卷重演劉宋末的惡少皇帝故事，因殺戮造成一連串叛亂。

洛陽，元魏皇宮早朝。

「啟奏陛下，南朝少年暴君蕭寶卷奢靡狂悖，君臣猜貳交相殺戮。繼陳顯達、崔慧景兵變後，人心不安。繼而蕭衍襄陽起兵，直指建康。正是我朝大舉興南下之際，臣請舉朝暫停一切內事之論，專務南征。」一大臣先打了頭砲。

群臣一陣交議。此時元恪其實也算是少年皇帝，對蕭寶卷被大臣們圍攻，頗似心有戚戚焉。

鎮南將軍元英此時剛好入朝，在朝上附議。

元英奏說：「蕭寶卷荒縱日甚，虐害無辜。其雍州刺史蕭衍起兵東伐，南朝君臣已無倫理，此乃皇天授我之日，曠世一逢之秋，臣乞帥步騎三萬人，南下攻伐襄陽，斷黑水之路。南朝昏虐君臣自相魚肉，我居上游威震遐邇。長驅南出，拔江陵，則三楚之地一朝可收。繼而斷巴蜀之道，順江東下，南朝君臣窮蹙，指日可滅。如此其文軌而大同，混天地而為一，伏願陛下獨決聖心。此期脫爽，南朝略定，則併吞無期矣。」

元恪只表示知道，但並無決議。

元英看了車騎大將軍源懷，示意他也附議。

源懷奏說：「蕭衍內侮，寶卷孤危，南朝各地皆擁兵觀望。此天賜我併吞之機，我朝自先帝成三法變革以來，國富兵強，中原人心歸順。若我朝東西數路興兵南下，成席捲之勢，混一九州天下，正在此時。若待蕭衍克濟江東，則上下同心，則後圖難矣。臣請陛下果下決斷，興兵南征。」

元恪此時雖然已經親政，但叔父咸陽王元禧、尚書令王肅，都還有輔政的大權。但元恪跳過這些人，直接准奏說：「朕准奏南征。然調兵遣將之事，仍須朝廷文武共議。」

退朝，半個月後。

元英找源懷私下商議。

元英說：「陛下已經批准南征，但咸陽王與尚書令，對此事頗為怠慢，東豫州刺史田宗益也上表，催促朝廷趁機南征，盪平江東，一統天下。但已經半個月過去，朝廷連調兵的命令都沒發出，我看這樣拖拖拉拉，遲早把良機錯失。」

源懷說：「所言有理。自晉朝永嘉之後，海內大亂。從未有今日這種契機，臨近天下混一。怕天予不取反受其咎，我等要再次上書一同催促才是。」

元英頻頻點頭，接著說：「沒錯，不能錯失良機。我大魏雖然國富兵強，但兵勢分南北，鮮卑故族也分化兩立，此非長久之計。若不能把握時機一統天下，重回大漢盛世，全力北向打敗柔然，這種狀況對我朝大大不利。我將再次請兵，你可在朝中串連更多的人，一起催動。」

源懷說：「這是必然。但我只怕朝廷會出兵，也會吞併南朝一些領地，但是規模與動勢，不如我們之意，成不了席捲江南之力。這種狀況，就等於告知我朝上下，即便有此難逢良機，也吞不了南朝。更糟的是也等於告知天下人，即便給我們這種良機，我們也無可奈何，說明我朝武力開始衰微，無法跟太武皇帝時期相比。」

元英一聽，頗為驚愕，說得非常有道理。

於是頻頻上書，不斷請兵力南下。

果然兵還是出動了，西自益州東到江淮，都有魏軍開始南下，但規模沒有很大，雖然佔領不少城池領土，卻長江以北都沒有全部併吞。蕭衍殺了蕭寶卷，接著廢殺蕭寶融，之後篡位當皇帝，改國號為梁。南朝快速穩定了下來。為了扭轉南朝的不利局面，蕭衍重視文教，提拔名將。

蕭衍兩次北伐，甚至築了淮河大壩，但最後水壩崩潰，北伐全面失敗。但北朝的南下，也被名將韋叡與陳慶之等人擊敗，南北朝之間的戰爭，又再次陷入僵局。

原本北朝因子貴母死制度，後宮女子都不願生兒子，宮女胡氏卻反而願生兒子，果然生了元詡。元恪下詔取消子貴母死制，胡氏因而不用被處死。元恪殂後，六歲的元詡登基，尊嫡母宣武帝皇后高英為皇太后、生母胡氏為皇太妃，之後高太后失勢出家為尼，元詡晉生母胡太妃為皇太后，胡太后又因皇帝年幼而臨朝聽政。她的妹夫江陽王世子元乂也因而進入權力中心。但後來胡太后忍耐不住寂寞，與數名情夫淫亂，元乂因禁胡太后，之後又被胡太后連合皇帝所誅殺，宮廷因而不斷發生政變，朝政也逐漸混亂。

北朝本來占據優勢，但因為防範柔然的兵鎮與洛陽之間隔閡，爆發了六鎮之亂與河北關中民變，各地豪強紛紛叛亂割據自立，中央的威權已經逐漸衰落。而趁六鎮之亂，柔然趁北朝請兵平亂，大舉劫掠，本來被擊敗的南梁皇帝蕭衍聽說北朝的北方出現動亂，也大舉北伐，攻佔壽陽與諸多城池，北朝開始出現衰頹之狀。

洛陽酒肆。

一名年輕鐵匠，陳豫。成功打造了一把名劍，宴請一名後宮的宦官，這宦官名叫曹通，是他年少時的好友，雖知識淵博卻因貧困而自願入宮，被閹割了當宦官，恰巧被派去侍奉胡太后，今日休假出宮與陳豫共賞此劍。兩人包了一間包廂，以免他人干擾自己的雅興。

曹通（黃眼眶）仔細品鑑桌上的劍，低聲問：「劍柄銜接劍刃處，有旋轉的太極環，護鞘發散條狀，曲線折回連接劍身，中間還有這一段怎稱呼？」

陳豫（白眼眶）說：「那叫稜弦。」

曹通（黃眼眶）往上一揮劍，太極環旋轉，發出『嗡嗡』聲響，稜弦同時發出『叮叮』聲響，說：「喔，稜弦。這劍刃只開一面，另外一面開三分之一，刀劍合一的器型，未開鋒處還造了波浪狀。劍柄弧狀適合單手掌握，雙手也能運用自如。這太極環旋轉還會作聲，稜弦內部有小碎鈴。」

曹通（黃眼眶）跪坐之後放下劍，接著說：「春秋時代有一對夫妻，干將莫邪，製作干將與莫邪雄雌一對劍。莫邪的父親歐冶子，製作湛盧、巨闕、勝邪、魚腸、純鈞、龍淵、泰阿、工布等等名劍。你說這是模仿古劍製作的名器，但從沒見過，甚至沒聽說過，古代有這種怪東西。陳兄，你到底造了什麼奇奇怪怪的，這把劍能用嗎？」一言及此，露出狐疑之色。

陳豫（白眼眶）笑說：「史冊上如雷貫耳，有名的名劍，如你說歐冶子、干將、莫邪等等，在我看來他們造的都是凡物，你眼前這個才是神劍。」

曹通（黃眼眶）瞪眼哈哈笑說：「你的口氣好狂妄，你敢說這個怪東西，能比削鐵如泥的寶劍還利？它也能削鐵如泥？」

陳豫（白眼眶）搖頭說：「我這把劍沒辦法削鐵如泥，頂多堅固不易損壞而已。但真正的神器，根本不在於鋒利兇猛，而在於器型能讓使用者，連通自然之理，使其能思考法則。我這把劍，是參考了一本古書，著作是晉朝時的一個人，他記錄了一把漢朝名匠造的太極劍。然後他自己延伸製作了太初劍，後來他委託的工匠自行又造出太罡劍。我把圖給你看。」

於是陳豫攤開一本古卷給曹通看，上頭繪製了三把劍的器型，以及這三把劍象徵的法則之理。上面寫著：太初混沌，外似凌亂而能究理。太極神巧，外似笨拙而運規則。太罡華采，外似詭異而展狂勢。

接著陳豫（白眼眶）說：「我這把劍，就是結合太極、太初、太罡三劍合一。所以你才以為我造的是一個奇奇怪怪之物，殊不知我可是花了重金，以及數年時間，才造出此神物。」

曹通（黃眼眶）搖頭笑說：「哈哈，這叫做神物？實在難以理解。不過今天我是受邀來賞劍，不奇怪一些反而無趣，這古卷上三把劍的來歷，我從未聽說過。剛才我說的那些古名劍，那都是有典故的。例如說：純鈞。是越王勾踐所用，被相劍師薛燭點評為即使以駿馬千匹、有市集之鄉村兩處、千戶城池兩座而不換。例如：魚腸。小巧而利，刺客專諸殺吳王僚所用，最後將此劍封函，永不再用。干將莫邪雌雄二劍，更是千古多種傳聞，名匠紛紛仿造，於晉武帝篡位初年，真品復現於世，因天下大亂而遺失。陳兄，你造的怪物，或許也有不錯的道理。但根本不能跟古名劍相比。你豈能說那些古名劍是凡器，而這是神物？我們雖是好友，但我深深不以為然！」

陳豫（白眼眶）聽了非常窩火，氣得站起來，然後說：「哼！原來曹兄，你見識也不過爾爾。只是聽聞有名，人云亦云，以此來分高下。還枉我造出這神器，第一個就想到你這個好朋友，花錢託人到宮中傳口信，請你來鑑賞。我聽說南朝的梁國皇帝蕭衍，就是這種人，所以梁朝剛開始強盛，如今卻是政昏衰微。最後也是被門閥世家所劫持而已。這天下都是這種蠢人笨驢，看此劍我還是好好自己珍藏罷。」

曹通（黃眼眶）苦笑說：「你怎麼那麼容易生氣？從小到大現在都沒改變？我現在說的是名器來由。現在世道託古的假貨爛物太多，你展開了古卷，總得說出個來由。不然誰都會認為，你是造了花俏之物來取寵罷了。我這麼說，有過份嗎？」

陳豫（白眼眶）冷靜跪坐之後，手指著古卷說：「往往真正的神物，沒有名氣，有名氣的或許有其功能，但未必是神物！原因就是世人庸俗，只求其功，不識其理。這古卷我也是從別人那買來的，經過人鑑別，實是晉朝初期洛陽的卷紙。我也追究了上面著作者，名曰楊鑑，乃弘農楊氏之人。為此我還專門走了一趟弘農，詢問了當地楊氏子弟，他拿了宗譜證明了晉朝有此人。聽當地人說，他最初在洛陽見了漢朝太極劍，思考當中蘊含之理，以法理延伸製作太初與太罡。」

接著喝口茶湯，然後說：「聽說這太極劍，是新莽朝的王睦配劍，持劍捍衛王莽到戰死，以寡擊眾殺敵無數，驚嚇了綠林兵眾。而太初劍聽聞是永嘉五年，洛陽被匈奴與羯人攻破，一名將軍所持。太罡劍則在鄴城，聽說是冉閔所持，冉閔敗死後被慕容鮮卑收藏，直到本朝滅慕容氏才遺失。所以這三劍，也是有來歷。」

曹通（黃眼眶）苦笑說：「可你談的這三人，最後都是戰死，未見神物之能。」

陳豫（白眼眶）搖頭說：「所以才說世俗眾人所驚，只在於能見的名利，卻不明法理。他們三人敗死，各有朝代更迭的原由，非戰之罪。但他們三人在絕境之中，死戰不逃，死戰不降，死戰不休。這種精神，才正是戰鬥的真正核心，也是他們的敵人最害怕之處。而古卷上，三劍各自的法理，又是以器通法，以利通則的艱深至理，持有它的人假設用不同的思想去領悟，那這把劍就不止是在戰鬥中能用，而是在平常處世就能轉化為其他方面的能力，甚至可因人而異。讓人面對無法戰勝之敵時，仍能爆發出強大的戰力，讓強敵驚慌恐懼，甚至能一併與強敵同亡。我想請問，你說的什麼龍淵劍、魚腸劍、干將莫邪二劍等等利刃，能做到嗎？甚至我聽說，當初持太極劍的王睦，只是靠自己是王莽堂姪子，求得官位的紈褲子弟，平常玩樂遊戲，根本不會戰鬥，只是有不斷領悟劍中蘊藏的法理，臨死上場以法理用劍，嚇壞綠林兵眾。所以你說，這是不是神物？」

曹通（黃眼眶）拾起此劍，仔細端倪說：「聽你這麼說，也有道理。可見陳兄也是名匠。」

陳豫（白眼眶）微笑說：「你這麼說還差不多，你今天假設承認這是神物，我就把它廉價賣給你，只收回我這些年的本錢就可以了。」

曹通（黃眼眶）說：「不用這麼委屈，我用三倍於你的本錢收購。此劍有名字了嗎？」

陳豫（白眼眶）說：「還沒取名，讓你來取。」

曹通（黃眼眶）說：「此劍結合太初、太極、太罡三劍器型。所有之法理都有本元。易經大哉乾元乃統天。而本朝皇帝也將姓氏，改拓跋為元。就稱為太元劍吧！」

於是兩人成交，飲茶、喝酒、吃飯。

曹通（黃眼眶）說：「不過我是個宦官，用不到什麼刀劍，之後也只能高價轉售。」

陳豫（白眼眶）問：「你不是侍奉胡太后嗎？可將此劍獻上，可換得更好的賞賜。」

曹通（黃眼眶）說：「胡太后才不懂這麼艱深的法理，哪能理解這太元劍的價值？她自比文明文成皇后，可是卻沒有那種見識。倒是與諸多情夫淫亂，都傳遍朝野，有辱先帝。」

陳豫（白眼眶）問：「今上皇帝不生氣？」

曹通（黃眼眶）說：「聽說很生氣，但不是因為母親有情夫。而是因為母親干政。之前太后曾被妹夫元乂連結宦官廢黜，因禁在宣光殿，之後秘密與今上皇帝聯手，起事殺了他們，奪回大權。如今又與自己兒子因權力有衝突。而且還聽說，一件可怕的事情。」

陳豫（白眼眶）問：「這種事情，我身為平民，還是少知道為妙。」

曹通（黃眼眶）說：「不不，陳兄你雖是工匠，實際上跟我一樣自幼讀書，見識廣遠，還能博古通今。我身在宮中看似安全，實際上就在漩渦邊緣，就怕哪天大禍臨頭不自知，所以你該知道，給我一些建議。你我從小玩伴，情同兄弟，我相信不會隨便洩漏我所說的話。」

陳豫（白眼眶）問：「那你說吧，有什麼可怕的事？」

曹通（黃眼眶）說：「我聽另外一個宦官說，今上皇帝因為不滿太后干政，且以情夫培養朝中大量的太后勢力。有打算招鎮守晉陽，正在鎮壓六鎮亂兵的爾朱榮，進京協助奪權。」

陳豫（白眼眶）聽了大驚失色，說：「如今六鎮亂兵都還沒完全平定，關中與河北還在亂兵控制之下，南朝也趁機北伐，國家損失慘重，政令只通在黃淮之間。如此怎麼這對母子，還反目成仇？更何況招外兵進京，好像在哪段歷史上有聽說過？」

曹通（黃眼眶）點點頭說：「正是。就是漢末的時候，才平定黃巾，馬上招董卓進京。那時候是何進與妹妹何太后不和，藉口殺宦官引外兵入京。如今是母子不和，還是皇帝自己去密招爾朱榮。我猜這下真的麻煩大了。」

陳豫（白眼眶）說：「歷史未免太相似了。這爾朱榮是怎樣的人？會不會如歷史上董卓，是個黑粗肥頭大耳的兇殘賊寇？」

曹通（黃眼眶）搖頭說：「聽人說相反，長得是個潔白英俊的美男子，祖先是在冉閔殺胡滅羯時，投奔鮮卑苟活的羯族人。其人文武全才。自己的女兒則在今上皇帝那當妃嬪，所以今上皇帝才以為他可靠，可以招之入京為援。但聽說他打仗的手段也挺狠的。目前爾朱榮似乎在上書朝廷，要出兵相州平亂，此地靠近京城，太后非常懷疑。」

陳豫（白眼眶）說：「我怕這爾朱榮是潔白美貌版的董卓而已，若今上皇帝真的招他進京，那可天下大亂。本來以為我大魏在文明文成皇后，制定富國強兵之策後，將能滅南朝一統天下。如今看來南朝雖然政治昏瞶，但沒有大亂，變成我朝開始亂。天下事還真是難說，曹兄你在宮中，該思考將來。」

曹通（黃眼眶）指著太元劍說：「正是，我先思考思考，你說的法理。不然我一個宦官，哪裡有什麼本事能思考並改變自己的將來？今天來賞劍，也是希望你這個名匠，給我一個不同的啟發，方不枉此行。」

陳豫（白眼眶）說：「讓我來教你真正的法理吧。諸法結合，尋找自然吐息……如今天下大亂，我順便教你這天下的自然吐息又是什麼？」

陳豫娓娓道出心得……

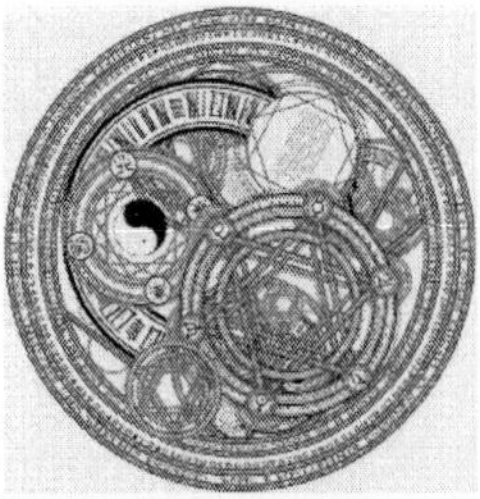

要一個文明傳承長久，關鍵在於最平凡人的思維必也傳承。統治者往往在心靈圖像都激發出陰暗面，雖然最有資源，眼睛卻迷於浮華，不太可能將良好的思想傳承下去。平凡人這條路，雖然資源寡缺，但相對傳承之路反而比較平坦。

脈絡子：沿著歷史脈絡，物件思想，心靈變化，該繼續傳承囉。目前總共多少脈絡？

殘影鍊：超過一百，分支受控的結點超過三千以上，但這種狀況，許多人的救命稻草在這，也不會被重視的。增增減減很難說。

脈絡子：受重視或不受重視，都不必理會。自我傳承與演繹才是要點。哪怕效果差，但仍然要建立脈絡。我們是最不涉且遠離中軸線的局，被輕視無所謂。

殘影鍊：聽說其他五局，對我們都有些不滿意。

脈絡子：不用理會他們，先前的賬還沒算，憑什麼抱怨我？我反而要告訴陰陽古怪之主，就是你們自己主軸的作風不好，才會讓這些局，全部行為低劣！聽說他們又要放局中鬼，危及我們的主傳承脈絡。調出來！

殘影鍊：立辛／陰陽家↓仇盂／陰陽至易↓高人／陰陽真學↓王睦／太極劍↓楊鑑／三鬪仙器型圖／太初與太罡劍↓曹通、元子攸／太元劍。

脈絡子：要不是看在分支傳承還算順利，就把諸多結點放在周圍，看他們的局中鬼怎麼咬？哼！脈絡還只是眼前所見，我們最主要的是，以脈絡方法來囊括，壓在最底層，又最重要成分。

殘影鍊：是。但為了慎重起見，主脈絡得加速傳承，以免主軸顯性結點沒有傳下去的命運之能，就被咬斷。畢竟此結點氣息不夠強。改以旁支來繼承的話，效果就不太好了。

後宮。

被爾朱榮聲稱要討伐的奸臣，鄭儼、徐紇兩人與胡太后密議要事，過了中午之後退出。曹通在宮房外侍候，見到二人離去，知道他們與太后商議要事完畢，便帶人進宮房內清理雜物。

曹通（黃眼眶）趁機跪地說：「內臣有要事乞奏陛下。」

胡太后已約四十歲出頭，風韻正華，令眾人稱她為陛下，她則自稱朕。

胡太后（橙眼眶）說：「你有何要事？」

曹通（黃眼眶）說：「內臣宮外休假期間，年少時的玩伴，給內臣一樣至寶，是一把超世名劍，因宮內不得攜帶武器，內臣寄放在宮外寺院，若得批准內臣想呈現給陛下。」

胡太后（橙眼眶）微笑說：「朕一屆宮中女子，何須什麼名劍？」

曹通（黃眼眶）說：「如今天下多事，有一把超世名劍，能幫陛下安朝廷定天下。」

胡太后批准。於是將卷軸與名劍帶進來，呈放在她面前。

曹通（黃眼眶）先解說了太元劍結合了三把劍的原理，先用典故讓胡太后開眼界。趁她心情還不錯，趁機進言說：「鄭儼、徐紇兩人，是小人也。如今爾朱榮以討伐此二人為名，帶兵進京。能阻止爾朱榮的只有皇帝陛下。若如此二人之議，那只會加速爾朱榮進京，內臣懇請陛下三思。」

胡太后（橙眼眶）聽了，命令在場其他人離開，冷冷問：「曹通！你聽到了什麼？」

曹通（黃眼眶）跪地說：「內臣是太后陛下的人，請降心傾聽內臣之言，若不受再懲處便是。」

胡太后默然。

曹通（黃眼眶）說：「如今的局勢，與當年漢末何進接受袁紹建議，招外兵董卓入京討伐中常侍出奇地相似。無論如何不能讓爾朱榮入京，內臣請太后陛下，拒絕鄭儼、徐紇的建言，將此二人綁送晉陽交給爾朱榮，請他不必勞力帶兵來京。」

胡太后（橙眼眶）怒而拍案說：「曹通，你一個內官懂什麼？招爾朱榮帶兵入京的不是朕，是朕的那個不肖皇帝兒子！」

曹通（黃眼眶）跪地說：「皇帝陛下年歲漸長，想要親政也是必然。如今天下多事，關隴以西，黃河以北都為反賊竊奪尚未收復，淮泗一帶南朝不斷入侵封疆。母子乃天地間最親密之人倫，陛下母子更當團結一致，皇帝親政就是陛下親政。萬一內部不和，爾朱榮趁機入京，肯定學董卓一般，殺何太后廢立皇帝以逞威。內臣不敢料想後果，請太后陛下思考內臣所上之名劍之理，善鬪者在蘊，內斂而不顯。鄭儼、徐紇兩人只為自己，離間母子人倫以致兩陛下失和，實乃禽獸不如，請綁送晉陽交給爾朱榮，太后還政給皇帝，以全母子之人情，免此社稷災禍。」

胡太后（橙眼眶）怒目說：「念在你侍奉多年，朕不降罪，帶著你的奴才劍滾出去！」

曹通只有趕緊收拾，準備退出。

胡太后（橙眼眶）怒喝：「曹通，你從現在開始，不用待在宮內，去長樂王府侍奉去吧！還有，可別把朕在宮廷內的事情說出去，否則你知道會有什麼下場。」

曹通（黃眼眶）跪地叩首說：「內臣叩謝太后陛下不降罪，願太后陛下千秋無戚。」拿起名劍失落地出宮，前往長樂王府，中途喃喃自語：「只有美貌，卻無知、陰毒、又愚蠢的女人。看來真的大難要臨頭了。」

胡太后真的串通二人，毒死親兒子皇帝元詡。對外宣稱病殂。先立了元詡的獨生女為皇帝，又感覺立女嬰不妥，改立元詡的堂姪，一個三歲的元釗當皇帝。

爾朱榮聽聞之後大怒，在晉陽起兵，決定提前入京。爾朱榮部眾，派人找來宗親諸藩王畫像，以鮮卑胡俗鑄立銅像為卜，竟然只有長樂王元子攸的鑄像可以完成。於是派人入洛陽，秘密與長樂王元子攸溝通，然後大起三軍南下。胡太后聽聞爾朱榮起兵，大為恐懼，立刻招集群臣商議，但群臣內心厭惡胡太后所為，都一言不發。

胡太后（橙眼眶）怒目說：「你們怎麼全啞了？爾朱榮舉兵向闕，這是謀逆。快拿出辦法來啊！」

眾臣仍然不言。胡太后瞪眼看鄭儼、徐紇兩人。

徐紇（粉綠眼眶）自知逃不掉，於是起奏說：「爾朱榮一個小胡，竟敢稱兵向闕，洛陽的文武宿衛部隊足以制之。只需要守住險要地形，以逸待勞，待其千里懸軍士馬疲敝，一擊可破。」

鄭儼（粉綠眼眶）也進言：「臣附議，黃門侍郎李神軌能作戰，請以他為大都督，帥軍討伐爾朱榮。」

胡太后（橙眼眶）微笑說：「就如此，准奏。看來百官當中，只有鄭儼、徐紇二人是忠臣，你們其他人全部都各懷心思啊！」

群臣面面相覷。

看到群臣都不說話，商議太多也無意義，胡太后於是以此決議實行，宣布散朝。群臣離宮後竊竊私語：「死期將至還自以為是。」「是啊！別以為我們不知道，她毒死了自己的兒子。」「虎毒不食子啊，但如今卻看見最毒婦人心。」「已經不知道該怎麼說這個女人了，當初還以為她最忠於國家，不懼怕子貴母死，如今卻變成這樣，諷刺先帝之德啊。」「還不就是權力，讓人迷失了嗎？」

爾朱榮大軍過黃河，守河橋的洛陽宿衛兵叛變迎接爾朱榮，李神軌聽說前軍叛變，於是逃回洛陽。元子攸也出城迎接，被立為皇帝。鄭儼、徐紇兩人此時拋棄胡太后，逃出洛陽城，各奔東西。

胡太后跟後宮女子只能待在皇宮，哭哭泣泣。

一女子建言：「太后，爾朱榮就要進城，如今我們只有都落髮為尼，才能避禍。」

胡太后（橙眼眶）此時也哭了出來，低頭說：「好吧都落髮吧，從現在起哀家也不自稱朕，也落髮為尼。」

眾女子全部都替成光頭，穿上尼姑服裝，忽然大批武裝衛士持武器闖入後宮，包圍了上來。

女子們擠在胡太后周圍，驚慌尖叫。

一名衛士上前說：「爾朱將軍有令，太后、幼主、百官人等全部帶到城外河陰，其餘后妃宮女宦官不得跟從。」

於是衛士強行將胡太后抓走，連同幼主帶到河陰。

爾朱榮寬衣大袖手執軍扇，走到胡太后面前，數落她的罪狀。

胡太后（橙眼眶）哭訴：「哀家只是個弱女子，爾朱將軍，你天縱英明，氣宇軒昂，沒想到真的是一個美男子，可以放過哀家。」

爾朱榮（橙眼眶）笑說：「妳先前不是自稱朕嗎？女人自稱朕而凌駕皇帝，可謂古今僅有。」

胡太后（橙眼眶）說：「以後朝廷就靠爾朱將軍，哀家已出家為尼，可以替先帝守墓。百官都服爾朱將軍的威德，請爾朱將軍入朝。」

爾朱榮（橙眼眶）說：「人說女子與小人難養，臨難出醜，以至於此啊！殊不知自己有大罪！」

胡太后（橙眼眶）跪地爬著抓爾朱榮衣袖說：「哀家本是弱女子，蠢女子，做了錯事大人能指正。請爾朱將軍，高抬貴手。」

爾朱榮（橙眼眶）甩袖說：「先帝是妳親兒，竟然會勾結外臣毒死親兒！可見妳不只是弱女蠢女，還是個毒蛇般女人。」

胡太后（橙眼眶）繼續爬回抓爾朱榮衣袖說：「爾朱將軍說的都是，請入朝匡正天下。」

爾朱榮（橙眼眶）甩袖離開，揮軍扇說：「把這個女人還有偽立的幼主，扔到河裡去！以免汙刀！」

一個白面年輕書生，當爾朱榮的參軍，站出來慎重地建議說：「請將軍三思，她是皇太后啊。」

爾朱榮（橙眼眶）站在他面前，瞪大眼說：「宮廷裡都跟她一起剃髮為尼，現在宮廷裡面到處都是皇太后啊，白面小子！」

說罷一耳光把這書生打翻在地。

怒目說：「不想陪她下黃河，就滾出去。」

遇到惡賊，真是斯文掃地，書生趕緊退出。

衛士們衝上來，把胡太后與幼主，拉到船上，女子與小兒哭哭啼啼，到了河中被衛士推下河去溺死。

部將費穆（紅眼眶）在爾朱榮旁邊低聲說：「如今將軍兵馬不足萬人，長驅洛陽無戰勝之威力，百官久而不服，必有輕慢之心。不如大行誅殺百官，樹立親黨，不然將軍北渡則必有內變。」

爾朱榮（橙眼眶）問慕容紹宗說：「費穆建議誅殺百官，你以為如何？」

慕容紹宗說：「萬萬不可，太后荒淫失道，發生母子人倫慘劇，導致國家混亂，如今正是該明公廓清朝廷。無故誅殺不分忠奸，恐怕天下失望，這恐非長策。」

爾朱榮（橙眼眶）搖頭說：「你太迂腐了。」

於是請皇帝元子攸，率宗親與群臣百官，引到行宮西北，宣稱要祭天。等到宗親百官兩千多人都列隊聚集，也有二十多人女官執禮祭天儀式，忽然騎兵包圍上來。群臣一陣驚慌。

爾朱榮（橙眼眶）手持軍扇，站在台上，氣宇軒昂大喝說：「天下喪亂，肅宗暴崩，皆由你等朝臣貪虐所致，我今日替天行道，殺你等罪臣。全部殺光一個不留！」

於是騎兵衝殺射箭，甚至騎馬踐踏，不止宗親百官，甚至女官也被殺盡，共兩千多人死亡。

晚來的一百多人朝臣，遠望殺人，想要逃卻被包圍。

爾朱榮（橙眼眶）騎馬來說：「能寫禪讓之文者，就免你們一死。」

於是有人當場寫文，爾朱榮大為開心，仰天大笑後赦免他們。

軍士高稱萬歲，共喊：「元氏既滅，爾朱氏興。」
部將高歡（橙眼眶）趁機建言：「明公有天意，殺妖后除群奸，拯救天下於水火之中。請登基稱帝，以應天下子民之望。」
皇帝元子攸被這樣殺伐驚嚇，此時也命宦官曹通告知爾朱榮說：「本來相投只為了活命，帝王盛衰無常，今四方瓦解而將軍所向無前，將軍見逼以至於此，若有天命則請正尊號，若仍存魏社稷，請選擇其他賢能者。」
部將賀拔岳（粉藍眼眶）說：「將軍舉義兵除奸，大勳未立而有此謀，恐速禍而非福。」
爾朱榮於是回營，自己造金人占卜，結果四次都失敗，感覺自己沒有天命，精神恍惚。
高歡（橙眼眶）仍然建言：「造金人占卜，不過故俗巫信。將軍天人，自有天命，何必在乎巫師占卜之術數乎？如今四方都有叛亂逆賊稱帝者，而元氏竟然不能剿滅，若將軍不稱帝，不知將還會有幾人稱王？幾人稱帝？這是天下子民一致擁戴，請將軍順應天命人心，登基稱帝以孚四方之望。」
賀拔岳喝令高歡說：「住口！」轉而對爾朱榮說：「如今之事，已經明矣。將軍的天命之說，正是小人要將軍得罪天下。將軍當討伐四方稱帝者，擁戴天子才能得人心。而不是殺戮百官之後自行稱帝，這行為將比當年冉閔還要不如。請將軍順從金人占卜，吉凶自知。」

爾朱榮（橙眼眶）閉眼說：「可見我沒有天命，還得擁戴長樂王為皇帝。如此錯誤，應當以死謝朝廷。」

賀拔岳點頭笑說：「高歡獻饞言，大逆不道，請斬高歡以謝天下！」

高歡大驚失色，所幸其他將領平常跟高歡交情甚深，紛紛說：「今四方多事，仍需武將。高歡一時錯誤可以原諒，請令其回營悔過，收其後效。」

爾朱榮於是揮軍扇命令高歡退下。

高歡從此深恨賀拔岳。

爾朱榮於是帶著大隊人馬，去叩拜元子攸，請降罪求死。元子攸看到他請死都帶著兵馬，當然只能扶起爾朱榮，不斷說好話，如同胡太后說好話一般。

爾朱榮則殺人太多，怕入洛陽城被暗算，於是駐兵城外。

皇帝回到洛陽城皇宮，但城中滿城緊張。流言四處，有說爾朱榮要學董卓，火燒洛陽。也有說要縱兵大掠財寶美女，然後學董卓一樣遷都，以至於洛陽城內士民逃竄郊外躲避，幾乎成為空城。

但爾朱榮女兒本來嫁給元詡為嬪妃，沒有被殺的少數朝臣為了自保且保住洛陽，不斷勸說元子攸娶她為皇后，為了穩住爾朱榮，元子攸遂娶她為后，稱其為國丈，封他為太原王。爾朱榮大喜，稍稍自安。

爾朱榮於是入城，親自在明光殿向元子攸致歉河橋自立的事情，表示絕無異心，元子攸也發誓自己沒有疑心。爾朱榮非常開心，請飲酒。於是喝得大醉躺下。

元子攸見狀大喜，退到殿後廊，找來曹通等幾名宦官商議。

元子攸（銀眼眶）說：「此賊已經放下心防，醉在明光殿，可以立刻誅殺。」

曹通（黃眼眶）說：「萬萬不可，爾朱榮城外就有兵馬，更何況晉陽與各地都有爾朱氏掌兵，若此時殺他，對陛下大大不利。」

元子攸（銀眼眶）怒目說：「此賊遲早要反！現在不殺他，難道等他殺我的那天？」

旁邊數名宦官害怕，也不斷苦勸，暫時不可動作。

元子攸忍不住，從匣中拿出曹通獻上的太元劍，堅持要殺爾朱榮。

曹通（黃眼眶）說：「內臣知道陛下想殺此賊之心，但殺此賊將立遭災禍。眼下此賊還有利用價值，等利用價值沒了，屆時再動手殺之不晚！」

元子攸（銀眼眶）狠狠地瞪明光殿方向，說：「他就是個董卓第二，能有什麼利用價值？」

曹通（黃眼眶）說：「陛下的敵人不是只有他！原本南齊滅亡來投靠的蕭寶寅，背恩忘義在關中自立，河北諸賊以葛榮最為強盛，關中還有與蕭寶寅唱和造反的万俟醜奴，甚至投奔南梁找救兵的北海王，都可能隨時帶兵北上。待陛下利用他穩定自己之後，再動手誅殺不晚。」

元子攸（銀眼眶）說：「可是放掉眼前難逢時機，未免可惜！」

曹通（黃眼眶）說：「陛下先忍這一時，內臣必獻良策。」

元子攸才罷手。

爾朱榮從此，進出洛陽皇宮沒有心防，但都是飲酒唱歌作樂，甚至到處打獵。皇宮密室。

曹通（黃眼眶）說：「太后的妹妹，帶人在黃河兩岸沿邊尋找，尋到了太后的屍體，收斂安葬在郊外寺廟旁，日夜唸經為其祈福贖罪。畢竟也是內臣的故主，內臣請陛下給一天假日，去焚香叩首。」

元子攸（銀眼眶）說：「天下就是她這個妖后搞亂的！她罪該萬死，葬了算走運，祈福贖罪何益？」

曹通（黃眼眶）說：「雖然先太后確實有大罪，但畢竟是肅宗皇帝親生母親。內臣已經不男不女，可以用中立的角度觀看，其實女子的罪惡，往往也是男子相合才能得行。請陛下原諒先太后。真正的罪惡之人是賊人爾朱榮，他就是個董卓第二。」

提到爾朱榮，元子攸氣沮。

元子攸（銀眼眶）憂憤，抖著流淚低聲說：「本以為爾朱榮來，除掉妖后，朝廷就可以大定。沒料到竟然他就是一個董卓！不，他弒殺太后幼主，還屠殺百官宗親，比董卓還壞！可嘆如今大魏天下，四處兵變民亂，已經不可能招天下各鎮討伐。沒想到朕淪落到比漢獻帝都不如！」

曹通（黃眼眶）說：「陛下，無法學漢末，起各鎮兵馬討伐爾朱榮，也有一個好處。當年漢末各鎮兵馬討伐董卓的結果，是董卓一不做二不休，挖掘皇陵火燒洛陽城，遷都長安。如今沒有，反而有機會可保洛陽無事。」

元子攸（銀眼眶）怒目喝說：「洛陽無事，然後呢？看四方崩解，權臣脅持，然後坐以待斃？」

曹通一時無語。

元子攸（銀眼眶）轉而勸慰說：「實在對不起，朕失態。大魏氣數已盡，朕只恨生不逢時。」

曹通（黃眼眶）說：「陛下沒有失態，反而教訓得是。如今爾朱榮沒有遭遇到董卓那般，天下兵鎮圍攻，那他不會鋌而走險，也就是雖有董卓之心，不會全盡董卓之事。那局勢就會讓他去當另外一個奸賊！」

元子攸（銀眼眶）問：「當誰？」

曹通（黃眼眶）說：「就是去當曹操！這也正是先前內臣，說他還有利用價值之處。」

元子攸（銀眼眶）閉眼說：「當曹操，豈不更糟糕，遲早他或他子孫，也會行篡奪之事！」

曹通（黃眼睚）詭異地笑說：「雖說帝王興廢自有天命，但也並非不可有人為參與。如今我等能做的，就是讓他去當曹操平定江山，卻做不了篡奪之事。內臣可以獻一謀略，雖然無法挽回天下人心，也無法逆轉大魏天命。但可以保證，眼前各方盜賊，當然包括去當曹操第二的爾朱榮，甚至包括南朝的蕭衍老頭，也不會是最後的勝利者，他們都休想達到目的。若大魏要被這些敵人支解而亡，那就將這個世代天下化為修羅界，要他們全部一起在惡鬪中，下阿卑無間地獄，不得超生。」

說到『全部一起在惡鬪中，下阿卑無間地獄，不得超生』此語，瞪大眼，露出兇光，手指地下。

元子攸（銀眼睚）瞪眼大喜，追問：「什麼謀略？」

曹通（黃眼睚）說：「這謀略古人用過，只是內臣依據獻給陛下的太元劍，以及朋友所教授的自然法理，加以修改演繹，融合三方鬪氣，建立修羅大局。若爾朱榮敢對陛下動刀，那就讓爾朱榮的手下也對他動刀。當年太武皇帝曾命崔浩造『傳國玉璽』兩枚。這典故陛下可有聽過？」

元子攸（銀眼睚）點頭說：「朕知道此事，此兩枚玉璽正在皇宮。但傳國玉璽的故事，朕沒有太多涉略，你說這跟你的謀略有何關係？」

曹通（黃眼睚）說：「陛下勿急，內臣先將傳國玉璽的典故告知，再談此謀。」

於是從劉邦入關開始，到王莽篡漢，到三國群雄，到晉朝喪亂，五胡，等等諸公如何被傳國玉璽暗中擺布的故事，細說了一遍。

元子攸（銀眼眶）問：「如此說來，南朝的蕭衍老頭，手上也有三顆傳國玉璽。朕如何拉他入局？」

曹通（黃眼眶）微笑著說：「他肯定也會入局的，陛下不必擔心。如今陛下手中沒有兵，但有洛陽城與傳國玉璽，這些都是各方心懸的目標，不可能放手。如此就可以引各方相互拼殺，讓天下人看清，也讓他們互相看清。聽說北海王元顥等人，在河陰變亂之後南逃至南朝建康，找蕭衍老頭求救，南朝的人肯定會拱著蕭衍老頭入局。至於逆賊葛榮在河北兵眾百萬，背恩賊蕭寶寅與万俟醜奴在關中也將要自稱天子。其他大小賊寇，乃至割據一方的實權官吏，都有此心，他們任何一方力量都未必輸給爾朱榮。甚至據內臣觀察，爾朱榮的部將們，也有諸多野心賊胡。請陛下培養忠心數十親信，成立一個貌似與陛下無關的組織，秘密連絡各方，以此可偽造更多傳國玉璽，用各種方法，看似自然，暗中分贈。讓他們都自以為擁有天命。傳言天下南北兵亂多年，人心疾苦，玉璽鼎移，天命流轉，終將有得天命者混一天下。各方勢力，必將掀起腥風血雨，你爭我奪，相互拼殺之故事。爾朱榮賊人，他為了將陛下掌握在手上，最後篡奪將山，不得不興兵跟四方交戰，甚至跟自己的部屬相互猜貳，那麼我們就可以找到從內部殺他的機會。他想當曹操，最後還是變回當董卓去先死，各方搶奪就算天下分成三國，最後也會是另外一個人歸於一統。當前檯面上的這些人，將不會有一個人笑到最後，若大魏要入無間，也讓他們同下地獄。」

冷著臉接著說：「如今河北葛榮、關中蕭寶寅與万俟醜奴，對國家威脅最大，就授爾朱榮為柱國大將軍錄尚書事，讓他派黨羽討伐，一來先行討滅眼前賊寇，點燃爭奪天命的戰火，二來用策略對爾朱榮的部下吹『陰風』，讓爾朱榮的黨羽也趁機壯大，懷有不從爾朱榮的野心。而後等他利用價值沒了，就可以收拾他性命，讓他去陪董卓，陛下則見機行事，替大魏江山做最後努力。」

元子攸（銀眼眶）頻頻點頭，露出兇光說：「好，朕就行此謀。倘若大魏天命真的已去，那也不會讓任何一個敵人得逞！他們讓朕受災，那他們也全都該死。你所謂的『陰風』該怎麼吹？」

曹通於是，如此如此這般這般，詳述內容，說得元子攸大喜。

此謀略的確妙，妙在歪打正著。三國的慣性延伸到此時代，依照慣性延伸佈局類似走勢，必然若有神鬼相助。傳國玉璽，竟然進入了『批量生產』的階段，結合三鬪仙的不同鬪氣，要將大局走向最激烈的修羅惡鬪。

爾朱榮受柱國大將軍之後，領軍北上打葛榮。局勢配合得很巧，爾朱榮的手下，侯景、高歡、賀拔岳，都積極帶自己的部隊作戰，賀拔岳手下宇文泰也企圖趁大亂之際，立功升遷，受爾朱榮賞識。

葛榮本以為自己有百萬之眾，但萬萬沒想到，爾朱榮手下將領們瘋狂作戰非常強悍，把葛榮的軍隊打得落花流水，生擒葛榮到洛陽。

元子攸親自引見，並下詔命人將葛榮推到市場斬首。

同時爾朱榮再派姪兒爾朱兆領軍，與宗親元天穆，共同率軍進攻盤據青州叛亂的邢杲，擊破之後也同樣綁赴洛陽斬首。

元子攸詔命升爾朱榮為大丞相。

傳國玉璽結合三鬪仙的威力，果然不同凡響，元子攸（銀眼眶）暗暗對曹通說：「策略開始生效。」

去南梁蕭衍那邊求救的北海王元顥，已經找到救兵北上洛陽。蕭衍派陳慶之率領精兵一萬餘人北上，勢如破竹。但陳慶之軍紀不嚴，士兵搶掠姦淫不嚴格約束，所以北方士民對他們非常厭惡。元天穆與爾朱軍南下迎擊，但陳慶之以寡擊眾，將之打得大敗北逃。陳慶之率軍進佔虎牢關，洛陽震動，元天穆許多部眾紛紛投降元顥。

但是元子攸並不慌張，只帶少數親信與皇后爾朱氏等人，退往河內郡，同時詔命四方來援。元顥在陳慶之協助之下進入洛陽宮廷，自行登基稱帝。元子攸詔命的四面援軍，元顥也同時命四方聽命共同討伐爾朱榮，但各豪強在受到傳國玉璽暗中感召之後，全部一改態度，紛紛聽命元子攸，拒絕真正能救北魏的元顥，從各方向大舉逼向洛陽，元顥大為吃驚，命陳慶之率南梁軍聯合自己所屬的北魏軍共同抵擋。

陳慶之率領的南梁軍確實是精銳，所戰皆勝，大破各地援軍，但是四方援軍前仆後繼，陳慶之軍已經死傷不小，元顥所屬的北魏軍實力不強。元顥恐懼失敗，於是寫信給元子攸，信中也自稱朕。

「朕泣請梁朝，誓在復恥，正欲討伐爾朱榮。而卿託命豺狼，委身虎口，假獲之民地實乃爾朱之物，非卿有。若天道助順則皇魏再興，若不然，福在爾朱榮，禍在卿也。應當三思，富貴可保。」

河內郡。

元子攸（銀眼眶）將此信給曹通看，接著說：「元顥是朕的近親，引南朝的兵力對付爾朱榮，打敗爾朱榮之後，如何擺脫南朝控制？愚蠢之人！」

曹通（黃眼眶）說：「請容內臣說一句公道話，陛下勿疑。元顥當初同遭河陰之變，投奔南朝求援，以個人而言，他比較明智。原因很簡單，相對分裂的各方，南朝是強勢。雖然南朝士民始終希望收復中原，但從晉朝永嘉之後，南朝無論出多少英雄豪傑，都沒辦法跨黃河收復河北，甚至河南之地也無法長久安定。彷彿有莫名的力量，不容許南朝有混一之功，這南朝士民都有自知。況且蕭衍老而昏聵，無復雄心，元顥反而容易唬弄他。陛下的後援爾朱榮，卻是豺狼，野心遠超過蕭衍。」

元子攸（銀眼眶）說：「難不成朕得自去皇帝號，聽他元顥的？朕記得，你之前建議，是讓他們全部的人都相互拼殺。」

曹通（黃眼眶）說：「陛下勿疑，內臣並沒有請陛下改變策略。是該讓爾朱榮，親自出兵對付南朝。只是元顥與陛下，看似所引援不同，本質上是同在一條船上，請陛下能的話，也秘密連絡元顥，甚至也引援南朝的兵力，藉南朝打擊爾朱榮。」

元子攸（銀眼眶）揮揮手，頗為不耐煩地說：「好了！你立場反覆，退下！朕自己三思。」

曹通（黃眼眶）退出之後，低聲自言自語說：「有不好的預感。」

爾朱榮此時也宣布接到元子攸詔書，率晉陽精兵悍將們大舉南下，討伐元顥。此時元顥左右與陳慶之，貌似合作，實際上相互猜忌。蕭衍聽說元顥已經進入洛陽，而爾朱榮準備大舉興兵，於是也準備大舉增派援兵北上。

元顥非常害怕，南梁增兵之後從此控制自己，於是上書對蕭衍說，自己與陳慶之可以應付，不需要大舉派兵北上增援，以免百姓子民受災。蕭衍果然比較容易被唬弄，馬上下詔令各路兵馬，停在邊境。

爾朱榮派賀拔岳率精兵先行渡河，爾朱榮從後率軍繼之。陳慶之率軍與之鏖戰，雙方大戰於黃河邊。

殺！鏗將！鏗將！

爾朱榮（橙眼眶）親自立馬陣前，發現陳慶之部隊非常善戰，連續擊潰爾朱軍數陣，賀拔岳部眾也傷亡慘重，對於以前認為南朝軍隊都孱弱的印象，大為改觀。

轉面對一旁的高歡說：「沒想到南朝軍隊有如此善戰者，你能否率所屬部眾，把這個惡賊擊破？」

高歡（橙眼眶）正想要巴結爾朱榮，於是立刻接令出擊，原本陳慶之逐漸陷入不利，忽然一聲鼓響，元顥收編的北魏軍來援，一場惡戰，高歡也大敗後撤。爾朱榮不得不撤回黃河北岸。

在本營，爾朱榮大罵眾將無能，眾將領紛紛表示，願意整軍再戰。

「你們精神是很強，但事實就是失敗！」

高歡（橙眼眶）說：「小敗並不能挫我等鬥志，請大王添兵，這次臣等願意死戰到底。」

賀拔岳也表示請戰。

爾朱榮（橙眼眶）怒目說：「都敗了，意氣如此之強又有何用？」

爾朱榮萬萬不知道，這意氣包藏的文章可多矣。

忽然帳外侯景來報，說元顥手下部眾有人要叛變投降，秘密在浮橋接應。

爾朱榮大喜，眾將聽聞，全部請戰。

爾朱榮（橙眼眶）說：「好！全軍移壘，去接應他們。」

於是約好晚上接應，爾朱榮率眾將領殺來，但元顥已經發現有人叛變，先行攻擊，將叛軍全部斬殺，還把爾朱榮前鋒又殺敗了一陣，退回北岸。

爾朱榮氣餒，想要退軍回晉陽。但是眾將領紛紛勸阻。

「大王以并州之兵南下，便有義士內應來奔，人心向背由此可知。打仗本來就是受傷之後，再戰而勝，豈有一敗便退之理？黃河千里，陳慶之與元顥相互猜忌，兵力有限，豈能固若金湯？請結木筏從寡弱之處強渡，必能獲勝。」

「大王輔天子令諸侯，威震天下，陳慶之兵只剩數千，元顥所部皆為烏合蟻聚之眾，奈何棄之北返而讓元顥能因此徵兵天下？若北返則後悔莫及。」

「蕭衍無謀，元顥猜貳，此二人結盟不能力聚。大王若率精兵結筏暗渡，過了黃河則南軍必潰。陳慶之再擅戰，也不可能用數千步卒抵擋十萬北軍。請三思。」

帳下數十名將領紛紛都持此態度。爾朱榮於是同意再戰，在黃河南岸較為寡散之處集中渡河。

果然元顥所部大為驚慌，一戰崩潰，元顥見狀不利，率親信數百人向南逃亡。陳慶之率軍向東迎戰，但寡不擊眾，部眾死傷殆盡，化妝成沙門僧侶南逃回建康。而元顥在一小縣城時，被反對者發現，遭斬殺，人頭送回洛陽。

元子攸於是加爾朱兆為車騎將軍，儀同三司。爾朱榮為天柱大將軍，增二十萬戶。

在慶功宴上，元子攸表示關中賊寇還沒平定，不能奢華，把宮女三百人遣散到民間改嫁，再次下詔討伐關中。爾朱榮派爾朱天光，率賀拔岳、侯莫陳悅、宇文泰等眾將，大舉進攻關中，大破万俟醜奴並生擒之，同時蕭寶寅也被抓。兩人都被綁至洛陽處死。接著進攻隴中收復隴西，各地紛紛投降。

此時賀拔岳與宇文泰，都有受到傳國玉璽的感召，進入關中之後安撫平民，收買人心。關中子民歡喜擁戴，暗中形成一股政治力量。

關中長安北，賀拔岳住所。

此處有十幾個來自洛陽京城宮廷中的閹人，因為元子攸把宮廷中宮女改嫁到民間，同時也暗中遣出負責宮中伶優職責的中官閹人。由於這些人無法在民間重新生活，只能依靠自己的技能，投奔到其他官家。由於這十幾人都會唱戲，帶著演戲的道具樂器，而且是道地京城宮廷唱腔，備受追捧。賀拔岳於是讓他們搭台，帶著所屬部將一百多人來聽戲。

開頭先唱秦始皇，一個花臉秦皇拿著鑄造的傳國玉璽，宣稱要傳萬萬世。

接著一些車同軌的道具轉過，書同文，眾人同唱，天下歸一。壓軸一個花臉的秦始皇憋足氣，開了京腔：「天下一統四海一，書同文來車同軌，傳諸萬世傳國璽，只欠天命朕來定，只欠天命啦~~~~~~啦~~~~~~~」

伶優唱到壓軸『啦~』瞪大眼看著跪坐在首席的賀拔岳。彷彿有意念要傳達。觀眾們一陣喝采。

唱完秦始皇，換另外一個人來唱漢高祖。

只見一個伶優，畫著花臉，穿著帝王戲服，一上來氣勢磅礴：「我乃劉邦，人稱沛公是也。斬白蛇、抗暴秦，入關降那秦子嬰……」

原來此段上演『劉邦得傳國玉璽得天命』一段。

唱腔氣勢雄渾，賀拔岳開頭叫好，底下將領也紛紛喊好。

接著另外一個伶優扮演子嬰，獻上傳國玉璽。

「白帝氣數已盡，天命當歸赤帝，子嬰獻上那傳國玉璽，沛公天命所歸……」

之後項羽來搗亂，楚漢相爭，漢高祖平定天下，但這些都不重要。

最後花臉劉邦捧著傳國玉璽，用了標準京腔唱：「炎運弘開天下同，天命無常歸有德，將軍引兵毫無犯，手持玉璽統江山。秦失其鹿群雄逐，只待英雄應圖讖，真龍天子……天命所歸啊……啊……啊~~~~~」

只見伶優扮演的花臉劉邦，瞪大眼憋足唱腔壓底韻唱『啊~』。瞪大眼盯著賀拔岳，彷彿有話要對賀拔岳說，但賀拔岳身後的將校，只欣賞那唱腔，紛紛附和喊好。

賀拔岳忽然有所感應，但總覺得有一股怪異卻說不出原由。

【賀拔岳出現粉藍眼眶】

唱玩劉邦，換了人來唱劉秀，曲牌上寫著『光武帝得傳國玉璽以符讖興天命』劉秀也是個大花臉，開頭就是唱圖讖，代表劉秀要應圖讖當皇帝。

接著就是十個伶優翻筋斗，象徵天下大亂，群雄混戰。當中穿插了一些故事唱腔，但都不是重點。最後壓軸重頭戲就是劉秀手持傳國玉璽，應圖讖，得天命。只見花臉劉秀唱：「新莽末年綠林赤眉，賊人妄圖得天命，圖讖只歸書劉秀，平定亂賊一四海，世代英雄紛仿效，傳國玉璽雖在手，皇圖霸業興天命，真龍天子，天命所歸納…………納~~~」

唱到壓軸『納~』又是一陣喊好，只見伶優扮演的花臉劉秀，瞪大眼繼續看著賀拔岳，同時也看著跪坐在他身後氣宇軒昂的宇文泰。

【宇文泰出現紫眼眶】

唱完，大家散場回去休息，等待其他節日，還會安排繼續唱。可這時賀拔岳已經有些古怪，趁著將領們離開，去詢問那十幾個伶優閹人。

次日，賀拔岳住所。

宇文泰進來稟告平定各處之軍情。賀拔岳若有所思而不答話，宇文泰問原由。賀拔岳（粉藍眼眶）醒神說：「原來是宇文使君，我正在想在洛陽出兵來此時，陛下展示傳國玉璽給丞相手下所有部將之事。」

宇文泰（紫眼眶）說：「當時在下也有在場，不過就是陛下宣告天命仍然歸魏，正常的舉動，將軍怎麼如此費心思量？」

賀拔岳（粉藍眼眶）說：「事情沒有這麼簡單，當時爾朱丞相在場，但陛下卻故意將傳國玉璽，展示給包括高歡在內的我等觀賞，還說了許多傳國玉璽由來，要我們去探索歷史知道天命所在。可歷史查閱之後，卻跟陛下所言多有出入，這到底是陛下無知？還是話中有話，繞過爾朱丞相給我等聽的？」

宇文泰是聰明人，一聽便知玄機，愣住了。

賀拔岳（粉藍眼眶）說：「更奇的還在後面，你也知道當初在河橋眾將勸進，我極力反對，勸斬高歡，我跟高歡從此不和。所以我派了幾個內應，在高歡帳下，我猜高歡也會派人潛伏在我帳下，只是都不知道內應是誰而已。我知道你絕對是我的人，所以我坦然跟你說這些！最近我方內應透過商旅傳信過來，說高歡告知爾朱丞相，傳國玉璽乃假造不符合史料之事，與侯景派人在河內找到另外一顆傳國玉璽，上呈給爾朱丞相，再次於丞相面前吹天命之說。丞相以為是先前陛下躲避南軍，入河內時遺失者，於是再轉給陛下。結果陛下當眾銷毀此璽，宣稱那是他人假造。但眼線也打聽了宮中宦官的口風，說宮中的傳國玉璽還有兩方。」

宇文泰（紫眼眶）問：「這又如何？」

賀拔岳（粉藍眼眶）眼球左右晃動，說：「這就有問題！查閱史料，我們北朝的傳國玉璽，乃太武皇帝所獲。據可靠史官告知，那是太武皇帝命崔浩所假造，用以對抗南朝手上的三方傳國玉璽。難不成我們北朝也開始出現第三方傳國玉璽？而且偏偏出在陛下曾駐蹕過的河內？傳國玉璽開始要越玩越多了嗎？」

說到此，眼神飄忽，宇文泰也受感染，眼球也左右擺動。

賀拔岳（粉藍眼眶）說：「還有更怪的，昨天你也看到，很多京城的伶優，都投奔我府上來唱戲，侯莫陳悅那邊也有。聽內應說高歡、侯景那邊也有。這些伶優許多都是陛下宣稱要減少開銷，與遣出宮女改嫁那時，一同遣出宮的閹人。這些宦官閹人在宮裡面都負責伶優之事，可宮女改嫁都到民間尋常百姓家，這些閹人卻有分派似地，專門投奔丞相手下的將領家，其他什麼地方都不去。來到我府上演戲，總是演出古代的帝王天命之說，說是在宮廷中唱戲，懂這些取悅皇帝有天命，並不足怪。但他們在演戲之時，拿出的道具，特別精雕細琢傳國玉璽。」

宇文泰（紫眼眶）低聲說：「總是唱天命的伶優，又有仿真傳國玉璽。將軍可有盤問那些出宮的閹人？」

賀拔岳（粉藍眼眶）說：「當然有！昨天你們散場，我就盤問了他們。我問怎麼你們就唱這些，與傳國玉璽有關的戲？他們為首的回答說，在後宮就學的是這些，皇帝陛下要他們學天命戲，現在只是把後宮的戲劇演給我們看。我還接著問，怎麼他演戲的傳國玉璽，做得這麼精緻逼真？他回答說，宮廷裡的戲劇道具就這個，只是在玉璽旁刻意敲裂一條縫，以示道具假物。我接著把演戲的劇冊唱本拿來看，戲目看了可真怪。」

宇文泰（紫眼眶）問：「怎麼個怪法？」

賀拔岳（粉藍眼眶）說：「戲目上順序是這樣，『秦始皇造傳國玉璽定天命』、『漢高祖得傳國玉璽得天命』、『光武帝得傳國玉璽以符讖興天命』、『曹丕得傳國玉璽天下三分代天命』、『司馬炎得傳國玉璽三分歸一統續天命』、『我大魏雄起漠北道武太武皇帝收中原得玉璽真天命』。接著也有江南宮廷的南方曲調，唱『傳國玉璽符讖應天命』、『天下英雄得璽求天命』、『豪傑逐鹿應玉璽平中國安天命』。本來這些曲目，我當就是宮廷裡皇族愛聽的，但後來一想不對啊，戲曲本來就是供人娛樂閒散！難不成大魏的皇宮娛樂，整天就是玉璽、天命、符讖，整天就是英雄豪傑雄心壯志？就算皇帝聽得爽便罷，但其他后妃皇子皇女，都只愛這套，不唱點別的？」

「我們昨天聽了三曲，到光武帝一目。『定天命』、『得天命』、『興天命』就直刺我的內心。再繼續一路這樣聽下去，『代天命』、『續天命』、『真天命』、『應天命』、『求天命』、『安天命』。天救命啊，我等豈不就對傳國玉璽與天命，走火入魔？」

說到此，賀拔岳瞇著斜眼，露出詭異地笑容看著宇文泰。

宇文泰聽了下巴滑落半寸，目瞪口呆。

賀拔岳（粉藍眼眶）說：「那個閹人也告訴我，去高歡侯景那邊的伶優閹人，唱的也是一樣這些，同樣也有傳國玉璽當道具。那這麼說來，爾朱丞相手下十幾個重要將領，現在應該都對這些戲，耳熟能詳。」

宇文泰（紫眼眶）渾身僵硬，低聲說：「這是有人刻意，吹陰風？」

賀拔岳（粉藍眼眶）神情怪異，微微點頭，斜眼詭笑地說：「看來是這樣，但這個陰風，也未免太強大了些，感覺像是『真龍吐息』，不得不乖乖順從，你再看看我從那伶優閹人拿來的道具。」

於是從盒子裡拿出『傳國玉璽』，宇文泰眼神一亮。

賀拔岳（粉藍眼眶）指著它說：「你自己看看，這演戲的道具跟我們在洛陽看到的那方皇帝傳國玉璽，有什麼不一樣？」

宇文泰（紫眼眶）仔細端倪，低聲說：「這是真玉所製，文字雕工真的是鳥蟲篆，除了那一道裂縫，我根本無法分辨在洛陽大典上，皇帝高舉的那方有何不同？演戲有需要做到這樣？」

賀拔岳（粉藍眼眶）詭異地點頭說：「所以我說，這陰風太大了些，而且就算被爾朱丞相發現，他也無可奈何。我看當今陛下雖然才二十出頭方過弱冠之年，但比當年的漢獻帝，還要可怕很多倍。他就算拼出性命，也不會讓爾朱丞相當曹操的。也不知道是哪一個世外高人，竟然會傳授陛下這個狠招？」

宇文泰（紫眼眶）說：「這傳國玉璽的故事，直接就在一群人耳邊，唱了出來，而且成數量地假做真真做假流傳。將軍睿智先看穿了這點，應該不會跳到這個陷阱吧？」

賀拔岳（粉藍眼眶）冷笑了一聲說：「先別誇我睿智，這種陷阱厲害就在，你明知道是陷阱，也會跳進去。即使你不斷地準備好自己，做了各種心防，向所有人嚷著說你沒有跳進去，但大家還是懷疑你明天會跳。最終在適當的時機，你真的會跳的。宇文使君，你聽了傳國玉璽天命說，難道不會想趁著天下大亂，去有一番『事業』？即便真的不想，那麼當想要的人拿著武器懷疑你時，你不跟著拿起武器嗎？」

宇文泰一語難發，這個局已經超過他的智慧。

賀拔岳（粉藍眼眶）說：「爾朱丞相被世人稱是董卓，但河橋之後，爾朱丞相改頭換面，學當曹操。先當皇帝岳父，又派兵四處平亂，重新穩定大魏。但至尊元子攸，他真的讓漢獻帝汗顏了。太原王爾朱丞相，你自求多福矣。」

爾朱榮仍然繼續學曹操，身居外藩遙控朝政，時時派人監看元子攸一舉一動，佈置黨羽從後宮到朝堂大小事情都要回報晉陽。而對下爾朱榮行事也很殘暴，乃至於在街上看事情不順眼，就動輒誅殺。郊外打獵時還命令士卒們，徒手抓老虎，不得將老虎打死，結果死了數人才把老虎擒獲。圍捕野獸若逃走一隻鹿，則追究數人處死，所以每到打獵士卒如登戰場。爾朱榮以示軍紀嚴格不懈怠，但死傷慘重，左右與部眾都恐懼而有離心。

聽說元子攸拒絕了爾朱榮的官吏任命，堅持改用他人，爾朱榮暴跳如雷命人傳話：「天子是誰所立？如今乃不從我的意見！」

後宮。

爾朱皇后走向皇帝寢殿，身後跟著數十宮女。進了皇帝元子攸寢殿，宮女們分列跪坐門口，皇后直接坐到元子攸身邊。

爾朱皇后（紅眼眶）說：「妾聽說陛下拒絕父親的河南各州刺史的任命，可有此事？」

元子攸（銀眼眶）說：「元天穆才在朝堂上，跟朕爭執了這件事情，怎麼皇后也過問此事？」

爾朱皇后（紅眼眶）說：「妾父親於國有大功，甚至陛下就是妾父所立。又沒有妾父，大魏早就滅亡，陛下應當聽從妾父之意，勿讓小人們離間。」

元子攸一陣窩火。

爾朱皇后（紅眼眶）見到皇帝有慍色，仍不收斂，兇惡地堅持說：「妾父忠於國家沒有二心，但卻如此見疑，可別忘了陛下是我們家所立，對天下之事，我們家自然會有判決。」

元子攸（銀眼眶）冷冷說：「皇后已經有孕，把注意力放在自身上。」

爾朱皇后性情剽悍忌妒，還要爭辯，元子攸起身離開。

爾朱皇后（紅眼眶）對宮女大喝說：「擋住陛下！」

宮女們知道爾朱皇后兇悍，假設命令執行不完整，那會被亂仗打死。爾朱榮父女行為如出一輒。所以宮女們非常害怕，命令一下，即便是皇帝都不會見容。立刻宮女們擋在門口，不給皇帝離開。

「沒有皇后同意，陛下不能離開。」「請陛下快回身。」宮女們如此一言一句，逼皇帝回去。

元子攸竄火回身，爾朱皇后（紅眼眶）得意，走到元子攸面前說：「陛下，對妾父的意見到底作何回復？」

元子攸（銀眼眶）悻悻然說：「妳家父親要當皇帝，朕自然會讓位，如果還是人臣，這種事情就不該過問，否則朝廷沒有法度。」

爾朱皇后（紅眼眶）貼近元子攸面前說：「妾父就是不當皇帝，才會立你。你既然為妾身夫君，應當體會妾父忠心。況且妾身也會替你傳宗接代，一切都是我家之恩。這難道你不承認？」

元子攸（銀眼眶）說：「朕沒有不承認。」

爾朱皇后（紅眼眶）說：「這件事情，妾身回報父親，請他息怒。但陛下以後要切記，不要辜負我們家對陛下的厚恩。」

元子攸（銀眼眶）竄火地說：「朕記住了。」說罷要離去。

爾朱皇后（紅眼眶）再次命宮女攔駕，說：「等等，許多人稱陛下是漢獻帝，但妾認為陛下要真能當好漢獻帝，也是一個很好的選擇。陛下自己也說了，帝王興衰無常，千萬別做傻事。」

爾朱皇后也頗不自安，不斷躁語。

元子攸（銀眼眶）冷冷地說：「朕全部記住了。朕現在可以離開了嗎？」

爾朱皇后（紅眼眶）說：「陛下我還有話說！陛下最近可有跟身邊的御女，勾勾搭搭打情罵俏？」

元子攸（銀眼眶）說：「妳也看到朕的面容，就算朕只是平民百姓也會很多女人相愛。而且當長樂王時，雖有訂婚，卻沒過門，就遭遇你父親，故除了妳從未接觸過女性。如今跟幾個御女說話也不可以？」

爾朱皇后（紅眼眶）貼近元子攸面前說：「陛下是不是介意我曾是他人妃嬪？但我可告訴陛下，我雖非完璧處女當你皇后，但若有胎兒也不是別人的，陛下你雖然是皇帝，也必須忠貞於我！我要再次提醒陛下，你是誰立為皇帝的！以後陛下只能有我，不准碰後宮任何女人！」

元子攸（銀眼眶）窩火強忍地說：「朕知道了，朕現在對天發誓！朕從頭到尾只會有皇后一個女人，不會再有其他女子。以前沒有，以後也永遠不會有！而朕不介意妳非完璧嫁朕的，之後若朕先死，皇后你可以選擇再有其他男子，就像幽皇后，不不不，更像妳父親殺死的靈皇后一樣。可以嗎？」

聽到他把自己比成失德的魏孝文帝的幽皇后，乃至被爾朱榮處死的胡太后，爾朱皇后氣得面紅耳赤。

啪啪兩三耳光打在元子攸臉上，雖然她是皇后，但竟然打皇帝耳光。諸多宮女看了都大吃一驚。

爾朱皇后（紅眼眶）也感覺這樣不好，悻悻然說：「我會愛陛下，陛下也必須只能愛我！」

元子攸（銀眼眶）只感覺自己像一隻烏龜，被欺侮也只能縮，紅著臉低頭說：「朕失言，朕知道了！」人說落地的鳳凰不如雞，如今是擱淺的神龍不如龜。

堂堂年輕英俊的皇帝能對待自己這樣，又豈能一直逼迫下去，至少爾朱皇后感覺自己勝利了。

爾朱皇后（紅眼眶）得意地笑說：「可以！這才是好男人！但我可不會像靈皇后一樣，被人殺死！今晚陛下必須來我寢宮寵幸，以後除了跟大臣商議國事之外，夜都只能在我寢宮，陛下只能有我一個女人！」

元子攸（銀眼眶）內心窩火，但窩囊地低頭說：「朕知道，朕現在可以離開了嗎？」

爾朱皇后才放元子攸離去。之後爾朱皇后跟宮女們竊竊歡笑，談自己的御夫術。

爾朱榮與元子攸的形勢，雖然像曹操與劉協，但爾朱榮沒有曹操的冷靜，爾朱皇后卻又沒有曹操女兒那般賢慧，元子攸窩火更甚，只感覺自己完完全全是個入贅的龜婿，且隨時被控制，不能自安。

不過慣性線就是如此操作，整個復盤同樣的局，延伸不同的結果，或是出現不同的局，卻導引到一樣的結果。正正反，反反正，最後仍然得到超個體要的流程與結果。

過了些年，元子攸看開了男女之情，不碰後宮其他女子，倒也跟爾朱皇后有些恩愛感情，爾朱皇后也因此懷了元子攸的骨肉。

明光殿。元子攸遣退所有人，只留下城陽王元徽、侍中李彧，還有內官曹通三人在場。

「爾等知道朕今天為何密談，朕是該做決定了。先前你們反復提起，要剷除爾朱榮，但當時四方都有叛逆，而今一一平定，他真自以為是曹操，朕是漢獻帝。可是他根本就只是董卓，朕不能容他。」

元徽（棕眼眶）說：「陛下是該決斷，如今關隴都已經平定，沒有必要留著爾朱榮。應當動手殺了他，以正國法。」

李彧（橙眼眶）也附議說：「皇后將臨盆，爾朱榮必來，屆時可以動手。」

元子攸（銀眼眶）說：「還有元天穆，也是皇族宗親，本是疏族，卻與爾朱榮相互勾搭，成了他在朝中的一個爪牙。兩人是狼狽為奸，爾朱榮竟然稱他為兄長，連爾朱世隆都害怕元天穆。」

李彧（橙眼眶）說：「這些奸人都應當剷除。」

元子攸頻頻點頭。

曹通（黃眼眶）站出來說：「陛下且慢，皇后即將臨盆，倘若此時殺了爾朱榮，地位最尷尬者就是皇后。不，還有她與陛下共生的孩子。內臣請陛下再多忍幾年，多開導皇后心意，除掉爾朱榮，也能稍解皇后之恨。甚至除掉爾朱榮，不必陛下動手，屆時皇后不但不會恨陛下，還會反過來求陛下庇護。」

元子攸（銀眼眶）說：「再多幾年，朕就被這對父女給逼死了！朕在他們父女眼中哪裡是皇帝？根本就是招贅的贅婿！可這大魏豈是他爾朱家的？朕被他強逼搶奪，還得當贅婿？」

窩火地補充說：「如此主客顛倒，當贅婿受氣也就罷了，朕還要恐懼，哪天爾朱榮想當皇帝，朕就被廢，哪天被廢之後又被殺！她女兒那個樣子，又豈會阻止？只會去找情夫當幽后第二！靈后第二！」

曹通（黃眼眶）說：「多忍幾年並不是要屈辱，而是陛下聖名還沒有深入各地人心，需要時間。」

元徽（棕眼眶）打橫砲說：「堂堂皇帝豈能被這對殘忍的父女羞辱？況且河陰之變，爾朱榮殘殺兩千多人宗親百官，他手下更多有離心。此時不動手，等待何時？天下之事豈能被一悍婦所誤？」

曹通（黃眼眶）說：「陛下，謀略需要時間啊！陛下還年輕，不能不忍這血氣之勇。爾朱家族在各地掌握兵權，倘若驟然殺了爾朱榮，他的子姪族人帶兵入京報仇，我們如何抵擋？」

元子攸聽了微微點頭，頗為猶豫。

元徽（棕眼眶）說：「洛陽士人幾乎都恨爾朱榮，楊侃、高道穆，都已經向陛下輸誠，他們也有計略可以獻給陛下。當年王允殺董卓，就是不赦免他的手下才有禍端，如今我們大赦，他們自然不敢為逆。」

曹通（黃眼眶）頻頻搖頭說：「不，這種論調已經很多人提起！人性詭譎多變，法則隱藏深遠，歷史不能這樣靠表象理解。」

李彧還要爭辯。

元子攸（銀眼眶）說：「都說得有理，朕要三思。爾朱榮殺之容易，但他家族掌兵確實很麻煩。假設真要帶兵入京，再一次河陰之變也未必不可能。」

曹通（黃眼眶）露出詭異神情說：「內臣當初建議陛下，赦免元顥結交蕭衍的兵，就是此理。南朝老頭蕭衍，經過各項事實證明，是容易結交利用的。元顥要他給兵他就給兵，要他止兵境上就止兵境上，少少一萬人竟然能抵擋爾朱榮十餘萬大軍數月之久。倘若當時能結好蕭衍，暗中請兵，今天殺了爾朱榮再赦免其黨，不從則動南朝之兵，就不會有此憂患。」

元徽（粽眼眶）說：「今天說這些都太晚了！洛陽之人深恨爾朱榮，若殺之自己也能招兵，何需受制於南朝蕭老頭？」

元子攸（銀眼眶）說：「可以先招他入京探望皇后臨盆，明日找更多人來商議，爾朱榮的生死，就在這幾日決定。」

曹通內心長嘆一口氣，感到災禍將至。

元子攸於是宣稱皇后要誕生皇子，請爾朱榮來探望，爾朱榮聽到之後大喜。

由於元子攸反覆猶疑，找了不少人謀略，以至於消息也傳到爾朱榮那邊，但爾朱榮看不起元子攸，所以並不以為意，認為他就算有此心，也沒有此膽，如同漢獻帝也屢屢想殺曹操，最後也是屈從而已。於是率軍抵達洛陽，元子攸親自出城門迎接，爾朱榮入住洛陽官邸。

元子攸與爾朱榮，都一起以三國的人物為鑑，正正而反，這種情況出現，三國慣性線持續發作。

夜晚，皇宮。

元子攸單獨招中書舍人溫子昇入宮，燈光昏暗，四下無人。

「當年殺董卓，王允沒有赦免，董卓餘黨才入京。這段歷史，朕沒有很熟悉，請你詳述。」

溫子昇於是詳說這段歷史。

元子攸（銀眼眶）聽完之後，說：「那代表，只要當初王允赦免董卓餘黨，其實不會遭災。」

溫子昇說：「肯定是如此，今天陛下若下決斷，更沒人敢動。不過臣也不能保證，爾朱餘黨能乖乖束手。畢竟他們都是賊人，難保不會他圖。」

元子攸（銀眼眶）思索良久之後說：「朕的狀況，卿都知悉。即便要朕死，也必須殺了爾朱榮，更何況不必定死。朕寧願當高貴鄉公討伐司馬昭而死，也不為常道鄉公讓出江山給司馬炎求生。」

溫子昇叩首說：「陛下真的是英烈之主，臣願以死相隨。」

元子攸（銀眼眶）說：「沒想到才兩百七十年。當年的曹魏之狀，如今我元魏亦如斯。」

遂決心殺爾朱榮。

等到招見爾朱榮入宮同食，在明光殿東，伏兵十餘人，就等楊侃來指揮號令，但爾朱榮與元天穆先吃完告退離去，楊侃才入席，所以暫時失去一次動作。

元子攸找太多人謀略，又配合不臧，爾朱榮安插在朝廷的內應，已經發現不對勁，將皇帝企圖謀殺的消息已經走漏到爾朱世隆那邊，爾朱世隆於是轉告知爾朱榮。但爾朱榮還在陳留王府上飲酒作樂，非常不耐煩，再次認為他只是個漢獻帝，稍待時日就動手收拾同謀者。

而這消息，又因為爾朱榮手下痛恨爾朱榮殘忍，所以有人暗中當朝廷內應。將此消息走漏給朝廷所有同謀者知道，所有同謀百官非常恐懼。如今不是你死就是我亡！於是要皇帝元子攸再次動作，此次伏兵數百人在明光殿東序。宣稱皇子已生，要爾朱榮入宮探望。爾朱榮帶著長子爾朱菩提，以及元天穆等人一起入宮，身後還有三十多個帶兵器的武士相隨。

看到爾朱榮帶人來，元子攸色變，溫子昇趕緊低聲附耳說：「陛下色變。」元子攸（銀眼眶）發抖，趕緊說：「拿酒來。」於是飲酒掩蓋緊張。然後拿出大赦天下的文書給溫子昇，令他出宮等候消息，告知天下。

爾朱榮（橙眼眶）看到溫子昇出殿，問：「拿什麼文書？」溫子昇很冷靜地說：「皇子誕生，大赦天下之文。」

爾朱榮不看，於是與元天穆入殿。爾朱菩提與三十多人武士在殿外等候。入了殿，元徽向二人行禮，然後各自入座。元子攸膝下藏著太元劍，用御桌、跪坐墊與裝飾物遮擋，雖然飲酒但是恐懼之色仍在。

爾朱榮看到在場氣氛不對，才要起身詢問，忽然光錄少卿魯安，與典御李侃晞兩人，帶兵從東序殺出，魯安（紅眼眶）大喝：「殺賊啊！」

爾朱榮（橙眼眶）大驚，抽出佩刀，衝向元子攸御座來，企圖劫駕，大罵：「小子你敢！」

元子攸（銀眼眶）抽出太元劍，趁著酒意瘋狂砍殺相斲，爾朱榮先被斬斷一手，佩刀掉落，最後被一劍穿胸。只看見古怪的太元劍型，上面太極環快速旋轉，發出『嗡嗡』聲響。爾朱榮倒地斃命。

魯安快速瘋狂亂砍，殺掉元天穆，血濺當場。

爾朱菩提與三十多人武士見狀不對，帶兵器衝入殿門。

魯安（紅眼眶）大罵：「爾朱賊黨，今天我們要報河陰之仇！」

魯李二人帶伏兵攻殺，在場一片混亂，魯安殺得眼紅，瘋狂亂砍，伏兵們也殺得瘋狂，爾朱菩提與三十多名武士，最後全部被砍殺殆盡。

魯安殺完，還狠狠地在爾朱菩提屍體上吐了口水。

元子攸丟掉太元劍，撿起爾朱榮掉在地上的啟奏笏版，上面寫著要罷免皇帝先前的任命，要全部任用爾朱一黨的人當地方官。

元子攸（銀眼眶）指著笏版說：「今日果然當殺，不然豎子過了今日，不可復制。」

消息很快傳出去，洛陽城百官子民，聽到爾朱榮被殺，紛紛聚集在皇宮前慶賀，高喊天子萬歲。尤其因河陰之變慘禍後的死者家人，紛紛拿錢出來買酒肉，到皇宮前大道公開宴客，連乞丐都可以來飲食。

爾朱榮妻子與黨羽聽聞大變，焚毀西陽門逃出洛陽，並且告知四方爾朱家族。

爾朱世隆則率領數千部眾，在洛陽城外與洛陽兵交戰，洛陽兵戰力衰弱，傷亡慘重退回城內。爾朱世隆在城外，索求爾朱榮的屍體。元子攸派人給鐵券，宣布赦免其他人，但爾朱世隆稱兵大罵，丟鐵券在地，對城高喊要替太原王爾朱榮報仇。

元子攸大怒，拿出皇宮所有財寶，在洛陽城內招募能戰勇士。洛陽城內所有人都深恨爾朱家族，於是紛紛踴躍響應，一天就招到一萬壯丁，與皇宮衛士三千人一同出戰。於是開城門殺出，但爾朱世隆的部隊善戰，洛陽烏合之眾不習戰，人數雖多，卻幾次交戰都失敗，退回城內。

元子攸於是因皇子誕生，下詔命大赦天下，除了稱兵造反的爾朱家族不赦，令前車騎將軍李叔仁為大都督，統帥天下兵馬討滅爾朱氏。

元子攸親自來抱皇子，宮女們擋在爾朱皇后面前，不給皇帝靠近。

皇宮。

【爾朱皇后紅眼眶消失】

爾朱皇后哭著說：「陛下親手殺我父親，而今要殺我嗎？」

元子攸（銀眼眶）說：「朕有帶劍來嗎？爾父在河陰之變先殺靈皇后與少主，又殺兩千多人宗親大臣，之後濫刑殺戮，輕蔑朕的皇威。今日殺之只是正國法。朕赦免了所有人，皇后只要不跟著爾朱世隆繼續謀逆，就仍然是朕皇后，此子仍可立當太子。」

爾朱皇后哭著大喝說：「我不信！皇帝翻臉無情自古皆然！若此事陛下安然度過，必然有其他人取代我們母子。請陛下現在就殺我！現在就殺我！現在就殺我！」爾朱皇后果然性情剛烈。

元子攸（銀眼眶）跪下也流淚說：「朕不會翻臉，信不信由皇后，朕到現在也只有皇后妳一個女子，以後朕也永不納其他人為妃，永遠只有一個皇后妳一個女人！如今妳家族興兵不肯罷休，朕已經有一死的打算，皇后不信也不行。就算朕之後跟河陰之變的所有人一樣，死在你們爾朱氏之手，皇后妳又會不會翻臉無情？還會記得這段夫妻之情嗎？」

爾朱皇后默然。

元子攸（銀眼眶）跪著說：「朕再次發誓，無論此事能否安然渡過，朕除了皇后永不觸碰其他女人。否則天打雷劈，死於非命。朕實在是被爾父逼到牆角，才有此過激行為。但朕以自身男子忠貞來保證，此心昭昭只對皇后，執子之手以到終老。」

接著命令宮女們都退下，元子攸坐在她身邊，握住她的手，雖然看似平靜，兩人卻不知道該說什麼，始終無再一言相對，看皇子而已。但爾朱皇后再也不會看不起元子攸，更不會看不起貌似軟弱的男人。感覺到他，自己一直看不起的丈夫，其實比自己最敬佩的父親爾朱榮，還更有雄圖。她很後悔自己先前看低這個丈夫，沒有好好溝通他與父親之間的關係。

全國各處，聽聞爾朱榮死，除了爾朱家族的直屬部眾，其餘或保持中立，或加入討伐爾朱家族的行列當中。爾朱天光、爾朱仲遠從關中等地起兵，爾朱兆從晉陽起兵，由各地紛紛向洛陽進發。但爾朱氏掠奪財寶及美女成性，各地官民對他們厭惡入骨。高歡與賀拔岳等手握強兵的爾朱舊部，全都按兵不動，不聽爾朱調遣，各自開始招募人馬，觀望朝廷局勢。

傳國玉璽，天命圖讖之歌，開始奏效。

洛陽的兵，不斷夜襲在城外的爾朱世隆所屬部隊，雖然殺之甚多，但自己也損傷慘重退回城內。各地聽從朝廷討伐爾朱家族的部隊，也不斷被擊敗。尤其在丹谷一戰，都督崔伯鳳戰死，爾朱兆大舉過黃河，元氏宗親的華山王素來與爾朱氏親近，竟然叛變引爾朱兆過黃河，並且壓制城內衛兵不抵抗，開城門迎接爾朱兆入宮。

元子攸發現大事不妙，才想到曹通說的學元顥借蕭衍的兵才是對的，要與元徽一起向南逃走，但元徽已經先騎馬奔逃，甩掉皇帝元子攸不顧。爾朱兆兵於是很快包圍過來，曹通率領十餘名強壯忠誠的內官，抵擋追兵，一場血戰後，包括曹通在內十餘人都被殺。

看見曹通被殺，元子攸無處可跑，最後被生擒活捉。爾朱兆一不做二不休，將元子攸與爾朱皇后的新生皇子，摔地殺之。爾朱皇后阻擋不了，面如槁木死灰。

爾朱兆兇性大發，縱兵在洛陽內掠奪，自己在皇宮汙辱女官御嬪，收編宮女，大肆追捕誅殺不依附爾朱家族的元氏宗親與先前所有同謀者，重演河陰慘劇，殺得滿城血淚。元徽最後在外地也被捕，砍下人頭送到洛陽。

所有參與殺爾朱榮的人都被追殺殆盡，洛陽人怕被牽連，紛紛逃亡，對爾朱氏更是深惡痛絕。爾朱兆自認為是大功勞，竟然與爾朱世隆等其他爾朱氏不和，相互開始猜忌。

爾朱兆把元子攸押送晉陽，高歡準備率兵救駕，派人送信給爾朱兆，警告他不要殺害天子。爾朱兆一口拒絕，但爾朱兆開始恐懼一件事情，以前許多爾朱家族的部將，竟然都已有自己的勢力，敢於對爾朱家族唱反調。

元子攸最後被爾朱兆派人，絞死在晉陽三級寺，臨終前向佛禮拜，發願生生世世不當皇帝，寫詩：「權去生道促，憂來死路長。懷恨出國門，含悲入鬼鄉。隧門一時閉，幽庭豈復光。思鳥吟青松，哀風吹白楊。昔來聞死苦，何言身自當。」

爾朱氏另立元曄為帝，又暗殺其母親怕引外戚為援，又廢之連續另立元恭。高歡短暫與爾朱兆結盟，討伐各地不服之人。之後又宣布爾朱氏讓天下人所厭惡，他要替皇帝元子攸復仇，起兵討伐爾朱氏。

此時弘農楊氏，雖然族大，因為楊侃參與誅殺爾朱榮，所以爾朱世隆與爾朱天光，共同誣稱楊氏謀反，率兵將在朝廷當官的楊氏全部滅門。只有一個楊愔逃出升天。

信都，高歡軍營。

楊愔一進營門就跪地痛哭全家遭滅門的慘禍，大罵爾朱家族殘暴不仁。

高歡急忙把楊愔扶起。

高歡（橙眼眶）說：「我知道弘農楊氏族大人多，從曹魏朝開始就世代出高官，無論朝代更迭都敬重楊氏之德。你既然已經躲過慘禍，就在我軍帳下任職。」

楊愔說：「任職其次，我家無罪卻遭慘禍，必要爾朱家付出代價。況且他們是弒敬宗皇帝的罪人，將軍一定要替天行道，討滅罪賊，以定社稷安天命。」

前面的話，不能勾起高歡興趣，但最後的『安天命』，卻讓高歡腦中與戲劇中的一段，起了共鳴。先前那麼多的『某天命』來勾串傳國玉璽戲劇，因為他人用辭，冥冥之中也會與之契合，讓聽戲的這些豪強，在某個時間，某個地點，因為某個人的說話，又會想起戲劇內容，無意間依照劇本來演出。

終於知道，為何要用那麼多角度的情境去設定『某天命』了！

高歡（橙眼眶）說：「先生放心，高某雖不德，但絕對不會讓弒君惡賊逍遙法外。」

楊愔說：「在下有一必勝之策，爾朱兆與爾朱世隆相互不和，互有猜忌。將軍可以利用自己先前與爾朱家族的關係，離間他們的關係，即使他們兵強，最後也可以趁隙一一擊破。在下則修書一封，將軍可派人送往弘農楊氏宗祠長老，請他連絡其他楊家人，運用弘農楊氏的地方影響力，共同策動河南各方勢力響應將軍。」

高歡欣然接受。

於是高歡迎元朗為皇帝，起兵向爾朱家族的根據地晉陽出發。爾朱兆等人大怒，也集結部隊攻向信都。高歡果然使用離間之計，讓爾朱世隆與爾朱兆相互猜疑，接著全力攻打爾朱兆，大破爾朱兆於廣阿。所有士卒全部投降。接著攻破鄴城。

爾朱兆大為驚慌，急忙求助關中爾朱天光，並且與爾朱世隆和好，並招東郡的爾朱仲遠也率兵前來增援。各地爾朱家族雖然都殘暴昏庸，但也知道若爾朱兆失敗，整個家族都會被天下人追殺乃至屠滅，於是各自兵馬大舉來援。

爾朱兆於是當先鋒，在鄴城外與高歡的兵馬對陣。

爾朱兆（紅眼眶）大罵高歡說：「本來你為我叔父天柱部將，共同戮力，今日竟然反叛為何？」

高歡（橙眼眶）也登台大罵：「本來共同戮力是共輔帝室，如今天子安在？」

爾朱兆（紅眼眶）說：「永安昏君，枉殺天柱大將軍，我報仇爾！」

高歡（橙眼眶）大罵：「我昔日聽聞天柱篡逆之計，你也在場，豈能說天柱不想謀反？永安以君殺臣，何仇之報？今日我們義絕矣！」

爾朱兆氣不打一處來，當時爾朱榮想篡逆，你高歡也是贊成的，如今竟然反水，還想大罵，高歡卻指揮擊鼓，全軍衝殺。爾朱家族各自為戰，最後大敗，爾朱度律被生擒斬殺。爾朱兆奔回晉陽，爾朱仲遠逃回東郡，其他各自退走，高歡趁勝收降各地進入洛陽，爾朱家控制的皇帝元恭遂被囚禁。賀拔岳也派使節與之溝通，背叛爾朱天光而接受高歡擁立的元朗。

高歡又改擁立元修當皇帝，廢掉元朗。元修竟然就毒死元恭、元朗與元曄，在洛陽登基。下詔全國討伐各地的爾朱氏殘黨，並且命令關中的賀拔岳到洛陽，改派其他官職。

賀拔岳本來害怕高歡，要前去洛陽，但手下薛孝通也聽過了『天命戲』，極力反對他屈服於高歡之下，勸他託辭拒絕就徵。此時高歡，才發現不是只有他聽過『天命戲』，但暫時無力對付賀拔岳。

爾朱世隆本率軍要與爾朱兆會合，被張勸率兵突擊斬殺之。

高歡率軍進攻晉陽，繼續追打爾朱兆，爾朱兆發現已經抵擋不過，大肆掠奪晉陽北逃。高歡死追不放，最後爾朱兆手下全部歸降，爾朱兆走投無路在樹上吊自殺。

貪財好色的爾朱仲遠，被圍攻，他手下將領深恨他淫亂部將妻子，紛紛叛變。他無法待下去，南下投奔南梁，江南人聽說他行為低劣，刻意冷落軟禁，供應很差，最後在江南病死。

元修於是娶了高歡的女兒當皇后，且元修有很多自己的意見，對高歡的要求多有拒絕，甚至暗中連絡關中掌握重兵的賀拔岳，所有人都看出來，這又是一對元子攸與爾朱榮。

晉陽，高歡邸。

爾朱皇后被人帶了進來，高歡欣喜異常，平伏在下座。

爾朱氏說：「如今我爾朱家也被你高歡滅了，為何派人帶我來此？」

高歡（橙眼眶）長跪起身說：「下官實是替永安莊皇帝復仇，知道您遭遇亂世，有說不盡的苦。下官仰慕您許久，不知能否有此幸運？」

爾朱氏冷冷地說：「我父親殺了我丈夫家族眾人。我父親又被我丈夫殺，我丈夫成了我的殺父仇人。我堂兄弟叔伯們，替我父親報仇，他們反而又成了我的殺夫與殺子仇人。命運如此乖違，你是我父親舊部，替我報了殺夫殺子之仇，卻成了我先父與家族之仇人，現在竟然想當我丈夫？又是要我未來的命運如何乖違？」

高歡（橙眼眶）沉默片刻，低聲說：「下官將永遠持敬重態度，請您放心。」

爾朱氏面無表情說：「你們男人內心怎麼都這麼醜陋？難怪天下這麼亂。」

高歡（橙眼眶）再次平伏說：「教訓得是，下官當深自檢討，只是眼下情不自禁而已。」

爾朱氏說：「你替我報了殺夫殺子之仇，我當委身報答於你。但有條件，將來當我感覺已經報答足夠，想要離去，出家為尼，誠心禮佛，功德迴給我亡夫莊皇帝與我死去的幼兒，你不可阻擋我！」

高歡（橙眼眶）抖著平伏說：「是，下官謹記。若有違背，天誅地滅。」

爾朱氏於是大膽脫去身上所有衣物，委身高歡。

脫到一半，看到高歡還在平伏叩首，爾朱氏說：「還等什麼？你不就是想要這個？」

過幾日，又有一貴客來訪。

一僕役說：「賀拔岳派使節來訪，丞相是否相見？」

高歡（橙眼眶）大喜說：「哈哈，他又派人來了。立刻帶他的使者到正廳堂見我！」

宇文泰化了妝，面容美白，身穿正式漢服，一步一挪移，依照古禮，慢慢入廳堂。

只見高歡身穿鮮卑胡服，仰坐在上，宇文泰平伏行禮。

高歡（橙眼眶）看了宇文泰正經八百的古漢服裝，笑說：「哈哈哈哈，先前馮景代表賀拔岳來過，與我捐棄前嫌，相約盟為兄弟，賀拔公手下無論胡漢，都是胡服戰將，與我喝酒談天下穹廬，英雄了得，開懷異常。今日怎麼派了一個漢人書生來此？」

宇文泰（紫眼眶）平伏抬眼，似乎聽不明白他的話。

高歡（橙眼眶）笑而改用漢語說：「失禮，剛才說了鮮卑話，我用洛陽漢語再說一次。」

於是高歡再次用漢語說了一次。

宇文泰（紫眼眶）問：「丞相也是鮮卑人？」

高歡（橙眼眶）搖頭說：「我是漢人。」然後看著自己身上的胡服，手指了一下接著說：「只是我身在北方，與鮮卑人交融許久，都習慣穿胡服講鮮卑語。洛陽官話，我說得不是很流利，只能拿北腔漢語來應付，但勉強可以跟你們這些漢人書生溝通。但要咬文嚼字，請你就罷了。」

宇文泰（紫眼眶）低頭平伏說：「是，下官謹記。」

高歡（橙眼眶）問：「賀拔公派你來此，有什麼話要傳？」

宇文泰（紫眼眶）起身跪坐，用標準的洛陽漢語說：「下官奉賀拔公鈞旨，向丞相問安。如今大魏久經動亂，人心浮動，貴我雙方各有重兵坐鎮一方，望貴我雙方時常派使節互聘，共約尊奉天子，以免野心小人離間，莫使中原復亂。以上，鈞鑑。」說罷平伏，但眼神望著高歡。

高歡（橙眼眶）側身冷冷一笑說：「看你這關中漢人書生說古話，還真有意思，你奉鈞旨，我聽鈞鑑，還有陰陽頓挫，舉止投足都一板一眼，樣貌也化妝塗唇。呵呵，我大致知道了，你幫我回報賀拔公，在下一定會尊天子，不會去重演天柱故事。」

宇文泰（紫眼眶）平伏低頭說：「如此蒼生幸甚，天下幸甚。禁亂止暴，重回皇魏，指日可待。」

高歡（橙眼眶）撇了一眼，冷冷說：「好啦！美漢子，你叫什麼名字。」

宇文泰（紫眼眶）抬頭起身跪坐說：「下官姓宇文名泰，小字黑獺。」

高歡（橙眼眶）正眼說：「宇文？黑獺？難道你是鮮卑人？」

宇文泰（紫眼眶）說：「正是。」

高歡（橙眼眶）問：「那剛才我說的鮮卑話，你怎麼聽不明白呢？」

宇文泰（紫眼眶）說：「鮮卑話幼年時有聽長輩們說，但下官接觸漢人多，遺忘鮮卑語。況且大魏在孝文皇帝遷都之後，許多鮮卑官人都已經不會說鮮卑話，與漢人無異。將來在下有機會，再學些鮮卑語。也許到時候得像丞相這樣的漢人，來教導我學鮮卑故俗。」

高歡（橙眼眶）倒地發捧腹大笑，笑了許久才說：「這天下亂得好笑啊！哈哈哈哈！宇文泰你知道嗎？爾朱皇后現在委身在我這。她……哈哈哈…你……哈哈哈……」

宇文泰正色等高歡坐起。

高歡（橙眼眶）強忍說：「爾朱皇后父親是丈夫的殺族仇人，之後丈夫殺其父親，丈夫成了殺父仇人。堂兄叔伯替其報殺父之仇，殺其丈夫與子，族人恩人反成了殺夫殺子仇人。我滅爾朱，替其報了殺夫殺子之仇成了恩人，卻又是滅族仇人，但又想當其丈夫。而你呢，鮮卑人不會說鮮卑話，一付漢人樣子，我漢人最近才學說京城漢語，一付鮮卑人樣子。漢語漢禮我當向你學，鮮卑語及故俗你得向我學。好一個天下大亂啊！」

宇文泰（紫眼眶）說：「若天下大亂是這種情況，則與古代的天下大亂不同。下官有一種感覺，以往的天下大亂亂中有序，若是假亂，而如今是真亂，但如今的真亂彷彿是被假亂所影響。」

此語說得深邃，又加上他氣宇軒昂，高歡吃了一驚，正經跪坐。

低聲問：「這話怎麼說？」

宇文泰（紫眼眶）說：「賀拔公府上曾有莊皇帝遣宮女閹人出宮時，來的一批閹人伶優。他們的唱腔都是天命傳國之類者，談古往英雄豪傑爭奪天下，得天命之事。丞相可有聽過這些伶優唱腔？」

高歡點點頭。

宇文泰（紫眼眶）說：「那就是了，古代的事情被戲劇加工之後，影響當今重要的英雄豪傑，不就如我剛才所言？丞相有時間再多去看看史書，以及南朝演變至今的來龍去脈，或許也可窺知一二。只是下官仍然是凡人，智慧不及此天命之事。」

高歡頻頻點頭。

接著低聲說：「你真是氣宇軒昂，見識不凡。宇文使君漢化得好，有賢者之風。在我這當官吧！反正都是替天子效力！」

宇文泰（紫眼眶）正色微笑說：「不不，丞相才是胡化得好，有英雄氣概。在下是賀拔公的屬下，不能接受丞相厚愛。除非賀拔公命令在下來此任職，若如此，另當別論。」

高歡（橙眼眶）低聲說：「也罷。」

過幾日宇文泰離開晉陽，回歸長安。高歡率部眾送行，送走之後回城。

才回到府邸，馬上呆愣，想到宇文泰肯定不是一般人，天命戲引起了他這個武夫研究歷史的興趣，從而找書生來詳細解說歷史。宇文泰的身影，讓他想到項羽放走劉邦、曹操放走劉備、桓玄放走劉裕這些故事。

左右問：「丞相怎麼不走？」

高歡（橙眼眶）大喝說：「快去把宇文泰追回來！別把他放跑囉！不，你們追不回！你們快找人，跟我親自去追！」

於是率領左右去急追，但宇文泰一告別高歡之後，就跟左右快馬加鞭回到長安，高歡追到地界外已經來不及，只能回晉陽，然後修書給賀拔岳，請他再派宇文泰來共商大計。

宇文泰回到賀拔岳這，極力勸說賀拔岳，陳述高歡之所以不敢篡位，就是因為害怕賀拔岳兄弟，而根本不在意侯莫陳悅。如今天子元修必定猜忌高歡，請賀拔岳派使節向天子效忠，以制衡高歡。賀拔岳大喜，依計而行。

如此高歡感到異常威脅，但兵力又不一定能打敗關隴諸將領，非常不高興，部下翟嵩於是獻計，離間侯莫陳悅與賀拔岳之間，使之相互殘殺。高歡大喜，於是依計而行。

侯莫陳悅果然擺下宴席，引誘賀拔岳到場，當場斬殺。賀拔岳諸將恐慌，侯莫陳悅宣稱只奉詔殺他一人，不殺其他，諸將於是投降。但侯莫陳悅不敢收編，自己率軍退回隴地。宇文泰於是被賀拔岳手下推舉為新領袖，高歡聽到賀拔岳死，大喜。趁勢派侯景去收編關隴，但宇文泰當場威嚇，嚇跑侯景，挫敗高歡收編關隴的計謀。於是宇文泰率軍討伐侯莫陳悅，將侯莫陳悅斬殺，徹底控制關隴地區。

高歡終於忍不住，不斷上書請皇帝元修下詔處分逆賊宇文泰。宇文泰也針鋒相對，上書數高歡罪惡。此時皇帝元修害怕高歡強大難制，會成爾朱榮第二，於是偏向於支持宇文泰，在河南洛陽招兵十萬人。

高歡不斷上書表達忠誠，請遷都於鄴城。元修拒絕，而且元修有元子攸的殷鑑，與高歡女兒高皇后，感情不睦，認為高歡就是爾朱榮。於是徹底偏向於宇文泰。高歡大怒，起兵南下，元修雖然兵多，但都是臨時拼湊的各地雜牌軍，聽聞高歡起兵非常恐懼，許多將領暗通高歡。於是元修招宇文泰也起兵，宇文泰實力較弱，還在招募整頓部眾，只能派一千人協防洛陽。

高歡大舉渡河入洛陽，集結在洛陽主力潰散投降，元修於是西逃入長安。高歡屢次上書請元修回洛陽皆不回答，於是改立元善見為皇帝。北魏正式分裂。而元修因與堂妹私通，被宇文泰厭惡，最後交惡而被毒死。宇文泰改立南楊王元寶炬為皇帝。

高歡於是與宇文泰相互斥責對方大罪，各自宣布動員討伐對方。宇文泰聯絡南梁蕭衍，共同討伐高歡。陳慶之受命率軍北伐擊敗侯景，但蕭衍沒有雄心繼續北上，於是收兵回境。

於是高歡與宇文泰相互開戰，拉拒在潼關一線，小關之戰高歡失敗而退。經過些時日，高歡終於存夠力量，率二十萬大軍大舉西進過黃河，要一舉趁自己力量絕對優勢滅掉西魏，率軍勢如破竹抵達渭水附近，逼近長安。西魏群臣恐懼。宇文泰率領一萬多人精兵抵達沙苑。

雙方在渭曲列陣，隔著一段距離，高歡騎馬登上堆好的土台，拿著木製擴聲，與宇文泰對罵。

高歡（橙眼眶）用漢語大喝說：「黑獺！國家本起於鮮卑，你是鮮卑人！卻一付南朝漢子的孬種龜樣，被漢化到只會說漢語，連鮮卑話都不會說了，如此還有臉站在大魏國土上稱人嗎？你這個背國忘族的低劣胡奴，你還是滾到南朝，陪蕭衍老頭唸經吧！呸！」

說到『低劣胡奴』用力指著地上，罵完之後往一旁吐口水，聲音透過木製擴聲器，傳到整個戰場。東魏這邊的兵將哈哈大笑助威，跟著笑罵。

「哈哈哈！」「低劣胡奴！」「黑獺龜樣啦！」「去唸經啦！」

聽到笑罵聲感到被羞辱的宇文泰，也已經騎馬登土台，周邊軍馬環繞，西魏士兵們聽到對方這樣叫罵，紛紛驚慌，面面相覷，宇文泰急忙呼喚軍士也拿來木製擴聲器，嘴砲反擊。

宇文泰（紫眼眶）也憋足氣，用漢語大喝說：「賀六渾！我大魏文皇帝推行漢制，你本是漢人！卻一付漠北胡虜野種鳥樣，竟然雅語官洛話都說不清楚，還有臉站在中國華夏大地上當人嗎？你這個背祖忘宗的下賤漢奴，你還是滾去漠北，陪蠕蠕養馬吧！呸！」

說到『下賤漢奴』用力指著地上，罵完也對應往地上吐口水，聲音透過木製擴聲器，傳到整個戰場。西魏這邊的士卒，聽到主帥反擊，從驚慌轉而哈哈大笑助威，跟著反聲笑罵。

「哈哈哈！」「下賤漢奴！」「賀六渾鳥樣啦！」「去養馬啦！」

高歡（橙眼眶）也一樣感到羞辱，大怒，揮軍大喝：「擊鼓進擊，殺了黑獺！」

宇文泰（紫眼眶）也揮軍大喝：「全軍進攻，宰掉賀六渾！」

這場超個體最後整局階段，胡化漢人跑來打漢化胡人。先前明明互相稱讚，說漢化得好有賢者之風，胡化得好有英雄氣概。最後變成龜樣子與鳥樣子，互相鄙視對方，互相揭發醜樣，又互相都感到自卑受羞辱，最後火拼，實在太經典。

沙苑大戰太過經典。因作詞曲一首《曲目引自電腦遊戲：軒轅劍一激戰火鳳凰。

作曲：蘇竑章。作詞：筆者。曲名：妖精在哪裡》

編號：或躍在淵

我說你是異族，你說我是漢族，你我共同建立一段歷～史。

你看不懂是我，我看不懂是你，他說我們都是中國人

朝代更替那是假體，眞正國體在我心裡。隨時幻化大年腳本，套路來自這裡

你穿古裝，我穿時裝，連結因果關係，看不出妖精在哪裡

你中是有我，我中是有你，你我同樣都是中華民族

他怎看不到，我們是什麼？他跑來我們設定的陷阱

這不能怪我也不怪你，共同修練數千年。誰是馬仔誰是獵物？扮豬吃老虎～

萬里長城，傳國玉璽，是我們的道具，融合成共同一個群體！

東魏兵大舉衝殺，見西魏兵少人乏，於是兵馬輕敵冒進，一時行伍亂次。宇文泰乘東魏軍輕敵不為行列，李弼、趙貴伏兵頓起，李弼的鐵騎橫擊東魏主力，將高歡大軍截為兩段，在沙苑一舉擊潰東魏軍隊，俘虜七萬人，繳獲鎧仗無數。高歡在部將掩護之下，連夜跨駱駝逃往黃河西岸。宇文泰命令將士每人在戰場上植柳樹一株，以示慶賀。西魏升宇文泰為柱國大將軍，增邑五千戶，參戰的其他十二名將領也進爵增邑。

不管誰打誰，也不管誰勝誰敗，要的是『分不出是胡還是漢』，是超個體給這個時代的主題！

宇文泰在沙苑大勝之後，招集關中所有兵馬，整軍出擊，要一舉反滅高歡。連續攻佔黃河以東數州土地，並派獨孤信分道攻佔洛陽，東魏守軍大敗，河南諸多豪強紛紛投降西魏。高歡急忙派侯景領兵大舉反攻洛陽，將獨孤信包圍。宇文泰率軍增援，侯景撤圍退往邙山布陣，東魏援軍也不斷增援，高歡親自率軍從晉陽出發。

宇文泰從探馬那知道高歡將親自來援，於是打算在他來之前把東魏軍消滅，親率大軍追到河橋，與東魏軍發生激戰，雙方兵馬動員極多，全部拉出一字長蛇陣對戰，從早上打到晚上，首尾都不能互相照應，訊息也不互通，晝夜血戰。結果宇文泰大敗，燒掉營壘退走，東魏軍遂收回洛陽。

高歡大軍趕到，知道宇文泰敗走，即追不及。於是策劃再次進兵關中，但在玉璧城下被挫敗，只好退走。宇文泰再次反殺，策動高仲密叛變，大舉率軍進入洛陽附近接應。雙方在邙山爆發大戰，宇文泰再次失敗，也只能退走。

如此雙方誰也滅不了誰。

心訪使的工作，不是只有心訪與建立集體心靈圖像而已。當出現一個強悍的特殊成分，打亂的大局，要平衡回來，就必須建立倒映。稱之為『罔兩問景』，以罔兩而立場相反者。

心訪使：偏離中軸線囉，陰陽古怪之主很不開心。又要工作囉，但仍然不是心訪，再次投入罔兩問景。把北朝衰亂之局反向投射，改為南朝衰亂。

罔兩鏡：這麼大的罔兩問景，牌局內容很複雜喔！

心訪使：再複雜也得做，只要是罔兩問景能解決的，就要心態反向投射過去。

投射過去就是局外鬼，不是局中鬼。讓走勢回到中軸線上，陰陽古怪之主才會開心。

罔兩鏡：反向工作可真勞累，這個心靈圖像的牌局還真不易。

心訪使：看一下我們的心靈圖像塑造的定位數術方式吧。

罔兩鏡：本局的數術定位面，是六個局中最複雜的。理論上每一個人的心靈圖像，都有不一樣的數據定位，但可以用此數術方式分類簡化。但簡化數據就會有定位模糊的缺失，所以理論上需要有無窮的二元對立定位下去。有了足夠的數據堆底，那麼就可以把不同時代不同的人，建立活性的二四六八定位法，形成對倒走勢。同步定位在一個時代兩個不同的人身上。不過若要實用，得與其他局一同合作才能做到。就像先前，經緯臣就借我們的心靈圖像，建立了劉裕與佛貍的對倒模型。

心訪使：把數據交給陰陽古怪之主吧，看他們要怎麼做，讓南朝也衰亂。

罔兩鏡：是的，交給他們之後，就不關我們的事情囉。

之後高歡病重，據守河南的侯景，也受過傳國玉璽天命的催化，意圖叛變。

高歡病重臨終前叫高澄來面見。

高歡（橙眼眶）說：「你似乎憂慮其他事情，比憂慮孤的病還多，是不是怕孤死後侯景叛變？」

高澄（橙眼眶）說：「是，侯景善戰，根本不把兒放在眼裡。」

高歡（橙眼眶）被左右宦官扶起，有話想說，卻又忘記，想了許久才說：「你確實不是他對手，你可以啟用讓慕容紹宗去對付他。」

高澄（橙眼眶）說：「兒的謀臣，建議以父王之名，招他來見，趁機將之除掉，這樣可以不用打仗，如此可好？」

高歡點頭說可。

過不久高歡病死，因為兒子高澄與高洋等人，都是貪婪行為如同禽獸，父子之間除了利益沒有太多話說，因之死前竟然沒有告訴高澄，他與侯景之間通信，必須在信件上角落加一點，來當作暗號。高澄假高歡之名寫信過去招他，侯景發現沒有暗號，猜測高歡已死，於是不奉召，舉兵叛變。

長安，宇文泰宅。

獨孤信（金眼眶）帶著侯景請降的密信進來，直接向宇文泰密商：「晉陽城暗哨探報，高歡已經死了，高澄隱匿死訊以高歡之名叫侯景來見，但侯景似乎看出是偽信，拒絕奉召，不斷寫信給我們以及關隴所有部將。這是他寫給您的信件。」於是恭敬地放在桌上。

宇文泰（紫眼眶）冷冷一笑說：「期彌頭，侯景的信，我壓根不想看。因為猜都猜得出他寫什麼。你認為我們該接受他的建議嗎？」

獨孤信（金眼眶）搖頭說：「此人，以前在爾朱榮手下當差時，就貪婪無度。如今不服高歡的兒子，想要利用我們壯大他的勢力。這個人如同禽獸，跟他合作，麻煩會很大。」

宇文泰（紫眼眶）點說：「沒錯。只是我很納悶，高澄假高歡之名召見他，他怎麼會看出來這是假的，並且猜出高歡已死，等於是比我們還早知道高歡死了？高澄真有那麼傻？用父親筆跡造假信都不能？」

獨孤信（金眼眶）說：「我來猜，高歡喜歡胡俗，所以兒子們，都凶狠貪婪，凌辱高歡部將，甚至會偷腥父親與其部將的美妾。兒子如此，自然與父親難以溝通。很可能高歡原本跟侯景的通信，如我們之間通信一樣，會有暗號之類，才是真信。而因父子隔閡，這個暗號高澄不知，高歡也因此沒說出來。」

宇文泰（紫眼眶）說：「極可能就是如此。目前我們的實力遠遠還沒辦法消滅高家，但高家子弟貪婪凶狠，遲早把高歡基業搞砸。我們當前最重要的是，讓關隴富裕強盛，坐看關東混亂，屆時可以一發將之打垮。所以侯景我們絕對不要去跟他合作，讓他們自己去打，以免把亂局帶到關中來。」

獨孤信（金眼眶）低頭微笑說：「明公睿智，期彌頭佩服。不過侯景若失去我們支援，他又會去找誰當助手？難不成找南朝蕭老頭？他會支持侯景乎？」

宇文泰（紫眼眶）說：「侯景也只能去找他。蕭老頭已經老而昏聵，肯定左右佞臣會捧著他去支持侯景，如今南朝能制伏侯景的名將，韋叡、陳慶之等人，都已經不在人世。聽說，現在都是讓蕭氏紈褲子弟來掌兵權。這兩種情況結合，我看麻煩的不是只有高家，南朝士族們恐怕會遭遇巨變。」

獨孤信（金眼眶）說：「自從晉室遷到江東後，已有二百餘年，北方力量總是過不了長江。即便兇悍如石勒，強盛如苻堅，能戰如太武皇帝，也都無法企及。侯景一個貪鄙小人，怎麼能威脅江東？」

宇文泰（紫眼眶）搖搖頭冷笑說：「的確，這兩百多年，江南似乎有一種天助之力。但黃河之北不也如是？從祖逖、桓溫、劉裕等等英雄，殷浩、謝安等等賢能，都奈之不何。所以光憑外力誰都克不了誰，只能僵持。但倘若內部腐朽，有人溝通外力，那就有可能打破這個局面。大魏被爾朱榮、高歡、侯景這些惡鬼們搞得天命氣數已盡，若這些惡鬼們，也把問題也帶入南朝呢？也許天命就會因此流轉。我們現在重點就是在關隴富國強兵，等待時機。」

獨孤信稱是。

果然侯景發現宇文泰猜疑自己，沒有動作，就轉而向蕭衍求救。

當元魏陷入六鎮混亂，北方開始混戰之後，蕭衍竟然迷信佛教，不斷捨身同泰寺當和尚。大臣們花一億錢贖回皇帝。接下來又是講經又是不斷捨身，以此催動大家信佛，讓蕭衍自己沾沾自喜，但天下人已經當他是昏聵老頭。

蕭衍過八十多老翁，在左右宦官攙扶之下，招群臣廷議。此時正月，建康也是降雪，大殿外都有宦官們在用火爐生火，烤熱鐵住，傳導進入大殿內形成暖氣，同時有鐵柵防護，以免有大臣糊里糊塗去觸碰燙傷。

尚書謝舉說：「此月我等一直在議論此事，我朝這些年與魏通和，邊境無事，不當驟然招納叛將，臣等議論後以為，應當拒絕接納侯景。關中的宇文泰也拒絕侯景，原因據說是侯景有虎狼之心，不可隨意宇之連和，以免傷己。」

蕭衍（粉紅眼眶）本來已經垂老，沒有雄心壯志，但此時不知道為何，總想到年輕時候的英雄氣概智計橫出。低聲說：「當年北虜還沒內亂時，齊朝衰弱，以至北虜能兵臨長江。朕襄陽起兵滅東昏繼大統，能戰北虜與之南北均勢相當。如今北虜內亂多年，還分裂東西，又有侯景以河南十三州來降。中原河北收復良機已現，豈還顧慮膠柱之情？兩百多年來，多少英雄豪傑冀望收復中原，江山一統啊！」

這句話蕭衍已經很多年沒說，不知怎麼忽然說出口，眾臣一陣議論紛紛。蕭衍於是說出自己做夢，中原大地各地牧守，都舉朝來投降。自己向來少夢，此夢將應驗。

於是舉朝稱慶，尤其朱异（棕眼眶）巴結上意，於是奏說：「此乃宇宙混一之兆！兩百多年來分裂之大局即將轉變，陛下將北定中原。」

眾臣們又紛紛附和。

只有一個年輕士人周弘方，才入朝當議郎沒幾天。

出列說：「臣議郎周弘方奏，臣兄長周弘正任平西諮議參軍，善於占卜。前數年，預言數年後國家將大起兵亂。而今聽聞朝野議論接納侯景，臣恐此乃亂階。臣堅決反對接納侯景，此人叛附無常，兇狠善戰，而國家名將韋叡、陳慶之，都已經離世，尚無年輕能善戰者。請陛下三思。」

蕭衍年老眼花，無力辯論，轉看朱異。

朱異（棕眼眶）大聲反駁說：「住口！占卜鬼神之事，孔子所不齒，豈能拿上廟堂？老的名將凋零，國家自會提拔新秀。當年接納元顥以一萬兵眾一舉收回河南，爾朱榮十萬兵眾在河北恐懼，足見國家之力。如今形勢北虜分裂，又有侯景兵力相助，河南不戰而收，豈有拒之之理？」

周弘方也大聲反駁：「此乃大謬，侯景的兵力才是最大的問題！元顥等人遭遇河陰之變，無地無兵，投奔我朝，只能仰仗陛下方能成功，不敢有叛逆之意。況且他乃皇貴子弟，除了仰人力量沒有遠略。侯景是百戰梟雄，心如豺狼，手上有自己兵力。倘若一同跨黃河北定河北，勝利則他必連和北人，趁機反叛自立。失敗則要割我朝疆土以封養他們！不勝不敗，則河南他必視河南諸州為他之物，也不會讓我們染指，只會無窮地讓國家與北虜高氏交戰損耗！不知道我朝利益何在？倘若韋叡與陳慶之還在世，或可以接受派他們北上，若有反復則制服侯景，但如今將領多不習戰，怎麼對付這種亂局？」

朱異等群臣語塞。

蕭衍（粉紅眼眶）說：「朕常想自己年輕在襄陽時，英雄氣概。怎麼天將機遇，總不逢時？朕相信侯景沒有那麼大的能耐，國家也不會如周卿所說這麼不堪一擊。」

周弘方見到蕭衍不贊同自己的意見，他小小議郎也不敢說下去。

蕭衍遂下詔接納侯景，封他當河南王，節制河南軍事。

高澄聽到消息，派慕容紹宗、韓軌等人，率軍討伐侯景，蕭衍派蕭淵明等人率軍北上支援侯景。但高澄的兵來得比較快，很快攻入河南與侯景交兵，侯景恐懼，急忙派使者到宇文泰那邊，割讓四州城池給西魏，請求增援。宇文泰此時也快速派兵，攻佔侯景給的土地，並且也授侯景官爵。侯景怕蕭衍怪罪，上書陳情，蕭衍不計較此事。書信之中，侯景遂看穿蕭衍確實如傳聞，年老智昏。同樣的招數，也寫信給宇文泰，宣稱南方數州不得不給南朝，請宇文泰增兵益勢。

宇文泰本來被巨大利益誘惑，但部屬王悅急忙勸阻，認為侯景跟高歡本來有深情，之後定為君臣，高歡一死侯景就叛，絕對不會盡節於朝廷。若派兵將增援，必定被他用各種方式利誘所圖，讓我們手下心志不堅定的兵將成了他的走卒，只會貽笑將來。

宇文泰聽從，於是拒絕繼續增兵，寫信給侯景，要他停止誘惑派去增援的西魏軍士，他自己必須入長安城表忠心。侯景恐懼宇文泰必定會趁機扣押，奪他兵權土地，於是不回信，專心去連和蕭衍。

蕭淵明終於也帶兵趕到，但被慕容紹宗打得大敗，被生擒回河北，繼而侯景與慕容紹宗交戰數月，最終也消耗殆盡，侯景手下兵將非常討厭侯景殘忍，只是被侯景欺騙說家人在河北都被高澄殺害，但慕容紹宗陣前心戰，發誓絕無此事，侯景手下兵將紛紛倒戈。侯景大敗南逃，投奔蕭衍。

此時南朝名將韋叡的兒子韋黯，沒有父親的智謀更沒有父親的能耐，被侯景與其狐群狗黨，花言巧語勸說開城門，立刻被制。但此時侯景還不敢逞兇，立刻與他把酒言歡，上書蕭衍給歸宿之地。

但此時侯景不斷派黨羽，摸清南朝上下君臣的矛盾，並且不斷書信連絡有賊心不滿的南朝人士，下到走卒兵將，上到意圖奪太子位的蕭氏子弟，都有款曲。

此時已經有人察覺侯景舉動，上書蕭衍小心侯景。而此時恰逢高澄派人來求和，蕭衍打算同意，而此消息竟然侯景馬上能探聽出，急忙上書蕭衍勸阻。並且假派使節，造一封高澄提出『蕭淵明換侯景』的交換條件，派人到建康提出交易。蕭衍竟然也答應。

於是侯景叛變，強逼居民當軍士，搜刮百姓資產，大舉東下。而蕭衍兒子，臨賀王蕭正德為人貪暴，曾掠人財物搶人妻女，被蕭衍罷奪官封，後被赦免，又曾叛變北上，南歸後又被赦免，從而不畏懼法令。此時勾結侯景，養死士一同秘密叛變。鄱陽王蕭範，察覺有異，上書蕭衍，請以他手下合肥之兵討伐。但朱异認為無此事，之後上書都被阻擋，拒絕討伐。

侯景於是上書怠慢，甚至勒索無度，朱异竟然多所袒護。侯景大喜，認為南朝昏聵可以滅之佔有，於是以討伐朱异為名，從淮南大舉兵向建康，臨長江。此時蕭衍才下詔討伐，認為很快就能消滅。但竟然還以臨賀王蕭正德為平北將軍，率大船北上討伐，蕭正德於是載侯景的兵馬過長江，順利的程度侯景自己也驚訝。蕭衍大驚，命太子督全軍，而此時朝廷還不知道蕭正德已經叛變，還命令蕭正德守備建康朱雀門。

群臣百姓士女，聽聞侯景兵臨城下，全部混亂擠入城門。結果蕭正德當場叛變與侯景合兵一處，很快攻入建康城，羊侃與太子此時才知道蕭正德已經叛變，但只能退守臺城。

此時侯景繼續詐騙，宣稱朱异弄權，只要殺朱异就率軍北返。蕭衍本想殺之，但太子阻止說，這只會被嘲笑愚弄，將來剿滅侯景再殺不晚。

發現蕭衍已經不被騙，於是百道攻城，羊侃派軍士死守，蕭衍此時也才醒悟，派太子帶著財物賞賜軍士，奮力死守。連續殺退數次侯景的兵，才停止攻城。侯景怕這些臨時找來的士兵沒有鬬至，於是攻破東宮，劫走數百宮妓，賞給士兵為妻，也把財物都賞給軍士。

士兵們於是戰力復增，沒有叛意，繼續組織攻城，羊侃率軍連續將之擊退。此時朱異竟然還能有權，不斷請求派軍出臺城迎戰，羊侃堅決反對，但仍然開臺城出戰，結果大敗折損一半兵力退回。蕭正德於是登基稱帝，把女兒嫁給侯景，任命侯景為丞相，把所有劫掠的財物都給侯景當軍費。

侯景屢攻臺城不克，於是強逼百姓子民填土，要登土而上，動作太慢直接殺掉將屍體堆在土下。整個建康城哭泣，臺城內守軍也只能填土築高樓，太子與諸親王親自替士兵填土，然後招募死士突擊，晝夜死戰殺敵甚多，但最後仍然失敗退走。於是在臺城內再築一道城，阻擋侯景軍登土山湧入。

朱異寫信跟侯景分析利害，要他退兵。

侯景（橙眼眶）公開信件，登台大笑說：「南朝這些年剝奪百姓，王侯官吏都美妾上百，僕從上千，金錢耗費寺廟奢華，僧侶尼姑絲綢袈裟，卻民有菜色，士卒沒有妻子，我侯景賞他們妻女，紛紛效死攻城。王侯諸將都計較自身，幾人肯替陛下效命？陛下子姪甚至替我攻城。長江天險，曹操、曹丕都嘆息，石勒望之生畏，苻堅莫之能及，拓跋佛狸都也只能止步。我侯景卻竟然一葦渡江。若非天人共同相助，豈能如是？汝等早降，各自三思，自求元吉。」

此語傳遍城內，蕭衍聽聞慚愧萬分。佛家稱南梁蕭衍當皇帝時，達摩祖師『一葦渡江』，實際上根本不存在。真實狀況竟然是侯景賊人『一葦渡江』。

侯景於是寫信給高澄，重新自稱臣請求和解：「臣進取壽春，而蕭衍識此運終，自辭寶位。臣軍未入其國，已投同泰寺捨身。人馬同戀，尋當整轡，請歸臣母、弟、妻、兒。」

侯景過江圍蕭衍的消息，傳到高澄兄弟與宇文泰這，兩邊同時吃驚萬分。原本以為蕭衍當初能整頓南朝，對抗漸成強大的北魏，還不至於如此脆弱。長江天險確實連二曹、石勒、苻堅、拓跋佛狸都無可奈何。沒想到侯景竟然一下過江。雖然都吃驚，但高澄兄弟拒絕和解。

侯景手下部將范桃棒本來同意倒戈，蕭衍與朱異都決定接受，但太子蕭綱害怕有詐，不肯接受。最後范桃棒被侯景殺死，眾人才懊悔莫及。朱異難得的正確判斷，卻又不能成行。

長安。

宇文泰與獨孤信再次密談。

一見面，宇文泰（紫眼眶）攤開文書說：「荊襄快馬密報，侯景過長江包圍蕭衍於建康城內的臺城，目前還在交戰中。你看一看。」

獨孤信（金眼眶）攤開一看，驚訝萬分。

宇文泰（紫眼眶）看了他神情後笑說：「就知道你會吃驚，我也是一百個沒想透。

你先說說，驚訝何處？」

獨孤信（金眼瞎）說：「兩百多年了，甚至快三百年之數。天下分立南北。這長江天險，別說晉室之前的曹操與曹丕興嘆。就天下亂後這段，石勒望而遠去，苻堅百萬兵不能及，威震天下的拓跋佛狸，止能飲馬後撤。侯景不過豎子潑賊，是什麼材料？豈能在兵敗隻身南下之後，一下渡江破南朝？若非這密報絕對不可能造假如此大事，在下怎麼也不信。」

宇文泰（紫眼瞎）說：「你從這看出什麼端倪？」

獨孤信（金眼瞎）說：「南朝的腐朽與混亂，人心背離，蕭衍的年老昏瞶？」

宇文泰（紫眼瞎）搖頭說：「太淺薄，從晉室到宋齊，南朝時不時混亂，蕭衍雖無功德於民，但至少減少兵亂，粉飾個假太平總有。以前提拔名將，能讓北朝強大時也莫可奈何，即便年老昏瞶，至少可以招架之力。豈會變成一個敗將侯景，能在南朝一呼百應，成如此局面？你再想想看出什麼？這事情將決定我們之後的攻伐政令。」

獨孤信（金眼瞎）沉思片刻，接著說：「南朝氣數已盡，皆出亂臣賊子，我們將有南圖之機？」

宇文泰（紫眼瞎）搖頭說：「雖然說對，還是太淺。」

獨孤信（金眼瞎）說：「下官真的看不了更深矣，請示下。」

宇文泰（紫眼眶）說：「南朝不時混亂，我北朝何嘗不是？所以自晉到宋齊，邊境來來回回不斷變化，也都不以為怪。但北方混戰到極點，南朝出兵過黃河也造不成氣候，南方混亂內鬨，北兵也是過不了長江。即便大魏興起統一北方，也無法趁南朝混亂過江，不能違反這兩百多年之律。若天下大勢，南北雙方各有底，如今是南方之底已先破局。倘若我們擊倒高氏定中原，那麼平江南，成混一之功，道路可能就出現在眼前。我們與高氏之爭，將不同於以往諸胡混戰中原，是真的爭奪天命一統天下。」

獨孤信（金眼眶）說：「萬萬沒想到，一個賊人侯景，無意間打破了這兩百多年，所有英雄豪傑也沒能打破的南北無形藩籬。」

宇文泰（紫眼眶）搖頭說：「不可能是一個賊人打破的。我認為打破這無形的藩籬，起於孝文皇帝，更清楚地說，是文明文成皇后，三法改革。不然南人不會放下，對中原是胡虜所佔的偏見。南朝就算再昏暗，也不會出現這種輕易渡江，裡應外合之狀。總而言之，天命已經暗示，南北藩籬已破，江山即將一統！我等當先效仿文明文成皇后之策，屯田強兵富國招士，以應天命。」

接著又低聲說：「江南啊！這近三百年的北人禁區，已經打開。先前我北朝六鎮兵亂，南人無復北上之意，如今侯景亂南朝，我們若不有所動靜，那激怒的將是天命人心。即便再難，也要行動！」

獨孤信堅定地點頭。

關隴勢力已經隱隱約約察覺，天下分南北兩百餘年的隔閡，將被打破！倘若擊倒高氏統一北方，那天下一統就可能近在眼前。

回到建康城外。

總算有宗親王帶兵來救，邵陵王蕭綸率軍進入玄武湖側面，侯景把擄掠的女子與財寶藏轉移於石頭城。列陣與蕭綸約戰。蕭綸自以為兵多，於是爽快約戰。但一戰潰敗，蕭綸收殘兵逃跑。而此時臺城中主持防衛的羊侃病死，城中人心惶惶，侯景於是造大型攻城車，晝夜猛攻，同時以蝦蟇車填土彌平溝塹。城中士兵絕力死戰，臺城岌岌可危，最終不斷焚毀攻城器具，侯景一時沒辦法攻破。

侯景以堆土山逼進城樓，城內指揮官柳津，命士兵挖地道取土，土山結構不穩逐漸崩頹，在土山之間的飛橋也跟著塌陷，城內趁此時猛扔火炬，整個土山上的柵欄與飛橋著火，侯景軍死傷慘重。

但此時投降侯景的梁軍，教侯景引玄武湖水灌臺城，侯景聽從，以至於闕前都是洪流。

蕭綸敗走後，換湘東王蕭繹率軍趕來，但蕭繹沒膽子臨陣廝殺，派世子蕭方等與王僧辯率軍來救，但蕭繹懷有私貳，對父親蕭衍被圍假意憂慮，不斷宣布親自帶兵出擊，實際上又派人上書勸阻。以至於蕭方等與王僧辯，也不斷收到停止前進的命令。蕭方等內心對父親不滿，但又無可奈何。

侯景包圍圈外的各路勤王官軍，總算達成協議，共推柳仲禮為大都督，大舉出戰。韋粲當先鋒逼進青塘，侯景率軍突擊，韋粲死戰不退而死。柳仲禮率軍增援，大破侯景軍，就快殺死侯景，而侯景賊將支伯仁從後砍殺柳仲禮肩膀，賊兵圍著拿長矛刺柳仲禮，部將郭山石又砍殺賊兵賊將，救出柳仲禮。於是雙方都退兵，柳仲禮在醫療當中死裡逃生，從此侯景不敢靠近官軍，柳仲禮也破膽，不敢再戰。對於臺城不斷派使節呼喚救援，柳仲禮也堅持不戰，坐看成敗。

朱異在城中知道大勢已去，知道先前自己做了很多錯事，這些事情罪責又不是完全起於自己，但被眾人唾罵，乃至臺城中兵卒都對朱異白眼，羞憤當中拒絕飲食，得病，拒絕就醫，一病而死。蕭衍知道這一切不是他的罪過，還是依禮追贈安葬。

柳仲禮被推舉為大都督，連邵陵王蕭綸都不放在眼裡，拒絕出戰。以至於兩人失和，軍紀逐漸敗壞，擄掠民宅，以至士氣低落。荊州軍主力蕭繹的世子蕭方等堅持進兵，總算先鋒緩緩靠近建康，蕭繹也率軍緩緩到達。

如此雙方都沒底氣，侯景詐稱言和，只要給人質就退兵回江北，蕭衍一怒拒絕，但太子蕭綱看出援軍沒有鬭氣，請求言和，騙退侯景再說。蕭衍勉強同意，但侯景又使詐，宣稱沒有船不能北上。但此時蕭衍讓各方援軍撤退的敕書已經傳出，於是蕭繹軍決定撤退，柳仲禮軍也決定撤退。蕭繹部將有血性者皆反對，尤其參軍蕭賁

（黃眼眶）直接大罵：「殿下沒有戰意！」

蕭繹（粉紅眼眶）說：「敕書已經下達，與侯景和解，若孤堅持主戰，豈不反讓君父為難？」

蕭賁（黃眼眶）大罵：「侯景以人臣舉兵向闕，久困臺城，今若出兵截擊，他恐怕還沒渡江北上，童子都能揮刀斬殺他。但大王以十萬之眾，未見敵人就撤退，這是為何？主上敕書云與侯景言和，但主上被困敕書豈是真意？大王自荊州起兵，忽而言戰，忽而言守，忽而言和，語言皆無憂慮之意，在下說殿下沒有戰意，難道錯了麼？連您的世子都知道要盡忠國家，大王竟然不知！」

言與直刺蕭繹的虛偽投機。蕭繹氣得拒絕回應，堅持撤軍。

蕭繹記恨在心，最後藉口其他小事，將蕭賁殺害。

蕭繹小人，自以為得計，要保留實力打倒其他兄弟，搶奪皇位。實際上讓整個蕭梁朝，給天下人看笑話。蕭繹虛偽，周邊的人從此也開始虛偽。

看到荊州軍撤退，揚州各將領動搖，臺城內才知道又失策，不斷派人祕密出城意圖聯絡荊州軍，但都被侯景抓住。

侯景大喜，於是上書直刺蕭衍十個過失：陛下崇喜虛誕，惡聞實錄。以祆妖為嘉禎，以天譴為無咎。敷衍六藝，排斥前儒，此王莽之法。以鐵為貨，濫行百姓，貧富不公，此公孫述之制。爛羊雋印，朝章雜鄙，任命傭俗，是更始劉玄，趙王司馬倫之化。豫章王以所天為血仇，邵陵王以父存而冠布，此石虎之風。修建寺廟浮圖，僧侶尼姑豪富，四民百姓貧困，士人有志不伸，此姚興之代。

接著又上書言：建康皇宮奢華，眾僧殷實，皇太子美色醇酒眾多，但言吐輕薄，舉止膚淺。邵陵王帶兵所過殘破，湘東王群下貪縱而有私心，其他各封諸王更是沐猴而冠！臣過江至此已過百日，誰肯勤王？望陛下改過，以息兵諫，勿使臣有再舉兵之虞。

蕭衍看了此書，又慚愧又憤怒，慚愧在於所說的都是實話，憤怒在於竟然被一個北賊如此羞辱而無可奈何。而且這些事情，若不是江南士民心有不滿，跑去告訴侯景，藉侯景之口來罵他，侯景又豈會說得如此透澈？只能率領群臣在太極殿前告天，宣布侯景背盟，要四方援軍再來。臺城關閉之日，有男女十萬人在城中，協同防守，而此時被圍已久，死亡只剩一萬人不到，四千人在城上佈防，屍體無處可埋，只能爛在溝中。

蕭綸與柳仲禮，雖然還在外，各自兵馬也聚集整備，但不肯再出兵。柳仲禮更是找來妓女尋樂飲酒，就怕人生沒有更多時間可以歡樂。柳仲禮的父親柳津在臺城中，登臺城高樓，讓人拿著擴聲器，大罵柳仲禮說：「你的君主在這，你的父親在這，被賊人所圍。你近在眼前，卻不肯盡力救援，百世之後者，將說你是什麼畜牲？」

柳仲禮聽了毫無羞愧，不以為意，繼續摟著妓女為樂。

蕭衍問對策。

柳津淚流滿面在蕭衍面前說：「陛下有邵陵王，臣有柳仲禮，皆不忠不孝，如何平賊？」

總算蕭衍的孫子南康王蕭會理，看不下去叔伯如此，帶自己南康的親兵，連絡羊鴉仁與趙伯超等將領，共同出兵救臺城。侯景率軍攻擊，趙伯超以兵弱先逃，剩下蕭會理與羊鴉仁死戰，兩軍都大敗。兩人只剩幾個親兵掩護，狼狽退走。

侯景（橙眼眶）把戰死的士兵人頭都砍下，堆在臺城下示威。大罵：「以為還有外援嗎？都被砍在這裡，快開城投降！」

但侯景本以為沒有人會來援，沒想到蕭衍兒子們不孝，難保沒有孫子會拼命的。於是再次派人和談，但蕭衍派去的人都看出，侯景不會退兵，於是和談再次破裂。

侯景於是集中所有兵力，百道攻城，終於攻破臺城。蕭衍只對蕭綸的兒子，永安侯蕭確說：「自我得之，自我失之，亦復何恨？汝快去，告汝父親，勿以二宮為念。」

臺城被破，王僧辯在柳仲禮營，極力要求出兵，但柳仲禮一言不發。所有各軍紛紛退走，將領帶兵回駐地，封王帶親兵封地。柳仲禮開營門投降侯景，之後去見柳津。

柳津流淚破口大罵：「畜牲速離！你非我子，何勞相見？」

於是侯景帶兵見蕭衍，蕭衍神色不變，只問他何州之人，妻子安在北方。

投身助賊的蕭正德，本以為可以當皇帝，先前約好破臺城殺皇帝與太子。於是率軍準備攻入皇宮，結果侯景翻臉，派軍擋在門外蕭正德不得入，此時才知道上了大當，但他所部都是輕浮惡棍，不會真的賣命，看到侯景翻臉，於是一哄而散。侯景命他脫掉皇帝衣物，去改任侍中。蕭正德驚嚇腿軟，哭著去見蕭衍，稱自己罪該萬死。

蕭衍（粉紅眼眶）嘆氣說：「哭哭哭，只會哭，現在哭又怎麼來得及？」

蕭方等退回江陵，蕭繹此時才知道臺城已陷，於是命令加強江陵城防，招集兵馬準備對其他兄弟姪兒大打出手，搶奪皇位。

此時高澄因為欺壓奴僕蘭京，蘭京被激怒，展開人性尊嚴的復仇，將高澄亂刀砍殺，蘭京也因而被殺。高洋篡奪東魏，改國號為齊。蕭衍最後被囚禁餓死，蕭綱被侯景立為皇帝，但派人團團監控，還搶走蕭綱貌美的女兒溧陽公主為妻，到處搜刮美女淫亂。還派兵擄掠東南各郡，燒殺搶掠無所不為。

只有蕭確尚有人性，引弓要暗殺侯景，結果緊張拉力太猛，弓斷失敗被殺。蕭綸此時才醒悟自己失策，四處招募兵力討伐侯景，但遭到蕭繹猜忌。西魏趁機出兵逼近荊州，蕭繹與姪兒河東王蕭譽、岳陽王蕭詧互相攻擊，蕭譽被殺，蕭繹的世子蕭方等戰死，蕭詧以襄陽附西魏，被封為梁王。蕭綸不斷勸說荊州停戰，共討侯景，但是蕭繹執迷不悟，回信拒絕。蕭綸痛哭流涕，才後悔當初，沒有積極救援臺城，只好自己出兵去戰，又被侯景將任約所敗，蕭繹派王僧辯出兵要抓蕭綸，蕭綸知道一切事不可為，於是停止抵抗，北奔降齊，北齊封他為梁王，但北齊高氏沒有遠略，觀望不相助。蕭繹也對西魏與北齊各自稱臣。蕭正德則怨恨侯景利用自己，於是意圖密招外兵入建康殺侯景，被侯景發現先把蕭正德殺掉。

蕭家子孫一團內亂，總算把南朝的力量都損耗殆盡，即便北朝分裂，也能讓整個局面，走向正確的統一方向。

先前，爾朱皇后在第三次改嫁給高歡後，生了兒子高湝。便要求實踐諾言，出家為尼，高歡也欣然接受，蓋了寺廟讓其出家。但高洋當了皇帝之後，禽獸成性，竟然趁見面要調戲爾朱氏。爾朱氏不堪其辱怒而拒絕，大罵高洋禽獸，高洋惱羞成怒，竟然拿刀刺穿爾朱氏胸口。爾朱氏趴在地上血流滿地。高洋悻悻然離開，同修尼姑們苦著急救，但傷重難治。

爾朱氏死前，只想到了當年真正娶她為正妻的丈夫元子攸。想到了當初在皇宮，想到元子攸同意她成為跟胡太后一樣的女子，想到元子攸只有她一個皇后而無其他妃子，死前彷彿看見元子攸來找她，開心的微笑，想要盡快抱住他。低聲說：「子攸，看到你了，你唯一的女人在這，我是你的皇后，來見你了！你果然不會嫌棄我是個骯髒的女人，我來見你了。」

真正該愛的人，當初確沒有把握，糟蹋他羞辱他，逼到他走偏鋒，以至於最後自己竟然是跟禽獸生活。女人的愚昧並不輸給男人，後悔不及。她死後高洋為了掩蓋自己獸行，命人造假墳報喪給高湝，但真屍體隨意掩埋。知道她心意的同修尼姑，花錢請人祕密將屍體取出，密葬在元子攸的靜陵旁。

陳霸先從始興郡率軍北上，擊敗蔡路養，投奔湘東王麾下。

陳霸先軍營。手下大將，周文育與侯安都密見。

陳霸先（紫眼眶）拋出蕭繹的密件在桌上，讓兩人共同觀看，慢慢地說：「總算，湘東王要討伐侯景。先前廣州刺史蕭勃，說侯景善戰，勸我固守嶺南即可，被我當場駁斥。之後勾結蔡路養率土豪兵眾阻擋北上，被我們擊敗。但我始終擔心湘東王全心全意還在與姪兒內鬪，從此信看來，他總算稍微回過點神，要我跟王僧辯去滅侯景。」

周文育說：「請恕我直言，湘東王殿下應該自己率兵東下，而不是自己在荊州繼續跟子姪內鬨。派將軍與王僧辯去攻打大敵。殿下所想不就是繼承皇帝位？誰滅侯景人心歸誰，還怕不成氣候的姪兒做甚？」

侯安都也說：「沒錯，湘東王連自己的優秀兒子，蕭方等，都沒有包容。派他在內鬪混戰送死也不疼惜。如今除了蕭詧以襄陽附西魏，其他宗親都被他殺得差不多，怎麼還不親自東下？」

陳霸先（紫眼眶）說：「蕭家子弟不孝不忠，已經不是怪事。我只納悶，北朝分裂東西，但關中宇文泰對於我們南朝的事，關注甚多，不斷派兵南來，已經將漢東之地收併，甚至收漢中，兵臨巴蜀逐漸蠶食。他的大敵高家還在，怎麼卻似不太在意對方？」

周文育說：「利用我大梁朝混亂，佔便宜罷了！」

陳霸先（紫眼眶）搖頭說：「不不不，沒這麼簡單。宇文泰不是佔小便宜而無遠略之人。先前侯景南下，河南之地他佔有甚多，但因道路阻隔，高氏派兵騷擾，他將河南州郡全部放棄，所有兵馬錢糧撤回關中屯田養士。足見他是看全局之人。他肯定不是為了眼前利益，放掉高氏大敵而專務南侵。他肯定看到了什麼！」

周、侯二人不解。

陳霸先（紫眼眶）說：「我們不要只看眼前迷局，把時間拉長看吧。在曹操赤壁兵敗時，就稱長江為天險。而自永嘉之禍，中原衣冠南遷後，北方胡虜英雄豪傑無數，但無一人可以過長江。江南等於北胡之兵禁地，令所有人生嘆而返！但侯景一個賊胡，憑什麼率數人過長江，一戰破建康？恐怕是天意人心所為！從此北兵將不會再把長江看成天險，也不會把江南看成禁地！宇文泰看到了天下大勢傾斜，南朝人心喪亂，他正在替打倒高氏宿敵之後，平定江南一統天下做準備！」

周文育驚問：「如此，我們當怎麼應對？」

陳霸先（紫眼眶）指著信說：「難得湘東王總算有點醒，侯景不能久置不理，而使三吳成人間煉獄。我們當積極與王僧辯一同合軍，東下消滅侯景，請湘東王移都建康收拾亂局。否則長此以後，北方若再現一統局面，天下就不會再分立南北。」

侯安都說：「如此天下一統，華夷一朝，也未必不好。蕭家鬩牆如此，若無天命延續，將軍是否也該深思？」

陳霸先默然。

周文育轉說：「將軍先不必再想這些，嶺南馮家冼氏已經向我等輸誠，把國家最南州郡之兵丁錢糧，送到我們帳下，南州米糧，一年最多可以三穫，國家卻長久糾纏江北，忽視其所利。如今我們兵精良足，侯景再善戰也人心不附，先滅之再圖遠略。」

陳霸先微微點頭。

異民族政權看上聯　捧你送你給你來佔中國等待多久活多久

漢民族政權看下聯　拿我吃我用我去建朝代目標何時死何時

時晷官：分開來算，也該快了吧？

漏斗塔：時間快到囉~分開算，也該要終結啦。這樣就符合陰陽古怪之主，設定的三國軍演大慣性。真是精巧的組合。告知陰陽古怪之主，時間到，中軸線連通的所有慣性就開始收網。

＝＝＝＝＝＝＝＝＝＝＝＝

第十一章 中軸收網 隋一統

此時侯景自稱漢王，還自封『宇宙大將軍』，嚇得蕭綱目瞪口呆。才發現這個賊有多潑刁。但是，對於沉溺腐朽與富貴的蕭氏父子來說，這種賊無異於最厲害的當頭棒喝。

侯景率軍先撲向荊州，他料定蕭家子弟都在混戰，肯定抵擋不住。沒想到王僧辯率軍突擊，侯景大敗。手下能戰的將領或被俘或被殺，侯景逃回建康。此時已經發怒，不趕快稱帝恐怕來不及，於是殺掉蕭綱的兒子，最後殺了蕭綱，自行稱帝。但是只管得動手下一群賊官賊兵，其餘百姓士人早已逃散一空，無人願意幫助侯景。

陳霸先與王僧辯合軍一處，王僧辯為主陳霸先為從，追擊侯景。王僧辯軍因為糾纏蕭繹與宗室之間內戰，所以兵力與糧草都較弱，陳霸先將一半糧草分給王僧辯，共同出兵東下。

侯景所剩兵將寡弱，發現王僧辯與陳霸先兵力強大，船軸前後相連東下，看不到邊際，非常恐懼。下詔赦免蕭繹、王僧辯等人的罪。除了侯景一黨，其於人聽說後，紛紛大笑。王僧辯派軍大破侯子鑑，侯子鑑逃回後，侯景驚恐萬分，久久不能眠。

王僧辯與陳霸先遂包圍石頭城。

王僧辯軍營，王僧辯遣退所有將領，與陳霸先相談。

王僧辯（棕眼眶）說：「先前我曾來這救援臺城，但當時所有人都無可奈何。如今該怎麼破侯景？」

陳霸先（紫眼眶）說：「臺城之戰，我有請教過一個無名之書生。他看了我在軍中所復軍盤，大笑官軍無能。柳仲禮得數十萬兵馬，隔水而坐，韋粲在清溪，竟然不渡岸列陣。賊人登高一望，官軍表裡俱盡，任何舉動都在賊人眼中監視。如今我軍已經圍石頭城，必須渡北岸搶戰高地，倘若將軍手下不能，霸先請率軍前往立柵，使賊軍無法登高控制。」

王僧辯（棕眼眶）同意，追問：「如今破賊大勢所趨，但湘東王殿下似乎沒有返都打算，聽聞群臣都建議在江陵建都。你以為如何？」

陳霸先（紫眼眶）說：「此事，不當我們討論。但既然攸關國家，在下只說一言。三吳雖然因亂殘破，但形勢牢固。倘若國家當初昌盛而北方混亂之時，南強北弱，欲圖中原，則都城江陵以襄陽為重鎮屏障，是最好爭奪中原之機。如關羽北伐之勢。如今北強南弱，則當固守，只能繼續建都建康，等待後變。然而情況一切竟然相反，我恐國家氣數衰盡啊！」

王僧辯（棕眼眶）笑說：「陳將軍真是英睿。待平亂之後，看湘東王如何決定。」

陳霸先說中了南北朝這段時期，最關鍵的問題之一。先前三國大練兵的慣性線，除了連通人文還連通地理之勢。曹操快速破荊州，卻敗於長江天險，關羽荊州北伐之敗，建業孫權以建業形勢得勝，王濬從上游平吳也從荊州下手，就是整個局做個反向演練，製造了一個巨大的歷史假象，以至於讓整個東晉到南朝三百餘年，所有名士都鬼遮眼。整個主從顛倒，以為荊州四方爭地，只能重兵守勢為佳，帝都也從不考慮西遷，讓地理配合人文自縛手腳。如此整個中原胡漢融合時間，就爭取到了。

但如今就算有人發現這個慣性線也來不及，整個局已經逐漸要收攏。

陳霸先搶佔落星山圍柵，與眾軍猛撲，石頭城守將開城投降，王僧辯率軍進駐。侯景最後反撲，陳霸先全軍血戰，侯景以北方砍馬足的低蹲戰術，但陳霸先的部隊都是南州步兵，很快反制，侯景軍大敗潰逃。侯景只有帶著在江東生的兩個小孩，與一千賊黨逃命出城。

聽說侯景跑了，所有郊外的士民才紛紛回建康城。

最後侯景搭上船隻準備入海，當初侯景抓了羊侃之女為小妾，讓羊侃兒子羊鵾當都督，對待他們非常恩厚。此時入海，羊鵾與其他賊黨異常窩火，趁侯景在艙內休息。

羊鵾（橙眼眶）跟其於賊黨密談說：「侯景小丑，鬧了這幾年，三吳士民死亡殆盡，好處都被他享用，我們當他黨羽，被人不齒。本以為獲得富貴，被人不齒不足為意，但如今卻要入海，難道最後我們要在島上當他奴僕？」

賊黨紛紛搖頭，表示不要。

羊鵾（橙眼眶）說：「既然我等都有共識，現在他的人頭值錢，我們共同升官發財的機會到了，你們聽我號令。」賊黨們紛紛點頭。

於是溝通掌船海師，把船開回京口建康。

到了胡豆洲。

侯景（橙眼眶）出艙驚覺：「怎麼現在還在這？」於是問岸上人，岸上人回答：「郭建元還在廣陵。」

侯景大喜，於是命令海師往北。羊鵾與黨羽紛紛抽出佩刀，拿起武器，羊鵾（橙眼眶）大喝：「不許動，船立刻去京口！」

侯景（橙眼眶）大驚說：「你想做什麼？」

羊鵾（橙眼眶）露出奸笑說：「我等為王效力多矣，時至今日，終無所成。欲就乞頭，以取富貴！」

侯景大驚也抽配刀，羊鵾與黨羽刀兵齊下，侯景只剩招架，想要跳水，被刀所阻斷。奔回船中拿刀抉底大喝：「要就一起沉船。」

羊鵾改持長矛，用力穿透其胸，將侯景刺殺。

羊鵾的老爹羊侃，忠心衛國死戰，但無法破侯景。兒子羊鵾當奸賊，在侯景手下當賊黨，卻最後才能手刃侯景，不知道老爹羊侃在泉下，該高興還是該憤怒？

於是船還是鬼打牆，回到京口。侯景屍體送入建康。躲藏的士民紛紛衝出來搶食屍體，連因貌美而被侯景玷污為妻的溧陽公主，也搶奪吃侯景的肉。王僧辯則砍下侯景雙手送到北齊，表示南朝戰力，人頭製漆，送到江陵。侯景在北齊的兒子們也都被殘暴的高洋殺光。

侯景先前在中原，聽過唱天命戲，從而不斷發癲要當賊，原本破建康擄掠到三顆傳國玉璽，交給親信黨羽保存。後來知道自己必敗，告知親信若他死就丟到長江，不給江南吳人獲得，但後來兵敗，黨羽遇賊扔到草叢，投奔到郭元建處告知此事，郭元建派人找回所有三方傳國玉璽，送往北齊，上表投降。

如此五方傳國玉璽都在北齊高洋處，南北傳國玉璽大會合。然而元子攸命人大批假造的傳國玉璽，也透過一些人，假造一些傳奇，忽然出現在宇文泰處。但南朝從此沒有傳國玉璽，北朝大大小小一大堆傳國玉璽。

傳國玉璽進入團戰，且神出鬼沒，暗中操縱著亂是最後的收尾。

檯面上的人打打殺殺，但檯面下的人也共同演出，決定這個局面最後的劇本。

蕭繹自以為得計，滅侯景後，宣布繼皇帝位。果然蕭繹鼠目寸光，認為建康殘破，於是定都江陵拒絕回建康登基。另外又做了更蠢的一件事情。

獨孤信帶著喜悅神情，奔入宇文泰宅。

獨孤信（金眼眶）把一封書文放在他面前，歡喜笑說：「宇文公，先前你所料成真。侯景死了，但南朝已經一厥不振，如今蕭氏內亂，要我們出兵，真的是天意！」

宇文泰看他神情便知是好消息，於是開信一看，真目瞪口呆。

獨孤信（金眼眶）說：「在下忍不住先看信，才給宇文公，請見諒。」

宇文泰（紫眼眶）轉而眉開眼笑，喃喃說：「不介意，不介意。我們之間別說這個。」

獨孤信（金眼眶）說：「沒料到蕭繹想要當蕭衍第二，學他父親那樣。這真如您先前所說，這真的！」說到此忍不住從跪坐，躺在一旁哈哈大笑。

宇文泰（紫眼眶）也忍不住哈哈笑，搖頭苦臉說：「我真的，真的，真的沒料到，他要這樣。天意，真的是天意，我先前猜對了，真的猜對了。從曹操開始，三百多年長江禁忌，如今一段一段被開啟。這簡直比消滅高氏，還要讓人興奮啊！我現在真的無語啊！哈哈哈哈。」

宇文泰手上書信滑落在桌，也仰躺一起大笑。

兩人於是仰躺著對話。

獨孤信（金眼眶）說：「我們真的猜到天意，這是真的。這絕對不是只有蕭繹愚蠢，這一定是有天意。這天意若是看不明，做了錯誤判斷，那死的一定是我們。」

宇文泰（紫眼眶）長舒一口氣，開懷地說：「讀書真是一件好事情，讓我能看懂這個天意。但聽說南朝皇帝蕭繹也愛讀書，讀得比我還多，但怎麼就如此迷惘？哈哈。」

兩人開懷許久才緩緩爬起。

宇文泰（紫眼眶）指著信說：「答應他！我們會傾全國之力幫助這第二個蕭皇帝。」

原來蕭繹寫信請西魏幫忙，一起夾攻在益州割據稱帝的弟弟。於是傾全國兵力，幫助蕭繹出兵，但趁機佔領益州大部分土地，控制住長江上游。

蕭繹也知道形勢不對，再次寫信，要求宇文泰歸還領土，重新依據先前梁魏版圖劃界。宇文泰派五萬大軍隨著蕭詧，大舉進攻江陵。

江陵城外的兵力，經過交戰大敗，被團團圍困。當然江東的陳霸先與王僧辯也不會來救。蕭繹認為讀書那麼多也走到末日，於是焚毀書籍。有人建議將囚徒改為士兵去作戰，蕭繹認為不能給賊人有機可趁，將監獄囚犯全部殺光。

最後西魏軍與蕭詧聯合攻入，蕭繹等人投降，被蕭詧用土袋悶死。之後西魏給蕭詧八百里江陵土地，襄陽等地全部併入西魏。長江中游與上游，都為西魏控制。

北齊等人也並非全部癡傻，聽到了這消息，也將當初被俘擄的蕭淵明送回建康，同時率軍南下渡江。王僧辯打算接受蕭淵明，結果陳霸先反對，最後發動兵變殺了王僧辯，王僧辯部眾投降，於是改立蕭繹子蕭方智為皇帝。北齊大軍渡過長江進攻建康，陳霸先率軍迎戰，北齊軍兵敗退回江北。接著派兵進攻在江陵稱帝的蕭詧。

過不久，宇文泰病死，宇文護擁護宇文覺為周天王，西魏恭帝退位，改國號為周。陳霸先篡梁，改國號為陳，以至於討伐蕭詧的部隊，王琳與周文育等，失去名正言順，兵敗。

如此整個南朝實力大減，看似全國還四分五裂，實際上隱藏在內部三國時建立的隔閡慣性，已經逐漸拆解掉，剩下表面的形式而已。

※※※※※　　※※※※※　　※※※※※

陰陽一體，古怪相連。既然一體相連又分二者。

陽怪：哈哈哈，慣性線全面發揮功效，沒想到真的做到了。陣列有譜囉！

陰古：冷靜，冷靜。哈哈哈。

陽怪：……說到這出錯，妳看看這方向。

陰古：是搓鳥也，這樣會窩火喔。

陽怪：先忍一回，等後續收攤，呵呵，不能出錯。搓鳥嘛……呵呵

陰古：好好好……忍一下，但不會太久。

其實古怪已經在此時，鬼眼盯著一個方向，忍著巨大窩火，但還暫不動作。

※※※※※　※※※※※　※※※※※

超個體謀略，也是有偏差的，但都會及早發現，並預為應對。只是通盤完成之前，先忍著不動。

說宇文覺當了周天王，卻被宇文護架空，從而宇文覺打算重演元子攸殺強臣爾朱榮的故事。但有人先透漏風聲給宇文護，遂先下手為強，廢掉宇文覺，接著殺之，改立宇文毓。宇文毓改稱皇帝，同樣又與宇文護相衝突，接著又被毒死。臨終前立弟弟宇文邕繼位，最後殺了宇文護而直接親政。

長安郊外，山中溫泉。

此處才被北周皇家搭建為專用溫泉館，宇文邕招見眾要大臣來此泡湯，同時密商大事。

宇文邕（金眼瞳）泡在一大池，宇文憲、宇文純、楊堅（紫眼瞳）、侯莫陳崇、司馬消難、陸騰等眾臣也紛紛入池。

宇文邕（金眼瞳）仰天長噓一口氣說：「真是舒坦。此池熱度剛剛好，不會讓人暈眩。」

眾臣紛紛點頭稱讚。

宇文邕（金眼瞳）轉面看楊堅，露出開玩笑的神情說：「普六如堅，就我們這群男人泡，似乎很寒酸，要不要朕找一群女人，一人抱兩個，一起在這大池泡？」

眾臣一陣呵呵笑，甚至有人已經喊：「謝主隆恩。」

楊堅（紫眼瞳）說：「陛下知道，臣有獨孤伽羅為妻，一夫一妻到老不能變。在場就臣最寒酸，就別這樣嘲笑臣。也千萬別找女子來了，會有辱陛下勤儉聖名。」

宇文憲笑說：「陛下當然勤儉，後宮不過十餘人，古之聖君方能如此寡欲。只是普六如堅懼內，當官到了這種位階，還是一夫一妻，似乎更少有囉。陛下若給你升官，還能堅持？」

宇文邕（金眼瞳）露出詭異神情問：「普六如堅啊，朕只是好奇，假設你來當皇帝，還會一夫一妻只有皇后不納妃？」

這話語裡頭含著可怕的殺機。

楊堅（紫眼眶）嚇得在溫泉池中行揖說：「陛下，不要失言，臣永遠是臣。而一夫一妻永遠一夫一妻。」

宇文邕（金眼眶）對其他人呵呵一笑，指著楊堅說：「看看，開不起玩笑。朕老實說，天下這麼多年，無論南北雙方，朝代都屢屢更替，天命無常，朕也都看透。誰當皇帝這個話題，沒那麼大禁忌。」

楊堅（紫眼眶）抖著說：「還是請陛下不可再開此玩笑，不然臣當場就該死矣。」

宇文邕（金眼眶）輕輕揮手說：「好好，不說此事。今日招卿等來此共湯浴，主要是商議天下大勢。在這裡談，比在朝上談好，因為沒有七嘴八舌意氣之爭。爾等與朕都無話不談，在此諸卿先各抒己見。」

遂指著宇文憲說：「你先說，毗賀突。」

宇文憲說：「如今陳朝只佔據揚州交州與半個荊州，其敵人梁朝蕭氏只剩江陵八百里地，稱藩於我朝，南朝形勢衰弱，不足以先敵。陛下先前與陳朝交好，共同對付齊朝，這策略是絕對正確的。當先破齊而後滅南朝。」

宇文純、侯莫陳崇、司馬消難、陸騰。紛紛附議。

宇文邕（金眼眶）問：「普六如堅怎麼不說話？」

楊堅（紫眼眶）低聲說：「他們都說得對，臣認可。先破齊而後陳。」

宇文邕（金眼眶）頭甩一邊，而後回頭盯著楊堅說：「朕知道你還有見解，現在談天下大勢，剛才他們講的只是我朝對當前，形勢強弱先後之理，你還是坦然說話，就像現在一絲不掛在朕面前，給朕看得清清楚楚吧！」

眾人一陣呵呵大笑。

楊堅（紫眼眶）低頭說：「是是是。那臣簡抒己見，先滅齊而後陳，這是對的。但原因不在強勢弱勢，也不在連和之理，而在高家恃強殘暴，無復人倫，臣民唾棄。而陳朝卻在侯景之亂後，安民保境。若我朝要一統天下，當先伐罪立勳，鞏固中原，最終才挾強勢消滅已經衰弱的南朝，一舉結束兩百六十多年天下分裂之局。此自然之理。」

宇文邕（金眼眶）冷冷拋一句問：「普六如堅，若我朝先滅齊後滅陳，整個形勢就像當初苻堅，先滅燕代收中原，又併襄陽巴蜀，最後圖江東孤弱的晉室一樣。如何保證我朝如此，不會重蹈苻堅肥水覆轍？」

楊堅（紫眼眶）說：「陛下當先問問其他人意見。」

宇文邕（金眼眶）瞪大眼，手拍水，兇臉喝道：「他們答不出來！朕就是要問你！還想藏嗎你？」

在場人全部驚愕。

楊堅（紫眼眶）亦被驚嚇，低頭說：「是，那臣知無不言，當中若觸碰忌諱，請陛下見諒。我朝如此戰略，外似跟苻堅相似，但實則絕對不同。簡扼來說，理由有三。」

停了一會兒，瞄了宇文邕一眼，發現他瞪大眼看著自己。

楊堅（紫眼眶）急忙接口說：「一，苻堅滅燕代平中原，收巴蜀襄陽，看似強大，但內部仍然諸胡分立，豪強野心未泯。而我朝經過元魏一統北地中原百年，除鮮卑之外，諸胡已經勢散，而我朝以鮮卑而立，內部形勢團結，滅高氏之後，這種情況也不會改變。二，苻堅所重用王猛，雖然中原因而粗定，但規制仍然紛亂，尤以江南漢族士人，心懷胡漢隔閡，與中原漢人仍然通氣，害怕中國正統被胡羯消滅，所以晉室形勢雖弱，漢人上下拚死護衛，終有肥水敗局。而我朝，繼元魏孝文帝漢化革新之後，諸胡與漢人融而為一，難分彼此。中原與江南漢族士人，又分居許久，彼此不再互通氣息。三，這是最重要的，就是我朝有天命暗示，苻堅沒有。」

宇文邕（金眼眶）問：「天命暗示？這話怎麼說？」

楊堅（紫眼眶）說：「當初侯景渡長江，攻建康台城。竟然如入無人之境。聽聞太祖皇帝對此也驚訝萬分。長江天險，自曹操曹丕時就被共認。石勒望而北返，苻堅莫之能及，威震天下的拓跋佛狸也只能飲馬止步，魏孝文帝南征也止於長江聲討南朝罪狀。南北數次大戰，元魏也對長江莫可奈何。但長江天險絕對不是分立南北的理由，原因王濬樓船滅吳，也就是順天應人。侯景如此簡單過江，南朝裡應外合者眾，與其說蕭梁腐敗，不如說，天命人心厭棄劃江割據。」

宇文邕（金眼眶）笑說：「呵呵呵，普六如堅總算把底都說出來了。還有沒有？」

楊堅（紫眼眶）說：「思來想去，這是臣智力極致，連胡漢心態，鮮卑忌諱臣也說出了，真的沒有在藏矣。若有更深層的原因，那肯定是比臣更高智慧者所見，非臣所能及。」

宇文邕（金眼眶）笑說：「不，就這點你還沒說透。漢人排胡的心裡，就是苻堅敗因。漢人們還是希望漢人當皇帝一統江山，而我們胡人已經回不去了。所以一代明主魏孝文帝，全盤漢化。而朕也要漢化！也許最快的方式，就是朕把帝位讓給在場，哪一位賢德漢人？」愣了一下看楊堅。所有臣屬也都驚愕。

楊堅（紫眼眶）急著低頭說：「陛下失言，陛下又一次失言。臣求陛下不要再折煞臣。大周國運昌隆，我等漢人必當盡心竭力，替大周一統天下而效力。臣願效死，永為大周之臣。」

司馬消難也都說：「是啊，是啊。天命已定，誰還敢有此非分之想？」

陸騰則拼命點頭說：「現在也都沒有胡漢之別，天命定於宇文大周，陛下萬歲啊！」

宇文邕（金眼眶）笑說：「哈哈哈，別萬歲了，有明文記載的，自古帝王目前活最久的，也就是那個不久之前才殂亡的南朝蕭衍老頭，八十六歲，倘若他沒遇到侯景，也許可以拚九十。朕沒那麼長陽壽，罷了也不刁難各位。」

喝一口茶，接著說：「朕在此先透漏，三日後廷議，舉全國之力，進滅齊朝。高緯荒謬可笑，高家子弟皆為禽獸，朕要順天應人，走天下一統第一步。」

諸臣遵命。

泡熱湯完畢，穿衣魚貫而出，外頭飄雪，君臣們在衛士與宦官前後簇擁之下，回長安城。

楊堅在途中，總感覺一股怪異。怎麼這天下一統，皇朝交替，總像是有暗示的。天不會下命令，肯定是諸臣百姓們的風向才是本質，但這本質又很難捉摸，這種暗示若非真有慧眼，實難預料。

宇文邕於是與陳朝暫時結盟，宣布向北齊發動總攻擊。

陳朝大舉過長江北上，一舉攻下淮河以南，但北齊已經因高家子孫行為禽獸，皆離心離德，除了徵調的胡兵胡將，無人願意賣命。宇文邕親自下軍令，軍隊進入齊境，禁止伐樹踏莊稼，禁止搶掠百姓，違者立斬。

於是周軍連連獲勝，齊軍以晉陽逼抵擋，宇文邕染病率軍退回，但所屬其他部隊，仍然攻略北齊城池。宇文邕病好之後，再次動員全國出擊，直撲高歡的最初根據地晉陽。

晉陽城最後在激烈的總攻之下，被迫投降。

北齊皇帝高緯與愛妃馮小憐，正在打獵，玩得正興，拖延到晉陽失守之後才率軍來援。但齊軍兵力強大，宇文邕再次後退，北齊軍將平陽團團包圍。正當快攻破，高緯為了讓馮小憐能看這一幕，下令撤退，而馮小憐又在化妝，拖延到北周軍重新整頓防務，以至於攻不破。

北齊軍又包圍晉州城，宇文邕親率大軍來救，正在兩軍激戰，馮小憐害怕說軍敗，寵臣穆提婆大喊快走，高緯於是不顧眾將勸阻而逃跑。北齊軍群龍無首，被北周打敗。

穆提婆實際上已經暗通北周，不斷勸高緯投奔突厥，但群臣勸阻，高緯仍離開晉陽奔回鄴城。穆提婆於是投奔北周，封為柱國領宜州刺史。於是北齊大臣投降者甚多。最後在連番激戰宇文邕險些喪命之下，攻破晉陽。宣布將北齊晉陽宮兩千名宮女，全部婚配給未婚將士，財寶全部獎賞有功。

北周軍士氣大振，進而近逼鄴城，高緯將皇位讓給兒子之後，率一百餘騎兵與馮小憐等后妃幼主一同逃往青州。近臣高阿那肱接手穆提婆的工作，暗通北周，屢屢拖延速度，並派人催促北周軍，最後一舉將北齊皇帝后妃所有人都抓回鄴城。過不久，有人誣陷穆提婆與高緯謀反，於是都被賜死。

北齊滅亡。

宇文邕雖然滅了北齊，國土超過北魏時期，仍以天下尚未一統為由，後宮女子只有十幾人，全部都只穿布衣，宦官人數只限制在皇宮防衛人數，不招閹奴，從而北方人心大定。但如此英明之主才三十六歲，正欲統一天下，感染重病垂危。所有重臣都在外等候。

長安，雲陽宮外偏殿。

楊素向來心術不正，此時看到重點，趁著重臣們在休息不注意時，故意走近楊堅身邊。

楊素（粉綠眼眶）說：「陛下英明，古今少有，沒想到才一統北方，正欲南征垂危的南朝，染此重病。但天下一統之勢愈發明顯，南朝還自以為長江天險，殊不知北方安定強盛，江南人心已變。太子頑劣不孚眾望，隨國公您將為國丈，不得不注意這天下大勢啊！」

楊堅（紫眼眶）微笑看了楊素一眼，冷冷說：「天下大勢恐怕還沒定。說江南人心已變恐還太早。」

楊素（粉綠眼眶）做了語言試探之後，開始要製造情緒，曖昧詭異地說：「隨國公啊～明白人何必說糊塗話？如今北方一統之勢，與苻秦時諸胡猜豪強貳之勢不同，也與元魏時南朝力聚之勢不同。這兩百六十多年來，皇帝之位頻繁更替姓氏，總算來到這一統前夕，我朝只差最後一步，南下滅陳就順理成章，天下之勢就要匡正。隨國公啊！」

楊素的語氣彷彿在撩撥楊堅的慾望。

楊堅（紫眼眶）繼續微笑，附耳輕聲問：「你說，哪一步？」

楊素（粉綠眼眶）淫笑說：「這一步陛下也知，只差時日矯正！太祖皇帝本為漢化之胡人，但在掌握魏朝末大政之時，總被胡人詬病。所以恢復胡服，命胡人重改胡姓。陛下重提漢化，併滅齊國，但眼下君臣仍為胡服，還不如元魏孝文帝之時。倘若太子登基要服天下人，當君臣重穿漢魏服飾，這一點隨國公應當建言。此事看似小，實則攸關天下大勢。」

楊堅（紫眼眶）嚴肅地頻頻點頭。

看到他認同，楊素（粉綠眼眶）又進一步，淫笑得更厲害了，說：「隨國公啊！您在與陛下一起進入鄴城時，與群臣共同觀看繳獲的傳國玉璽。沒想到這兩百六十多年來混亂，傳國玉璽已經十幾方，大大小小真真假假，但最後通歸於一。這就是天命。倘若要順利讓天下一統，南朝人心無遲疑歸順北朝，以胡人漢服為終結是在下看到的最後一步。但在下愚鈍，是不是以南朝人看來，還要再缺一步？」

楊堅（紫眼眶）瞪大眼嚴肅地問：「你這話什麼意思？這樣還缺哪一步？我們為何要依南朝觀點？」

楊素（粉綠眼眶）看到他神情轉變，苦笑了一下說：「隨國公別誤會，在下是說，能像元魏孝文帝那樣，全盤漢化乃至改姓氏，胡漢一體，是為天命罷了。我大周一統江山是天命，無可置疑的。」

楊素於是點到為止，但此言外之意，已在楊堅心中，已經滲入伏筆。

休息片刻，群臣用餐過後，宦官來此宣達，再過一個時辰，陛下招見。

楊素（粉綠眼眶）又開始換另外一個方向，吹陰風：「隨國公啊！自永嘉五年後，天下紛亂近兩百六十多年囉。當年晉朝大亂之前，弘農楊氏就已經人才輩出，甚至晉武帝司馬炎，也娶弘農楊氏為后。司馬家喪失天命，紛亂兩百六十多年，如今弘農楊氏又出隨國公您，太子娶您女兒，太子若繼位，弘農楊氏又將為后。江山之亂前夕，始於晉武帝楊后被不孝之晉惠帝賈后所害開始，最後江山要一統前夕，又是弘農楊氏為后復出。這天命想必是要您輔佐大周一統江山。」

楊堅（紫眼眶）愣眼一笑說：「永嘉五年後，時隔兩百六十多年，若以司馬家諸王之亂前夕算來，接近三百年。確實啊！我弘農楊氏，一路走來不容易。族大雖說被人重視，但也幾次被人猜疑，舉起屠刀追殺，遠的晉朝妖后賈氏，近的賊臣爾朱氏都是這樣。沒經過你這一提，我還沒想到，你我楊家，還真的在大亂之前與大亂之後，都據此要位。代表五胡入主中原，也得順天命攸關，改不了漢人的世系。」

楊素（粉綠眼眶）以為建言成功，於是非常低聲，要直搗核心，詭異地說漏嘴：「對啊隨國公！五胡也得順天命，包括鮮卑。剛才說以南朝人看天下一統，皇帝胡人漢服，還不如皇帝漢人漢服，像隨國公這樣受人仰慕愛戴的英雄人物，以此南征必當一統江山。」

楊堅（紫眼眶）瞪大眼甩袖子低聲說：「你在說什麼淫詞霏語？我是大周的忠臣，又是太子的岳父，怎麼容許有此不倫之事？楊素你到底心中藏什麼奸邪？所幸現在你我在這角落，現在我有點累，要閉目養神，請你別在我耳邊騷擾。」

說罷閉上眼睛。

被罵不倫，楊素剛開始以為自己失言，臉紅耳赤閃離，但之後想到楊堅回答低聲，聽了淫詞霏語卻又閉目養神，代表他也不是完完全全沒有在想問題。還是有機會繼續煽陰風，互相滿足各自的慾望，楊素想到此，臉紅耳赤但露出奸笑。

終南山。

曹魏晚期到西晉時，這裡住過很多隱士，但都不是真心歸隱，而是因應當時社會認為，朝廷黑暗，賢能人都歸隱的社會風潮。朝廷因而尋找隱士，許多假貨也裝扮成隱士，但又不肯真的歸隱，於是隱居在洛陽附近的終南山，一方面製造名聲，另一方面讓朝廷容易延請自己當官。從而隱士的素質越來越爛，最後近乎人渣，王衍之流就是這樣玩出來的。

然而自五胡進入中原之後，天下大亂，就沒有假貨爛人來這歸隱。從而真正想歸隱的人，可以來這裡歸隱，只是人類這種生物，始終還是很難獨居，難免得食煙火，所以有了終南山邑。

祖世光，江南名門子弟，數學家祖沖之的後代。年幼時因南梁侯景之亂，隨家人北逃到此隱居，但家人都已經去世，所以獨居。平常在洛陽城當教書匠，沒學生時就跟著一些獵戶與農夫，在終南山小邑隱居。幾日之前，他逛洛陽市街時，有人賣給他一把怪劍，說這是先前元魏皇帝用的，但皇帝被爾朱氏抓走殺掉，宮廷就有人把這把怪劍盜賣出來。雖然祖世光很窮，但對這把怪劍很有感覺，所以把所有自己的錢財都拿來購買了這把怪劍。

這把劍正是元子攸用以手刃爾朱榮的太元劍。但是盜賣出來的人，也不清楚這把劍的來歷，只知道是被爾朱兆抓走殺掉的元魏皇帝所用。祖世光知道北朝歷史，所以猜出是元子攸用的，但也不知他曾用此手刃爾朱榮。只覺得這把劍怪，裡面藏有什麼道理，所以特製了一個皮套劍鞘，防止傷人，然後整天看著怪型把玩。

「真是個奇物，只要一揮劍，太極環就會旋轉。中間還有小鈴碎響，劍側顯得張狂。你到底是想要隱藏自己的深度？還是要張狂自己的能力？亦或是不隱藏也不張狂，只是因大道而自我存在？怪劍，怪劍，你是不是想說，自己可以伏地藏身，永不起眼，也可以沖天震雲霄，睥睨天下？」祖世光一個早上都在看劍自言自語。

忽然一個中年樵夫敲門喊：「祖先生，請你幫我認一張字條可以？」

祖世光說：「是你啊，進來吧。」

樵夫進門拿出一張紙說：「這是我妻子擺在我家桌上，我今天一回家就不見她蹤影。也不知她寫了什麼？她是不是跟人跑了？上面到底寫什麼？」

祖世光接過紙條笑說：「你妻子會寫字，不錯啊！」

樵夫說：「她是名門閨秀，讀過很多書，但嫁給我感覺自己委屈！別說了，她到底寫什麼？」

祖世光看完，笑了笑說：「你妻子寫說，她要去兄長家住一年，你自己煮飯，記得後院的菜要澆水，看門狗也要餵。兒子已經去他叔叔家玩，你勿掛念。」

樵夫說：「她兄長？那住在弘農那邊呢！她一個女子怎麼能去那麼遠？是不是跟男人跑了？」

祖世光不耐煩地說：「不是！如果跑了，不會要你記得澆菜餵狗，也不會讓兒子去你弟弟那邊。去弘農也不遠，現在官道都打通也淨空，盜賊也都被官府清剿光，她兄長用馬車接她回家的話，沒多久就到。」

樵夫說：「可是這！」

祖世光說：「好了！好了！我已經幫你唸這字條，其他事情就別煩我。」

樵夫被推出門，頗不自安，急忙回頭說：「祖先生，你口才好，也會讀書！能不能幫我把她找回來啊？」

祖世光瞪大眼說：「喂！喂！喂！你這人怎麼搞得？你的妻子你自己去找，你兒子好像也十八了，叫我上哪去找人？我很忙我還有事情要辦，等等還有學子要請我去洛陽，你自己去弘農找人。」

樵夫被他轟趕回去。

回頭躺床上睡了一會兒，起來喝水時，發現字條還留在桌上。笑著拿來一看，才發現背面還有一行字，剛才不耐煩幫這粗人，才遺漏觀看。背面寫說：替我丈夫讀信居士，到洛陽城南牆外尼姑庵，中秋之前爾都可在該處靜養身心，當有所得。

祖世光看了哈哈大笑，原來樵夫妻子沒有回兄長家，想找認識字的人幽會。在城南尼姑庵靜養則是個安全之所，假設陰錯陽差，來的不是預期中的男人，他也不敢隨意造次。亦或丈夫持此字條來，也不至於當場發火或質疑。真是個安全勾引人的好地方。

祖世光年已四十歲，雖然學富五車，卻因窮困無法娶妻。平常也會對女性有想像，但都強忍轉移。如今竟然有此等事，內心不由得有妄念。

猶豫了一整晚，想到以往出遠門繞道時，曾見過樵夫之妻幾次，確實端莊貌美，當時只點頭示意。次日清晨，持字條想出門，但又回頭，喃喃自語說：「算了吧！跟她也不熟悉，話都沒說過。她似乎也四十歲了吧？我是真隱士悟道者，不流此下作之事。」

轉身看太元劍，笑著自語說：「這女人的心思也真像這把劍。身隱之九地之下，心飛之九天之上。不過怎樣也都是人性而已。」

但轉念又想自己這一生因窮困讀書，沒人肯嫁，心中又頗為憤慨。去洛陽城南有一段路，怕離家之後，太元劍被人闖空門盜走，所幸將太元劍綑綁背在背上，拿著字條去洛陽城南尼姑庵。

敲了尼姑庵門，一個老尼姑開門，問他貴幹。祖世光說不出口，一個男人到尼姑庵來做什麼？

老尼姑看他張口結舌，似乎知道，於是把樵夫的妻子叫出來。樵夫的妻子對老尼姑點點頭，一出尼姑庵門，老尼姑就把門關上。

樵夫之妻（白眼眶）說：「原來是你啊，我還正猜可能是你！你是祖先生對嗎？還不知你名字，字條呢？」

祖世光低頭把字條交給樵夫之妻，然後頭轉一邊說：「夫人，您丈夫請我找您回去，在此轉告他希望妳盡快回去，在下告辭了！」說罷轉頭要走。

樵夫之妻（白眼眶）大聲說：「祖先生若不是看懂了這張字條的寓意，如何會來此？來此還要去哪？終南山邑，也沒幾個人能懂吧？你給我回來！」

祖世光低頭回來，樵夫之妻笑了一笑，走上前貼著他，他一直後退，樵夫之妻直到逼他到尼姑庵外牆角。兩人兩面近對，祖世光發現樵妻經過裝扮，確實頗有姿色，服裝也改穿士族貴婦衣服。

樵夫之妻（白眼瞘）說：「嫌我老？還是嫌我醜？」

祖世光說：「不不，夫人貌美如花，年紀我不知，但看上去仍然風華正茂。」

樵夫之妻（白眼瞘）瞪大眼說：「我四十三歲，你幾歲？是否曾有娶妻？」

祖世光臉紅耳赤，低聲說：「四十，在洛陽城教兒童識字因而窮困，從未娶妻。」

樵夫之妻（白眼瞘）繼續瞪大眼說：「那很好，差不多，我們年齡也都不小，不浪費時間說廢話。我要改嫁你，現在就走！」

祖世光目瞪口呆，手指一邊抖著說：「這裡是尼姑庵。」

樵夫之妻（白眼瞘）一手牽住祖世光的手，往外走：「既然你嫌尼姑庵不方便，那我們到城北小居，那是我兄長去世遺留給我的財產，以前是當官的宅第，相當值錢，我沒給我丈夫知道。」

兩人於是進了城門，邊走邊談。

洛陽城內大街，多得是老夫老妻，少年夫妻，牽手共行，所以見此也不奇怪。

祖世光被牽著走，苦臉說：「我記得夫人不是有子女嗎？」

樵夫之妻（白眼瞘）回答：「一女二十歲，已經嫁農夫為妻生了兩歲兒子，還有一子十九歲，當桑農住在西村，也有娶妻，生了一女兩歲。一子十八，跟叔叔做木匠。另曾有一子夭折，所以應該說生過四個。」

祖世光說：「夫人的丈夫還在世！夫人也已有孫女還有外孫子。」

樵夫之妻（白眼眶）拉著他走前面，接著說：「丈夫能自己照顧自己！有沒有孫子女，跟我改嫁無關。」

祖世光說：「夫人看我長相庸俗，其貌不揚，配不上夫人，怎麼會找我？」

樵夫之妻（白眼眶）回答：「我都到這年紀，倘若看男人還是看外表英俊風流，那就是無可救藥的笨女人。你這種長相剛剛好，不會難看，也不英挺，更不引人注目，最適合我。」

走一段路，祖世光甩手停下，低聲怕遠處行人聽見，苦臉說：「夫人這不妥。」

樵夫之妻（白眼眶）睜眉怒目說：「不妥？若要妥，你怎麼四十還未娶妻？」

祖世光愣了一下，張口結舌無法回答。

樵夫之妻（白眼眶）又說：「若要妥，這幾百年世道，怎麼如此打打殺殺，男人們怎麼都在搶地位，搶女人，搶財富？你假設真有道德，來這做甚？」

祖世光低頭說：「夫人學問鑑識真好，不似樵妻。」

樵夫之妻（白眼眶）說：「我本是名門女子，自幼琴棋書畫，讀史讀經。見過我才華容貌，上門提親的官宦子弟那是前仆後繼。但年輕時感情衝動不懂事，與父母鬧翻，拒絕王公名門婚姻，不當官宦夫人，堅持跟隨英俊力壯的砍柴樵夫做粗活。才會在終南山邑。」

祖世光說：「名不名門對我而言無所謂。可是現在，夫人的子女都長大，孫子女都出世，夫妻正為白頭到老時，何必如此？」

樵夫之妻（白眼眶）說：「聽說祖先生學問很好，假設你娶一個徒有其表，目不識丁，沒有思想，只會生活俗套之人，能跟她感情維繫多久？能像我這般，十九歲嫁，維繫二十四年？」

祖世光愣了一下想說話。

樵夫之妻（白眼眶）手止住他嘴說：「你沒娶妻過不知，無所謂。我現在是矯正我年輕時犯傻，對丈夫也已做了最好的交待，把娘家託人給的錢財，都放在丈夫枕頭底下。還是你介意我是人婦？年齡長你三歲？孕過四子女？直說無妨。」

祖世光吞了口水，點頭說：「我都快放棄娶妻，打算孤苦終身，沒想到忽然有夫人垂意，開心都來不及，豈敢拿世俗觀念來看夫人？只是夫人的丈夫那邊，還有夫人的子女那邊，我們若如此行為則為世人不容。夫人此舉，到底是要執子之手到老？亦或露水夫妻？」

樵夫之妻（白眼眶）說：「我都不理會世俗，你管他們做甚？世俗又給你幾何？四十獨身？我並非放蕩淫婦之流，不然也不會跟著一個砍柴樵夫盡這麼多年婦道，把青春最好的一段全都給他。而現在是矯正年輕時錯誤，找你當然是要，執子之手永不分離。名不名分都不在考慮之內。你若要露水夫妻則罷了，請你回去，我另外尋人！」

祖世光低頭說：「夫人不用勞煩他尋，不然我豈會來此？我也願執子之手。但之後生活，我也只是個窮教書匠！」

樵夫之妻（白眼眶）笑說：「這就可以，已經能夠立足。城北房產我將變賣換錢，以防止丈夫尋到，我們到東北郊城邑隱居！」

祖世光點頭說：「那在下盡最大誠意！在下這種樣貌平凡的窮人，能得到夫人不計後果相許，是三生有幸。夫人要當我妻子，我便承認。若哪天夫人想要離去，又或是想回樵夫身邊，告知我一聲即可，我絕不阻攔。我們結合是以夫人您為主。對我而言，最糟一切也不過就恢復原狀。」

樵夫之妻欣喜。

沒想到竟然這樣通姦方式，私訂成婚。但兩人卻都不認為這是不倫，坦然一切道理而相結合，反而沒有楊素對楊堅談天下大勢那般曖昧不倫的賊心賊意。樵夫之妻姓名叫楊蘭芷，也是弘農楊氏之人，談自己的私奔，卻比楊堅談天下事，還要光明磊落得多。

東北郊城邑，祖世光宅。

祖世光與樵夫之妻楊蘭芷，在此同居兩個月，日夜都有夫妻之實，祖世光感覺自己幸福開懷了起來。重新思考著那把太元劍，告知樵夫之妻這把劍的來歷，以及隱藏的道理。

楊蘭芷很開心，她正是要找祖世光這種男人終老，夫妻不斷談論這些事情，似乎都有說不完的話。

楊蘭芷（白眼眶）說：「聽良人所言，這把劍是元魏皇帝元子攸用過的御劍！但依我來看，這把劍不是一氣呵成，有點像似把不同的劍，重新融成一體設計，再行打造的。」

祖世光微笑點頭說：「夫人慧眼。我先前就這樣想。」

楊蘭芷（白眼眶）板起臉說：「良人你還稱我為夫人？我已是你的妻子，稱我名字吧。」

祖世光搖頭說：「以前稱夫人，是指妳是樵夫的妻子。現在是指我的妻子。」

楊蘭芷（白眼眶）說：「不管，我要你稱我蘭芷，即便先前那個砍柴丈夫也這麼稱我。我則稱你世光。」

祖世光只得依從。

楊蘭芷（白眼眶）接著說：「這把劍，看劍形分析，很可能原先是三把劍。一把走中道，另外一把走張狂，還有一把走內斂。三種劍形設計者都不一樣，很可能是不同時期的劍，再由更後來的一人，基於某種原因，結合在一起。可惜的是，我們典籍不多，洛陽城藏書庫我們也進不去，查不出事情的來龍去脈。」

祖世光說：「蘭芷真的好眼力。三者合一，即可能意喻某種，陰陽相契合。其可張狂又可內斂，而本質其實無所謂張狂或內斂，不過就是依循對立之道，執行自然之法。」

楊蘭芷（白眼眶）說：「看來我沒跟錯人，世光你真不是書呆子。但倘若能把這個對立之道或自然之法，用某一種更具體的方式，表達出來，那這將會是驚天地泣鬼神之舉。」

祖世光疑問：「就已經說了，對立之道或自然之法，如字面意義。何須再用某一種更具體方式？這又如何會是驚天地泣鬼神之舉？」

楊蘭芷（白眼眶）說：「字面意義，僅讓人了解其概括。無法將其中的原則，貫通在另外一些事物上。妾身在嫁樵夫之前，家門常有商人往來與父兄交易，他們常談商用孫子兵法。記得有一個商人，用了大家都看不懂的文字部首，去書寫孫子兵法當中核心的觀念。就簡化成那麼簡單一張摺紙，稱之為『簡式』，就把十三篇孫子兵法全部解釋完畢。他對我父兄說，這種方式，讓他可以把孫子兵法直接用在不是作戰之處，既不笨重也不會格格不入。妾身認為，倘若我們再進一步，把這些對立之道或自然之法，書寫下來，然後學他那般抓緊核心之法，去繁就簡。那這就能用於，眼前其他具體的事務上。」

祖世光恍然大悟，摟緊楊蘭芷說：「蘭芷，我真幸運，能先前一直娶不到妻子，最後接受妳的改嫁。不然不可能找到妳這般女智者。即便是我請教所有五經博士，也沒有妳這句話管用。那接下來，我們就一起將這把劍，變成一本書，再從一本書，簡化成一張紙片上的『簡式』。無形的價值就整個清晰地浮現上來。我太幸運了。」

楊蘭芷（白眼眶）笑說：「我才幸運能順利改嫁於你，不然我想說的話，誰能共鳴？然而接下來會比較辛苦，因為我已經懷孕。」

祖世光吃驚說：「這麼快？」

楊蘭芷（白眼眶）笑說：「傻男人，日夜夫妻之實，當然快。女子約過五十歲才不能生育。」

這一對私奔通姦的幸福夫妻，找到了身心都讓對方幸福之人。那個年代，講究門第相同之間的婚姻，還是有其道理的。

又三個月後，楊蘭芷已經是大腹的孕婦，但夫妻仍然形影不離，彷彿熱戀中的年輕情侶。而祖世光也把夫妻兩人對太元劍的特殊想法，寫成了一本六十多頁的『怪劍經』。但這『怪劍經』並不是終極的產物。接下來他們再從『怪劍經』簡化成簡式。稱之『三元自然簡式』，主要是敘述，一件事物如何蘊藏中道法則，使之可以忽而隱之於九地之下內斂，又忽而飛之於九天之上而張狂。

為了印證這個『三元自然簡式』，夫妻兩人把住宅後院，改成練藥治器的場所，搭了一個小屋。

祖世光先前曾見過道士煉丹，求長生不老，所以把這個理論大突破，用在研究這上面。楊蘭芷挺的大肚子坐在一旁看，這個新任丈夫不管做什麼都讓她陶醉。

「世光，你認為『三元自然簡式』能讓道士的長生丹藥成功？」

「不知，我要嘗試看看。妳我太慢相識結合，我希望這個能替我倆爭回青春，能有更多快樂。」

「我認為這不可能的。」

「何故如此悲觀？」祖世光一邊調製藥粉，一邊秤重，並準備放入鍋爐。

「那怕動物植物，在不同的環境，不同的生長方式，不同的藥理循環，全都無法阻擋衰老。它們運轉的法理總和，更是廣大。代表這不會是我們兩個人，造出簡簡單單的『三元自然簡式』，就可以解決的問題。」

「不管，總之試驗後方知。我讓黑炭粉，硝石粉，硫磺粉，用比例熬製。我自己以身試藥，成不成到時候看看吧！我門第來自南朝，那邊很多晉朝遺留的煉丹法，但結果大多都生毒素讓人早亡，我以這『三元自然簡式』改變配方，找到貼近這成分者。若死也死我，我想讓妳爭回青春。」

楊蘭芷挺著孕肚走上前，很生氣地輕輕打了祖世光一耳光，然後抱住他說：「你若死，我與小孩怎麼獨活？別再說以身試藥。可以去洛陽街上買猴子去試驗。」

祖世光與楊蘭芷相擁，安慰她。

接著開始點火煉丹，正當兩人相擁坐在一旁席上，忽然丹爐巨響，爐蓋一飛沖天。兩人被巨響嚇到，緊緊互抱在一起趴在地上。除了爐蓋衝破屋頂飛出，整個丹爐炸翻，院子當中小屋整個著火。所幸兩人趕緊爬出小屋，沒有受傷。

這一巨響沖天外加著火，整個小邑都聽到，引得左右鄰居驚嚇，所幸小邑邑長指揮滅火完成。

楊蘭芷怕因驚嚇動了胎氣，靜養了數日。

祖世光進門說：「蘭芷，我們得離開本邑。」

楊蘭芷（白眼眶）問：「這是為何？邑長要趕我們走？」

祖世光說：「對，本邑居民都罵我們是練妖術的怪夫妻。這只是原因之一，還有一個原因是，我的名聲傳出去了，若繼續住下去，很快整個洛陽城都會知道，我祖世光有一房楊氏妻，洛陽城消息終南山邑肯定知道。這樣下去會如何？妳也知道的。」

走上前握住她手說：「對不起，犯了這錯誤，『三元自然簡式』失敗，還讓妳受驚嚇又要搬遷。」

楊蘭芷（白眼眶）笑著說：「世光你沒有錯。我們反而成功了！『三元自然簡式』，真的能讓原本潛伏內斂的礦石，激飛沖天而張狂，甚至加大引燃觸媒它的火光。而實際上本質既不張狂也不內斂，是一種平衡。小火進入簡式，轉換狀態，變成大火出現。僅是簡式所觸的現象，與我們先前想的不一樣而已，但簡式本身仍然有效！我修改一下簡式，讓這個簡式變成更簡單給你看！」於是祖世光扶著她起身，拿筆給她書寫簡式。

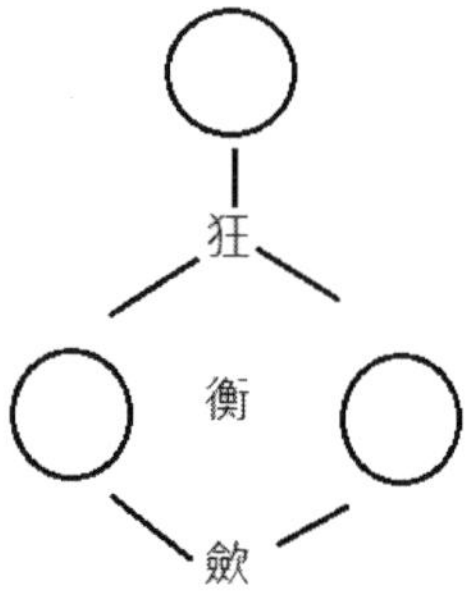

楊蘭芷（白眼眶）指著圖說：「這三個圓圈，是我們放置的主要三種礦石，而點火則是讓，木炭為引信接觸到『三元自然簡式』的張狂位，另外兩個材質就支援了它。而我們本來是想得到收斂位，並且引發的是身體的位火，來延年益壽。但簡式變成了這種型態，就是我們所見的那種變化，變成張狂外界的位火。所以簡式仍然正確，只是看怎麼轉變所觸而已。」

祖世光說：「可依照經驗，我們用過很多種礦石，收斂位有得到，但始終沒有延年益壽的可能性。」

楊蘭芷（白眼眶）說：「世光，不要管延年益壽了，要轉變成那種簡式，可能還要更多條件。現在只要能跟你在一起，瞬間也是永恆。得快點搬離這個小邑，到其他地方去。」

小邑居民幾乎是邊罵邊趕走他們，楊蘭芷挺著孕肚坐在牛車上，祖世光牽牛往北。船夫拒絕把牛車北渡，但沒有牛就沒辦法之後耕種生活。花了不少錢，才找到船夫幫忙兩人與牛車，都渡過黃河。

兩人甚至找不到驛站，被迫冒險，在野外過夜，終於搬遷到黃河北的小邑蝸居，楊蘭芷卻因死胎流產，只能請產婆照料兩天，賣掉耕牛在小邑找教寫字的工作。

兩人相擁痛哭流涕。祖世光流淚說：「蘭芷，我們的錢財也都耗盡，我們的結合會不會是受詛咒的？也許妳該回丈夫身邊。」

楊蘭芷（白眼眶）也流淚搖頭說：「你就是我丈夫，我不會後悔自己的選擇。雖然這是罪惡，但我決不後悔。我們還能再生一個。也許這個選擇被人所不齒，但跟著你共同做一件事情，前所未有的開心。」

休養半年，持續夫妻生活，楊蘭芷又懷孕。此時祖世光邊教書，邊蒐集材料，已經製造出正式的火藥與沖天炮，但又把教書的薪資都耗盡。為了讓妻子開心，祖世光帶她到郊外，夜晚點燃煙火，天空中火光爆破四起，周圍的居民大為震驚。因為快沒錢生活，祖世光開始設計煙火，當作夜晚娛樂之用，賣給當地居民節慶，襯托熱鬧，以哄當地居民開心。如此大材小用，是防止又被人稱練妖術。

總算生活資金稍稍改善。

同時更加設計各類奇形怪狀之物，甚至一些木製機械器型。

在河北小邑，懷孕到六個月時，災難又來。

傍晚，小邑遭到大批山賊洗劫，小邑的防衛隊伍阻擋不住山賊搶劫強姦，楊蘭芷有姿色又有孕，自然會有危險。

祖世光本想拿太元劍抵抗。

楊蘭芷（白眼眶）說：「世光，用劍打不贏的，這樣我們必死，用平常我們研究的東西。」

祖世光說：「那些東西雖然經過連串設計，有各種器型，但未嘗實用。」

楊蘭芷（白眼眶）苦著臉摸著肚子，流淚喊說：「也許你該拋棄我了，但我不後悔跟你。我不後悔的！」

祖世光瞪眼說：「妳說什麼？我死也不會拋棄自己的妻子。妳快藏床下躺著，外頭賊人交給我。」

楊蘭芷（白眼眶）流淚說：「如果你死，我與孩子不苟活，會一起陪你！」

於是把楊蘭芷安置夾層中躺好，衝出房門外。

此時一個惡賊，一腳踢開祖世光家門，進入院子，持刀要砍祖世光。忽然祖世光持一沖天煙炮，已經點火射去，正中惡賊臉部爆炸，整個人被炸翻在地，接著衣服著火，當場慘叫打滾。祖世光上前補一劍將其刺死。

這引起了數名惡賊注意，三人一伍闖了進來，見到這樣子大為吃驚。忽然扔飛一隻木製貓頭鷹，滑翔並跳躍，飛到三個賊人中間，三賊人從未見過這種東西，只見它在空中旋轉鳴叫引注意，忽然爆炸，裏頭的金屬碎石齊發，三賊人重傷倒地哀嚎。

祖世光怕楊蘭芷受傷害，發狂似地持太元劍，刺殺三賊人。

接著推出一台大型木車到戶外，對著街上還在搶劫的賊人，點燃木車廂，綁成綑的諸多木圓筒，平射沖天煙火，當場數十人賊人被炸得四處逃竄。

賊首騎馬揮刀殺過來，祖世光拋出一個點燃的炸藥包，丟到他面前爆炸，馬當場被炸暈在地，賊首被炸得四肢焦爛，倒在地上著火而亡。所有跟隨的小賊見狀，大呼妖怪，紛紛潰逃。

小邑的防衛隊伍，見狀大好，趁勝反殺，所剩賊人一路被追砍出小邑，所有擄掠的財貨婦女都拋棄不管，逃之夭夭。小邑的居民於是清掃戰場，收回財貨，保回婦女，把雙方死者都抬出掩埋。從此小邑眾人，敬畏祖世光這對夫婦。但為了不讓自己的名聲傳出去，又怕被人稱練妖術，祖世光堅持要求小邑居民，不要把火藥術傳揚出去，他自己也不打算再造火藥武器。

過三個多月，產婆總算幫楊蘭芷順產出一個男嬰。

夫妻夜晚在床上說話，旁邊多了一個熟睡的男嬰。

楊蘭芷（白眼眶）說：「我有感覺，我們姻緣的考驗過關了。上天原諒了我們這一對骯髒的男女。」

祖世光說：「對，自從妳我私奔後，生活總是考驗，弄得越來越窮困。直到上次打敗賊人，這個小邑對我們改變態度，我們這個罪惡，應該是被原諒了。不過我有一種非常害怕的感覺。」

楊蘭芷（白眼眶）問：「世光是認為，『三元自然簡式』造出的火藥武器，很可怕嗎？」

祖世光說：「對的蘭芷。那次為了保護妳，情急之下，用那些研究產品來殺人。雖說是自保殺賊，但那個東西真的很可怕，我們發現了很可怕的事物。我擔心通姦私奔這等小罪惡，上天才勉強諒解，但大罪惡正準備擺在我們眼前。」

楊蘭芷（白眼眶）說：「可能我比較果敢，我很喜歡『三元自然簡式』，我看到的是它簡單又有效的美。」

祖世光長喘一口氣說：「蘭芷，妳總是讓我驚駭。自從用計調男人，到尼姑庵外約會，提出主動改嫁，直到與我一起研究出這種東西。美貌太過又太過剛猛果決的女性，肯定會受傷害的，不然就是傷害他人，難怪妳總是命運高低起伏。但我會拚死保護妳。我絕不會讓妳受到一點傷害。但我們也要一起遠離罪惡。」

楊蘭芷（白眼眶）笑說：「選擇你是這輩子最正確的事。」

兩人再次熱吻，甚至再次行房夫妻之實。過後，用濕毛巾擦洗身軀，又一同躺回床上，喘息已畢。

祖世光說：「蘭芷，我覺得我們還是把『三元自然簡式』藏起來，火藥術也還是扔了吧。我總感覺那個東西不祥。這段時間一起思考太元劍變成『三元自然簡式』，我幾乎敢斷定，組成太元劍的那三把『劍原型』，各自都有其一段血腥殺戮的故事。因為我感覺那些器型都經過深思，有被實際運用過者，各自都有一股很強的鬥氣，只是無法追溯是誰。它像是結合古代三個陰魂，使其圍繞在我們周圍。在有災難時，或可臨時幫助我們，但平常生活是個大凶之物。」

楊蘭芷（白眼眶）笑說：「誒，你啊。你應該知道，若是我們把這個東西獻給朝廷，那是會得到賞賜。我們甚至可以得到名分誥命，名正言順去遠方，不用總害怕自己通姦私奔的醜事。甚至你知道的，得到封賞，你還可以娶妾。甚至是年輕的處女為妾。你不要？」

祖世光堅定地說：「不行的。首先，我們是極特殊的姻緣，能有妳就已經滿意，不要娶妾，除妳之外我一輩子都不會碰其他女人。再者，火藥術即便不必『三元自然簡式』去解釋它，它也會變成從古至今都未見過的殺人兵器。因為它是被具體化的結果，已經不需要深層的哲理，也能被普通人廣泛衍伸。我們通姦又私奔，已經傷害了妳原先的丈夫，我不想再傷害更多的人。私奔的傷害事小，妳原先的丈夫還有妳替他所生的成年子女孝順，也有妳留下的錢財再娶，過些年歲就無所謂了。但人命的死亡事大，那會是一連串的災厄。我有感覺，倘若我貪念不斷擴大，做了通姦小惡還做這種大惡，這三個陰魂就會讓我們兩人的罪惡，加倍再加倍得到報應。我下地獄無所謂，但妳不能受到一點傷害。」

楊蘭芷（白眼眶）聽了開心地流淚說：「最初，我曾擔心我若做此通姦私奔的醜事，最後若跟隨的不是好人，利用過後被人嫌棄。我回去別說丈夫，連子女都會拒絕見我。我將會以骯髒齷齪，眾人唾棄的女人，孤苦死在小邑之外。還好最後選對了人。」

祖世光說：「蘭芷妳確實冒了很大的險。因為即便妳相貌條件再好，一般普通的男人，都不會接受接近年老色衰的女子。且還要因此東躲西藏，見不得光。若為了讓人接受，找窮困粗野不在意的男人，比妳原先丈夫更差，又何必要私奔改嫁？」

楊蘭芷（白眼眶）淚流滿面說：「當時你出現，我就知道有機會。先前在終南山邑，就聽說你學富五車，但窮困娶不到妻子，錢都花在奇怪的事物上。也曾聽鄰居說，你連動物都不忍心殺害，眷戀舊物。這就是能適合我再婚的良人！我原先的丈夫拿著字條，能找的人不超過十個，而會因此專程到洛陽尼姑庵的，只能會是年過四十而無妻子家人的你！所以我才敢賭上自己餘生！然而萬一出差錯，要帶著我承受姦夫淫婦的罪惡，我也沒把握你會願意。」

祖世光摟緊楊蘭芷說：「即便我們是世人認定的姦夫淫婦，甚至被公開羞辱都無所謂。現在我只想跟妳專情到老死，並把小孩養大成人。但先前承諾不變，妳若要離開，我絕不阻攔。」

楊蘭芷（白眼眶）淚流滿面說：「這怎麼可能，好不容易通過考驗，讓上天原諒。不能因個人欲望毀了它。」

祖世光說：「對！所以我不要榮華富貴，不要什麼朝廷誥命，不要什麼娶妾！『三元自然簡式』改寫成醫藥救人之理，簡式的方法，徹底拋棄。火藥術也徹底拋棄，太元劍則融了它，當廢鐵賣掉。以謝上天原諒我們的骯髒。」

楊蘭芷（白眼眶）說：「倘若這樣，古人的智慧結晶，加上你我二人的智慧結晶，都會毀棄。」

祖世光說：「變成救人之理，就不算毀棄。而且我還有一種預知一般的感覺……」

楊蘭芷（白眼眶）問：「什麼預知感覺？」

祖世光說：「今天我們毀了火藥術，遲早還會有人再發現它，而火藥術一旦蔓延開，這個世間會發生驚天動地的變化，它比任何帝王的威力都還要強大。我們必須全力拖延，對天以誠。」

又補充說：「帝王級的力量，死去吧！因為對我來說，有妳，其他就不要了。」

楊蘭芷（白眼眶）笑說：「好啦！一切都依你的！」

之後，祖世光果然融掉太元劍，當廢鐵賣了。所有原先紙本檔案全部燒毀，重寫一本醫藥救人的『三元自然簡式』之論。不過很可惜，這本書在河北小邑，沒有多少人謄抄。

兩人雖都四十多歲，但最後生了一子一女，幸福到終老自不待言，死後還同穴。其子在兩人同穴的墓誌銘上，刻上了『三元自然簡式』。

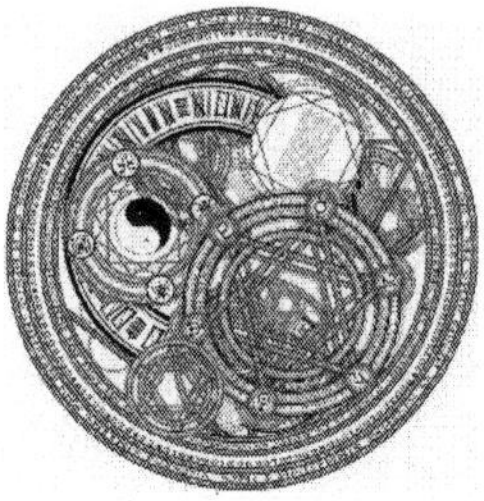

要一個文明傳承長久，關鍵在於最平凡人的思維傳承。一切與擁有權力與金錢者無關。

脈絡子：繼續傳承，我相信這個傳承將有很大的影響。

殘影錬：立辛／陰陽家↓仇盂／陰陽至易↓高人／ 陰陽真學↓王睦／太極劍↓楊

鑑／三鬪仙器型圖／太初與太罡劍↓曹通、元子攸／太元劍↓祖世光、楊蘭芷／三元自然簡式

—

話鋒回頭。

宇文邕殂，兒子宇文贇繼位，楊堅升格為國丈。

宇文贇痛恨父親生前管制太嚴酷，所有施政政策一一改變，行為乖張狂悖，諸如禁止天下女子使用胭脂等化妝品。才年輕就退位為太上皇，讓七歲的長子宇文闡當皇帝，而他並非楊堅女兒所生，以示疏遠楊堅女兒。不過這些對於北周並沒有太大傷害，只給自己的被天命加持的岳父，有很大的機會。

皇家庫房。

楊堅與楊素又幽會了，而且受命共同整理庫房。

楊素故意引導楊堅到擺放傳國玉璽的架子旁，宣稱這是國器，必須楊堅與自己才有資格觸碰，其他地位卑下的人去整理他物。以此調開左右耳目，兩人獨處。

楊素（粉綠眼眶）又用曖昧的語氣說：「隨國公啊！沒想到我也被封公，我們

弘農楊氏，終於一起站在這……這傳國玉璽，啊，更正，站在傳國玉璽們旁邊囉。」

楊堅（紫眼眶）詭異地微笑說：「傳國玉璽們，呵呵呵，這天下也真好笑，在晉朝永嘉五年大亂之前，傳國玉璽只有一個。這場接近兩百七十年的大亂，竟讓傳國玉璽繁衍生息出十幾個，成了傳國玉璽們。人、動物甚至花草木植物，怎麼繁衍，這我知道，生殖器物不同而已。但就真不知，這石頭是怎麼繁衍的。」

拿起其中一方傳國玉璽，翻轉端倪，詭笑說：「傳國玉璽們，你們繁衍的器物在哪？」

兩人已經，從最初的曖昧調情，變成說鬼話，要直接做目的了。看到楊堅已經開始鬼腔鬼調，露出狡詐的神情，不像之前那樣假正經，代表可以直搗核心。

楊素（粉綠眼眶）說：「這些傳國玉璽們，看似多，實則一。不管怎麼繁衍，沒有真正天命也是無用。隨國公與我都被宇文皇家，批評是狡詐之徒。實際上我們胸懷坦蕩，不會忌妒，先帝不也就是這樣的人嗎？如今皇帝年輕就退位為太上皇，讓七歲小兒來管國家，自己荒誕。您是太上皇的岳父，這天命事關天下千千萬萬子民生命，也攸關天下一統的大事，小子們無能力掌管，您事岳父，應該代父職，讓小子們知道天命所在。」

又說這種話，楊堅瞪大眼看楊素，楊素也瞪大眼反看楊堅，四目相對，這次楊素不退讓，一定要達到目的了。

楊堅（紫眼眶）嘴歪了一下，眼神飄忽，詭笑說：「好啦好啦，畢竟太上皇還在。雖然這小子乖張，他還在天命就得等待。」

楊素（粉綠眼眶）頻頻搖頭，也詭笑說：「隨國公此言差矣。天是不等人的，人世間再大之人，也只是天子，大不過天。可太上皇自稱『天』，而不是自稱『朕』。天怒啊！大周只是個朝代，不順天命豈能久遠？難道要讓垂垂將亡之南朝，重銜天命？省省吧！若如此，天下這兩百七十年不是白亂了嗎？這麼多人豈不都白白死去？那可真天理何在？」

楊堅（紫眼眶）低聲問：「那越國公，你認為該怎麼處理那乖張荒淫，又逆天的小子？」

楊素（粉綠眼眶）說：「冒犯天者，奪其壽。此天道也。若讓天親自懲罰，我等全都將受災。隨國公是他的岳父，當代父處罰，之後順天命一天下。」

楊堅（紫眼眶）詭異地神情，放回傳國玉璽，低聲說：「那我該去見見我女兒，畢竟要處罰這個荒淫乖張的女婿，還得女兒同意。」

楊素（粉綠眼眶）說：「皇太后賢良貌美，逆天的小子曾毆打她，又在她面前威脅要殺隨國公您全族。又說要賜死她，但皇太后仍然順從，靜嫻不怒，最後是隨國公您夫人叩首流血，才免此事。這些事情您知道的。代表您女兒堅貞至情，世間罕有，即便逆天小子荒淫無道，她也會袒護丈夫的。所以隨國公還是別問她吧。」

楊堅（紫眼眶）問：「那我該怎麼辦？」

楊素（粉綠眼眶）說：「我認識逆天小子身邊，進奉淫春藥物的宦官，他非常厭惡逆天小子，幾次被鞭打差點至死。可以在進奉的淫春藥物上，加上一些催化之物，不用一個月，便會有結果。而且無聲無息。逆天小子死了，眾人也只會鬆一口氣，即便懷疑他為何如此年輕就死？也不會有人想去追究原因。但我沒有資格代父處罰，只有隨國公您才有，所以必須您批准，我才能辦事。」

楊堅（紫眼眶）詭異地神情說：「那就罰吧！我是他岳父，有資格代他父親處罰！」

過一個月，果然乖張的太上皇宇文贇，年紀輕輕忽染重病，最後一下殂死。

宇文闡年紀尚幼，眾臣請楊堅主政，楊堅剛開始要辭讓，之後坦然接受大權，準備動手篡位。河內溫縣人司馬消難，是晉朝的皇族後代，是宇文闡的岳父。女兒司馬令姬嫁給宇文闡。聽聞前國丈專權，自己這個現任國丈當然發難，於是聯絡尉遲迥，密謀共同舉兵討伐楊堅。

尉遲迥首先在關東舉兵，接著司馬消難在荊州北部舉兵，各地刺史總管，不依附楊堅者也舉兵。楊堅動員所有兵力，分頭討伐。最後一一被楊堅擊破，尉遲迥兵敗自殺，司馬消難逃往南陳，其他舉兵者都被鎮壓誅殺。

於是楊堅廢皇后司馬令姬為庶民。自己晉位為隨王。

最後篡北周，登基為皇帝，怕『隨』字有辶部，國運會走，命數恐不長久，於是改為『隋』，表示穩固長久不會走。還派人毒死宇文闡。女兒楊麗華激動憤怒，楊堅與獨孤伽羅以父母之命，令其改嫁，楊麗華抵死不從，甚至破口大罵父親楊堅。楊堅只得作罷，成全女兒的堅貞。

隋朝成立後，過幾年就廢掉梁國，並且大造水師，進駐荊州。如同當年西晉方立，滅東吳一統三國之前的節奏。

南朝所有臣民，聽聞漢人統治了北朝，力量遠過於元魏，整個心態果然大轉變。於是傳出臨平湖草久塞，然後忽然自開，民間民眾紛紛傳聞，天下即將一統而太平，而陳朝將要滅亡，皇帝會被發配為奴。皇帝陳叔寶聽到此傳聞，非常厭惡，但阻擋不了悠悠民眾之口，又無力動員施工堵住臨平湖。只好賣身到佛寺為奴，來應這個『妖異』謠言。然後派人，造假傳聞，宣稱長江本就是要將南北持續分立。

但是去佛寺為奴，裡面的和尚反而紛紛來叩首，侍奉陳叔寶，也不是真的為奴，是去當主子。雖然是去佛寺當主子，和尚們畢恭畢敬捧著這個賣身者，還是得吃齋，又不能碰後宮女色，更不能飲酒，沒幾天就忍不住了。宣稱為奴已經過了災異，得到上天赦免，回宮繼續當皇帝享樂。

不曉得自己應該自動自發，去北朝為奴。一個被朝臣排擠罷官的文人章華，化身為眾人彈弓的子彈，展開精準打擊，跳出來上書，大罵陳叔寶是昏君。

章華（紅眼眶）上書說：「昔日高祖南平百越，北誅逆虜，世祖東平吳會，西破王琳。高宗克復淮南，辟地千里。而陛下繼位，於今五年，不思先帝之艱難，不知天命之可畏。溺於嬖寵，惑於酒色。祠七廟而不出，拜三妃於臨軒。老臣宿將棄之草莽，諂佞讒邪升之朝廷。今疆埸日蹙，隋軍壓境。陛下如不改弦易轍，臣復見麋鹿遊於姑蘇！」

裡面說的半真半假，加油添醋，但到底真假還是誣陷都不重要，重要的主旨就是罵你陳叔寶是不知天命的昏君，簡直就是一無是處。說他該滾了，暗示他將會亡國。一個自己被群臣排擠滾出去的臣子，跳回來大罵皇帝才該滾。陳叔寶自認為，除了比較奢華享樂，沒有大惡，竟然還會被這樣數落，氣得大怒，下詔將章華綁付刑場斬首。

章華被殺，百姓指指點點，說皇帝濫用刑罰，這是紂王殺比干，陳朝要滅亡了。陳叔寶聽聞後更是大怒，本想要派出所有校事特工，追查謠言，但是群臣皆說，本朝沒有斬殺諫臣的惡習，民眾流言也從來無法管制，若用魏晉在中原時校事監察臣民那套，後果將不能收拾。現在民心浮動，南朝自晉以來，本朝最為寬大，若繼續追責，恐怕很多人都會北投隋朝。

陳叔寶只好停止追究，改令各官署，重新傳新的天命童謠，歌功頌德，詆毀北朝，用來製造假的風向輿論，混亂民眾要南北統一的天命傳聞。同時下詔命各地領兵將領，加強邊境軍備。

楊堅聽聞了陳叔寶跟南朝子民的互相叫罵，以及鬧出的一連串跳樑小丑政治把戲，看出了天命人心是站在他這邊，大為欣喜。於是在朝堂上下詔說：「陳朝巴掌之地，物怪人妖，背德違言，鼠竊狗盜，不知天命。理應討伐，永清吳越。」

當下親自書寫陳叔寶二十項大罪，並命令朝廷所有書工，謄抄這二十項大罪三十萬紙，派人大量滲透到南朝各地，傳播開來發散傳單，南朝官署難以禁止，楊堅自己也跳進來，加入南朝的輿論口水內鬨。

楊堅此時還有最後猶豫，總怕自己會跟苻堅一樣。這名字都有一個『堅』，都要南下一統江山。雖說自己是漢人，南朝子民也用各種方式，甚至犧牲性命，大罵自己的皇帝是昏君，來向楊堅隔空表示絕對沒問題，但楊堅心結還是打轉。

楊堅真有這種心思？當然有！證據就是，先前南朝皇帝陳頊死，陳叔寶繼位之前，楊堅就大舉興兵南下，但聽說陳頊死，就宣布要遵循古禮，不討伐有喪之國，做了一場秀，試探一下後，大舉撤軍。楊堅在平陳之後，還不斷下詔令宣稱，平陳之舉只是奉天討逆，順應萬民之請，不是浮誇自己。似乎在說，自己不是先前的同類苻堅，不顧臣民勸阻，總要浮誇天下一統。

不過楊堅這種詭詐小聰明，看似巴結了天下人心，實則失算，還要超個體自己動用基本單位，來替你造勢才肯動？可以是可以，但代表你不算真的『知天命』，只是投機時運改至而成功。那麼時運改至要隋朝，加回辶部，走掉，就得真的走掉！隋朝就絕對不會如你楊堅，拆文解字疑神疑鬼，修改邊幅那樣，能被改成穩如泰山。這絕對就不會了。

各地探子回報，南朝主要的州郡，民心思變，在口水輿論混戰中，偏向於要北朝來統治。甚至做了萬民書，稱『民間調略』，旁文還算出支持隋朝的比例，傳到隋朝的官吏手上，最後轉到楊堅手上。

這可謂，人類史上第一次『民調』。而且竟然是，人民自己來做給你看。終於下決心，於開皇八年，下詔出兵伐陳，但自己不想學苻堅，故自己不去，派兒子代替。

開皇九年初，各路軍隊已經集結完成，開始進攻。

令楊素，賀若弼等人，集結水陸兩軍，五十一萬八千人。歸兒子晉王楊廣統帥，分數路大舉南下。陳叔寶聽聞之後大為驚駭，但是在朝堂上還故坐鎮定，稱北齊伐三次，北周伐兩次，都被打敗。旁邊的讒臣施文慶等也附和『長江天險』說。但就這些讒臣，下朝之後扣下軍報，暗中配合隋軍。

聽聞隋軍節節獲勝，長江中游都被控制，荊州各州郡官民紛紛投降，長江北岸隋軍渡江開始，本來建康還有十萬陳軍，但陳叔寶已經完全喪失信心，跟著後宮美女哭哭啼啼，陳叔寶此時才知道先前為何有一堆怪人，用一陣又一陣口水罵他。於是把軍政都交給施文慶等人，自己只在後宮抱美女。但就這些人，用各種理由禁止陳軍集結，改為分散守備。最後被隋軍各個擊破，大舉攻入建康。

陳叔寶跟愛妃們躲入官井下，隋軍搜遍全城都沒找到，直到一個宦官指出，才從官井下把他拉上來。結果感覺很重，原來還拉兩個愛妃跟著，要他下跪就抱著愛妃一起下跪。可謂愛美人不愛江山，引來隋軍一陣哈哈大笑。

楊堅下手詔，命隋軍一面收圖籍，封府庫。又將妖艷的張麗華、孔貴嬪梟首於青溪中橋，將兩個美女的人頭高懸。施文慶、沈客卿、陽慧朗、徐析、暨慧景，被稱五奸佞斬於右闕下。以此報南朝的子民，宣稱這如武王伐紂，討伐奸惡。

南陳朝滅亡，交州的銑夫人也上表歸附於隋，南北隔近三百年而一統。陳叔寶由於很窩囊，到了北朝總是飲酒自我放逐，表現類似當年的劉禪樂不思蜀，而陳朝除了他是『昏君』之外，大體上也沒有暴君。楊堅於是不猜疑，便也不殺他。

楊堅又是計算錯誤，沒有這些人，南北統一又何來順利完成？該殺的其實只有陳叔寶一人。殺這些人除了顯示自己沒自信，總要對古代典籍東施效顰，不想承擔時代責任，更讓超個體發現你根本也不是真的『知天命』者，也不能替『牠』永遠承擔。

※※※※※　　※※※※※　　※※※※※

陰陽一體，古怪相連。既然一體相連又分二者。

陽怪：哈哈哈，冷靜，冷靜。行得通啊！有了這經驗，以後再一次流程，不用這麼麻煩，不用耗費這麼多單位與時間。哈哈哈。整個『三國大軍演』到今天，一個標準流程完成。

陰古：好好，冷靜……………………

實在難忍

陰古：哈哈哈

陽怪：哈哈哈

終於冷靜

陰古：冷靜來檢驗一下，這完成大一統的隋，似乎不對啊，殺伐顛倒囉。代表也沒知道天命嘛。

陽怪：那給隋的行情，似乎要下降。加回辶部，短暫用一用，該走掉的時候還是該走。

陰古：我們雖然有點雞蛋挑骨頭，但該算的賬目還是得清楚。隋雖有功，但也有過失，功大於過，那麼接下來，可以給機會，讓隋用在處理那一隻討厭的搓鳥上面。

陽怪：是啊，是該處理這搓鳥，但經過這麼多年，這隻搓鳥好像會接地氣，與眾不同，很壯喔！

陰古：壯也要捏死，不，也該撕成碎片，因為太可惡了！對，撕成碎片！啟動最關鍵一局！

※※※※※　　※※※※※　　※※※※※

加回辶部。在楊堅時期就確定了，但不會有一點徵兆，超個體的賬都是私下算好，終盤一次結清，以免主事者在要心眼，製造諸多小動作。

超個體早就鬼眼盯著，內心窩火，的這隻搓鳥是誰？原來就是早在王莽之前就興起，五胡混戰到南北朝時期竊取遼東，還攻佔朝鮮半島北部，卻一直不肯進中原的高句麗。

整個北方各族，連沒有成氣候的烏桓等各東胡分支，都因萬里長城進來，重新排列組合被打磨消融掉，就這一支去當活化石，死撐沒有更替，還反過來吸收超個體養分，這成了超個體最恨者！

高句麗這幾百年，除了吸收中原文化並且轉變運行之外，還吸收各蠻族或漢人，加以消化，尤其北燕被元魏滅亡之時，幾乎舉國之男女，無論胡漢皆入高句麗。在此當中，時不時侵占領土。中國在融合五胡，本以為他們也會如鮮卑之流，趁亂入局當第六胡被滋補，故意不去理會。沒想到吸收人吸收土地，卻賴在萬里長城的毗連區，要當活化石，自立格局，築巢不動。如今超個體完成整合，大功告成，對這種長城邊上的釘子戶，恨之入骨，這真的叫做『敬酒不吃吃罰酒』，將要用力將之拔除。

滅陳後。開皇九年，楊堅便令告之四夷，中國歸一。除了重點用計策，讓突厥分裂成東西兩部之外。尤其命令高句麗，立刻入朝，並且告知中國將復遼東郡縣。

高句麗王名陽成，在得知隋統一南北後，要恢復遼東，大為憤怒。由於此時朝鮮半島南部的新羅與百濟聯盟瓦解，高句麗南疆無事，於是通令備戰防備隋軍。

雙方對峙到開皇十八年，由於隋軍主要在重新修築萬里長城，以及分裂突厥，所以沒有大規模進攻高句麗，只互相劫掠，打前哨戰。沒料到，高句麗竟然先發制人，大舉進兵遼西營州隋軍據點，雖然最後擊退高句麗軍，但隋軍損傷頗重。

楊堅對於高句麗竟然主動攻擊，異常憤怒，令兒子漢王楊諒協高熲和水軍大將周羅睺，率三十萬海陸大軍攻打高句麗。

陸上的主力部隊穿才過遼西走廊，就立刻遭遇高句麗軍迎擊。高熲指揮衝殺，與高句麗軍雙方犬牙交錯，一團混亂。楊諒親自率軍增援，命令王世積從側翼援助，結果遭遇埋伏。但王世積死戰不退，從清晨戰到黃昏，終於擊退高句麗埋伏，但傷亡慘重，楊諒無法援助高熲。

高熲軍在混戰過後，慘敗後撤，高句麗軍死死咬在後面，高熲不得不後置伏兵，潰退之後返殺，才擊退了高句麗軍的追擊，退回楊諒本陣。

渤海，隋軍戰船，遭遇巨大風浪。

周羅睺在戰船上指揮降帆。

「娘的！娘的！明明靠著海岸航行，還會遇到這種大風浪！」周羅睺在風雨中氣得大喊。

水軍士兵喊：「將軍！我們一定要下錨，不然本船也會沉沒啊！」

周羅睺用傳聲筒，大喝：「那就下錨！」

所有戰船在附近下錨，勉強撐過風浪，已經是夜晚。周羅睺清點過後，沉船一半，救回水兵五千人。仰望天空月明星繁，下令啟錨航行。

終於到了高句麗境內的海域，海岸城池全部點燃烽火。

周羅睺怒目說：「這些東夷有了準備啊！不過我軍船大，油火矢石眾多，照樣可以攻城。」

於是下令下錨，準備小船登陸。

遠望的傳令兵忽然大喊：「敵襲！敵襲！敵襲！」

周羅睺大喝：「沒有敵船何來敵襲？」

才喝叱完，周邊所有戰船上，隋軍士兵與高句麗士兵開始，殺成一團。仔細一看，原來他們趁隋軍船艦下錨，從水底游泳拋鉤，爬上船支。周羅睺本艦也被攻擊。

周羅睺抽出配劍大喝：「連弩隊！」

一場混戰，總算殺退高句麗的水鬼軍隊，但周羅睺也因此怕有更多水鬼，不敢隨意派小船登陸。

船艦在岸邊對岸上的小城池，拋射投石。而小城池也架起投石器反擊。最後十餘艘船被打沉，但小城池與高句麗岸邊防衛，破損之後，後續部隊持續鞏固修復，周羅睺見狀不利，失敗退走，只好回航。

楊諒得到戰報，大驚失色，萬萬沒想到，高句麗軍隊會比陳朝軍隊還要能戰。如此平陳的兄長楊廣地位將遠遠高於自己。激動地要整軍再戰，但眾將領告知傷亡過半，卻沒打下一座較大的城池，再不撤退極可能覆沒，楊諒只好忍痛撤退。

此次大規模進攻，高句麗雖然防衛勝利，但上下震駭，新任的高句麗王高元，立刻派使節求和，上表稱「遼東糞土臣元，叩見大隋皇帝陛下駕前」。

大興城皇宮。

楊堅（紫眼眶）拍案說：「小小東夷，竟然如此能戰！又來此卑辭求和，這算是戲弄朕嗎？為之奈何？」

群臣面面相覷，楊堅到了晚年，已經越來越殘酷，功臣或有因罪被殺，所以無人敢回。

楊堅（紫眼眶）瞪眼看楊素，緩和語氣問：「楊素，你認為這東夷小丑，該怎麼治？結果看來比平陳還要難得多喔！」

楊素（粉綠眼眶）走出班列，雙手緊握笏板，謹慎地說：「是，臣原先也沒料到，高句麗東夷小國，竟然比陳朝還要難治。臣昨夜就有思索原因，最大的原因就是，陳朝主昏臣佞，上下離心。高句麗上下團結一致對敵。臣請陛下暫時答應高句麗王求和，待之如初。」

楊堅（紫眼眶）怒目說：「鬼扯！」

楊素（粉綠眼眶）急忙彎躬低頭，雙手高舉笏板。

楊堅（紫眼眶）說：「東夷三國，自己也相互攻伐！即便高句麗內部，也有諸多豪強猜貳。陳叔寶或許昏庸，但朕就不信新任的高句麗王高元，就是英明睿智所向披靡！真正的原因，在於當初陳朝內部與我多有通款者，天下一統企圖重回大漢朝盛世，乃民心所願！但高句麗自絕於中國之外，與我中國風俗不通，才有團結一致對敵的假象。」

再拍案補充喝說：「朕記得先前是爾等諸卿，義憤填膺，共同上奏催朕出兵，滅東夷小丑。還說若不滅之，俟其壯大，將與突厥合盟，為我大隋後患！但現在怎麼變成他們上下團結？爾等意思是要朕來承擔戰敗之責？還是乾脆讓他們持續壯大，成下一個突厥？」

楊素（粉綠眼眶）謹慎地回：「臣失策，臣失策。」

楊堅（紫眼眶）說：「罷了，暫時答應高元請求，和解互聘。但天下子民祈願我大隋重回大漢盛世，遼東舊土乃華夏九州故地，五胡已經同為中華，即便魏晉時期放棄的溯方、五原漢朝故地，也已經回歸我大隋疆土，豈有讓東夷小丑盤據一方竊據封疆之理？前年各位義憤填膺之情，朕可是看在眼裡的！所以此次允和，不是真的和，而是尋找再次討伐的時機！誰能獻長遠之計給朕？」

宇文述出班列，舉笏進言道：「先前陛下伐陳之時，開運河往江南，之後開科舉以取士。今日當以此定長遠之計。」

楊堅（紫眼眶）問：「此皆為內政矣，與滅高句麗有何關係？」

宇文述微笑地說：「開運河通南北，打破國家近三百年南北分立之隔閡。開科舉取士，打破國家過三百年士族與寒門之隔閡。若持續開通運河，則大規模調動南北軍士用於征伐高句麗，成了可能。持續科舉取士，融合各門第有才有德之人，徵之從軍，也成了可能。長遠來說，國力日盛，又可以南北大集結力量於一處，即便高句麗東夷再上下團結，最終力量反差，也能一舉擊碎。此古人所云，氣通則力強，自然之理。」

楊堅（紫眼眶）大聲說：「好！就是如此！即便朕有生之年不能看見，後人自有滅此東夷小丑之時！」

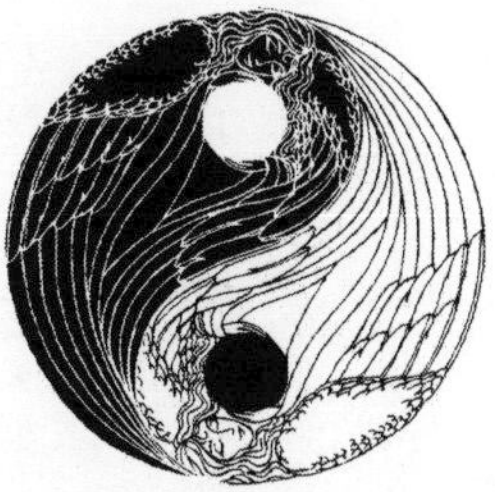

※※※※※　※※※※※　※※※※※

陰陽一體，古怪相連。既然一體相連又分二者。

陽怪：呵呵呵，搓鳥這段時間，練得很壯，接了地氣！學我們煉功力，還會反咬喔！主局直接衝殺竟然反殺，而且也同樣有集體意識，呵呵呵，不是搓鳥。

陰古：喔……很讓我等窩火！沒見過這麼不上道的。看來搓鳥練地氣，成了吱吱！

陽怪：若不全體南北貫通系統，提增調動力量，然後用力擊碎，否則讓這吱吱繼續這樣玩下去，萬里長城真正目的就破功了！以後建長城都成了功能折損的爛擺設！

陰古：全體貫通脈絡，運河科舉方方面面混成一氣，拿出真氣實力，宰了吱吱！！不管一切代價！！宰了吱吱！調出空詔員這一局，以他為鋒去衝這個煞！同時催化出，有資格上陰陽節的遊戲者，讓陰陽節也一起用力！

※※※※※　　※※※※※　　※※※※※

楊堅晚期，就開始鑿運河。而太子楊勇失寵於偏執的母親獨孤伽羅皇后，認為楊勇對妻子不忠，娶太多妃妾，讓本為北魏貴族後代元氏，這個楊勇的元配妻子，失寵失意，心疾而薨。

這完全違反獨孤伽羅，要求男人也該忠誠的原則。而晉王楊廣善於偽裝，把美姬都藏在別室，自己與元配，南梁貴族後代蕭氏居處。另外楊素也偏向於支持楊廣，最後在獨孤伽羅與楊素的不斷言語催化下，越來越多人上讒言，請廢除太子，猜疑且自作聰明的楊堅，終於下詔廢掉楊勇，改立楊廣為太子。並且賞賜汙蠛太子的臣子，誅殺不少東宮臣子或沒官為奴。

群臣都知道不可如此廢長立幼，亂行刑罰，牽連無辜，但都不肯言。少有人替楊勇說話，楊堅也拒絕接受。秦王楊俊被苛責而死。繼而蜀王楊秀也被讒言，說忘述圖讖，被廢為庶民而終。

漢王楊諒見到，楊勇、楊俊、楊秀下場，大為恐慌。深知極可能是兄長楊廣下得招數，非常不滿，所以在并州蓄積兵力，以圖自保。獨孤皇后駕崩後，楊廣已經沒有顧忌，情況更為明顯，楊堅也老病纏身，年老昏聵亂行誅殺。

在仁壽宮，發現自己病恐不能痊癒，命楊廣隨侍。楊廣知道老頭子已經有些癲狂，於是與楊素往返通信，書中透露先前相互勾結的內幕，並如何安排楊堅後事，宮女誤送楊堅處。楊堅看了大為憤怒，同時楊堅續弦的側室陳夫人，也哭訴楊廣對她無禮。乃呼喚柳述與元嚴，手書赦免楊勇，要他到仁壽宮，重新將他立為太子，改廢楊廣為庶民。

楊廣知有變，以東宮士兵追上柳述與元嚴，押解到監獄。派右庶子張衡，入宮把宮女宦官遣散，圈禁楊堅，過不久楊堅駕崩。楊廣繼位，假傳楊堅遺詔賜死楊勇，並楊勇兒子們都被賜死。

楊諒聽聞父親楊堅駕崩，而楊勇被賜死，異常憤怒與恐懼，立刻起兵以討伐奸臣楊素為名，準備打進京城。但楊諒不會用兵，民眾也不願意相助，最後兵敗被擒。殺楊勇是用父親楊堅的名義，現在楊堅已崩天下人皆知，楊廣不想要公開背殺兄弟罪名，於是免其死罪，最後被圈禁而病死。

楊廣繼位後，發現隋文帝太簡苛，皇帝規制不如自己所願，想要更多的享受。

※※※※※　※※※※※　※※※※※

〈陰陽節 — 楊廣上訴〉

陰陽節：有人拉鈴上訴了。這是第四個皇帝上訴。

〈一〉第一個是劉轍。他上訴過關，不提。第二個是王莽，結果可悲。第三個

劉協，被駁回

陰陽節：看這上訴，又是一個嫌棄皇帝規制太小的人。呵呵呵。現在陰陽古怪之主，非常厭惡高句麗這個搓鳥，又評量一下隋有統一天下之功。這沒有理由不受理，而且楊廣本人似乎聰明度很夠。

〈一〉劉輸當年環境機會好，贏面大，王莽環境機會差，贏面小。坦白說，倒不是王莽能力的問題。但他這次看上去機會不錯，贏面也蠻大的喔。只要楊廣能拔除那個長城釘子戶。

陰陽節：呵呵呵，這也是他該去努力的。這樣剛剛好，能夠有人會因此大欲而拼命。呵呵，受理！受理！陰陽古怪之主，肯定是很高興的！

〈二〉那楊廣許願的價格很高，不是普通的行情，但基於大局，相信處理掉高句麗，很快就能讓對價關係的秤平衡。許願者拿出性命嗆賭，服從規則。萬一失敗，也會有後續的人來補這個債。

〈陰陽節第四上訴案〉

※※※※※　※※※※※　※※※※※

大興城，皇宮大殿。

群臣慶賀，定明年開春年號大業。

「陳叔寶卒，請贈大將軍銜，長城縣公。請陛下依禮制降封諡號。」一大臣如此啟奏。

楊廣（橙眼眶）身穿皇帝冠服，沒有奪嫡弒父時的禽獸之形，雖說正值國喪期間，都在冠服編上白縞，花紋都被遮蓋，仍顯高端莊嚴，冷笑著說：「呵呵，陳叔寶這個亡國之君。昏庸奢華，最後亡國。諸卿認為該給什麼諡號為好？」

眾臣你一言我一語。

楊素（粉綠眼眶）請人轉呈諡法，列了五個，給楊廣後說：「陛下，臣認為這五個惡諡，都適合這個亡國之君。但還是要陛下來做決斷，若皆不適合，請陛下示下。」

楊廣（橙眼眶）看了這張紙片，瞄了一下，指著其中一個笑說：「就這個火易『煬』吧！好內遠禮、去禮遠眾、逆天虐民！諡陳叔寶為『煬』，一點都不為過。這種人就算沒亡國，他也會被後人稱『煬帝』，更何況不知天命而亡國？稱陳煬縣公，後代可襲爵。」說到『煬帝』二字，手指還用力指向桌面。

眾臣領旨。

楊廣（橙眼眶）微笑補充說：「悠悠史冊，後人當引以為鑑啊！做到逆天虐民，被諡為『煬』，讓後人嘻笑怒罵，得了什麼好呢？百千年後，戲曲唱和，成了一個惡人現身，人稱為『煬』，當事人死在黃泉還不知此情境，可嘆。」

「臣等謹記於心。」

確實該謹記於心，『煬』這個諡號，確實還會有人再用。

楊廣（橙眼眶）說：「正值國喪，除軍國大事之外，本不該論所其餘。但朕繼大統之前，深知大隋外患頻仍，突厥、吐谷渾、高句麗還在邊境騷擾。而先帝定下，運河、長城、科舉大通交織，以壯大己身之國策。朕除了延續之外，還引陳煬縣公，『煬』字諡號為鑑，廢除婦人及奴婢、部曲之課。男子二十二歲方成丁，直接受國課役，不受門閥勳貴所制。」

眾臣低頭稱善。

楊廣解放了許多奴婢，並解除北周以來男丁不足，以婦女服勞役，奴婢部曲隨田主為差役。如今隋朝統一南北，人力充沛，這種惡劣的制度全部廢除，讓朝廷許多人暗暗認可。但這只是楊廣為了自己後續大規模動員人力，所以先解放別人控制的人力所為。重演王莽，只改革別人，卻不改革自己的問題。不過他要例外也可以，得拿出功績，符合中國鬼局，或稱陰陽古怪之主的需求。

果然進入到大業年後，先大舉西行，西行途中不少宮女宦官病死，姊姊楊麗華隨行也因此病逝。同時急切地開通關中大興到江南運河，加碼徵調三十萬溝通河北軍事困馬長溝，變成內長城。徵發南北近百萬民夫，加緊趕工各段運河開鑿，開始有民夫因被官逼速工而死亡。

另外又加碼，增加修築長城段，又招百萬民夫。

過不久楊素病死，楊廣本猜忌他，但因功勞讓其兒子楊玄感襲爵。

接著下詔命令修船隻，可以遊幸江東，又是大批役伕要築船，工程急切，下半身泡在水中不能上來，許多人下半身潰爛至死。而持續招民夫，已經不夠，開始讓婦女也入役。

另外擴大招募軍隊，準備征伐四方。

難怪隋煬帝楊廣要解放奴婢與部曲，原來都是要改革別人給自己用。但目前還跟王莽有差，王莽是詐欺，楊廣不是詐欺，而是要真正搞一場實實在在的『大業』。

楊廣親征吐谷渾，吐谷渾王兵敗，恐懼而大舉西逃，楊廣將其故地收入版圖，擴大領土。突厥可汗與高昌王親自到張掖朝見稱臣，西域諸國也紛紛入貢。而隋朝的到處大動作，甚至引起海外日本的注意，派遣隋使，稱『日出處天子，致書日沒處天子無恙』。楊廣大怒，罵鴻臚卿，蠻夷無禮者不得再入聞。

大業六年。

楊廣又北巡到東突厥啟民可汗之帳，啟民可汗不敢隱瞞有高句麗使者，坦白引見。

黃門侍郎裴矩（粉藍眼眶），夜晚覲見楊廣。

裴矩（粉藍眼眶）說：「這些年陛下鎮壓四方蠻夷，使之紛紛入貢。但四方之中，唯有一方之夷狄囂張狂傲，不肯臣服，使陛下無法靖全功，我等臣民將因此不服啊！」

這些年，楊廣（橙眼眶）心態已頗顯驕傲，揮袖瞪眼說：「不服？我大隋之功有目共睹，我大隋之盛直追大漢，連北方突厥如今也稱臣屬！何來不服？」

裴矩（粉藍眼眶）冷而堅定，一字一句說：「南蠻林邑在先帝之時已入朝貢珍寶，西戎諸胡在陛下親征的威力之下，納土內附，西域各國紛紛來朝。國家最大外患，北狄突厥而今稱臣，契丹、鐵勒新興勢力都被討平。唯有東夷啊！近有高句麗盤據中國之地，遠有倭奴國，竟然自稱日出處天子，與中國天子相敵。陛下不東征，無法靖全功，談何直追大漢？」

楊廣（橙眼眶）瞪大眼：「嗯？你說什麼？」

沒料到裴矩（粉藍眼眶）毫不害怕皇帝發怒，更堅定說：「高麗於周時本為箕子封地，漢、晉時皆為郡縣。如今不臣，別為異域。先帝早欲討伐久矣，但楊諒不肖，師出無功。當陛下之時，安可不取？使之冠帶之境，遂成蠻貊之鄉乎？今其使臣親見啟民可汗，舉國從化中國，其心恐懼之情可以料知。可因其恐懼，脅使入朝，若不從順，大軍壓境，如泰山壓累卵！如平定吐谷渾之策，將之收為大隋郡縣！」

說罷，咚！一聲。堅定地神情下跪，眼神無比堅毅。

楊廣見裴矩眼神意志堅定，自己反而軟化，若真的缺了這一方，確實大業不能成。

於是次日，親下敕書給高句麗使者，主旨是說：朕以啟民可汗誠心入奉中國，故親自至其帳下，明年當往涿郡，告爾高麗王，勿自疑懼，存育之禮，當如啟民，若不入朝，朕將親率啟民往巡彼土。

高句麗使者見之大懼，沒想到來東突厥談結盟共同打隋朝，卻會碰到隋朝皇帝本人，最後被語帶威脅要帶著東突厥打高句麗。狼狽竄回國內，報告此事。

高句麗王高元一見，也萬分驚駭，沒想到東突厥竄囊到對隋稱臣，派去談連橫之策的使者，還會碰到隋朝皇帝本人。緊急招見國內各城主，動員兵力戒備。但仍派使節到隋傳書，宣稱稱臣，然拒絕入朝。

楊廣此時又從漠北巡幸到江南，沿途奢華耗費頗鉅，數百萬民夫都在全國各地工作，不斷開始死亡，已經有不少人落草為寇。但還不斷徵兵入營，徵民女入宮，但此時天下人都還在隱忍，目的只有一個，要楊廣上陣拔最讓人厭惡的『長城釘子戶』。

楊廣巡幸到江都，騎馬在前帶著數千宮女遊玩，蕭皇后也在宮女們簇擁下從旁跟隨。群臣在後，都不敢上前主動提國事，但怪異的是，高句麗王不願入朝的回復，以及他在國內動員各地城主招兵買馬的消息，直接透過宦官送上來。甚至當中經過有心人加油添醋，說高句麗王稱，隋立國短淺，雖據中國舊境，實乃諸胡與漢民融併使然，豈有盡復遼東之理？而高句麗傳承七百餘年，不懼外力相脅。當年匈奴劉淵控制河套，最終擒殺中國皇帝，被稱蠻夷者又豈不能控中國之地？

楊廣本開心帶美女群遊運河與離宮，忽然以軍報的層次送上急件。楊廣見了果然大怒，此時群臣紛紛入奏，為了讓他不要在江南遊於美色，紛紛認為要北上討伐高句麗收回遼東。

「東夷小丑！簡直荒謬無禮！」「請陛下舉國之兵討伐！」「如此冒犯上國，若不滅之，臣民不服！」「竟然自比劉淵，難不成想要入寇我大隋？」

楊廣遂下詔命，全國徵兵，舉全國兵力討伐高句麗。

第十二章 空詔員 苦鬪地精 隋至唐

全局中軸的內部雖然是最重要的基礎，但外部變數也無可忽略。以內功為重者，若要啟動全局對外，那麼必定打亂內部的佈局。如此則必須要調節內部佈局的取捨，看是否改變每一個單位的組合，累加起來，出現巨大的能量。

空詔員：本職是空白觀察，但就這個空白，可把內力轉為外力。陰陽古怪之主，命令本局要調動全部力量，把吱吱給打死。

筆仙：似乎應該繼續深積力才對。

空詔員：陰陽古怪之主，設定的中軸線出了變數，現在很憤怒高句麗吱吱這個不上道的群體。

筆仙：楊廣已經在陰陽節那邊上訴，嗆賭了不是嗎？

空詔員：陰陽節只是逼迫的遊戲規則，又吱吱不是一般的敵群，萬一楊廣這遊戲玩輸了呢？怎麼保證吱吱一定要去死？陰陽古怪之主有指示，這次對付的敵人要用全力。這吱吱非常可惡，趁陰陽古怪之主設局煉化五胡這段時間，趁機釘在長城邊上也在借局吸納力量，自己不進門還擋在門口不讓他人進，非常之可惡。公佈本局遊戲規則。

筆仙：首先，啟動此遊戲就必先釋放局中鬼，就是我，除非擋在中軸線前面，否則鬼不傷人，只是標示意念眼眶之色，讓全局能知道那個人，屬於哪一種人。接著運轉的遊戲規則是。第一，依據既有之心靈圖像，設定內部牌局，藉以改變內部平衡，調升或調降全局對外整體的力量。第二，對外力量升降標準，依照古怪之主，告知的中軸線訊息來判定。第三，心靈圖像的牌局內部規則，由於是銜接全局而來，故心訪使建立的集體心靈圖像，此時影響超過人類原始的心靈圖像。用以激化能形成系統脈絡的人數。第四，內部規則與各單位相互銜接牌局的成敗，將決定本局運轉效能，但內部平衡為最重要之務。第五，內部牌局規則的變化，看心靈圖像深入單位的程度而定。第六，本局是無論地位高低的參予者，都會受影響之局。

空詔員：另外，本局的數術面最深，內外平衡依託自然界時空平衡之理。如此提供陰陽古怪之主的主局，調整特殊單位數量的平衡之度。

筆仙：是的，除此之外。從心訪使那一局給數據，由我來定義某個單位的眼眶顏色，如此群體就能追蹤個體的能量，集結特殊的團隊力量。陰陽節等人的遊戲，也是由本局提供的心靈眶色法，去制定人性的期望值是否滿足，以評鑑上訴者的成績。唯有此法，讓事實擺脫文字語言的陷阱，遠離眾口鑠金的假象，讓事實無法用人性欺騙詭詐手法掩蓋。

空詔員：聽說陰陽節現在盯得很緊，等於是與本局共同出力，陰陽古怪之主真的是卯出力量要去打吱吱了。

筆仙：本局銜接自然時空之理，依人性制定方位，擬定整體方向，為陰陽古怪之主最重視者。

歌名：空詔員局中鬼　引曲：台灣版三國志　改詞：筆者　〈空詔員的書舞歌曲，筆仙的伴奏附和〉

空詔員唱：大道中，陰陽至理。混沌下，人性迷離。空明詔，局中鬼，真知通慧平地起。啊~~啊~~~真知通慧平地起~~　感知下，時空平移。入春秋，賢愚分離。明析是非，編汗青，多少英魂入塵兮?啊~~啊~~多少英魂入塵兮?多少英魂入塵兮?

筆仙唱：顏眶色，心圖像，人性好壞類何其多，有的忠肝又義膽，有的奸險是小人，黃河長江東逝水，是非成敗轉眼過，笑一聲這樣的舞台，是中國。

觀心性，著顏色，交錯縱橫，鬼局清理~~

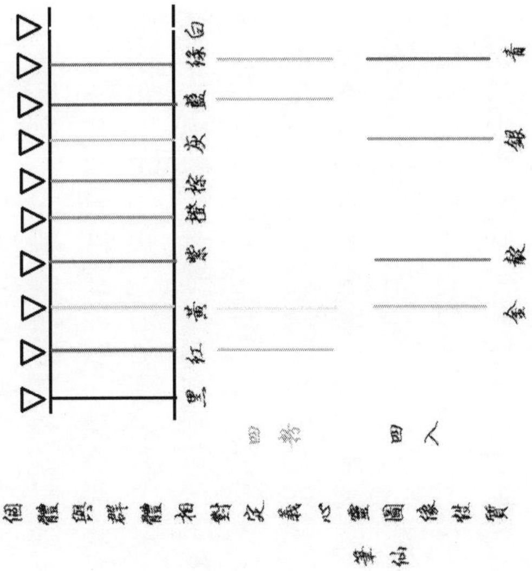
白
綠
藍
灰
棕
橙
紫
黃
紅
黑
青
銀
銅
金

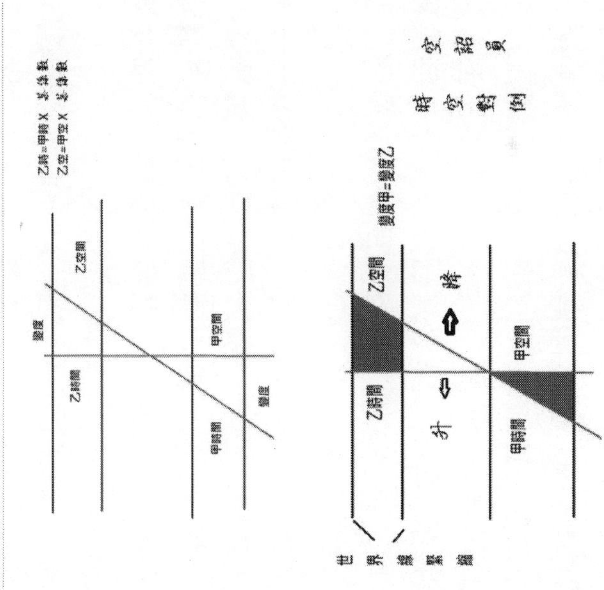
空詔員
時空對倒
乙空間
甲空間
乙時間
甲時間
變度
升
降
變度甲=變度乙

有了空詔員的調控，中國鬼局或稱超個體，只有在最關鍵之處，對外才會發揮力量，而一發揮則力量之強，不可收拾，遠遠超過同量級的國力者。但除非必要，不然不會發作的。而此時遭遇到阻擋中軸線的傢伙，超個體發怒，肯定會調度內力對外，無可避免有一場激烈死鬪。無怪乎讓最貪婪者上位，押上陰陽節賭局，又動用空詔員啟動大量的基層配合。

全國動員，撕碎游離在長城毗連區近七百年，還穩固發展的『活化石』兼『釘子戶』。用各種間接方式，讓整體驅動個體，再個體返回驅動整體的連動策應，催化出隋朝不顧一切，舉全國之力出擊。這場動員，可謂當時人類史上頭一次最大規模總體戰出擊。竟然農業文明時代，就催出工業文明時代，才動員得了的野戰兵力大集結，以及國家總體戰的打擊模式。

而當然，高句麗內部也啟動內部的局，改變自身全面應對。

楊廣下詔徵調全國，解放出來的奴婢部曲也全部投入國家勞役，征討高句麗。從嶺南的排鑹手，到江淮水軍，江南步兵，荊州各地弓弩手，中原河北各地騎兵，攻城投石兵，隴西騎射隊等等，還有大量江南的糧食，軍車民夫，全部到涿郡集合。婦女勞役則當後勤，製作糧食供應馬草。還在涿郡設行宮，挑選各地行宮宮女數千人裝船隨軍北上入住涿郡，各地供應糧食飲酒。全國大小官吏也到涿郡報到，分給住所行館。

於是全國大騷動，全部人力資源都進入長江、淮河、黃河，連通江南河、廣通渠、邗溝，盡入永濟渠入河北運河北上。整個大運河船隻相望，或為兵船，或為糧船。楊廣乘坐巨大龍舟北上，沿途除划槳，還需拉縴，耗費甚大。在涿郡集結共一百一十多萬大軍，外加隨軍民夫與煮飯的役婦，共兩百六十多萬人。分左軍十二道，右軍十二道。還有水軍一道。共二十五道大軍集結。接著除水軍入海繼續北上外，陸軍下運河船隻行軍北進，沿途聲勢浩大一望看不到邊。

時間稍早前，高句麗國主嬰陽王從潛伏在中原的密探，得知隋軍精銳如此強大，沿運河北上的船隻從北到南絡繹不絕，大為恐懼，想要求和。但高句麗群臣認為，本國人心凝聚，曾遭遇多方外力打擊也都不倒，堅持抗拒。嬰陽王同步命令全國各城主，徵招全部男丁入軍，也集結二十萬人。計算人力，也只有接近隋軍兵力五分之一，恐怕不足，連高句麗婦女也徵招當後勤糧食準備，甚至練習弓箭騎射戰備。

國主嬰陽王親自統帥，但他深知，隋軍有強大水軍可以跨海打擊，怕直撲平壤城抄後路，於是將主力分成三路，平壤城一路，遼東城一路，野戰後備一路，全部憑藉地形，建立梯次防衛佈局，各布局依地形防衛，把龐大兵力的防衛力量拉到最大。

楊廣擔心各軍不協調，沒有一聲令下全部攻殺，更擔心最後不是自己英明所勝，折了功勳。下詔令各軍將領不能擅做主張，必須詔命回復統一協調，才能軍事動作，所以各軍在趕來途中勞累，士兵自己帶糧往往負重遺棄，但集結後又動作遲緩，涿郡各軍損失糧食眾多，又加緊要求後勤民伕供應。苦於供應軍需而服役的民伕紛紛逃亡，成為盜賊，楊廣令都尉、鷹揚與沿途郡縣聯合追捕，捉到的立即斬首處決。許多男丁怕被牽連，四處躲藏。

嬰陽王聽聞隋軍主力全部前進，知道若在遼西野戰必定全軍覆沒，於是全軍撤到遼河以東，依河固守。終於楊廣金盔銀甲到了前線，遼河解凍無法渡過，令前軍開始搭橋。

眼看著三條橋不斷往東延伸，其中一條還抵達了東岸，嬰陽王大感恐慌，趁著自己所處高位，領全軍進攻。隋軍大將麥鐵杖、錢士雄、孟金叉，各率兵三千，跳落水下奮勇向前，護橋死戰。先是弓箭互射，盾牌抵擋，接著冒著箭雨交錯肉搏。殺！鏗將！鏗將！從橋上打到岸邊。人喊馬嘶，一團混戰。少府監何稠趁混戰，督造接橋。

「箭雨！盾牌兵！」嗶嗶嗶！

「敵人馬隊出現了！」喀喀喀！

「排鑞手！打啊！」噹噹噹！

「強弩隊反射！」咻咻咻！

「敵人投石車！」咚咚咚！

殺！鏗將！鏗將！

岸邊殺得血流入河，隋軍護橋死戰不退，混戰廝殺近兩個時辰麥鐵杖、錢士雄、孟金叉三人與所部士兵全都陣亡，但後續的隋軍強行過橋，紛紛跳入水中徒步上岸掩殺，隋軍前仆後繼殺來，高句麗軍傷亡頗重，但也不斷增援，進進退退不時衝殺意圖斷橋。

經過數場惡戰，隋軍還是堅守住遼河東岸，數次擊退高句麗軍的反撲。

終於兩日而橋成。隋軍主力陸續過橋，整隊繼續向前，大戰於東岸，隋軍源源不絕投入戰鬪，十幾名大將領軍衝殺，高句麗軍大敗潰走，隋軍順利抵達遼東城外。

由於隋軍人數眾多，將遼東城團團包圍，從城上看不到包圍圈的邊際，遼東城內全城驚恐，所有男丁都站在城樓上備戰，女子接續治療傷患與糧食供應。

隨軍御營。眾將雲集，樊子蓋、吐萬緒、段文振、觀王楊雄、辛世雄、宇文述、周法尚、薛世雄、于仲文、李景、崔弘升、楊義臣等等各路陸軍主將，外加水軍主將來護兒。

楊廣（橙眼眶）親自到御營後，逞威大罵眾將無能。眾將領只能站一排，低頭聽訓。

「賊軍剽悍，攻守兼備，又懂得利用地形伏擊。你們一下一窩蜂就向前衝殺，要把士兵的人頭送給敵方將領請功嗎？」

「超過一百萬大軍，後方還有一百多萬人陸續增援，若全部擠在遼東城下，賊軍其他地方來支援，豈不腹背受敵，無法展開我王師天軍的威力？」

眾將繼續低頭聽訓。

「今日是吊民伐罪，不是為了功名與土地，但你們不識朕意，隨便輕兵掩殺孤鬪。之後你等進軍必須分為三道，三道皆知才能攻擊。所有軍事進止，都要等到朕的批准，不可專擅。」

「另外，高麗賊人，經營遼東許久，遼東城堅固廣大。若硬攻必定傷亡慘重，也未必能下，況且還會有敵人陸陸續續騷擾，難斷情勢。必須在城西建造我們自己的城池，然後分兵去打遼東城周圍其他賊軍小城，切斷賊軍的支應，才能發揮我們人數優勢。觀王，你是軍中將領中唯一的宗親，由你來落實指揮全部計畫。」

楊雄遵令。

「另外，只要高句麗投降，立刻安撫，不得趁勝縱兵。同樣要等朕批復才可反應！」

眾將遵旨。但這代表楊廣要在後面遙控指揮。

於是動用民夫士卒，在遼東城西，建造六合城，楊廣親自入住指揮。隋軍以六合城為中心，除了繼續包圍遼東城外，其餘力量分兵攻打周圍城池，遼河西岸的武厲城被攻下後，東岸數個城池也被一一打下，高句麗軍正面作戰傷亡慘重，不敢硬碰，為保存實力都退往後方。

但是遼東城幾次差點被攻下，城內宣稱投降，但因為楊廣遙控指揮，將領們回報往返，而高句麗軍趁機會再修補損毀，重新佈陣抵抗。等到楊廣同意受降，高句麗軍又反而擊鼓拒戰。

許多將領怕觸怒楊廣，不敢亂言，所以一直打不下遼東城。

六合城中。

楊廣帶著蕭皇后，時不時討論江都山川秀麗與遼東山川壯麗之比，還打算收復遼東之後，在這建立行宮。其實楊廣與蕭后也是夫妻情深，只是楊廣窮奢極慾，蕭后雖然賢慧但怕楊廣發怒，所以只能委婉勸說，楊廣自然不會接受。國內萬民已經沸騰，但此時都不造反，頂多開小差。

「軍報！軍報！」一名皇城衛隊士兵持前線將領軍報，直入城中。

楊廣等待戰況結果，萬萬沒想到，全國子民，乃至才剛從部曲奴婢解放出來，又被徵調的役夫役婦，也在等這個結果。這將會是一翻兩瞪眼的事情，最上層的皇帝與最下層的役伕役婦一起一翻兩瞪眼。士兵跪下送上軍報，交給楊廣身邊女官，然後退出。

楊廣一看：攻城又失敗，遼東城又破了一回，但因往返請降談判，裡面又築壘抵擋。

楊廣此時才知道高句麗人要這種小聰明，因而大怒，雖然此戰對他而言純粹起於虛榮之心與爭強好勝之意，但也有感覺此戰重要，可能就決定隋朝前途，所以稍微轉變態度，不敢隨意怠慢。

急忙讓女官陪著蕭皇后，回六合小城臨時皇宮，後院休息。自己到前院，招集所有將領開會。

眾將領你一言我一語。

「圍了五個多月！竟然遼東城還是不下！」「糧食已經供應短缺，後方受徵調的民伕偕民婦逃亡，已經禁不勝禁，得快點打出結果。」「賊軍不斷騷擾，運糧的部隊也頗有傷亡啊！」「該不該投入全軍死攻遼東城？」

楊廣面有憂色，一直聽眾將領之間的辯論，快半個時辰。

楊廣（橙眼眶）止住眾將領說：「好了，全部安靜。」

命宦官端茶上來給眾將喝。

楊廣（橙眼眶）說：「我們舉全國之力來此，自然不能止為了打下一個遼東城。朕想到一個辦法，打破這個僵局。」

接著拿著藤條製的指揮棒，走到地圖前。

「來護兒。」

「臣在。」

「渡海用的戰船總共有幾艘，你手下的兵力幾何？還能多載幾人？」

「大小戰船，共計七百二十艘，水軍兵力八萬，若加上新造的海船，可多載十二萬人。」

「夠用了！宇文述、于仲文。」

「臣在。」「臣在。」

「你們兩人率領手下兵力，繞過遼東從陸上向平壤挺進，後續朕還會調派其他道的兵力增援。而來護兒率手下水軍，加上左軍海冥道、建安道，右軍臨屯道的兵力，渡海過去，在壩水登陸，直撲平壤。如此兩面夾攻，直搗高句麗東夷小丑的巢穴，必能大獲全功。眼前的遼東城，就圍著，看誰能熬？」

眾將依令而行。

來護兒率水軍引陸戰隊，大舉渡海，而高句麗沒有水軍，只有小船窺伺，發現如此大規模水軍渡來驚恐萬分。

平壤城。

嬰陽王的弟弟，高建武收到情報，令各地趕來增援的城主也來開會。

高建武說：「聽刺探消息，隋軍成規模水軍一眼望不到邊，粗估可以超過十萬人登陸，更不計算繞過遼東城陸上過來的超過三十五萬兵力。平壤主要的兵力都已經被抽去遼東禦敵，不能撤退，守在此兵力不到五萬。絕對弱勢，我等該如何？」

乙支文德說：「如今各城主，都把領地的男丁抽調精光，已經無法增兵。」

淵太祚說：「把婦女也找來當兵！讓她們守城！我們高句麗女子，甚至都能騎射。」

高建武說：「婦女如何能戰？」

淵太祚說：「我們的密探回報，中國四面作戰，大開運河造船，廣設離宮，如今又調動兩百萬兵力攻我。役伕不足，也招婦女，只是沒上戰場作戰罷了。而我們高句麗女子，不止能做後勤之事，舉弓射擊，持刀拚殺也能作為！」

高建武拼命搖頭說：「不行！不行！把婦女調上場，實乃動搖國本！我高句麗大族，雖非中原華夏，但亦知國本先後。即便國家打到沒有男丁，最多降伏，也不能動員婦女。」

淵太祚說：「如今兩國押上全力相戰，隋皇帝與我王，都親自統帥大軍在前線相戰。婦女為何不能上戰場？」

高建武喃喃無語。

乙支文德緩頰雙方說：「這樣吧！只徵調能拉弓，能騎射，能相搏的年輕婦女，而且只守備平壤附近即可。其餘都幫助放牧耕田，畢竟我們也需要糧食。婦女畢竟國本，沒有她們，小孩與老人怎麼照顧？」

高建武低聲說：「沒錯，就這麼辦。」

其餘諸加、城主也都應聲。

高建武補充抱怨了一句說：「南方的新羅其勢日強，甚至奪我國南疆，渡海與隋溝通。我王把敵人卻鎖定在國力超強的中國身上，舉國相戰，即便勝利也於國大損。」

淵太祚是對中原敵視的強硬派，也是個軍事狂人，聽了這種懦弱之語，非常不滿。

「此言不實，中國要奪回遼東要地，不與之為敵豈能守土？」

「我所言豈有不實？國力現實就是如此！」

兩人互相口角，在場眾人勸架。

於是各自分兵統帥，確實連婦女都調入騎射隊伍。隋軍戰船紛紛靠岸，下小舟，拉舢舨，大舉登陸集結。沿海高句麗居民紛紛逃入平壤城。

嬰陽王聽說隋軍從海上登陸，直撲平壤城，非常恐懼，快馬加鞭率領三千騎兵晝夜回援。加上淵太祚率五千騎兵會合，

來護兒沒等到陸軍，但知道自己手下兵力遠比對方強大，於是揮軍猛攻，嬰陽王與淵太祚兩軍寡不敵眾，潰敗後退，所幸都是騎兵，很快就撤走。十萬隋軍大舉包圍平壤城，其餘部隊看守海上的船艦。

「報將軍，平壤城門洞開，城上城下都沒有人。」傳令兵騎馬，在馬上行揖來報。

「城內呢？」來護兒急問。

「我等怕有詐，特來請示將軍是否入城？」

「這種小城，要詐又能幾何？重盾牌兵當前導，全軍入城！」

於是隋軍以盾牌陣為前導，進入城中。但轉面四周，除了武器財寶遺落滿地，隋軍將領怕有詐，禁止士兵撿拾，全部列隊，但一個敵人也沒有。便分兵搜索，以五百人為一單位，城內城外四處搜尋。

陳益民，一個江南來的水軍士兵。跟著隊伍搜索到一座寺廟。

忽然四方冒出高句麗士兵伏擊，陳益民跟戰友們一起搏殺，並且拼命朝天空射擊綁著紅絲帶的強弩，周邊小分隊見到，數十條紅絲帶飛天通訊，知道有埋伏，於是往該處增援。

一場混戰，約千餘人的高句麗士兵傷亡過半，大敗潰逃。

來護兒收到軍報，大喜，認為這代表高句麗士兵真的都被嚇跑，大概主力還在遼東無法趕來，於是命令士兵四處撿拾財寶，準備獎賞有功。

就在隋軍因此放鬆之時，高建武數千騎兵隊，從城外衝殺而來，隋軍大多是步兵，沒有列陣難以抵擋，被殺得四處奔走，難以組織抵抗。來護兒慌亂不知所措，只能胡亂指揮反擊，最後大敗逃走，退回海岸邊的根據地。高句麗軍緊追來護兒到船邊，發現水寨堅固又有重兵防衛，只好退回。

陳益民也跟著大部隊逃走，但此分隊所剩一百人落了後著，忽然一騎兵騎射隊伍攔住去路，所有戰友圍著一圈對外，但騎射隊箭雨如下，射擊精準兇猛，許多人中箭倒斃。眾人緊急盾牌抵擋。

領頭校尉喊：「持盾四面衝殺啊！」

陳益民跟著隊伍衝殺出去，騎射隊伍持馬刀砍殺，隋軍士兵被砍殺踐踏，陳益民持長矛跟一個騎士交斲，雙方吶喊，但感覺對方聲音不似男子。

許多隋軍士兵反殺，或拉騎士下馬，旁邊戰友喊：「都是女的！」

所有士兵反而一陣驚慌，但高句麗女兵不懂隋軍說什麼，趁空反殺，這一隊伍隋軍士兵都是由江南單純的農夫或寒門書生編制而來，很多人都沒娶妻，常羨慕有娶妻者，對女人充滿好奇。所以自己被砍殺或重傷，也不敢對女人下狠手，都採取防衛姿態。

陳益民也被一女子刺中肩膀，手上兵器掉落，攤在地上無法抵抗。

很快所剩下數十人全部被俘虜。

陳益民對旁邊的戰友說：「看來這些高句麗人，也已經用光男丁！若投降，也許可以娶妻。」

戰友冷冷地說：「到這地步，你還小腦袋作怪，可能就要死了！笨豬！」

數十人全部被反綁，由女騎士拉在後面帶入城。

來護兒發現陸軍沒來增援，而主力兵大敗，不敢再次單獨行動，於是用船艦搭配岸邊臨時海邊水寨，全面進入防禦態勢，等待陸上的消息。

二十四道中的九道兵力，大舉進逼鴨綠江，高句麗大將乙支文德過江詐降進入隋軍大營，隋軍主將宇文述、于仲文曾接到密旨，要生擒嬰陽王高元和及乙支文德。原本要將乙支文德關押，被時任慰撫使的尚書右丞劉士龍阻止，將他放走，于仲文不久後悔，派人追上乙支文德，讓他再回來議事，乙支文德不從，立即渡江回去。于仲文派兵追捕，乙支文德且戰且退，並送給于仲文一首詩：「神策究天文，妙算窮地理。戰勝功既高，知足願雲止。」

稱于仲文已經戰勝，應當知足，勸他退兵。

于仲文回書招降，乙支文德拒絕，將營寨燒毀後撤退。

由於于仲文放跑了乙支文德，他提議以精銳追擊，宇文述則以軍中缺糧為由，想要退兵。兩人爭吵，于仲文由於先前得到楊廣的節度諸軍命令，於是以此節度，繼續命隋軍渡江追擊。乙支文德在隋營時見軍中士卒面帶飢色，認為隋軍缺糧，於是與隋軍交戰時，在一天中故意戰敗七次，引誘隋軍追趕，拖長隋軍的後勤線。

乙支文德熟知中原歷代典籍，甚至研究中原兵法戰史，學習白起與韓信的用兵方式，多方利用地理環境與人的相互結合，下令在薩水的上游修築堤壩蓄水。當隋軍到達薩水時，江水很淺。於是隋軍便涉水過江，此時離平壤城只有三十里，在山下紮營。

派人通知水軍來護兒，共同出兵夾攻平壤。

乙支文德深知，倘若水陸兩軍同時夾攻平壤，高句麗必定大敗。於是再次派出使者詐降，稱只要隋軍退兵，就將國主高元送到大隋皇帝面前謝罪。宇文述見士卒疲憊，平壤城又險峻堅固，易守難攻，乙支文德降書正中下懷，可以有藉口退兵。於是率軍撤回。

正當隋朝軍隊撤退經過薩水之時，乙支文德下令開閘放水。數千隋軍被淹死。乙支文德隨後率領高句麗軍隊向入侵的隋朝後部軍隊發動了猛烈的進攻，一場混戰。隋軍大敗，一路潰散逃亡者數不勝數。退回六合城附近，清點人數，只剩下兩千七百人。其餘三十五萬兩千三百餘人全部沒有回來，其餘或戰死，或被俘虜，或分散潰逃無處可去，主動投降敵方。

如此大敗，舉軍震動。

來護兒在知道陸軍大敗時，害怕自己也會再敗，命令所屬部隊登船，全面撤走。

乙支文德成了英雄，凱旋回平壤城，檢閱所有俘虜。高句麗王高元身邊將領都憤恨隋軍，請殺俘虜，乙支文德大罵此議。大喊：「兩國交戰皆用盡全力，隋乃大國，兵力仍可源源不絕，我則人丁傷亡慘重而嚴重不足，幾場交戰雖然獲勝，牧場農田已無缺人力照料，乃至婦女上戰場。應當留下隋軍官兵，懂書文者重用，其餘分配農田，招國內遊女給予娶妻，成為我國人力。不管是否願降，也能因時因勢，為我國所用。」

高句麗王贊同。

陳益民果然被釋放，由於還會讀書寫字，所以很快被分配整理文書，也婚配一個女戰士為妻。瞪眼一看，竟然就是刺傷且俘虜自己的那一個高句麗女子。

在六合城的楊廣收到敗報，傷亡如此慘重，氣得把宇文述與于仲文等人罷官囚禁。

本來還打算再次猛攻遼東城，但是群臣建議不當在六合城待太久，糧食已經供應不上，於是下詔全軍撤退。

各路大軍與楊廣蕭后等人，先退回涿郡，留守一部分士兵，將攻下的遼河西岸武厲城與周圍幾個小城，設置遼東郡，與通定鎮等。然後宣告戰爭有所收獲，全部沿運河南下撤回。

………………中國鬼局，沒這麼容易唬弄。

※※※※※　※※※※※　※※※※※

陰陽一體，古怪相連。既然一體相連又分二者。

陽怪：什麼！又失敗！

陰古：吱吱！要撕碎這個吱吱，否則整個局面都會被搞死！別忘了漢朝時，我們通西域，摸到了什麼氣脈？這個釘在關鍵位置上的吱吱，絕對不能留！

陽怪：繼續發力，無論什麼代價，都要撕爛這個吱吱！

陰古：等等，用了這麼大力氣，竟然這樣失敗收場，此朝代用力，能撕得爛嗎？

陽怪：撕不爛他也得撕下去。倘若不夠賣命，那就更迭朝代！之後接著撕！可別忘了他是啟動陰陽節，拉扯了申訴鈴的皇帝，那就要逼他拚下去！

陰古：那他得衝到底，告訴陰陽節，嚴格執行，若再失敗，就不要回來！

※※※※※※※※※※※※※※※※※

確實，給你楊廣那麼多豪華皇宮，山林別苑，上萬美女，眾多財富。你胡作非為也全部都忍耐下來，硬把錯誤的事情點頭說成正確。忍受這一切可不是白忍的。楊廣一南下回洛陽，會見西域外國使臣同時，就從使臣那邊聽到民變的消息。

但回頭問群臣，卻是這樣回答：

「天下太平，不過一二小賊，很快可以平定。」「唯獨高句麗在作亂，需要勞煩陛下。」「南北分立方久，難免有一二小賊不知天命，但高句麗兩敗王師，若不滅之，人心不安。」「除了高句麗盤據遼東，窺伺中原，意圖重演當年南匈奴劉淵奸惡之外，中原天下太平，西域使者不知國情，胡言亂語萬不能信。」「對啊陛下，別聽西域胡人鬼話，中國之大敵只有高句麗，不能讓他們重演南匈奴，竊據商封，窺伺中原之故事。」

楊廣（橙眼眶）喝令安靜，然後表演一套氣勢磅礡，說：「高句麗這等小賊，侮慢上國，今拔海移山亦要克復，況此虜乎！」

只有光祿大夫郭榮反對說：「戎狄失禮，臣下小事，千鈞之弩，不為鼠輩發機，奈何陛下要以萬乘以敵小寇？」

群臣一陣反唇相譏：「怎會是小寇？」「小病不治，大病無救！」「當年南匈奴劉淵的先祖，就是盤踞黃河北套，窺伺中原，魏晉以為小寇，只讓他們稱臣，結果最後呢？永嘉之禍！」「當年魏晉放棄河套給匈奴，最後其他胡人不就依樣畫葫，紛紛入駐周邊，窺伺中原，好不容易時代流轉三百年，犧牲那麼多人，大隋終應天命，天下南北一統重塑盛世，難道不記取教訓嗎？」「對啊！自作聰明，不懂歷史，請勿再言！」「陛下！一定要記取歷史教訓，不能再讓故事重演！」

郭榮一聽，確實如此，語塞難言。

楊廣非常機敏聰明，不會不知道，這種情況有問題，但眼前群臣雖然恭順，言語方向卻已集體改變。但把這些群臣分開，一一單獨親切地對陛詢問，卻又問不出個所以然。倘若不趕快把高句麗一舉打下來，然後宣稱天下太平，恐怕就會出大事。於是拒絕郭榮提議。

只感覺自己好像上了賭桌，而且這賭局萬一輸掉，那是要家破人亡的。

稍稍已有些疑神疑鬼，需要趕快善後，於是把協助弒父奪位的張衡，賜死在家。張衡死前大呼：「我替別人做何等之事，冀望能活？」監刑者遮住耳朵，催促旁人行刑，於是將之絞死。

大業九年正月，再次徵兵天下，編成驍果軍，設置折衝、果毅、武勇、雄武等郎將軍官，以統領驍果軍，並恢復了前征遼主將宇文述等人的官職，再次對高句麗發動進攻。同樣又是水陸兩軍並行。這次的兵力已經集結不了超過一百萬人，但仍有七十萬大軍，加上後續的民伕民婦補給糧食，也動員近兩百萬人，進入先前設置的據點武厲城與周圍幾個小城，強行渡過遼河，再次包圍遼東城。

原本在群臣的催化下，楊廣心結就是，害怕這些夷狄重演五胡十六國春秋歷史，但事實上在超個體而言，反而是因為高句麗不參與這段歷史，還硬賴在長城毗連區當『活化石』加『釘子戶』。這種貨色不用盡全力打死，那長城佈局真的會全盤破功。

楊廣內心深知，上次失敗完全是自己亂搞，所以才損失如此慘重，以至於開始天下騷動。這次學聰明，不遙控指揮，下詔令各將領，可以便宜從事，自己看戰局下軍令。

大軍再次過遼河，這次高句麗軍力量已經不足，守河部隊很快就潰散。

隋軍全軍瘋狂攻遼東城，飛樓、雲梯、橦、地道，四面俱進，一直殺到晚上仍然在城下點燃所有火把，全面猛攻，遼東城忽然壯麗非凡。此時可以看見，誰才是中國歷史的主角。

因作歌曲一首《改編於：向前衝，成吉思汗國語版。新曲名：力拔釘戶。作詞：筆者。》

編號：黃裳元吉

日正當中埋頭當兵　轟轟烈烈向前衝

人生短短庸庸碌碌　活到老來全落空
困難重重意料中　長城遠局
巍巍豐功非英雄　只是虛榮
腳踏實地我來成大功
衝　衝　向前衝
天不怕，地不怕，都不怕，天生英勇
衝　衝　向前衝
一時辰一刻鍾一瞬鐘絕不放鬆
小兵才能立大功　哈哈哈哈　蝴蝶原是毛毛蟲　呵呵呵呵
日正當中埋頭向前衝
衝衝向前衝
攻堅城　滅強敵　拔釘戶　我來立功
衝　衝　向前衝
一時辰一刻鍾一瞬鐘絕不放鬆
皇袍在身稱皇帝　那是假象　英雄豪傑逞威風　那是演戲
中國歷史是小兵立大功

四道俱進晝夜不息，隋軍前仆後繼攻城，甚至地道殺到城內。高句麗軍很早之前，就已經在此集結重兵，所在城內外死戰不退。隋軍輪番進攻不放鬆，高句麗軍也輪番抵擋，城池內外，城牆上下都在廝殺，雙方死傷甚眾。驍果軍校尉沈光，抓著衝梯竿長十五丈的尾端，眾士兵把他升上去，親自支援在城牆上廝殺的士兵，與高句麗士兵短兵死戰，連殺十幾名高句麗士兵，高句麗兵盾牌反殺，將他推下城牆，抓到攻城器具垂梗，繼續爬上城牆廝殺。楊廣在城外望見，立刻命人將沈光升為朝散大夫，待戰後要將他所屬驍果軍安置在左右，當貼身親衛兵。

楊廣此時已經發現情況有些不對，努力學聰明，暗暗害怕政治氛圍有異，所以變成英雄豪傑，不再驕傲苛責將士，要誠心結交勇士，以防將來有變。而將士們打高句麗，也拼死奮戰，即便遼東城兵力雄厚，也毫不畏懼。

此時遼東城仍然堅守，高句麗士兵源源不絕，仍然抵擋住隋軍。

楊廣看攻城死傷頗重，但高句麗軍仍然堅持，害怕有失，下令鳴金收兵，有秩序撤退，然後撥出財寶重賞驍果軍勇士。並且讓底層的軍官也能提建議。

於是有人提議，集結布袋百萬口，全部載土，在攻城器具掩護下，堆出魚梁大道，左右闊三十步，最後高與城牆相同，讓戰士集體重甲盾牌衝殺攻擊。

也有人建議，再做八輪樓車，高於城牆，魚道堆放時，在魚道兩旁弓弩射擊，掩護堆置。

楊廣全部同意，立下軍令執行。

另外宇文述建議在攻打遼東同時，分六路大舉沿先前道路，鴨綠江南下，直撲平壤。各軍記取上次失敗的教訓，隨機應變，互相支援，謹慎進兵。楊廣也從善如流。

乙支文德知道遼東城未必堅守得住，率軍在鴨綠江南各險要佈防。

宇文述、楊義臣率六路大軍渡過鴨綠江追擊。

此時隋軍將領比較小心，處處堤防乙支文德的計謀，高句麗軍的陷阱都失效。

殺！鏗將！鏗將！殺！鏗將！鏗將！

楊義臣與作為先鋒，抓到戰機，發動攻勢，乙支文德連續幾個梯次的兵力，都被打敗。楊廣收到大軍打敗乙支文德的消息，大喜，通令前方全軍進攻平壤城，但沿途仍需小心，須採取緩進急攻。

這次作戰，似乎楊廣從庸帥變成了明帥。

大業九年六月初三，遼東城外御營。

忽然快馬來密報：楊素的兒子楊玄感謀反，集中兵力堵住河北戰略通道，企圖讓官軍不能返回。兵部侍郎斛斯政作為楊玄感黨羽，出逃投向高句麗，將所有兵部資料全部帶走，極可能全部交給高句麗。

楊廣大驚，急忙招所有部將密商。

兵部資料多是具文，與實際狀況有很大出入，並沒有什麼價值，但楊廣怕的是回頭的路被堵住，以及軍眷都在後方。而楊廣本人最擔心的是，自己放在後方沒有帶來前線的財寶宮女，會被搶掠一空。

眾將領請求撤退，萬一被兩面夾攻，所有軍隊家眷都在後方，會出大事。楊廣感覺這不對勁，極可能楊玄感兵變，有其他意思，一時猶豫不決。

夜晚，招問太史令說：「以愛卿所見，楊玄感兵變會成事否？」答道：「楊玄感沒有人望，只是勾結朋友利益結合，利用百姓怨恨，圖僥倖成功。如今天下一家，恐不能遂其意。只是……」

「只是如何？」

「倘若此次征伐高句麗，再次失敗，損陛下威靈，無從解釋天下，百姓怨憤更難平息。」

「可將士家眷在東都居多，這次東都被圍，所有統兵將領都要回去，朕如何是好？」

「臣位卑言輕，這種事情，恐須問問別人意見。」

「朕要你回答你便回，不然單獨找你來做甚？」

「是，依臣之見，最好兵分兩路，讓善於作戰且急著想回去的人，領兵回去征討楊玄感。陛下當率另外一部主力，全力攻破遼東。」

楊廣本來依從，但回頭一想，這次自己兵力已經比前次減少，再少一半更無把握，若沒有打下高句麗，又沒平定楊玄感，就會被兩面夾攻，一切全完。強忍猜疑，反正對他而言，打高句麗只是為了向天下人展示而已，遂下令全軍撤退，回去消滅楊玄感。

若之後風向不對，大不了打完楊玄感之後，再來攻高句麗。

於是所有器具全部拋棄，命令所有部隊只帶輕裝與糧食快速撤退。一時間隋軍混亂，分不出建制，但倉促撤走。宇文述等人也收到撤軍消息，快速繞原路後退。高句麗軍雖發現隋軍撤退，但怕有詐，過了幾日才以騎兵追擊，但恐懼隋兵眾多，不敢全面攻擊，只劫掠後面落單的數千士兵。

等於第二次伐高句麗再次失敗，若算整個隋朝，就是第三次失敗。

楊廣率軍撤退到河北，群盜襲擊後面的運馬隊伍，驚擾了全軍，但是賊軍很快就四散離開追捕不及。楊廣收到消息，才開始有些回過神，這楊玄感兵變到底是告訴他甚麼事情？稍稍有些後悔，率軍回頭平亂。但已經回來，只好硬著頭皮。

楊玄感軍包圍東都洛陽，協同的賊軍已經達十萬人，與李密以為會天下響應，結果天下並沒有回應。楊廣見狀大好，命各路軍反攻，楊玄感兵敗自殺，李密逃亡隱匿。

奇怪的是，楊玄感死後，全國才開始正式騷動，大大小小的反叛力量浮上檯面，徵兵的文書已經很難實行。楊廣越發驚慌，才發現楊玄感兵變確實並不單純，要是打高句麗的事情再沒有一個定案，那就真的會出大事。於是緊急再次下詔，發動第三次全力進攻高句麗。

經過楊玄感兵變，還要分兵去鎮壓盜賊，這次陸軍士兵已經難以調動，楊廣急躁之下再次改變策略。不打難拔的遼東城，只命令來護兒傾水軍所有船隻，集中兵力直插平壤，充分發揮水軍優勢。但此次，兵力又遠遜於以往。

來護兒率軍從海上登陸之後，發動猛攻，高句麗傾全力迎戰，但此時隋軍奮勇，一場混戰，高句麗軍大敗潰逃。隋軍已經打出經驗，普通的野戰已經能擊敗高句麗軍。但基於包括隋文帝那場前三次經驗，高句麗軍會利用地形地物，轉變正規戰為騷擾戰，所以平壤雖然已經很近，全軍仍小心行軍。

平壤城。

嬰陽王高元招集所有重臣開會，眾人都表示，雖然此次隋軍兵力較弱，但經過前三次與隋軍交戰，全國已經打到殘破不堪，所有後勤勞力全部都是女子包辦，多數的城池已經被毀，民眾流離失所。紛紛主張，卑辭上表投降，把投奔來的斛斯政送回去給隋皇帝處分，然後迅速恢復秩序與國力，調整整個國家的防禦策略。倘若隋軍不願意，則焚毀平壤城，全軍向北焦土作戰。

高元於是在佈防平壤城同時，緊急派人上表投降，並把斛斯政押回去，來護兒讓使者搭船後送，戰時在城外紮營對峙。楊廣見了大喜，知道已經沒那麼強大的力量繼續追打高句麗，便斬了斛斯政，屍體烹食給所有大臣吃，許多大臣不吃，或碰到嘴邊一下就放回去，但也有諂媚者竟然吃到飽，之後挫骨揚灰，吃人肉的這些官吏，為了向楊廣表白，犧牲自己清白而去吃人肉的原因。

紛紛上奏說，幫助高句麗，阻礙征遼者都罪該萬死，應當殺而食之，堅定征伐高句麗的立場。

楊廣知道其實光憑來護兒水軍，已經無力滅高句麗，萬一再敗後果不可收拾，有台階下立刻要下，宣稱高句麗已經投降，派人通知來護兒撤軍回國。來護兒拒絕，認為高句麗已經快被打滅，倘若撤退天下失望。但使者堅持，說抗旨則所有將領連坐，於是所有將領請來護兒撤退，來護兒只好撤回。

第三次征伐，楊廣對外宣稱已經打贏。

東都宮殿外。

七個大臣在外面強烈要求見楊廣。都是當初奉旨有吃斛斯政屍體肉的人。本來楊廣拒絕見這些人，但他們哭天搶地堅持要見，來回等了三天。

楊廣勉強在宦官們前呼後擁下走出來。

「陛下！怎麼可以這麼久不見我們啊？」為首的大臣激動地哭著大喊，聲音幾乎用嘶喊，臉色彷彿是受了多大的委屈。

楊廣（橙眼眶）面貌雖已不傲慢，但仍然冷冷地說：「朕為何一定要見你們？」

「我們都是奉陛下詔命，吃叛國逆臣斛斯政肉的人。陛下自己下詔命要隨駕百官分食，大多數人都不肯吃，只有我們吃下去，甚至吃飽。但那些自以乾淨的偽君子，卻罵我們是吃人肉的禽獸！」為首大臣繼續如此激動嘶喊。

「對啊陛下！他們罵我們禽獸，但他們將陛下的詔命至於何地？我等才是忠臣！」第二個大臣也激動地嘶喊，同時崩淚，還瞪大眼。

楊廣（橙眼眶）被嚇到，但強做鎮定，喘口氣說：「朕只是給你等殷鑑，沒強逼你們要吃啊！是你們自己吃的，難道要責怪朕？」

第三個大臣捶胸頓足，也哭著嘶喊：「陛下！我等是忠臣，才會吃的！難道陛下不需要處罰那些不奉詔命的人嗎？陛下先前三令五聲，移山填海也要滅高句麗，對於叛國逆賊，我等與之不共戴天，全心支持陛下征伐，陛下今日豈可疏遠我們這些奉詔忠臣？」

第四個大臣也哭喊大鬧說：「如今高句麗未滅，難道陛下要疏遠忠臣？」

剛才為首的大臣再度激動：「陛下怎麼可以疏遠我們？難道奉詔命的是禽獸，不奉詔命才是人嗎？」

第五個大臣蹦跳嘶喊說：「現在所有人都不願與我們同席吃飯！但臣不在乎，

臣寧願當禽獸也要忠於陛下，誓死征伐高句麗！因為陛下要與我們同在啊！」

第六個大臣也喊：「對啊，只有我們認真奉詔命，其他人用心不忠才會征伐無果，陛下應該要賜席與我們同在，讓那些不奉詔命的人知道，陛下站在我們這邊！陛下要的是忠臣！」

原來這些大臣已經被眾人嫌棄，來向楊廣表忠心，求親近，要拉楊廣與他們同類。

楊廣（橙眼眶）見到這些人嘴臉，差點快吐，不耐煩地大喝：「通通給朕滾出去！朕不要再見到你們！」

七人同時哭吼。

第七個大臣拔掉官帽，旋頭散髮，瞪大眼，張牙舞爪，在空中揮舞狂喊：「我們是奉詔忠臣，我化為厲鬼也要吃掉，反對征遼的所有人！陛下相信我們忠心啊！啊啊啊啊啊啊！」這人真的發狂了。

楊廣轉身往後退，命令宦官們把這些人轟出去。宦官們一擁而上，又推又拉。七人或哭喪，或發狂，或如禽獸，或似厲鬼……

過了一個轉角，楊廣嘔吐了出來。左右宦官急忙攙扶進入殿內，楊廣遣退左右，自己喘息，獨自跪坐望遠思考。想到剛才這些人，等於印證自己猜疑。

【詭曲：九化意之楊廣懼】

在回憶先前，把大臣一一分開詢問，單獨對陛，語不外洩，無人知曉。大多數都反對討伐高句麗，湊在一起卻贊成討伐高句麗者居多，甚至人肉都敢吃。

楊廣果然是個聰明人，大致想清楚，這是怎麼一回事！思索片刻，直冒冷汗，喘息不定。

打開門，對著守在門外的宦官大喊：「快！」

站在門外宦官應命。

楊廣（橙眼眶）發抖著說：「快傳朕詔命，所有隨駕群臣全部招集過來！」

宦官正要退下。

楊廣（橙眼眶）喊說：「還有！把剛才那七個人找回來，朕要賜宴與他們同席，令百官都來赴宴！」

宦官再次低頭，表示收到，趕緊下去傳詔命。

本來只是洩憤才這樣殺之命人分食，沒想到真吃的人，回頭用這樣方式表達『決心意志』。

臣子們對君主諫言方式，有直諫、懇諫、切諫、死諫、屍諫、甚至兵諫。這些楊廣都知道，但他也看不起這些，認為不會有用，兵諫那根本就是造反，也不可能真心接受。

但今天他碰到：狂諫、獸諫、鬼諫。樣樣直刺他內心，不聽都不行。

果然一開席，那七個人座次全部都距離皇帝最近的地方，那七個大臣悻悻然地開懷，呵呵呵，嘻嘻嘻，哈哈哈，各種不可名狀，非人似地的笑容，彷彿得到了慰藉，一一向楊廣敬酒，楊廣全部虛心接受，如迎貴賓。甚至有人發現，楊廣似乎在發抖。這些人在宴席上，不斷側面白眼對其他群臣說，只有服從所有詔命，才是忠臣。

他人一見，都私下認為，楊廣行為就像傳說中的紂王，簡直就是暴君。時而看似軟弱被臣子脅迫，不得已而為，但都是偽裝，沒人相信楊廣會被臣子所迫。

然而實際上是，楊廣如此聰明的人，知道這批人，是代表誰來找他說話？他當然是被人脅迫。

酒過三巡菜過五味，吃人肉為首的大臣，敬完酒後說：「陛下，高句麗乃國之大敵，而斛斯政竟然投奔敵國，我等恨之入骨，故打從內心服從詔命，早就欲食肉啖皮。不知陛下何時下詔命討伐高句麗，殲滅東夷小丑？我等願意隨駕侍奉。」

其他六人紛紛點頭應和。

楊廣（橙眼眶）態度誠懇回答說：「第三次伐高句麗已經大獲成功，東夷小丑已然投降！朕早也設了遼東郡守在該處，撫鎮其地！」

第二個食人肉的大臣，似受委屈，五官扭曲，站出來又似哭又似笑，喊道：「陛下！」

喊完還又似溫柔做作地看著楊廣。這個臉色，又似怒又似喜，皺著眉頭又卻微笑，眼神又似斜又似正，真不知如此演技如何而來？若非打從內心發言，不會這麼傳神。

沒想到楊廣（橙眼眶）立刻如小卒一般，答應喊：「是！」

接著誠懇地正眼神，注目傾聽，雙唇緊閉。能讓皇帝變成小卒一樣誠懇遵命的態度，真不容易。

第二個食人肉的大臣說：「天下人都知道東夷小丑其國還在，遼東郡只在第一次征討時收復的幾個遼西城池而已，遼西如何化境變成遼東？如果已經投降，其國主高元如今豈能派使節入朝跳樑？」邊說邊手指，身體還扭動，陰陽頓挫，真似鬼魅，又一次鬼諫。

第三個食人肉的大臣說：「是啊！高句麗在先帝之時就已造次，陛下數次詔命天下討伐，如今所謂四方賊起，不過一二小賊，隨時可以平定。若不先滅高句麗，如何讓天下心服？」

又要起兵討伐。

在宴席下一個人，因為先前沒有吃人肉，所以座次疏遠，忍不住跳出來喊：「你等也知四方賊起！如今先平賊，同時節約自持，養民生息，以謝天下，為何此時勸陛下討伐高句麗？」

沒等楊廣回應，第四個食人肉大臣返身大罵：「住口！」

其他三位食人肉大臣，主動反咬，指著打岔的那個人接連反罵：「你等抗詔命之人，沒資格說話！」「你好大膽！什麼叫做節約自持？養民生息？你是在暗諷陛下窮奢極欲嗎？」「難道你也跟斛斯政一樣，是勾結高句麗的奸賊，真以為我們不敢吃你的肉嗎？」

為首食人肉的大臣也返身大罵：「就是有你這種抗詔命不遵之人，才會伐遼無果！」

楊廣（橙眼眶）急忙安撫七人：「愛卿們別急，朕來處理。」轉面對廊下宦官，並指著剛才打岔的大臣說：「把這個打橫槓的人轟出去，永遠不准入席。」

於是宦官一擁而上，拖走那人。那人被拖走也仰天大喊：「陛下不要被這些禽獸蠱惑，天下盜賊四起攻略州郡，若不先安民生息，大隋江山危殆啊！」聲音越來越小，沒人去理會。確實不必理會，大隋江山重要嗎？重要的是中國真正聖上，要楊廣去完成的上意。

楊廣（橙眼眶）接著對七人敬酒，七人也跪迎回酒，很誠懇地對七人說：「討伐高句麗之事，朕已經招高元入朝，待其一入，立馬拿下。若仍不降，必再討伐，絕不會讓爾等忠臣受委屈。」

呵呵呵，嘻嘻嘻，哈哈哈。被稱忠臣，七人又同時悻悻然，互相慰勉，笑容只讓楊廣感到，這些人湊一起真的會當鬼。

【詭曲結束】

楊廣此時才猜出，為何楊玄感兵變，第一件事情就是堵住回路，還會有一個可惡之人，帶軍事機密跑去高句麗，就是整個局在暗示你，這是生死之戰，必須往前衝，沒打下來就別回頭。

當時沒搞懂，如今才知道，似乎太遲了，只能盡力補救。

於是楊廣當場下詔命，再次徵招高元入朝，否則必滅其國。結果高元還是拒絕，而且高句麗全國再次動員備戰。楊廣也同步加碼，再次下詔命天下徵兵，也再次備戰，全力討伐高句麗。

楊廣越發內怕，覺得事情真的越來越不對勁。自平定楊玄感兵變之後，楊廣每天睡覺都做惡夢，而今越來越害怕，醒來都在大喊有賊。都要找好幾個美女擠在自己身邊，不斷安撫，才能入睡。醒來之後也一定要看到人，以至蕭皇后每天都要安排許多女子，輪流陪楊廣入寢。

※※※※※　※※※※※　※※※※※

〈陰陽節 — 楊廣上訴〉

〈一〉：時間到！還在損耗，最重要的事情沒有辦好，天平沒有平衡回來。索取的比給予多得多！

陰陽節：這個人很糟糕，陰陽古怪之主很生氣，不斷令本局嚴格執行遊戲規則。依據遊戲規則，該放出局中鬼。

〈一〉：可楊廣這個人很會躲，甚至會死賴，在金字塔局中搜出他要一陣時間。

陰陽節：我們一起用猛力掏出來！能躲得了嗎？拿的東西那麼多，回饋不出重點，該要債去啦！

〈陰陽節第四上訴案：落敗〉

陰陽節又一次唱出了局中鬼之歌……

東突厥發現隋與高句麗，雙方連場拼殺，兩國都已經虛弱，尤其隋朝已經內亂，於是對隋逐漸傲慢，率軍入寇搶劫。楊廣下詔命親率大軍北上迎戰突厥，同時也知道盜賊橫行，下詔命天下百姓都居住入城池防賊，土地田宅都由朝廷就近分配，就近官軍必須提供保護與提供子民耕種所需。

確實楊廣完全改變態度，不再想用民力，甚至想要回饋，退回許多榨取的東西。但已經盜賊橫行，不可能退得回去。另外用自己東奔西跑努力辦事，企圖表達自己還是很勤奮。

於是再次下詔，北伐突厥之後，還要打高句麗，命令諸將領戒備。

太原，汾陽宮。

蕭皇后（靛眼眶）夜晚強闖楊廣居所，喝退左右陪睡的女官。

「我是皇后，有事情要跟陛下說，其他人全部出去！」

楊廣不敢說話，女官們紛紛退走，蕭皇后單獨與楊廣在寢殿，頭一次很嚴肅地看著他，怒目而視。

【楊廣變成灰眼眶】

楊廣（灰眼眶）睡眼惺忪，低聲問：「做什麼？頭一次對朕這麼兇。不會是開始妒忌朕身邊女人眾多吧？就算是，也沒必要這樣。」

蕭皇后（靛眼眶）問：「陛下難道不知天下已亂，盜賊四起，攻略州郡城池，朝廷無力剿賊！怎麼還下詔發兵攻打高句麗，引得天下更加騷亂？」

楊廣長跪坐起，原來問此事，低頭喃喃不回。

蕭皇后（靛眼眶）跪坐一旁，嚴肅地大喝說：「陛下不答，我就不走。我今天要以皇后身分，且還是大你三歲的姊姊身分，代母職質問你！你給我老實回答！立刻回答！」

被這一喝斥，楊廣（灰眼眶）忽然大哭，泣不成聲。

蕭皇后（靛眼眶）也頭一次見到這種狀況，急忙抱上去。

楊廣（灰眼眶）抱著蕭皇后，哭了許久。

「怎麼了？你怎麼了？」

才說：「天下大亂朕早就知悉，但朕，不，我，我不打高句麗，將死得更快。是會死的！嗚嗚。姐姐，我該怎麼辦？」說罷又哭。

蕭皇后（靛眼眶）摟著他，拍他的背說：「慢慢說，慢慢說，姐姐聽著。為何會死？」

楊廣（灰眼眶）哭著頭靠在蕭皇后胸口，就像年幼時對獨孤母后撒嬌一樣，說：「這道理很簡單，就像以前對於拿我賞賜的臣子，卻沒辦好我要的事情，會非常激怒，殺了這種人。今天我拿了天下人，那麼多財富、行宮、美女、權力，還讓他們造龍船蓋宮殿開運河，讓他們又死又傷。卻沒把他們想要我去辦的事情給辦好，他們一定會殺我！而且我發現，他們已經派人警告我，不辦下去，除了殺我，還要連父皇欠下的賬一起算，會殺我全族！還要滅我楊家的大隋啊！」說罷繼續大哭。

蕭皇后（靛眼眶）摸著他頭說：「姊姊聽不懂，你是皇帝啊。天下人要的是，吃得飽，穿得暖，有房子住，安居樂業。乖弟弟只要下詔，停止伐遼戰爭與勞役，勸課農桑，所有役伕役婦都回家，行宮宮女解散改嫁，停止閹人宦官入宮，土地田宅分給窮人，自然天下人就不會想殺弟弟了。」

楊廣（灰眼眶）哭著在她胸口，搖頭說：「不是的，天下人他沒有姐姐想的這麼簡單，絕對不會是安居樂業就完事。我以前也是這麼想，甚至還以為可以欺騙詐取，但直到最近……楊玄感謀反之後，我才知道沒那麼簡單。剛登基，我下的勞役最重，賞賜吝嗇，濫用刑罰，蓋行宮，鑿運河，直到第一次舉全國力打高句麗為止，他全部都奮力完成。但第一次失敗，所有情況都改變，我賞賜再多，只被應付而已。與民休息的詔令，竟然因為諸多原因，沒辦法執行。群臣提到高句麗，大多義憤填膺，群起贊成打高句麗。但一一把這些人分開來單獨談，又不贊成打高句麗。我才發現一個可怕的事實……但說出來沒人信……」

蕭皇后（靛眼眶）繼續拍他的背說：「我聽著呢，姐姐信。」

楊廣（灰眼眶）說：「原來打高句麗，天下人他是要玩真的，早在父皇時代，就圖徹底滅其國。只是他們嘴上不承認。但我是玩假的，而且已經被他發現，還把力量損耗掉大半，他發火了。」

放聲大哭說：「原來楊玄感兵變，堵住河北回程的道路，但天下人不響應楊玄感。就是他利用此事在告訴我，假設第二次討伐高句麗未竟全功，就不要回來。可我硬是回來了！」

「現在終於知道該玩真的，卻已經耗掉大部分力量！越描越烏黑，越做越錯。現在只能高聲喊打，但拿不出辦法。如今天下人四方造反，他用行動告訴我該去死了！但這些事情，說出去也沒人信，因為他們自己單獨都否認要打高句麗，聚集一起反而拿這怪罪我。我只能假做鎮定，說沒有盜賊，繼續死扛下去。沒想到我當皇帝，竟然是落到這種賭局當中。拿別人的錢去賭輸局，我被暴力討債啊！這是暴力討債啊！但我沒有錢還啦！沒錢還啊！」

楊廣（灰眼眶）甚至跪下來抱著蕭皇后的腿哭訴：「早知是這種情況，就不要奪大哥的太子位。早知道就不要奪位了！啊……」

說罷泣不成聲，蕭皇后（靛眼眶）也跟著哭說：「姐姐也有責任，都把這怪在姐姐這，讓姐姐替你死。姐姐願意出面承擔，就把奪位的惡名，一切的責任，全怪在姐姐這，你下詔賜姐姐死，以謝天下人。」

楊廣（灰眼眶）搖頭：「不能啊，沒有皇后會貪婪天下美女廣建行宮的道理。更沒有皇帝的責任推在皇后身上的，那我真的就豬狗不如。這全都是我自己貪婪豪奪，自作聰明，欠錯債，惹錯人，才會有今天……」

沒料到自己的丈夫，落到這種眼睛看不到的賭局上，那真是要玩一翻兩瞪眼。

蕭皇后（靛眼眶）淚流滿面說：「乖弟弟，你現在誠意跟天下人致謝，說你辦不到征遼，再把你貪來剩下的東西，都還回去。酷刑都廢除，開始寬刑仁慈，來得及嗎？」

楊廣（灰眼眶）跪在蕭皇后抱著她大腿，泣不成聲，說：「已經來不及了……他沒這麼好唬弄，他要的是我去把高句麗拔掉，其餘都不重要。但我搞砸了，把他給的力量耗光，四方盜賊已起，他開始收攤，眼下兵力，辦不到啊……我該怎麼辦？」哭到眼睛紅腫。

蕭皇后（靛眼眶）也哭到鼻涕出來，說：「你是皇帝，當皇帝有錯天下人他不就該原諒嗎？」

楊廣（灰眼眶）搖頭說：「那全是假象，先前我以為大隋統一天下，還做這麼多運河與長城建設。賓服各地蠻夷，我再怎樣，天下人也不敢苛責。可最近才知道，事實完全不是這樣，他錙銖必較，給的東西都要對價，沒做到他們想要的東西，是會被回頭算賬的！會被回頭算賬的……」

蕭皇后（靛眼眶）也泣不成聲說：「弟弟先前不是也替他立功過？西征開拓疆域，四夷來朝觀看中國富庶！這些他應該都知道啊！」

楊廣（灰眼眶）哭著搖頭說：「我都是在玩假的，佔的土地沒有好好管理，又被搶回去。四夷來朝奢華表演全是虛榮，反而與大局不相干的夷狄入住中國，讓他損失更多。他肯定因此更發怒。早知道就不給那些西域夷狄來了！他要的是遼東，他為何如此執著遼東？原因我不知道，但他要的就是消滅高句麗奪回遼東！」

夫妻相擁對泣，哭哭啼啼。想到皇帝被暴力要債，以前似乎也有類似的案例。

蕭皇后（靛眼眶）摟緊他接著說：「乖弟弟別哭，姐姐想到一個好方法。姐姐想到歷史了，以前應該也有這種案例。對了！當初晉朝司馬皇族在中原，也被滅族追殺，最後逃到江南一脈活命。萬一事不可為，我們學司馬皇族，逃江南去，我們保命。」

楊廣（灰眼眶）收拾眼淚，喘口氣說：「對啊，當初司馬家統一三國，也許天下人看在這一點功勞，所以才放司馬家留一脈生機。中原若不可為，也許我們楊家也可以學司馬家。統一南北朝是我們楊家的功勞，我當晉王時也立了此功，說不定我們逃過去，他會放我們一線生機。」

蕭皇后（靛眼眶）點頭說：「對對，你當晉王時，南征替他統一江山，這一點功勞他會看在眼裡的。」

兩夫妻心裡好受了些，難得又一起睡了一晚。

當個大一統的皇帝，還當到變成是負債累累被債主追砍的賭徒，也是一奇。但你確定，統一南北朝全是你楊家功勞？你確定給司馬家留一脈活路，是因為一點功勞所致，而沒其他原因？而你楊家有這個原因可以苟延殘喘嗎？司馬家碰到的局可不一樣。可見楊廣根本沒搞清楚，中國底層『陰陽節』的遊戲規則。

終於楊廣率軍到雁門，號招軍民抵抗突厥。突厥大軍將之團團包圍，楊廣抱著兒子大聲痛哭，眼睛又哭到紅腫。於是虞世基私下勸楊廣停止爭伐高句麗，改招天下兵專對突厥，楊廣同意。

感到風向好像又改變。

楊廣親自站出，不斷鼓勵將士殺敵，不斷派使者安慰傷患，不斷把財寶賞賜給部下，派使者溝通先前和親突厥的義陽公主想辦法，同時就近命令李淵的部隊來救。李世民此時才十六歲，應詔令一同隨軍救援。

突厥總算撤兵，楊廣總算退回東都，準備再退回首都大興城。

楊廣知道問題所在，不敢回首都大興城，因為那肯定會被債主更快找上門。再次宣布下詔討伐高句麗，但其實只是嘴砲示威，因為已經四方混亂，根本辦不到。

楊廣一次問四方盜賊平定得如何？宇文述說漸少。

大納言蘇威忍不住回答：「臣非所司，不知多少，但賊越來越近。」

楊廣（灰眼眶）問：「這是何意？」

蘇威回答：「昔日賊在長白山，今日在汜水。往昔人丁又去哪？不皆成賊乎？陛下昔日在雁門停止伐遼，今日又徵發，賊如何能平？」語氣激動。

說得很有道理，楊廣不怪罪，但這實在難以解釋，於是起身離去。

群臣開始彈劾蘇威，罵蘇威冒犯聖駕，罪該萬死。楊廣也只好責怪其罪，除籍為民。但左右群臣你一言我一語不肯罷休，誣陷他與突厥有勾結。但楊廣知道他無罪，堅持不怪罪，下詔命蘇威與子孫除籍為民，全部回家。

時不時又有人反對伐高句麗，但群臣同樣繼續聲討，雖然楊廣不斷恩釋，代表自己其實也不想要再打高句麗，但群臣湊在一起就是拼命死咬，稱仰承上意，故意錯意。楊廣無可奈何……

天下大亂已成，楊廣知道不能再這樣玩下去，想到跟蕭后的夜談，確實可以賭一賭，學晉朝司馬家那樣，跑到江南求一線生機。決定遷都江都，躲債跑路！

真的決心躲債跑路了……

但楊廣這麼想就大錯特錯，當初要調五胡入華，司馬家當開頭者是順長城局，殺掉大部分司馬小賊，留一條脈受教訓者，分南北，慢慢融併五胡，正合長城大局所需。而且這個局是三國大軍演就練好的。如今你楊家是收尾者，卻沒辦好事情，豈有再回復分裂之理？這是逆長城局，現在賭輸了想跑路，想賴賬，能讓你活嗎？

但楊廣才不知這些，去意已決，一堆人瘋狂勸阻，要他待在中原。其實就是要他面對一切。

楊廣知道留下必死，所幸跟這些要自己面對的『債主代表』，豁出去拚命，勸阻者都被斬殺。堅持要捲款跑路，要楊家當司馬家第二。真實出現了一個比王莽還不上道的遊戲者……

到了江都，當地官員拼命巴結，大運河不斷南來北往，很多人繼續勸他北上，跟隨的軍隊也不斷請求北返，且江南也開始有賊要四起造反。

北方跟來的軍隊，怨聲載道，不斷上書要求皇帝北返，甚至已經對皇帝語出不遜，群臣集體上書要他回中原，但楊廣拒絕接受。於是有驍果將領抗軍命，自行率軍北返，楊廣命人追上並斬首示眾，企圖綁架這些人。但是無法阻止，持續還是有人自行北返，甚至持武器抵抗，楊廣恐懼，虞世基勸他分配招募來的宮女與當地寡婦，給一些士卒安家。楊廣同意。

便以女人婚配與財寶賞賜，收買精壯士兵。但這些本來就是債主的東西，竟然拿來躲債頑抗使用，這只會更加激怒債主，要滅你楊家上下。

楊廣招集群臣，宣佈他堅決遷都到此。

虞世基等人贊成，但右候衛大將軍李才（紅眼眶）等人反對，兩人吵鬧，兩方互罵，最後憤怒各自離開。楊廣發現自己真的失去控制，於是更堅定要學司馬家。

江都宮偏殿。

楊廣把文武官員都找來訓話。

楊廣（灰眼眶）說：「你們一直要求北返，但中原盜賊橫行，朕只能暫時遷都於此，朕決心不北返，堅持要北返者，朕改變主意，你們自己可以自便，朕不阻攔。朕跟南方人，自會相處愉快。」

文武官員一聽面面相覷，先竊竊私語，後開始譁然，被楊廣喝令安靜。

李才（紅眼眶）帶頭說：「陛下，大臣公卿如何自行北返？中原盜賊橫行，沒有陛下怎麼北返？我等冠品誰來承認？」

封德彝（紅眼眶）也補充說：「所言正是！如今中原州郡多入盜賊。陛下若不北返，東都、大興恐也難保，我等自行北返養家官餉找誰討要？總不能讓我等心忠陛下，替朝廷辦事，但卻向盜賊們要官餉吧？」

宇文述此時已死，兒子宇文化及（橙眼眶）也說：「沒錯啊陛下，中原已經四處盜賊，官兵們自行北返，認誰當統帥？只會成為盜賊圍攻的對象，不能讓我等自生自滅啊！」

楊廣（灰眼眶）反駁說：「中原如此混亂，這裡那麼好，那你們為何就不能留在這？朕可以把江南的一切都分給你們。之後朕自會反攻中原，重新安定天下！」

封德彝（紅眼眶）苦著臉說：「事到如今，臣也顧不得這麼多，必須斗膽盡言，陛下見諒！大隋起於中原，南北一統。如今運河通暢，南北連成一氣，天下人一家，如今中原之賊不是當年的劉淵異族，陛下不可從晉室故計。若現在不北返平定盜賊，以謝天下，遲早中原之賊也會南下，待在這不過苟延歲月而已。江南官吏之所以還奉獻巴結，就是因為陛下帶著我們以及北軍，可以隨時北返，一旦他們知道我們無意北上，人心盡失，江南之人也會當賊，後果不堪設想。」

這完全打中楊廣想要學晉室故事。

宇文化及（橙眼眶）也說：「陛下南下之時，不也還下詔伐遼？軍士都已奉旨，豈有人在江南去伐遼東者？中原不可棄，江都不可居，陛下三思啊！」

楊廣（灰眼眶）不想爭辯，因為說了也無人信，甩手說：「朕堅持不北返！你們自己看著辦！不要逼朕殺人！」甩手離去。

眾人發現，楊廣真的當了無賴。

楊廣發現，原來債主還是跟在自己身邊……

於是底下官兵傳出，皇帝想要殺北人，自己跟江南人在一起，學當陳叔寶。

楊廣聽聞後氣沮，知道時日無多，反正橫豎都是一死，所幸拼命找財寶美女，被人罵是為了死前享樂。但說全為享樂並不是事實，其實楊廣把蒐集的美女，分一大部分許配給未婚的貼身衛隊士兵，錢財也給他們修房子成家。以收買最後的防衛力量，要死撐到底。

如負債累累被追殺者，債多不愁，能拖就拖，發出手上所剩錢財，給可以收買的保鏢，拚死拖延，抵擋債主。但他也知道他的債主，可不是一般人，不是靠這千餘衛兵能擋得住的。

自己則帶著皇后，與跟從的宮女美人，猛逛江都宮美景，拼命飲酒歡樂，就怕不夠。甚至自己也對蕭皇后說，自己可當陳叔寶，妳可當沈后。時不時又在鏡子前對自己哭著說：「好頭顱，誰來砍？」

然後與蕭皇后對泣，哭哭啼啼，蕭皇后淑德，不斷安慰他，要他再次振作。但事到如今，無計可施。

有宮女密告蕭皇后說聽到外軍要叛變，蕭皇后帶她找楊廣，楊廣大怒說這不是一個宮女可以管的，竟然下令斬殺宮女。之後另外一個宮女來找蕭皇后舉報有人要叛變，蕭皇后怕她也被殺，把她按住，說不要告了，皇帝已經心煩。宮女們事後聽說告密謀反，反而會被殺，都厭棄楊廣。

司馬德戡原先被楊廣寵信，也許就是因為他姓司馬，認為自己也可以當司馬家第二，割據江東自保，結果司馬德戡積極牽線陰謀叛變者。

終於北方來的驍果軍叛變，眾人推舉宇文化及為首腦，都要求北返中原，軍隊殺入行宮，同時殺掉贊成遷都的虞世基等人，並與皇帝貼身衛隊交戰。這些貼身衛隊拿了皇帝的好處，果然還是盡忠，兩軍宮外喋血廝殺，最終叛軍數量太多，衛隊死戰到底沒人逃跑，最終全軍覆沒。

楊廣（灰眼眶）因與次子齊王楊暕彼此猜忌，此時以為作亂者是楊暕率領的，驚慌地對蕭皇后說：「是不是阿孩？」

蕭皇后（靛眼眶）說：「不會的，阿孩不會這樣做，叛亂的軍士也不會聽他的。」

楊廣（灰眼眶）含淚說：「我希望是他！至少姐姐妳就不會有事！」

其實楊廣還期望是自己兒子帶領這些人造反，就算被殺，蕭皇后或其他人也還有餘地。夫妻倆人真的如同躲債，躲到一偏間。

最後一個楊廣寵幸的宮女，內心厭惡楊廣，密告楊廣躲藏之處。

校尉令狐行達（紅眼眶），疑問：「妳為何要告訴我們？」

宮女說：「我是陛下寵姬之一，他早知道會有今天，拿毒酒瓶帶在身邊，說萬一出事我跟其他幾人先吃毒藥，然後他會跟著吃，抱著我們一起死，他才不會害怕。要我們美人相陪他才敢死。當皇帝當到這樣懦弱，要死也不像個男人！所有人一聽亂，全跑了，我也把毒酒瓶丟了，誰管他？」

確實，楊廣知道要死還要抱美女，死也不像個男子漢，讓女人都感覺噁心。

令狐行達相信，於是帶著士兵們拔刀進入。楊廣與蕭后被抓獲。

楊廣摟著蕭后與自己的愛子楊杲，對令狐行達說：「你來殺我嗎？」

令狐行達（紅眼眶）擔心楊廣真的藏毒藥自盡，還需要拉他出去，詐說：「臣不敢，眾將軍要陛下討論北返中原之事，特來迎駕。」

於是示意左右士兵，帶著皇帝皇后與身邊宮女出來。押解出見裴虔通、元禮、馬文舉等人。才知道真的不是兒子所為。馬文舉要求蕭皇后與身邊宮女到偏間離去，他們要跟皇帝解決還都北行的問題。

終於知道債主追上來了，楊廣點頭與自己賢淑的蕭皇后訣別，楊廣準備面對，要蕭后自己保重。叛軍把他以及趙王楊杲一起帶走。聽到眾人宣稱不是殺他，要他去告知百官一同北上，楊廣詐稱自己也正準備北行，眾人把他強行押走，所有士卒看到皇帝被抓，歡欣鼓舞。最後把他押到了生命的終點站。才知道眾人是真的要殺他。

欠債的人終於還是被架出來。

楊廣（灰眼眶）說：「我有何罪？何至於要殺我？」

眾人都瞪大眼，咬牙切齒，沒想到他到今天還在抵賴。

馬文舉（紅眼眶）怒目說：「你所作所為自己不知乎？要我等武夫替你列舉？」

楊廣（灰眼眶）說：「我實辜負百姓。但至於爾輩，榮祿兼極，何乃如是！今日之事，誰為首謀？」

司馬德戡（綠眼眶）說：「普天之下都恨你入骨，何止一人？」

又是集中在一起態度與分散開來態度不一樣。楊廣知道是誰來算賬了！

宇文化及（橙眼眶）讓封德彝，宣布皇帝楊廣的罪狀。

楊廣（灰眼眶）怒目指著宇文化及說：「卿為何如此？爾父親宇文述臨終，尚託我照顧！」

宇文化及（橙眼眶）不答，繼續令封德彝（紅眼眶）出面數罪狀。

封德彝拿出草稿，正要列舉。

楊廣（灰眼眶）指著封德彝說：「卿乃士人，何為亦爾？」

封德彝一時慚愧退下，不理會宇文化及的命令。

楊廣愛子趙王楊杲，才十二歲，在帝側，號慟不已。裴虔通將其斬殺，血濺御服。裴虔通恰恰就是以前楊廣當晉王時的左右親信。

楊廣（灰眼眶）怒目對裴虔通說：「責任在我，為何殺一小兒？」

宇文化及（橙眼眶）也怒目說：「陛下所做所為，天下騷然，因陛下而死的豈止一小兒？」

於是幾個將領舉刀要殺他。

楊廣（灰眼眶）急說：「等等，我早知必有今日，可以償命。天子當有天子死法，怎麼能以刀鋒相加？拿鴆酒來！」到現在還在懦弱膽怯，可見楊廣真的是無賴賭徒。

馬文舉（紅眼眶）說：「這種情況豈有時間準備鴆酒？你的寵姬都跑光了，甚至就是其中一人把你藏的地方給指出來，想要誰陪你喝？」

楊廣發現自己真的很悲哀，萬念俱灰，於是自解一練巾，交給令狐行達，楊廣（灰眼眶）坐下說：「用此來縊，我可死，但皇后賢良淑德，爾等不能羞辱她！」司馬德戡（綠眼眶）說：「放心吧！天下人皆知皇后尊貴賢淑，罪不在她，我等豈敢造次？不止皇后，連她身邊伺候的宮女，我們都不會為難。回到中原後，還會供應生活，敬之如賓。」

狠狠地指著楊廣的臉說：「至於你！連你身邊的寵姬都厭棄你！不要廢話！趕快上路！」

楊廣神情槁木死灰，令狐行達用力絞殺，將楊廣縊弒，於是崩亡。

中國的歷史，底層是有局的……

夜晚，蕭后派宮女用床板釘棺材，把楊廣屍體放入，做了記號草草淺埋。叛軍並殺楊廣孫楊倓，楊暕及其二子、楊秀及其七子等。用皇后命令讓秦王楊浩繼位，接著宇文化及裹脅楊浩、蕭皇后與身邊宮女，率軍北上。此時竇建德、王世充等人爭奪中原。李淵也已經從晉陽起兵，大舉入關中。江南各地蕭梁舊族也趁亂起兵，各地大大小小豪強相互攻殺。楊廣屍體之後又被陳稜改葬，但畢竟他楊廣名聲太臭，也是稍具禮儀而已。

且不理會這些歷史豪強之間的你爭我奪，就在這時候，有一群盜墓賊，正在趁天下大亂官府無人管時，大肆挖掘古墓搜刮陪葬財寶。這盜墓並不奇怪，從原始社會就有，歷朝歷代都沒斷過傳承。越是亂世無法可管，越多人會趁此盜墓。

黃河北某墓葬群外。

三個盜墓賊正在動作，一個掌洞口，一個綁繩索提燈下探，另外一個把風。

通常盜墓者不怕鬼，不怕黑，不怕墓室防盜布置，最怕同夥者背叛，如此則財寶送人，自己被弄死在墓穴當了墓主真正陪葬品，那才是最可怕者。所以這下探者，特別謹慎，宣稱發現金寶，但要綁在自己身上一起被拉出來。

一個瘦子被兩人共同從盜洞拉上來，果然身上綁著財貨，當場分贓。

為首把風的一個男子問：「有沒有看到墓志銘？」

瘦子說：「財貨拿出來就好，管他墓志銘！」

掌洞口的胖子也說：「沒錯，你要墓志銘做甚麼？」

把風的男子怒目說：「剛才你下去之前，我就不斷說注意墓志銘，若是有，告訴我有沒有繪圖，我可以少拿一件。」

瘦子也怒說：「墓志銘那麼重，洞口那麼小，如何提得上來？你要墓志銘自己下去看！」

把風的男子瞪眼問：「到底有沒有？」

瘦子不耐煩地說：「沒有沒有，我沒看見什麼墓志銘，一個文字都沒看見！」

三人只好各自分贓完畢，各自解散。

把風的男子，就是先前在高句麗被俘虜的陳益民，由於斛斯政被押解回國，他成為翻譯語言者，在被俘擄的隋軍中，極少數可以押解他回國的人，同時他的高句麗妻子黑藍雲月，也一起跟隨他回家。如今她也會說中原漢語。

陳益民家。

黑藍雲月問：「你說的那個碑文，找到了嗎？」

【陳益民出現白眼眶】

陳益民（白眼眶）放下財寶，搖頭說：「沒有，從這些東西看來，這應是一座漢墓。不會是那一對夫妻的墓。」

黑藍雲月把財寶拿來把玩。

陳益民（白眼眶）拿回之後說：「這些東西是冥器，得先洗滌祭祀之後，才能變賣。不要把玩！」

黑藍雲月性情比較兇悍，怒目說：「我跟著你離開家園，你竟然這樣對我！」

陳益民（白眼眶）知道她性情兇悍，趕緊摟住她，卻被推開，又安撫她說：「沒這個意思，這些是冥器，被盜出來不祥，之後換成錢，都歸妳啊。而且有錢之後，我們還要生孩子不是？」

黑藍雲月才勉強息怒，冷冷問：「你還沒告訴我，那個碑文怎麼回事？」

陳益民（白眼眶）說：「這是我小時候，聽隔壁鄰居老叔叔說的。他說他年輕時，一對夫妻在小邑練習長生不老之術，他親眼見這對夫妻能憑空放火仗，夜晚把天空點亮，盜賊搶奪小邑，被這對夫妻用火術打死賊首，其餘逃跑。這對夫妻卻不再願意火術外傳，只用其理行醫。但這對夫妻老死，先後合葬一處，他兒子把那個長生不老之術，刻在碑文上，然後消聲匿跡。我聽那老叔叔說，應該就是葬在這附近才對。」

黑藍雲月說：「你真是個笨男人，難怪當初在平壤城外，會被我差點殺死！那個長生不老之術要是有效，這對夫妻又為何會老死？至於火術，眼見為憑，可能也是那個老叔叔騙你的。」

陳益民（白眼眶）搖頭說：「還不至於騙我吧？而且人死又不一定是老死，也許那對夫妻有意外？」

黑藍雲月，皺眉輕輕打了丈夫一下說：「只有你才會執著一個人的胡言亂語。早知道當時就把你殺了，不會嫁給你為妻。」

黑藍雲月嫁給他這些年，總喜歡拿第一次見面在戰場上說事，總說早知當初就殺了你。但實際上這沒有惡意，只是用此反覆強調兩人姻緣。

陳益民（白眼眶）說：「又這樣說，當時要不是發現妳們是女人，我們才不會棄械。這妳在現場，知道的啊！」

黑藍雲月說：「就算你們不棄械，也打不過我們！可能你當時就被我殺了，變成枯骨，然後我很快遺忘。我現在是他人之妻。」

陳益民（白眼眶）說：「好啦好啦！都是妳贏，妳是高句麗軍最厲害的女騎射手。這些年我也不知道被妳殺了幾回。現在我們有錢，同我一起去找那碑文。找到我們就認真生個孩子，不怕沒生活之資！」

賣掉這些盜墓財物後，自己與妻子，繼續打聽周邊墳墓，但都沒有具體結果。夫妻兩人改採另外一種方式搜索，向周圍地理師買附近的地圖，判斷該夫妻財力不高應當不至於遠葬，以該夫妻住的小邑周圍三十里畫圓。繼而打聽老一輩認識他們夫妻者說，他們生前有奇能，並不信風水他術，下葬也並未找人幫忙，是子女私下處理，請石匠刻墓誌銘，之後子女就各自搬走。

找到石匠後人，早已人事全非，沒有線索。那肯定是，淺葬、近葬。但如此更加麻煩，無法依風水格局推測。似乎已經線索全斷！

改採索時間順序結果，丈夫先去世後三年，妻子才去世，合葬兩人之後，子女才各自搬離。

如此推測兩次入土，周邊土地農田為他人所有者，必不可能入葬，一定是隱密又能識之處。而且先後合葬，必以塚。

仔細觀看地圖，搜索到一座小丘，遠處望見一批軍隊正要渡黃河南下。

黑藍雲月問：「良人，你們中國自己也在打仗？先前不是四次進攻我們高句麗嗎？」

陳益民（白眼眶）說：「四次都失敗，皇帝被殺，隋都滅亡囉。現在這些人打仗是看誰當下一個皇帝而已。不過這不關我們的事情，我要找碑文。別再讓我打仗。」

陳益民拿著怪鏟，深入底層，抽出土柱，不斷地翻找土壤，分析是否被動過。黑藍雲月也幫忙翻土，但她看不懂土色，都交給陳益民分析。

忽然一個將軍帶著一隊士卒衝到山丘，為首將領（金眼眶）喊：「你們在做什麼？」

陳益民當場嚇到，不知如何回答。

黑蘭雲月卻怒目說：「你打你的仗，我翻我的土。我們做什麼與你們何干？」為首將領（金眼眶）大喝：「哪裡來的野婦人？說什麼土話？孤看你們兩人就是在盜墓！快拿下！」

黑蘭雲月抽出兩把彎刀，陳益民也抽出配劍，夫妻二人背靠背。作這事情當然要帶著防身武器。

陳益民（白眼眶）說：「他們人多，我們打不贏，且戰且走，是防衛戰，千萬不要殺死對方的人！」

士卒包圍上來，黑蘭雲月善戰，掩護丈夫後退逃跑，自己也且戰且走。士卒們根本占不到便宜，幾人被砍傷。為首將領揮劍攻來，兩人對蹦十餘招，竟然未分勝負，陳益民害怕對方人多，大喊說：「將軍不要戰了！我妻子是高句麗戰士，她不知禮！」

將領聽了後撤幾步，只感覺握著劍的雙手發麻。他萬萬沒想到，這高句麗女戰士，外表看似柔順傻乎，打起架這麼厲害。

這夫妻兩人曾經說好，對外男人是主，對內女人是主。所以黑蘭雲月在沒外人之時，對陳益民兇悍，甚至常常說第一次在戰場上見到他就該殺了他，本該當別人妻，逼陳益民更順從她，陳益民也每每順從。但有外人在，就會立刻轉變態度，全聽陳益民的，甚至仿若自己是他的貼身女僕而已。夫妻如此相處，難怪兩個強悍之人，最後也結合得很恩愛。

陳益民（白眼眶）然後說：「將軍我也懂戰陣，何必這樣圍死我們？」

將領（金眼眶）說：「你以前是隋軍？」

陳益民（白眼眶）說：「前大業皇帝陛下的貼身衛兵，我妻子是征伐高句麗時認識的。我被她俘虜，反嫁我為妻。我等確實在盜墓，實在是天下大亂無處謀生，才會如此。若有冒犯請將軍見諒。」

陳益民故意拉抬自己，來壓敵人。

將領（金眼眶）說：「不管如何，盜墓不對。但看在你是征遼壯士，孤就不計較，立刻離開。」

黑蘭雲月揮著彎刀說：「我們為何要離開？」

陳益民（白眼眶）拉著她手說：「算了算了，我們離開吧！這位將軍不是普通人，背後又有夏字王旗，若是沒猜錯，應該是河北的夏王竇建德。」

轉面對竇建德說：「當初那個勸大業討伐高句麗之人，現在應該在您帳下效力。」

於是所有人收回武器。

竇建德（金眼眶）笑說：「沒想到你年輕人這麼有見識與膽略，見到孤也如此神色自若，不愧是大業皇帝御駕前的衛兵。你剛才是說裴矩嗎？」

陳益民（白眼眶）說：「對的，建議夏王殿下疏遠此人。他這個人帶厄運，侍奉的主沒好下場，夏王要是現在是去打仗。我妻子是高句麗人，比較兇悍，傷到您士卒所幸都只是小傷。我們萬分抱歉，告辭囉。」

竇建德（金眼眶）說：「小兄弟你談吐不凡，何不跟孤同行？」

陳益民（白眼眶）說：「謝謝夏王殿下抬愛，征伐高句麗之戰，大敗被俘，我對戰爭怕了。況且我跟妻子現在要做的事情，比你們英雄豪傑爭奪天下還要重要！」

竇建德（金眼眶）說：「這孤不懂，盜墓能比定鼎天下更重要？」

陳益民（白眼眶）仰天笑說：「一言難盡啊！小子我就不敢打擾夏王殿下軍機，

能否告退？」

竇建德（金眼眶）說：「不要這麼急，孤看得出，你不想替孤效力，孤不勉強。不過想跟你這大業皇帝陛下前衛兵說幾句話，待孤十萬大軍過了黃河，就與你道別如何？」

陳益民（白眼眶）手牽著黑蘭雲月，夫妻對看之後，說：「好，那小子我就陪夏王走幾步。」

竇建德於是命人幫受傷兵卒包紮上藥，兩人則並肩而行，黑蘭雲月在後，竇建德的衛兵們更後面列隊隨行。陳益民把謊話說成跟真的一樣。這些話語，都是他當初跟著押解斛斯政回來，當隨軍翻譯之時，所知道的事情片段。

這世界上本來就是真需要假，假也需要真，才能成行。所以真假並不重要矣！問過一些征伐高句麗，以及被俘之事。竇建德便再問，為何他去盜墓，比爭奪天下重要？

陳益民（白眼眶）說：「本來不該告訴夏王，以免夏王起貪念，但聽聞夏王仁德愛民，節儉自持，是百年難得一見才德兼備之主。擒殺妄自稱帝的宇文化及，尊重大業皇帝的皇后宮眷，天下認可。那小子就不妨直言，我們盜墓，主要目的不是財寶，那僅是生活所需拿一二變賣而已，找到謀生方式之後，自然不會做此虧損陰德之事。真正想找的是，一個碑文，上面記載著秘術啊！」

竇建德（金眼眶）問：「何等秘術？」

陳益民（白眼眶）說：「我年幼時聽人說的，一對夫妻之墓，那對夫妻曾經擁有火術，能收發自如，夜晚響亮天空，還能以此製武器，如雷轟電打，響徹大地。說當時許多人親眼見到。但此夫妻不願意外傳，竟將火術的內文改為醫術，眾人無法解讀。最後聽人傳聞，夫妻死後同穴，其子將其術文，刻在墓誌銘中。」

竇建德（金眼眶）猶豫思索，忽然說：「雷轟！電打！原來如此，孤年幼時，也聽人說過！倘若有不一樣的人親眼所見，代表事情很可能為真！碑文有找到了嗎？」

陳益民（白眼眶）搖頭說：「尚未。」

夏軍開始搭橋乘舟，大舉渡黃河，對岸的王世充軍也派人迎接，原來他們是要共同對抗李世民率領的唐軍。他們站在北岸，觀看著大軍渡河。

竇建德（金眼眶）說：「小兄弟你也真是僥倖，還好是碰見孤，若是其他豪強，肯定不會放過這個機會。會派人強逼你們一起尋找，死纏不放，因為這火術若真如傳聞所言，那就是帝王之力，足以翻轉天下局面，現今任何一個爭奪天下的豪強，都不會放過此術。」

陳益民（白眼眶）點頭說：「正是。所以才說，聽聞夏王仁德愛民，心胸坦蕩，小子方肯直言。難怪當時那對夫妻，不肯將火術外傳，必是有此顧慮；但小子更好奇的是，火術不管如何強大，都只是文字藥方，不願外傳則已！如何又能自由轉變為醫術？更有傳聞，該術可以千變萬化，用於其他制術，如此何止翻轉天下？簡直世間百態都會因而轉變！世間帝王自稱天子，但實際上都是暴力相脅如同賊寇，真實文明又能改變幾何？而此制術才是真正天子之力。因此又有人傳聞，說他們夫妻所制乃長生不老之法。但我想過譽，若如此，該夫妻如何會死？」

竇建德一聽便愣。

陳益民（白眼眶）說：「只有一種可能，大業初年，小子投筆從戎之前，看過晉朝時祖沖之的天文數術。用文字之外一種方式，可以解釋多方面的事情，以探索事物表象之下，深層的自然之法。思索地越深入，所得越多，從而可博通方方面面。該夫妻，肯定所制之術類似於此，遠過祖沖之。但至今沒有找到。尚懷疑該夫妻之事的真假。」

竇建德（金眼眶）說：「肯定為真！孤曾經見過一個道士，聽他說就曾去請教過這對夫妻，但該夫妻拒絕給他方法。之後該道士自行研究礦石，曾經煉丹，求制長生不老之術，不慎一聲巨響，把房子給燒了。可能該道士偷看了什麼配方，推測其實就是火術！亦或是該道士憤而自行摸索，無意間發現？」

陳益民聽了也是一愣。

竇建德（金眼眶）說：「所以小兄弟，這件事情不是假的。那個道士後來被道觀驅逐，他的配方被有心人取走。所以火術也可能現在掌握在誰手上，但追查不出所在。為了正本溯源，你與你夫人，盡快找到那個碑文。」

又站在黃河邊上，談論了許多征伐高句麗的故事，直到接竇建德的船也靠岸。最後竇建德（金眼眶）問：「小兄弟，孤現在要去打仗，倘若你們夫妻找到那塊碑文，可否來找孤？孤會有重賞！」

陳益民（白眼眶）笑說：「善！我們夫妻雖然喜歡逍遙自在，卻也無法不食人間煙火。待找到碑文，必當帶著該物，去找殿下。殿下乃仁德之主，肯定不會讓蒼生受害。其他人就算重金賞我，我也不會交予，這點請殿下絕對放心。」

竇建德便交給陳益民令牌信物，便道別。

幾日之後。

黑藍雲月在第二座山丘，找到一座新墳，陳益民判斷，墓葬不深，非常淺薄，極有可能。已經翻了十幾座墳，總算有一座最為可能。

於是黑藍雲月持刀把風，陳益民將之挖開，不到三尺就發現兩個簡陋的木棺並排一處，且發現木棺也有腐爛。再仔細清理周邊，找到墓誌銘。

夫妻二人大喜，上面寫說：祖公名世光，妻楊氏名蘭芷，皆名門也。四十未娶方識楊氏，長祖公三歲，抛世俗遠故舊，以結連理。以古怪劍創奇術『三元自然簡式』，可為火術，可入醫術，亦可創新奇之理。隋大業二丙寅年病卒，得年六十有二，後三年楊氏卒合葬於此，立此誌。

接著墓誌銘有繪圖。

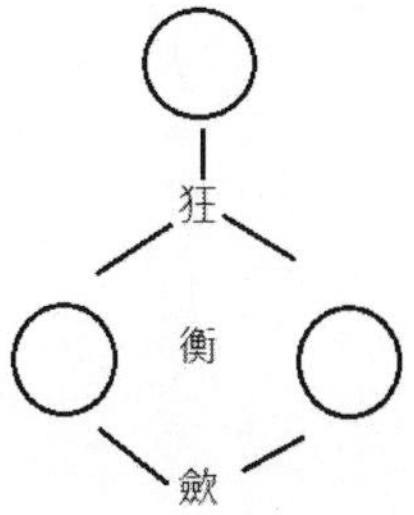

黑藍雲月與陳益民兩人相擁抱，蹦蹦跳開心地笑說：「找到了！找到了！」

開心過後，黑藍雲月用水壺清理墓誌銘，擦拭乾淨。陳益民上墨，將墓誌銘仔仔細細拓印下來。最後仔細再搜索周圍，沒有其他物品，於是覆土回去把墓葬埋好。

兩人回家後，四目共注拓紙，沉靜片刻，都呆傻了一陣子。

黑藍雲月，打破沉默質疑說：「良人，就這張圖這段墓誌，能掌握火術？帝王之力？」

陳益民（白眼眶）也呆愣了一下，喃喃說：「哦…奇術『三元自然簡式』，確實有點太簡了一些……也許他們為了省錢，少刻了很多內容上去。」

黑藍雲月說：「良人，早知道當初在平壤城外就殺了你。」

陳益民（白眼眶）摟住她說：「我知道，妳接下來該說，我該成枯骨，妳本來該嫁別人。我應該回答真心對妳，就該自願被殺，讓妳去嫁別人是吧？這東西，若拿給夏王殿下，不用妳動手，他也會殺了我。」

黑藍雲月傻傻地說：「我們辛苦了這麼久時間，還跟別人合作盜墓，原來只是這個。好像我們該去找其他生計，別浪費時間，趕快生孩子吧！」

陳益民（白眼眶）摟住她說：「那就生吧。而且從這墓誌銘看來，好像妻子原本也是他人之妻，跟著祖公一起私奔，最後共結連理死後同穴。」

黑藍雲月傻傻地說：「還是說一個感人的私奔故事，才是帝王之力？那良人，我們生孩子去。」

陳益民（白眼眶）說：「好，我們生孩子。這東西我還要再研究一番，不然我不甘心……」

兩人去洺州城定居，暫時以賣自製的紙作冥器維生。此處正是竇建德建都之所在，一方面找生計，另外一方面想透拓本是怎麼一回事之後，可以方便找到竇建德。

陳益民在冥器小店鋪內，將拓片紙掛起，整天思索。

黑藍雲月才在前台賣了一批紙製冥器葬物，回頭看他不認真摺紙，回頭說：「你再這樣我要生氣囉。今天就會把這拓片燒掉。」

陳益民（白眼眶）說：「這句話妳說了三個月。這拓片內容已經深深烙在我心中，燒了也沒用。」

黑藍雲月走到他耳邊大喊：「我懷孕了，去幫我拿安胎藥。」

陳益民（白眼眶）瞪大眼轉面笑問：「真的？我們成功了？」

黑藍雲月：「男女之事，我們高句麗人一點都不陌生，結婚前都可以淫亂。在一起這幾年我們幾乎形影不離，沒想到要蹲這麼久你才能辦到。還好我們高句麗女子嫁人之後，絕對忠貞，甚至可以殉夫，否則你這樣子，早就被女人拋棄！」

陳益民大喜過望，趕緊拿錢出去藥店。

藥店老闆娘聽說是拿安胎藥，交藥包時，藥包上還有紙片貼寫藥方與藥理，微笑說：「恭喜你與夫人，記得藥理只是參考，不同的體質，不同的環境，對這藥理要做不同的理解。」

陳益民一聽老闆娘之言，如醍醐灌頂，似乎快想通『三元自然簡式』怎麼一回事。

趕緊回來，去後房燉藥，用扇子炊火，徹底想通。

「原來那個簡式的意思是，自然界所有變化都有內平衡，取其內平衡當作出發點，透析其張狂或內斂，一顯一藏，一動一靜。用各種不同的形式，去表現這個平衡都可以成立。看自身是要用張狂端，還是內斂端，還是只取平衡端。圓圈的意思，就是放置不同面貌，並且可以轉變所使用之端。依照經驗自行歸納，也會有不同長相的『三元自然簡式』甚至是『四元』或更多，也未可知！這完全是一個活的觀念，可以自行依照此精神，重新連結出去，再次構圖，或是增加延伸，難怪會這麼簡單！」低聲喃喃。

把藥端給黑藍雲月。

陳益民（白眼眶）抱緊黑藍雲月說：「我成功了！」

黑藍雲月說：「知道！我還在喝藥。」

陳益民（白眼眶）說：「我說的是『三元自然簡式』，我想通裡面的奧秘了！我也有把握可以用它，製造夏王殿下要的很多神奇之物！我們去找夏王殿下，他得天下當皇帝，我們封侯！妳是侯爵夫人！」

黑藍雲月沒有求證，也沒多問，單純地立刻相信，喜上眉梢。兩人相擁抱，歡喜蹦蹦跳。

喝完安胎藥，兩人關閉店門，拿著竇建德給的令牌，去找他在洺州的王宮。

一個時辰後，兩人失落地回店，一起坐在店門口，繼續做紙製冥器生意……

兩人坐在店前石頭上，呆呆望著對面幾棵樹。

陳益民（白眼眶）低聲說：「夏王殿下兵敗被抓，不日在長安處斬，裴矩主導洺州城要投降李唐。」

黑藍雲月靠在陳益民肩膀上，傻傻地說：「我們去找李唐皇帝，有希望嗎？」

陳益民（白眼眶）也傻傻地說：「沒這麼簡單，他們不會理我們的。只會當我們是江湖騙子。」

黑藍雲月傻傻地說：「那你還會愛我嗎？」

陳益民（白眼眶）傻傻地說：「說什麼傻話？我有錢也不會娶妾。我身上的刀疤不就是證明我拿生命來愛妳嗎？」

黑藍雲月傻傻地說：「那我們要像『三元自然簡式』那對夫妻一樣，死後也要躺在一起。知道嗎？」

陳益民（白眼眶）抱緊她傻傻說：「我知道，一定會躺在一起。這個簡式我要想辦法造出一些東西，沒有封侯也無所謂，假設永遠這樣賣冥器，那妳還會愛我嗎？」

黑藍雲月傻傻地說：「說什麼傻話？早知道當初在戰場，第一次見面就殺了你……然後我自殺陪你死在戰場上……」

這一對傻夫妻呆愣到晚上，關上店門煮晚餐去，兩人失落傻呆了幾天後，才恢復正常生活。

後來竇建德的舊部因為李唐來的官吏兇暴，劉黑闥等人殺了這些官吏，再次起兵復仇，李建成與李元吉進兵洺州城，此夫妻離開洺州城，跟著難民到東都洛陽定居。兩夫妻之後，以三元自然簡式為基礎，著作《機關要術》當作傳家之物，幸福到老不提。

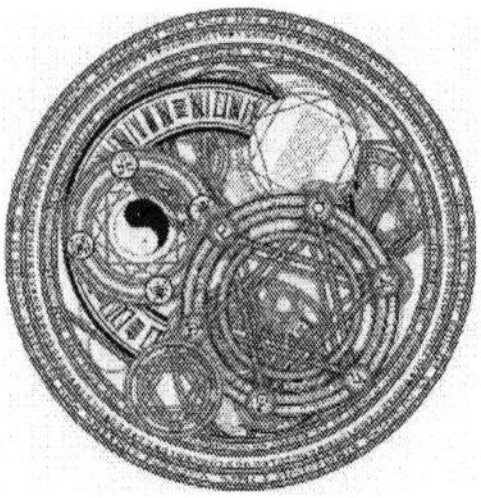

要一個文明傳承長久，關鍵在於最平凡人的思維必也傳承。掌握權力與金錢者，心靈圖像多陰暗面，雖然最有資源，卻不太可能將良好的思想傳承下去。平凡人這條路，雖然資源寡缺，但相對傳承之路反而比較平坦。

脈絡子：又繼續傳承囉，這個標的最能代表，希望大家都能傳承。呵呵呵

殘影鍊：立辛／陰陽家↓仇玉／陰陽至易↓高人／ 陰陽真學↓王睦／太極劍↓楊鑑／三鬪仙器型圖／太初與太罡劍↓曹通、元子攸／太元劍↓祖世光、楊蘭芷／三元自然簡式 ↓陳益民、黑藍雲月／機關要術

隋末群雄混戰結果，在李密、宇文化及、劉武周、宋金剛、竇建德與王世充相繼破滅後。李唐加速進兵全國各地，江南割據勢力也分別被剿滅，最終恢復隋朝的範圍。

此時東突厥不甘心唐朝如此快速恢復隋朝之勢。聽聞李世民殺死兄長李建成與弟弟李元吉，迫李淵讓位，剛搶奪過皇位，便大舉進兵南下，李世民被迫屈服與之結盟。

東突厥退兵之後，內部也分裂內亂。

於是李世民於貞觀三年，派李靖舉十萬兵北伐東突厥，並與薛延陀部族共同結盟，夾擊東突厥。最後於貞觀四年滅東突厥，薛延陀部族占領漠北，唐朝占領漠南。

皇宮庫房。

十幾枚傳國玉璽並列一處，魏徵、房玄齡、長孫無忌、李靖、侯君集等文武二十幾人陪著李世民一起來參觀。

府庫有司分別介紹了，這十幾枚傳國玉璽的來歷。從司馬家製，到慕容永製，一直到拓跋製到元子攸製等等。包括魏徵在內，眾臣都在盛讚皇帝李世民擁有天命，所以最後十幾枚通通在這。甚至都紛紛稱，這是國之重器。

李世民（紫眼眶）臉色鐵青，在聽完有司介紹之後，低聲說：「算了吧，什麼國之重器？製作這些傳國玉璽者的王朝都亡了！」

眾臣一陣尷尬與苦笑。

李世民（紫眼眶）臉色鐵青說：「朕有點不太理解，這府庫內都藏重寶。可真正於國有用最具價值之重寶需有三能，一能察覺問題。二能分析問題。三能解決問題！這些傳國玉璽們能哪一項？朕看只有製造問題吧！別說這些是假造的，就算秦始皇原創的那一方，朕看也是製造問題……府庫中的東西沒一樣珍寶……」

眾臣面面相覷。

李世民（紫眼眶）指著府庫有司說：「朕鄭重地說，把這些假貨全部銷毀。製作本朝皇帝御璽作為詔令信物即可！」

繼續嚴肅說：「也不知道為何？流傳在帝王手上的東西，都是適爽本性而已，沒什麼深度。」

府庫有司發現他嚴肅神情，只有低頭遵旨。

說罷李世民搖搖頭離去，眾臣跟在後面皆稱聖明，李世民確實不愧明君！沒錯，國之重寶不是這些眾人定義的東西，那些反而是製造問題。可惜這些重寶，藏在民間小人物手上，甚至是藏小人物的腦中，例如：三元自然簡式，你不會相信，你也永遠拿不到。就算拿到，你也不會善用。

看似中國的『至尊魔戒』在李世民手上被銷毀了，實際上並沒有滅亡，其做為負能量的精神還在，遲早還會復活。

至於正能量，至少李世民認定重寶當中第一能，能察覺問題的人，要回來了！就在滅了東突厥的，貞觀四年。六十多歲蕭皇后被李世民迎回長安。

首先退位為太上皇的李淵，親自迎接表嫂，接著李世民先讓蕭后兩個弟弟當官，並迎娶楊廣的女兒為妃，同時也擺下大禮迎接蕭皇后。宴席上不斷禮敬，下午遣退所有同宴席諸官員，只留下楊妃、自己的皇后長孫氏與一直陪伴蕭皇后的故隋兩個貼身宮女，到一小間密室相談。

此時李世民（紫眼眶）與長孫皇后（金眼眶）以家禮拜蕭皇后：「現在沒有外人，朕以家禮拜表舅母。」

蕭皇后（靛眼眶）急忙扶起二人說：「既然都是家人，陛下萬萬不可如此，折煞老身。」

長孫皇后（金眼眶）笑說：「舅母說得什麼呢。陛下的祖母與您的婆婆，是親姊妹，如此親密的關係，談何折煞？」

李世民（紫眼眶）說：「是啊，自表舅遭遇江都兵變之後，您就顛沛流離，乃至投奔東突厥故隋公主，在大漠十餘年，我等平定中原混戰，沒有派人盡孝心侍奉，甚是有罪。」

於是尊蕭皇后在首座，自己與長孫無垢與之對座，楊妃與兩宮女各自在後侍奉。

蕭皇后（靛眼眶）說：「我這些年，始終在我身邊不離開的就這兩個宮女，當初江都兵變發生，你表舅被殺。最後釘棺材與草葬他的，就是這兩人。」

李世民（紫眼眶）行禮說：「謝謝兩位，事後朕會有賞賜。」

兩宮女同聲說：「萬萬承擔不起。」其中一宮女說：「我們發誓終身侍奉皇后，不敢接受賞賜。」

提到皇后，長孫皇后（金眼眶）笑說：「舅母別擔心，太上皇早在些許年前，就已經派人去江都，重新斂葬表舅，一切依禮。而且我們也商量過了，一定要承認舅母您是大隋皇后的地位。」

蕭皇后（靛眼眶）問：「應該有上諡號吧？」李世民與長孫無垢面面相覷，然後共同點頭。

蕭皇后（靛眼眶）說：「肯定不是什麼好諡，告訴我無妨。」

李世民（紫眼眶）尷尬地苦笑說：「諡之為『煬』。跟陳叔寶一樣。但舅母別生氣，這不是太上皇也不是朕的主意，這是士人們胡言亂語，將來朕想辦法給表舅平反。稱隋煬帝實在錯誤。」

蕭皇后（靛眼眶）搖頭說：「不要平反了，你表舅死前，自己也說他想當陳叔寶，而我是沈皇后。可惜他想當陳叔寶也不可得。他給了陳叔寶『煬』，罵他逆天虐民，現在自己受用，很妥當。稱隋煬帝後代都會認可。但不管他多惡名，我死後希望跟他合葬一處。畢竟老身是他的皇后，應該陪伴他。」

在場愣靜了一下。

長孫皇后（金眼眶）打破沉默笑說：「以後舅母就住在長安，我有時間就去與您聊天，陪您打發時間可好？」

蕭皇后（靛眼眶）搖頭說：「怎敢當？皇后真賢慧淑德！老身我比較適合回江都，替你表舅守墓。」

長孫皇后（金眼眶）抓著蕭皇后手說：「別這樣說，您才是賢慧淑德的皇后。我們一定依家禮孝敬您。對了，當年之事您可都還記得？」

蕭皇后（靛眼眶）說：「老身才六十多歲，雖然還大妳表舅三歲，但記憶還可以。所有一切都清晰記得，往事不堪回首，別提比較好。況且新的朝代是你們為帝后，我盡量避免老提過去在故隋當皇后之事，免得被人誤會，也會給你們造成不便。」

李世民（紫眼眶）搖頭說：「不不不，絕對不會不便。實不相瞞，朕……不不，世民希望舅母能記得過去，甚至應當常常回憶過去，哪怕是一個細節也好，都告訴世民，或是無垢。因為……」

說到這有點難啟齒。

長孫皇后（金眼眶）微笑補充說：「因為世民有事情想請教舅母。希望舅母能把過去表舅的一切，通通都告訴他。」

蕭皇后（靛眼眶）笑了一下說：「大概能知道陛下為何要這樣，同樣都當皇帝，前車之鑑越清楚越好，事事以你表舅相反，這是對的。但你表舅的過去，很多當事人現在都還在世，他們都知道的。」

李世民（紫眼眶）靦腆地笑說：「是這樣，世民剛登基後，大臣們就讓我事事與表舅相反，事事以表舅為殷鑑。所以世民問過很多故人，幾乎表舅登基後，下的每一個皇帝詔命，甚至每一個傳聞，手下哪一個大臣說了什麼，世民都明查暗訪清清楚楚。世民幾乎已經成了，研究表舅的專業戶。本不當再麻煩舅母，但是有一件事情，世民非常不解，其他人也不知，不得不詢問舅母。」

蕭皇后（靛眼眶）收回笑容，冷冷說：「其他人不知道，而只有我知道的？該不會是問宮中秘事？若是這些事情，有些侍奉他的美姬，比我還清楚。」

李世民（紫眼眶）搖頭苦笑說：「不不，世民就不拐彎抹角，直接切入問，希望舅母以長輩姿態教訓世民，世民將感激不盡。那就是世民對表舅有一事不解。在大業九年，表舅下詔令徵兵天下第二次伐高句麗，遭遇到楊玄感兵變而退兵回國。平亂之後，緊接著民變四起。大業十年，第三次下詔命伐高句麗，但基於國內反叛已成燎原之勢，盡快結束戰爭，同意高句麗稱臣入貢。這說明表舅，早已經知道，反叛嚴重，伐高句麗不可久為，接受高句麗稱臣投降後，盡速撤軍。為何因為高句麗王不肯入朝，這點小事，還持續要下詔命第四次討伐，引得天下人更加騷然？這不符合常情，更不符合表舅聰穎之人所為！」

蕭皇后（靛眼眶）沉靜一下，想起當年與楊廣夜談，輕聲問：「別人對這事情都怎麼評價？」

李世民（紫眼眶）說：「大體是說，表舅好大喜功，不願面子受損。所以不顧一切，屢屢下詔要打高句麗，最後天下因此動亂。但世民不信！」

蕭皇后（靛眼眶）問：「為何不信？」

李世民（紫眼眶）說：「表舅聰穎過人，不然如何奪嫡繼位？世民慚愧，在舅母面前也不藏短，其實世民跟表舅一樣，也是奪嫡繼位。自然知道這一路狀態。即便表舅多欲，但遭遇這種事情，誰會吃眼前虧？不可能為了已經殘破願降的高句麗，反而與自己的江山過不去！若為了面子，突厥包圍表舅於雁門，這豈不是更大的面子損失？記得當時世民年輕，還奉表舅的皇帝詔命當兵救援。其詔命天下對抗突厥停止征遼，歷歷在目，如昨日之事。豈有離開雁門之後，忽然反水，不管突厥，還下詔命伐高句麗？明知都無力再征討，下詔命徒增反感嘲笑，為何還是堅持如是？」

長嘆一口氣低頭說：「很多事情表舅都能審時度勢，怎會對此事如此反應？這肯定有隱衷，而外人不知曉，所以想問舅母，在當時表舅到底是什麼原因，會如此執著高句麗這東夷小國？」

蕭皇后（靛眼眶）微微點頭說：「陛下還是想到這件事情，本以為棺蓋論定，不會有人再問。你表舅確實有無法告人的難言之隱，這些話，對那些當年勸阻征伐的大臣們都難言。」

李世民（紫眼眶）起身長跪，然後叉手叩頭平伏，長孫無垢與楊妃也一起叉手叩頭平伏。

「此事關係天下人安危，請舅母以長輩教訓世民，萬望不要隱瞞。拜求舅母教誨！」

蕭皇后（靛眼眶）長跪，將他們都扶起，急忙說：「別這樣，你現在是皇帝，老身我說便是。我從頭到尾慢慢說。」

於是蕭皇后，將楊廣與自己夜談哭訴，回答為何拼命下詔征伐高句麗之事，一一說出，李世民與長孫無垢聽得目瞪口呆。慢慢細說，談了整個下午直至夜晚，宮女與楊妃都在旁來回奉茶，所有人也暫停幾回，來回廁所，像是細說長篇故事。直到深夜。

「……整個事情大概就是這樣。」

李世民（紫眼眶）竟然也面如土色，喃喃搖頭說：「匪夷所思……匪夷所思……照這說來，難道討滅高句麗是天下人寧願失去一切，也要做到的事情？若不得，改朝換代在所不惜？這實在難以讓人置信。」

蕭皇后（靛眼眶）說：「老身只把自己知道的說出來，信不信由陛下。」

長孫皇后（金眼眶）說：「自建國號唐之後，太上皇就與高句麗和好，互換隋朝時戰爭的戰俘，重新通商。高句麗王也上表稱臣，太上皇甚至列高句麗為永不征伐之國。就是以隋征伐高句麗，引天下騷亂而亡為鑑。沒想到真相不是眾人所想那樣。反而是認為表舅損失慘重，沒有征伐成功，躲避征伐責任，怪其無能，要算總賬！」

李世民（紫眼眶）飲了一口茶，內心最受衝擊，喃喃低聲說：「分散說不，聚合說要，亦或相反？難道說，這天下人還有背後的統合意識不成？至少表舅當皇帝時，是這麼看的，必有其理。」

蕭皇后（靛眼眶）說：「太上皇若已列不伐之國。陛下別因老身而改變，我是等待與你表舅同穴之人，萬萬沒有想到國政。若非陛下剛才懇切詢問，老身根本不想說這些話。甚至想把這話帶到墳塚，與你表舅一起爛在裡面。」

李世民（紫眼眶）說：「舅母不要這麼說！您真的救了我們。高句麗之強悍，在表舅數次傾天下之力征伐無果，可以證明。而其又是天下人所欲必滅之國，朕必須圖之。否則若天下人見我等因循苟且，等得不耐煩，又將會如何處分大唐？」

接著雙手叉在胸前，納悶地問：「表舅是否有看出，天下人為何一定要滅高句麗？這個問題更重要！」

蕭皇后（靛眼眶）搖頭說：「他也不知道，只知道一定要他去做這件事，否則改朝換代，滅他全族也在所不惜。結果，真的滅了族，也真的改朝換代。」

蕭皇后神情有些疲累。

長孫皇后（金眼眶）賢慧精明，說：「好了陛下，從當晉王妃到大業末年，舅母伴我們說了這麼久的話。已經深夜，還在這繼續叨擾舅母休息，就是我們晚輩的過錯。來日方長，我們可以常常來探望舅母，請舅母教訓。」

李世民、長孫皇后與楊妃，於是一起告退。

幾日後，後宮花園。

李世民獨自看著圍棋盤，但不是在下圍棋，而是撥弄棋子。不斷想著蕭皇后轉述表舅楊廣的話。但始終猜不透後面的玄機。

「聚起來說真話，分散說謊話。聚起來說謊話，分散說真話。聚起來……」

長孫皇后來拜見，並且遣退所有人。

李世民（紫眼眶）說：「現在沒有外人，不要行禮，我們是夫妻。我不自稱朕，妳可別叫我陛下。」於是兩人對座。

長孫皇后（金眼眶）笑說：「好，叫你二郎。」

「剛才我又去找了舅母，替二郎詢問了每個細節，但表舅當年確實不知道，為何天下人要如此？只是很肯定天下人給他這麼多東西，就是要他辦這件事。沒辦成，才會出手殺他。而且他也察覺，楊玄感兵變堵住他的回頭路，就是暗示，再征伐無果，就不要回來。他是回來之後才警覺到，天下人的殺機，所以拼命左支右絀。」

李世民（紫眼眶）說：「舅母轉述表舅的話，讓我內心不可名狀。妳也知道，這些話不能給大臣們知道，舅母與身邊的兩個宮女肯定不會說出去，不然在隋朝時早就傳揚開，楊妃那邊也向我保證不會說。朕……不不，舅母那日說真相之前，我本猜度是表舅的隱疾個性使然，引以為鑑便是。萬萬沒想到，在這狀況下，說出了國家最重要的命脈所在，好險在場都是可以保密之人。」

長孫皇后（金眼眶）說：「那接下來怎麼辦？二郎也打算學表舅，傾全國之力打高句麗。」

李世民（紫眼眶）指著棋盤說：「這是自然，此事非辦不可。但妳也知道，高句麗出奇地善戰，弄不好我自己也會跟表舅一樣，讓天下人判定我無能，那我必是表舅第二。東突厥號稱強大有如匈奴，實際上內部分裂不團結，被我們三兩下滅掉。本來東夷三國自己也相互爭鬥，可以挑撥，但高句麗出奇地根深蒂固，表舅動員兩百萬大軍全國之力，竟然屢戰不克。總共三打高句麗。」

長孫皇后（金眼眶）打岔說：「二郎說錯，是四打！表伯公也派兵打了高句麗，楊諒表舅兵敗於斯。甚至那場頭次大戰，一面倒讓我軍幾乎覆沒，而高句麗竟然沒多少損傷。」

李世民（紫眼眶）醒悟說：「對。四打。但全部失敗。這裡面至少有三件事情我們全然不知，讓我感到五內發抖。首先，天下人為何要如此執著高句麗？自晉朝永嘉五年之後，五胡各族在中原建國打鬧，直到隋滅陳近三百年。天下人尚且容忍如此，高句麗不過盤據遼東一地，奈何反不能見容？若爭土地國本，可不可用征服其他地方，來當補償？為何如此執著？再者，高句麗不過一個小國，又為何如此難攻，有什麼隱藏之因？三者，這最可怕，天下人又是怎樣表達自己這種集體執念，甚至驅動現實處分皇帝，讓表舅知道這是被追債從而恐懼？裡面隱藏的因果脈絡為何？其對皇帝的一取一予對價關係，損益判別又是以什麼來作標準？」

長孫皇后聽了也默然。這種神機鬼旨，她又如何能知？兩夫妻沉默片刻。

長孫皇后（金眼眶）說：「可能得問得更細節。我有空常去舅母那邊贈禮拜見，並且把舅母所知當初表舅言行細節，一一聊出來。」

最後的總結，李世民知道眾人會反對，但天下人會支持。而這天下人又是眾人所組成，即便每一個都反對，但最後的總和也會支持。那到底該不該做？答案是非做不可，因為眾人遲早會聚集起來總和跟他要賬！

夜晚，點亮宮燈後，宮女們都退出，宦官們也把東西收拾乾淨離開。

長孫皇后與李世民夫妻兩人，一起傻傻地看著圍棋盤，沉默好久。

李世民（紫眼眶）說：「始終沒有搞懂，為何分散開來不要，而聚起來卻要？我們到底該聽哪一方？我們想了好久了。」

長孫皇后（金眼眶）說：「二郎不是知道，該聽哪一方嗎？兩邊都要聽，分散開來要應付，聚在一起得去聽。」

李世民（紫眼眶）說：「我意思是，他們為什麼要這樣？」

兩人又沉默很久。

長孫皇后（金眼眶）忽然醒神說：「我想通了！你要把他們想成是『您』！『您』說謊，就像我們個人有時候講話言不由衷，內心想要嘴巴不承認。或是內心拒絕，嘴巴假意答應。不能只去聽『您』說什麼，還必須要看『您』用行動表達什麼！表舅當時就看出來，我們假設還看不出來，那死得會比表舅還難看。」

李世民（紫眼眶）瞪大眼說：「原來如此。可是高句麗很難打，能不能放棄，用其他國的土地替代？」

長孫皇后（金眼眶）搖頭說：「千萬不要，不知道『您』的格局深淺。也不知道『您』的用意。更不知道『您』的憤怒。表舅就這樣死，楊家子孫死於非命還不少嗎？二郎要不要仔細算算？李家也要這樣？」

李世民（紫眼眶）長喘一口氣，仰天而低聲說：「啊……雖然搞不懂『您』，但至少已經知道，『您』要本朝現階段去做什麼事情。可傾全國之力兩百萬精銳，都攻之不克。我想想看這麼棘手的問題，怎麼解決啊……該怎麼解決才對啊……」

於是李世民重新佈局，先派人到高句麗通好，並且安撫慰問前隋朝被留在高句麗的士兵，同時大量派人去尋故隋陣亡將士的遺骸，隆重祭祀安葬。趁此機會秘密繪製高句麗的山川地形，人文情況。同時勸課農桑，重視民力，和親吐蕃，接著先盯西域。宣佈要恢復兩漢對西域的統治。先把周邊簡單的問題都擺平。且每年互相通使，不斷安撫高句麗，宣稱自己一定會延續，已經過世的太上皇李淵政策，列之為不伐之國。

如此安撫高句麗，擺出『安東擊西』，一般人不理解，但高句麗上下似乎能嗅得出來『有殺氣』。各地諸家、太大兄、小兄、城主等上下豪強官員，共同要求國主，委派因對隋戰爭而得勢的強臣家族之主，淵蓋蘇文，開始在遼東蓋『千里長城』……

沒想到，地精也開始會，因外界變化，自主隨意地架空自己的國主，驅動多數人去執行一件集體目標。這代表什麼？超個體核心，陰陽古怪之主，對此很清楚。

※※※※※　※※※※※　※※※※※

陰陽一體，古怪相連。既然一體相連又分二者。

陽怪：吱吱鬼靈精怪喔！

陰古：…………竟然已經能嗅出我們的殺氣，還趁此改變自身體質。

陽怪：呵呵呵呵，千里長城。吱吱竟然給我們的萬里長城搞分岔。

陰古：沒搞懂我們為何蓋萬里長城？竟然在上面自行給我們分岔！當這種東西是真的禦敵用嘛？

陽怪：吱吱這一條，就是要反向作功，可惡啊……找死……要下最狠力，即便再繼續打換掉幾個朝代，我們還是要繼續打！打到吱吱徹底崩潰為止！打到底！陰陽節已經用力，現在是我們主局直接接管！

陰古：先清理周遭，以免打吱吱的時候，心力不專……先冷靜一下……這吱吱真的與眾不同，會吸收我們的底局…會鬧到我們兩敗俱傷…要籌備一番，拿出最強陣局，把前局底力都拿出來。必要時，讓脈絡子抽出最厲害的單位個人，讓吱吱知道，逼急了我們是可以鎖定個人之能，修為是不一樣的。冷靜，先籌備再說。

陽怪：呵呵呵呵呵，好，冷靜，冷靜，把壓在最底層，最強的底力都開始往上運。

陰古：告知脈絡子也開始動了。可以用集體格式，去定位尋找出某一個最厲害的單位。用單位力來格式化全體，讓吱吱嚐試厲害。

※※※※※　※※※※※　※※※※※

大舉出兵十萬遠征高昌與西突厥聯軍，很快滅高昌且逼迫西突厥投降，設立安西都護府。

即便魏徵不斷要求停止對外戰爭，但魏徵什麼羞辱性的諫言李世民都接納，並且有道理就改正，就這點堅持不回應。滅了高昌之後，故意把高句麗使節找來，恐嚇威脅，若要和平必須恭順。原本的不伐之國的政策，已經逐漸要修改。

職方郎中陳大德，再被派當使者，去高句麗刺探。藉口自己喜歡遊山玩水，拿財寶賄賂當地守城官吏與兵卒，於是都派人帶陳大德遍訪城池要地。發現很多人聽說中國使節來，紛紛聚集觀看。又碰見許多人自稱中國人，家住某郡，是隋朝時當兵從征，被高句麗抓的俘虜。高句麗人將遊女或寡婦，婚配給他們，就與高句麗人雜居。

所謂遊女，就是高句麗、百濟、新羅與倭奴國，當時東夷各國當地特有風俗。都會有女子成年離家者，丈夫不固定，四處找可以的男子淫蕩蝸居，替其他人生子女後離開亦有。高句麗則自與隋交戰後，強迫遊女必須與隋軍俘虜婚配生子，照料家庭，不得繼續遊逸，並安排定居生產或農耕且納稅。反藉著隋軍俘虜許多是農夫或窮士人書生，素質較高，反向吸收，改變錯誤的風俗，此增加國力。

群起問家鄉如何，陳大德告訴他們家鄉都無恙，於是奔相走告。陳大德回國，送行哭泣者眾多。告知李世民，高句麗王聽聞高昌滅亡，非常恐懼，對使者非常恭敬，再三表示要恭順臣服。

李世民暗暗盤算，隋與高句麗連場戰爭，高句麗至今都沒完全恢復。而隋除了當時損傷，又承擔隋至唐的改朝換代損失，唐又再對外征伐，損傷可謂更重大。雖說大國家底雄厚，但內心始終擔憂。

於是對陳大德說，高句麗不過漢朝四郡之地，滅之不難，山東州縣還需休息，暫時不去動兵。

恰巧不久後，淵蓋蘇文發動政變，殺了留榮王高建武，立傀儡高藏為王，自命大莫離支，掌握高句麗實權。高句麗國內開始有人不滿淵蓋蘇文專權，甚至據城池與淵蓋蘇文對抗。而『千里長城』已經竣工，沿線諸多碉堡山城支撐，高句麗已經擺明了探知唐必會再入侵。

群臣開始有人上奏，請討伐高句麗。李世民仍然猶豫，但聽了此議題，內心總是忍不住發抖，而回頭想長孫皇后與魏徵都已經去世，沒有能談之深入者。想要把這個問題交給下一代，圖僥倖過關。

正當這麼想的時候，太子李承乾勾結滅高昌與吐谷渾的名將侯君集叛變。李世民大驚，鎮壓叛亂之後，李承乾被廢並且終身幽禁，侯君集被斬但赦免全家死罪，遷往嶺南。

於是密招皇后的兄長，長孫無忌。

李世民（紫眼眶）說：「高句麗的事情應當有決斷，必須滅之。恐不能再拖延。十多年囉，朕一直圖僥倖，征伐其他地方，替天下立功，故意躲開這個問題，想交給下一代去處理。但現在看來這個問題已經拖延很久，不能拖到下一代。否則我唐朝將與故隋朝一樣，被徹底滅亡。」

長孫無忌疑問：「臣不解，隋滅亡是因為征遼勞役，死傷甚重，天下騷動，從而一發不可收拾。陛下怎麼反會說，多休養生息，交給下一代，會與故隋一樣滅亡？」

李世民（紫眼眶）苦著臉搖頭不想解釋，說：「你與其他大臣不同，所以朕才招你密會。很多事情其他大臣不能知道，你或許可知一二。本來此事前因後果，皇后知道。但她已經棄朕先行離世。前隋蕭皇后還在，前幾日朕還去拜會，但見她年事已高，言語癲動有失倫次。太上皇則早就不在。如今能知此事者，只剩下朕！朕將下詔令討伐高句麗，群臣必定大有反對者，你必須策動更多人，大力支持此事。」

長孫無忌滿臉疑惑，搖頭說：「上出此言，臣還是不解。不解此理，如何策動他人？」

李世民（紫眼眶）低聲說：「罷了，朕簡單說吧，但真相你必須不能外洩。」

長孫無忌說：「臣死也帶入棺材爛在裡面，不給他人知道。」

李世民於是將十三年前，跟蕭皇后與長孫皇后會談之事說出。

長孫無忌聽了目瞪口呆。許久後才說：「匪夷所思，匪夷所思。陛下放心，為了大唐江山永固，臣在朝堂上，全力支持征伐高句麗。」

但為了慎重起見，先宣佈淵蓋蘇文弒君之罪，封高句麗王為『遼東郡王』、高麗王、上柱國。此時淵蓋蘇文正聯合百濟攻打日益囂張強盛的新羅，將高句麗與隋戰爭時，被新羅趁機搶走的土地，一塊塊搶奪回來。新羅軍不是高句麗軍的對手，新羅女王派使節入唐求援。李世民派使節到平壤，命令淵蓋蘇文撤軍，遭到拒絕。

反而大罵：「隋人入寇時，新羅趁機侵略我領地五百里，除非將領土全數歸還，否則不能止兵。」

使者反罵：「遼東諸城本為中國郡縣，中國尚且未言，爾國豈可必求故地？」淵蓋蘇文拒絕再談，把使者驅逐回國。

李世民於是以此為藉口，公告天下，正式下詔令御駕親征討伐高句麗。果然群臣大為騷動，褚遂良與一干大臣拼命阻止，李世民一一反駁。這個生死攸關的問題思考了這麼多年，雖然知道是很難解決的，但是若持續假裝看不見，那個真的看不見卻存在的力量，就會跳出來讓你看見。李承乾與侯君集，毫無正當理由卻叛變之事，還是小小警告，接下來還會有處分正在醞釀當中，而事實上對賬準備處分唐朝的使者也已經在途中。

真是，欠誰的錢都可以，千萬不要欠鬼的。

內心害怕自己會跟楊廣一樣，但又不得不上馬，本來名將李靖抱病願出征，但李世民認為其年事已高，恐其有失，不同意。但與李靖詳談高句麗的戰爭問題。

李靖宅邸。

李靖（黃眼眶）說：「既然陛下體恤臣年邁，那臣只能遵飭令在家待天年。」

李世民（紫眼眶）問：「先前朕把所有蒐集的情報，派人交給將軍。不知道將軍隊高句麗這小國，是何分析？若是將軍用兵，會如何作戰？」

李靖（黃眼眶）笑說：「陛下也是身經百戰的將者。此次御駕親征亦有良將相助，會擔心打敗不了東夷小國？」

李世民（紫眼眶）說：「在真人面前不說假，朕的確擔心此戰。朕兩個表舅大敗於斯，其中一個還是傾天下精兵全力攻之而敗，但其國怎麼觀看，也沒有特殊之處。恐有失察，請將軍賜教。」

李靖（黃眼眶）笑說：「臣看所有的情報分析，以及故隋與之交戰的一切記錄，亦曾訪談故隋將領。天時地利人和，陛下都不會敗。天時者，當時高句麗人心團結，亦有用兵之才，隋軍沒有討伐的口實，東夷三國中，新羅也未依附。人和者，隋軍強徵勞役，又不體恤士卒，純粹以怨恨之兵擊精誠之軍，高句麗抵禦外敵上下一心。地利者，隋軍輕敵沒有探明山川人文，而僅有水軍制海之勢，卻又沒有善加機動。而陛下天時佔了優勢，高句麗南與鄰國戰爭，北又大起千里長城勞役，新羅則已入朝求援，可以為我軍策應，出兵名正言順。陛下人和，貞觀之政近二十載，人情歸附，軍威精強。高句麗強臣弒主專權，國內多有豪強不滿，與之相抗，不樂為之用。陛下地利，已經掌握高句麗山川人文情報，水軍制海更為熟練。所以無論天時地利與人和，陛下相較隋時占有絕對優勢。」

李世民（紫眼眶）問：「除了這些，將軍認為，高句麗區區小國，到底還有什麼與其他國家不同之處？竟可以破隋軍四次，抵擋全中國之兵？」

李靖（黃眼眶）說：「不同國度都有自己的特性，但都僅只在人文表態不同，內在人性其實都一致。高句麗小國雖曰善戰，但並無特別之處。之所以破隋軍，不過就是倚仗臣所云天時、地利、人和綜合優勢。若三者逆轉，一樣可以滅之。」

李世民（紫眼眶）問：「依你所見，朕勝算幾何？」

李靖（黃眼眶）說：「九成。」

聽到李靖如此分析，李世民大為欣喜，原本的忐忑不安頓然消失，遣退身邊宦官，親自替李靖泡茶。兩人又詳談具體當如何用兵調度。之後離開，李靖送李世民出門時，李世民還再三以朋友之禮，開心地對唐軍老帥李靖話別。

看到兩位古人這麼努力，卻還是分析錯誤，讓筆者精神穿越一千四百年前，來替你們二位分析吧：

沒錯，若以正常戰爭用兵，李靖分析得絕對有道理，無論天地人三才，李世民都有改善。但這不是普通的戰爭。高句麗本來也只是普通的國家，但若放在過去三百多年歷史，靠著中國自己的長城構局，這國家已經趁此成了精怪，而外表是怎麼觀看，也看不出有何不同的！半島上東夷各國中，高句麗長時間占優勢卻沒有滅掉南部百濟與新羅等小國，而是在緩慢的進進退退，逐漸拉鋸態勢下擴張，能依相同的地理型態重構自身結構的縱深，並展開變化，這才是最關鍵之處。它學著中國，建立了群體自我規復，臨機應變之能，而並非什麼天時地利人和的問題。

至於先前淵蓋蘇文這種強臣狂人，弒主之後跳上舞台。代表這個縮地精察覺到，中國建立唐朝後，剛開始的懷柔安撫，不斷通使節，宣稱要和解，要列他為不伐之國，其柔和的表象下藏著兇狠殺氣。**所以縮地精他不信！**暗中把國家轉變成軍國體制，不管唐朝怎麼打別人，來對他表柔和，釋其疑，它也要全力戒備。甚至搞出千里長城也來玩你用過的遊戲，企圖用自己獨特的縮地方法，把快速再把自身升級上去。代表它知道中國就算改朝換代，用一堆國名體制來更換臉孔，欺騙地精，地精也能意識到，中國並不是真的在更換，後台的國家意識之主，仍然是同一個。所以地精它也在緊急應變。

再綜合隋朝四次大規模打擊失敗的結果，這代表一個可怕現實：**它！能集體意識到表象下的本質。它！能以貞制假隨時衝破自身國家舊制。它！能因外界變化調整層次，來梯次佈陣。它！能整合資源辨別關鍵因素。它！能看清自身成長該運用的起伏歷練。它！扛得住十倍於己的外力打擊。**

再給這縮地精這樣升級玩下去，對中國就真的太危險了。此時東夷的第四國，倭奴國，即《皇道無間第一部》的主角國日本，也還只是在懵懂摸索，功力尚差得遠。

終於知道為何超個體要因此狂怒！但也只有超個體才意識得到其危險性。

所以在這種狀況下李世民應當，寧願立刻關閉高昌國以西以北所有關卡，寧願停止與其他國家所有往返，甚至放棄一部分東突厥領地，也必須學隋煬帝，徵兵天下全國總動員，動用大運河集結，一舉把它消滅。別弄到超個體親自介入，那可會對整個唐朝都內心有疙瘩。

李世民自己動員比較慢出發，先命令營州都督張儉率軍進攻。為了再慎重，讓臣服於唐的新興部族，契丹、奚、靺鞨等，出兵先行進攻。在這期間，又為了再慎重，把張儉招回長安不斷密商大事。

李世民其實本質與楊廣一樣，被定位也與楊廣一樣。雖然不斷修正自己，但你猶豫不定，不願犧牲自己去奮力拼殺，之後鬼跟你對賬之時，就會知道自己的朝代，沒想你自己像中的那麼偉大！

淵蓋蘇文聽說中國又再次動員進攻，大為恐懼。派使節來宣稱願意稱臣入貢，一切悉從中朝體制。李世民大笑說自己不會上當，當場拒絕，將使節扣下，大罵使者是與弑君之賊同謀，是強臣的走狗，一副替高句麗王打抱不平之態。先進入洛陽準備幾個月，談到強臣，就到河北鄴城去祭祀曹操。寫文章嘲笑曹操只是統帥之才，沒資格當天子。

命令張亮為平壤道行軍大總管，率四萬多水軍從萊州出發。自己親自統帥，英國公李世勣為遼東道行軍大總管，禮部尚書江夏王李道宗為遼東道行軍副總管，張士貴、張儉、執失思力、契苾何力、阿史那彌射、姜行本、麴智盛、吳黑闥、李元正，共計六萬多精兵北上。並招契丹與奚部落，派兵來增援。

為了怕跟楊廣一樣，除了動員的兵力小很多之外，還引用李靖的建言，親自對所有人講解，自己這次與楊廣有何不同。隋煬帝之所以沒能戰勝高麗的原因是，隋煬帝對自己的人民過於殘忍，而高句麗則愛惜自己的人民。隋煬帝用要反叛之軍來打高句麗團結之軍，因此不可取勝。

現在他這裡有所改變：首先，這次戰爭是大國打小國；其次，這場戰爭是精銳正義之師討伐叛逆之賊；第三，這場戰爭是組織有素的部隊攻打另一個混亂的部隊；第四，這場戰爭是精力充沛的部隊攻打另一個疲憊不堪的部隊；最後，這場戰爭是士氣高昂的部隊攻打另一個抱怨連天的部隊。因此唐這次攻打高句麗是勝券在握。

到達古幽州地界，李世民仍然一直強調於此。

同樣的遼河，同樣的大地，同樣的敵國，同樣的我和你，先前隋軍現在唐軍，大舉過河進攻。

李世勣和李道宗先率精銳兩萬人，突破千里長城，先攻破蓋牟城，緊接著突破千里長城數個關卡，水軍張亮也從鴨綠江登陸，但為了慎重起見，在此建立水寨而不進一步登陸進攻。

李世勣和李道宗得到增援之後，率三萬人將遼東城圍困。高句麗軍四萬大軍集結來增援，高句麗將領中許多老將曾經與隋軍交戰。見到唐軍此時數量遠不如隋時，便不害怕，於是全軍衝殺。

殺！鏗將！鏗將！殺！鏗將！鏗將！

「將軍，賊軍眾多，我們快抵擋不住！」

「後退則斬，一定要擋住！」

「左翼騎兵衝來，我們擋不住了！」

李宗道的部將張君乂大敗，被李宗道臨陣處斬。李宗道親自率四千鐵騎兵反殺，一舉將高句麗軍擊潰。高句麗將領發現唐軍都是精銳，全軍撤往險要高地，建立險寨，與遼東城互為支援。

李世民率領本軍到達，先遣的張儉也整頓好契丹與奚兩族援軍，拆掉度遼河的橋梁，以示決心。但仔細觀察高句麗軍佈陣，發現他們既守城池也守險要，靈活運動支援，難怪表舅的兩百萬大軍會敗。

唐軍大營。

「東夷賊軍善戰，守險亦守陣，互為運動，依山傍水。對此我等不能重演前朝隋軍覆轍。暫時不要管城外那些守險之軍，只分兵監視即可。主力必須以攻城器具，分為數軍，快速互相支援，發揮各自功效，全力掩護火攻！」

「所有計畫已經分配下去，你等看清楚之後，若狀況有異，可以臨機應變之後再行回報！」

眾將領命。

李世民果然記取了教訓，深深感覺若不是表舅楊廣先衝沙灘，探明虛實，自己又在隋唐交替時在中原混戰中練兵。自己絕對不會有辦法能對付，如此善戰的軍隊。

唐軍四面圍攻，一面填壕溝，一面演奏軍樂鼓勵士氣，一面猛擲投石車，高句麗軍隊城上抵擋投石的木材雕樓，在猛攻之下還是一一被擊破，此時又風起，唐軍見狀大好，紛紛射擊火油弓箭，整個遼東城著火，延燒到城內，高句麗軍一團混亂。唐軍趁機傾全力猛攻，很快攻破遼東城。

李世民為了表示堅決收復失土，所有攻破城池全部設州授官，表示堅持不退。

隨後唐軍開始向安市城進軍，高句麗北部耨薩高延壽、南部耨薩高惠真，率領高句麗、靺鞨聯合軍十五萬援救安市。面對比自己數量多的軍隊，李世民拿出年輕時混戰中原的作戰本領，分兵以寡擊眾。

李世勣率步騎一萬五千人於城西嶺立陣迎敵，長孫無忌則率一萬一千為奇兵，埋伏于山北。李世民親自帶領騎兵四千，潛趨敵營北山之上。唐軍也同樣依地形為主軸，分佈作戰。

高句麗軍發現唐軍數量沒有自己多，大為欣喜，於是直接對陣衝殺。李世勣率軍隊奮力死戰，連續三陣抵擋。忽然長孫無忌、牛進達等率軍從狹谷衝出，衝擊高句麗軍後部，李世勣重新列陣，以步卒長槍在前反殺，並不斷以強弩對空射擊綁絲帶的信號箭。李世民見到信號，則領兵從山上衝擊，在三面夾擊下，十五萬高句麗軍崩潰，被斬首二萬餘級，靺鞨殘兵也被追殺殆盡。高延壽、高惠真以優勢兵力衝出包圍死戰得脫，唐軍左武衛將軍王君愕戰死。

高延壽與高惠真收攏殘兵，退回山區，依山自保。

李世民嘲笑曹操，但現在也是使用曹操用過的圍點打援之術。此時李世民認為必可攻破安市，於是整頓攻城序列。安市城見到外援被打敗，於是死守城池，企圖出城夜襲也被唐軍消滅。唐軍全面攻城也屢屢被擊退，唐軍由於兵力不多，所以不敢學隋軍那樣硬攻。於是開始堆土山，安市城也隨之加高城牆，但臨時加高都很脆弱，土山崩也壓倒安市城牆。但此時負責土山的傅伏愛擅離職守，守軍快速反攻出把土山攻占。李世民氣得斬殺傅伏愛。並下令全軍反攻土山。

土山上下四處交兵，這高句麗軍竟然還能在土山立柵欄，把唐軍的東西變成自己的一部分，所以唐軍雖然全軍猛攻，但一團混戰下，紛紛敗退。李世民見狀不好，主力重兵都已經調入水軍機動，只好鳴金收兵放棄土山。

全軍改為長久圍困此城。

然冬天來臨，後勤增援也逐漸不夠，想要命水軍進攻平壤，但計算一下，先前害怕驚擾天下百姓，只調動精銳與自願者，不敢徵兵天下，水軍總兵力還不如隋時來護兒的實力。即便攻破平壤，也不能佔據全境。

萬般無奈下，只好全軍撤退。此時才發現，先前怕重蹈楊廣覆轍，只前後只動員十七萬兵力，反而才是致命傷。打強大的東突厥，伐遠距離的高昌，也不需要這麼多人，沒料到高句麗軍會如此頑強，這一切必有李靖所不知道之事。撤退途中，面對失算，非常惱怒的李世民一改對部將寬容，不斷清算各將領作戰不力的缺失，甚至許多人都被立刻處斬。

高句麗軍不敢追擊，但蓄積力量之後，反攻遼東城等所有失陷城池，並且重新加強『千里長城』，恢復到遼河為界的原狀。

又失敗了……

第十三章　跳階動員　動眞格　滅國總攻擊

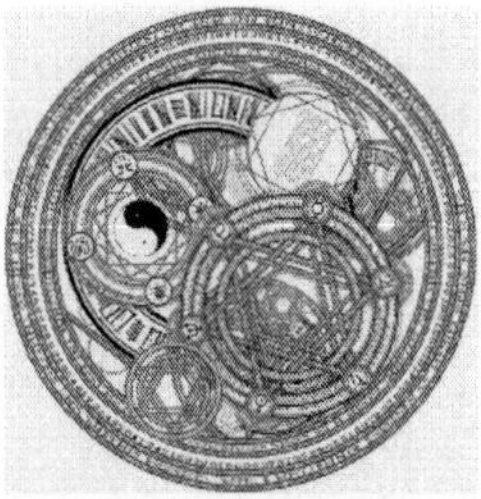

要一個文明傳承長久，關鍵在於最平凡人的思維必也傳承。統治者往往在心靈圖像都激發出獸性乃至無恥歹毒，等等陰暗面，雖然最有資源，卻不太可能將良好的思想傳承下去。平凡人這條路，雖然資源寡缺，但相對傳承之路反而比較平坦。

脈絡子：怪怪，以為就在基層管傳承即可，陰陽古怪之主打吱吱，竟然要動到我們這一局。

殘影鍊：代表那是要拿出真功夫才可以囉，但傳承脈絡千百，主軸的傳遞路徑，都是內局在運轉用的，打外面的吱吱，不太好找實用的。

脈絡子：找到正確位置確實難啊，去心訪使那一局，請罔兩鏡來一趟。

殘影鍊：請來囉。

罔兩鏡：沒想到會要我來這協助。

脈絡子：不這麼做，找不到最關鍵的成分，用到這地步，代表陰陽古怪之主要動真格。

罔兩鏡：一起來吧！陰陽反辨，讓群體去找單位，這種功夫，耗損頗大，而且找到之後也未必能持續保得住那一脈絡傳承喔。

脈絡子：沒辦法啦！打吱吱已經損傷慘重，斷掉一脈也是無可奈何。

殘影鍊：找到了，找到了，這下可以上提功力，整體局變。呵呵呵。

罔兩鏡：用到這一招，那真是底力全出，吱吱這回死定了。不過若是使用當中，不小心這一脈斷掉，那麼造成斷此脈的人，不論是皇帝還是朝代，在限定時間沒有補回來的話，那是陰陽古怪之主，肯定是要他付出代價！這是隱性的期望值。脈絡子，我說的對嗎？

脈絡子：是是是，美女妳說的是。

殘影鍊：她是美女，我更是。

若以後代明朝吳承恩小說《西遊記》比喻，中國若為『混元一氣齊天聖』，高句麗就成了『久煉千靈縮地精』。還好這個久煉千靈縮地精，還沒來得及把『變化』煉齊！不然天地等價。齊天聖修為就徹底破功，所以一定要趁早先把它徹底拔除，不然讓這個『吱吱』縮地神功繼續玩下去，繼續升級，那中國長城局破，也就別屹立於世界。

長安，宣政殿。氣氛異常凝重。

「若魏徵還在，肯定不會讓朕親征。各位……去年朕就說過……」說到這李世民（紫眼眶）有點猶豫。

褚遂良出列說：「陛下，臣不如魏徵，但出征之前臣可有勸阻？許多人也都勸阻。」

李世民（紫眼眶）見到氣氛尷尬，高聲說：「但朕還是虛心納諫，不會重蹈隋煬帝故事。」

群臣還是一陣沉默。

「啟奏陛下，高麗國主贈送兩名美女給陛下，向陛下表達敬意。不知該如何？」忽有人奏。

李世民（紫眼眶）如獲至寶，抓著這個死咬，哈哈一笑說：「哈哈，他太看不起朕了，朕不是好色之徒，豈能受之引誘。立刻將此兩美女，派專人護送回其國歸其家去！別讓他用詭計迷惑！」

接著反過來插針用計，說：「淵蓋蘇文權臣壓主，違逆君臣之道，朕必討伐，送他衣服弓弩！他若識趣，就當親自入朝請降！」

所司遵旨。

褚遂良說：「臣不知陛下為何要與隋煬帝一般，死咬著高句麗不放。高句麗沒有如突厥這般圖略中原之志，且都願意稱臣入貢。僅僅遼東之地，不過三四郡爾，陛下滅吐谷渾、東突厥，高昌等國，所拓疆域早已遠遠過之。隋之亡，中原大亂，皆因此區區之地。今陛下又敗，遼東得而復失，徒損威靈，奈何為癬疥而傷心肺乎？」

李世民（紫眼眶）說：「此等軍國之事，非卿所知。東夷小丑必不能留，朕在出發之前就說過，此乃替中國復仇，非僅我大唐之事！況且遼東乃中國漢晉兩朝故地，甚至秦始皇時就已入版籍，豈有棄之之理？爾等不用再議可否，只討論該如何改變戰略，在不傷民的前提下，興兵再伐！在整軍重新武鬪之前，暫時改為文鬪，派遣大量使節往返高句麗，與他們爭論君臣之道，為何要讓強臣壓主？」

「臣等遵旨。」

※※※※※　　※※※※※　　※※※※※

陰陽一體，古怪相連。既然一體相連又分二者。

陽怪：……疑懼怕痛，玩政治。

陰古：不知道自己在全局來看，只是死士，該上場拼命時卻怕死，而不知道我倆陰陽之決心，恐怕該做些安排。

陽怪：先按耐一下，看看他的後續表現。打吱吱嘛！總是要一番糾纏，這次看他是否知道，這是生死對決，不容後退。況且脈絡子已經把關鍵底層的成分找到，可以提供給他去動手囉。

陰古：好好，那就安了心。能把這偷偷自我修為的吱吱拔掉。我們就不會跟老三一門一樣。這第二次混沌開眼，似乎已經有消息。好像不太妙。

※※※※※　　※※※※※　　※※※※※

老三一門為何？這留待後續著作再表，先回頭敘述。

連李世民這樣的文武英明之君都敗，這敵人早已經超過普通國家的層次。齊天聖要親自介入，縮地精自然也集中力量親自反制。

平壤城。

寶藏王與淵蓋蘇文各自座次，唐朝使節與高句麗官員爭辯是非。

「我大唐之所以先前興兵討伐，就在於貴國強臣弒主，獨攬大權，窮兵黷武，南侵鄰國。若再不改弦易轍，皇帝陛下將要再次弔民伐罪。」

「在下實在不懂大唐的弔民伐罪標準為何？請問天朝國號曰大唐，自稱卻是什麼？」

「詩經有曰，惠此中國以綏四方，歷朝歷代都自稱中國。即便鮮卑異族在中原時期，也不敢違逆這種稱號！我大唐當然自稱中國！」

「那就對了！隋朝時也是自稱中國！當時敝國自知小國，稱臣納貢，態度恭順，並無所謂強臣弒主之事，但中國屢次興兵伐我，乃至傾爾全國之力兩百萬，中國子民也死傷枕籍，當時能稱得上什麼弔民伐罪？先前尚且如此，如今的中國又是弔誰的民，伐誰的罪？」

「隋有暴虐之過，所以朝代更迭，已是往事。大唐繼中國之統，以仁德興邦，討伐有罪，如今我論的是當下，自然是弔東夷各國之民，伐強臣弒主，侵略鄰邦之罪！」

「真是笑話了！我等東夷諸民，向來各有其國主國俗，與中國相異。若需要弔民伐罪也是我國之人自會行之。隋之有過，唐以代之，先前中國之民被暴君所虐，也是中國之人討伐，敝國可有介入？如今中國卻要弔我東夷之民，伐我東夷之罪。未免荒謬絕倫。」

「弔民伐罪只是其一，貴國南侵新羅，新羅女王遣使求救，我中國乃大國，自當應其援而問罪興師。前次使者就有所言，貴國稱隋時交戰，新羅奪貴國南疆。然而遼東乃中國漢晉舊疆，中國尚且未言，貴國卻仍堅持南侵，這是何道理？」

「遼東雖為中國舊疆，但晉室大亂中原尚不能守。當時我高句麗祖先就不願與五胡參與掠奪中原之事。如今改朝換代，南北統一，中州恢復大漢衣冠，五胡皆併為中國臣民，乃至五胡故地，北之漠南，西之河湟，五胡故地皆入中國版籍，確實是天朝幸事。卻要尋我們謹守分寸稱臣恭順者，談尺寸舊賬！可見中國也是為了爭奪土地，忌憚敝國自強。先前大唐皇帝攻破遼東，設置遼州，就是貪圖土地之證明。若非要論舊疆之土，中國滅高昌諸國，拓地萬里之外，乃至天邊之國，天竺、波斯，都大為恐懼，派使入長安自效。這些土地難道不該歸還舊主？奈何為了敝國與新羅五百里土地之爭，而如動大國怒火？」

唐朝使節一時語塞，沒想到高句麗有人能如此牙尖嘴利，道理分明。

「我等已經爭論一個上午，在下奉大唐皇帝詔命，必要貴國拿出說法。難道貴國真的要繼續南侵，繼續以強臣逼主，窮兵黷武於邊境之上？」

「先前我王上已經與大莫離支商議過，看在天朝大國之威我等不能侵犯，敝國可以暫時停止南攻新羅，條件是新羅也必須立刻罷兵，不能假借大國之威，尋釁北上再奪土地。至於所謂強臣逼主，敝國雖數次進貢稱臣，接受冊封，但此乃敝國內政，我高句麗王上就在這裡，大莫離支入座臣位，上使豈能因地方謠言而見逼內政？若追究前王故事，那麼隋煬帝子孫是否應當復位？最後所謂窮兵黷武於境上，不過就是大國興兵，小國自保而已。怪罪我千里長城，但隋時重修秦朝萬里長城。這些自保築城，都算是不見容於天地的過錯乎？」

最後高句麗使臣強調：「上使可以回復皇帝陛下，我王已經決定，繼續稱臣入貢，表現恭順，先前皇帝退兵，我入貢國家最美兩人為貢女，就是證明。新羅之事，兩方同時罷兵言和。皇帝不再興兵，則敝國自然不需黷武。」

唐朝使節一陣窩火，但確實文鬪也沒佔上風，只能氣沮而不言。淵蓋蘇文見到唐朝使節已經文鬪都失敗，露出得意微笑。但畢竟中國國土廣大，實力雄厚，改朝換代之後還能開疆拓土，不斷興兵來打，萬一再次興兵，高句麗南北受敵，恐真吃不消。

暗示寶藏王，一同起身先對使節行禮。唐朝使節回禮。

淵蓋蘇文說：「請貴使以此回復陛下，臣等所言，遼東入我高句麗之域，業有兩百年。祖宗之地豈可退讓？但皇帝陛下降罪，小國君臣確實惶恐。願意重新選擇更優貢女，以示為臣之道。而我君臣也考慮過遼東在漢晉確實為中國郡縣，故接受皇帝陛下冊封『遼東郡王』之職，代替陛下管理此境。請皇帝陛下，一定赦免小國之罪。」

唐朝使節只好答應轉告。

派遣使節帶著精挑細選的另外兩名貢女，陪著唐朝使節回長安。

淵蓋蘇文私下招開秘密軍會，找來南北耨薩，各地諸加，各方城主與所部將領。

「他短短三十年，滅國內各豪強，還橫掃大陸諸國，建立貞觀之政，國勢日增，從古至今未見如此雄主！但從潛伏在長安的各方密探，他有一個致命弱點！」

說到此，手指一方，露出詭異笑容。

「就是與隋煬帝楊廣一樣，貪圖豪華宮殿與美色，妃妾眾多，乃至出行都要諸多美女扛轎。這兩名美女與前兩名被退回的貢女不同，這次精挑細選兩名全國最妖艷的美女，其特別之處不止在貌美，還文才武學樣樣皆精，最重要的是曾練習吸精陰功，讓男人自願服藥，欲罷不能，可以徹底榨乾男人，選為貢女送給他，就是為了讓李世民這個雄主沉溺其中歡樂，最後快速倒下。他若不死，我國就有亡國大患。」

轉目看了一下眾人，笑說：「你們不要羨慕，他是大國皇帝。而且那兩個美人在我看來，根本就是枕邊毒藥，吃下去爽極一時，很快就會痛不欲生而死。我們健康的人，找正常的女子。開始討論軍議！」

眾人只好收回羨慕之情，回頭看地圖，接續討論戰略。

「隋軍入侵時，我國便開始各山城之間的蛛網格局，縱深連結的防禦之策。如今當建立更多相互連通的管道，讓不同地形地物人文之處，相互連結支援。大莫離支請看我的具體計畫。」

「很好！收下！等我批復！」

「山城地形連結之後，人文戰備靈活於千里長城一線機動，建立彈性觀察之陣。可攻可守，一旦千里長城有警，狼煙烽火可以很快動員國內蛛網，等於全國因地瞬時戒備。大莫離支，請看我的具體計畫！」

「很好！收下！等我批復！」

「自我國與大國多次交戰，國力損傷慘重，隋唐交替不過三十年休養。這次唐軍又攻，可見我國力因千里長城建設，有所損傷。因當結盟東夷其他三國，靺鞨諸部落、百濟、倭奴國，以補我損傷之勢。具體的伐交策略在此，請大莫離支過目。」

「很好！收下！等我批復！」

「先前我國遊女甚多，而頻頻交戰男丁缺乏，兵力國力有所離散，自與吸收隋軍俘虜以及北蠻部落為我用之後，國力恢復甚快。但我國婦女善戰之故俗仍在，可以動員遊女為後備農耕勞力，應當調查各城人力，在後方生產。具體計畫，請大莫離支過目。」

「很好！收下！等我批復！」

「我國沒有水軍，而唐軍可以海上捷徑攻略，故沿海城池應當在守備之餘，特設騎射機動隊伍，並研擬火攻燒船之策。成特殊的截擊部隊，大莫離支，請看我的具體計畫！」

「很好！收下！等我批復！」

………………

果然縮地精還是有一套的。

長安城，兵部。

自李世民自己兵敗，開始恐懼變成楊廣一樣被追債，於是放手讓底下人自己研究戰略。

超個體決定親自介入，開始越來越多人不斷獻策，但兵部吵成一團。

「高麗賊懂得以山城與地形相互支援，五次大規模兵敗，都吃虧在此，不能如你所言硬攻！」「緩進急攻怎麼會是硬攻？這是步步為營之策！」「哪能步步為營？當年隋煬帝就用過，最後還是被高麗賊一舉反攻破敗。哪怕如陛下這次設官立州，也是一樣被奪回啊！」「你胡扯！不立州我軍如何長久立足？」「你胡說八道！」「你才是禍害亂言！」

眾人咬牙切齒，幾十人罵成一團，甚至動手打架，撕扯衣冠，鼻青臉腫。真的是比高句麗上下協調團結的梯次獻策，差距甚大，但真正厲害的東西在後頭。

「陛下駕到！」一宦官高喊。

群臣急忙下跪：「臣叩見陛下！」

李世民怒目走來，看著眾人衣冠因打架扯破。不願給他們平身，來回走動，眾人平伏不敢說話。

李世民（紫眼眶）怒說：「吵好幾天了！又從吵架變成打架，還要打幾次？朕要的結論呢？」

眾人都平伏不敢言。

李世民（紫眼眶）大罵說：「你們這些人！朕沒有嫌棄你們官階低微，讓你們入兵部商量對策！結果竟然是上演自相鬭毆，一個方案都擬不出來！以為朕寬容，不敢將你等通通斬首棄市嗎？」

眾人都低頭發抖。

李世民（紫眼眶）大喝：「朕不要再等！現在就給朕拿出結論，否則通通推出去斬！」

眾人一陣驚慌。

一個中年肥胖者，立刻抬頭長跪說：「陛下息怒，臣已經想到一策！但可否單獨對陛？」

李世民（紫眼眶）一看，從沒見過，一看官服，官階很低，便說：「報上名！」

肥胖者（黑眼眶）說：「從九品上，大史局司歷，趙力均。因舅父是當年從故隋煬帝第二次伐高句麗的校尉，聽過他說很多故事，所以應募來此。」

李世民（紫眼眶）斜眼一看，說：「從九品小吏，想要單獨對陛？你的戰守策略能比百戰百勝的李靖大將軍嗎？」

肥胖的趙力均（黑眼眶）說：「地位戰功名聲，不能並論，嚴格說臣只是小卒。小卒如何比大帥？既然陛下不肯單獨對陛，那臣就簡單直說。我舅父當年這麼講的，高句麗此國，不是普通的國家，會連接地氣，因之產生整體變化！所以一般固定的戰陣攻守通通都會失效，不管什麼大元帥的兵法都要丟掉！當年我舅父的大元帥還是皇帝，隋軍將領策略都不能用，況乎李靖大將軍？」

李世民（紫眼眶）回想自己親眼所見，確實如此，低聲說：「如果都丟掉，要拿什麼戰略去打？」

趙力均（黑眼眶）說：「此時無招勝有招！就拿海賊的方式，精心改良一下去作戰。臣考慮過舅父所說一切，陸上根本很難攻破，只能當作側應。水軍則是我軍強者，就讓整個水軍變成海賊，四處沿岸登陸，登陸上去之後打敗敵軍，把所有能見到的人民，或是敵軍俘虜，都帶到中原內地安置。城池糧草全部燒掉，如此讓能接地氣的高句麗逐漸從根基上瓦解！如此經年累月，每一次作戰，高句麗國力就損失一成。與此同時，大舉攻打高句麗的盟友百濟，建立據點。等高句麗國力衰竭，又失盟友，再動員陸上大軍，南北夾攻加上水軍，三方同擊，必可滅之。所謂用兵之道，不是什麼天時、地利、人和，而是查易、觀氣、用度，三者連結，計算其平衡之數！如此而已！高句麗接地氣，運轉群體，那是鬼術，不是人的兵略能破。對付鬼術，只能用鬼術才行。」

李世民瞪大眼醒神，思度這確實是可行之路。而且此策在戰略上非常狠辣，可謂刀刀見骨。但在戰術上若能多花些錢，妥善安置對方的人民與俘虜，又不失仁慈。最妙的是，高句麗內地戰火連天，說不定對方人民，還希望能藉此到中原內地定居避難，仰慕貞觀之政。

但倘若自己真用這種戰略，那豈不是在青史上，被人恥笑學習海賊？

李世民（紫眼眶）說：「胖子！站起來！」

趙力均站起。

「呀！」啪！啪！

李世民揮手用一力打他耳光同邊兩次，把他打倒在地上哀嚎。

「要朕去當海賊！你還說得出口！而且帶到中原，變成內亂怎麼辦？」

趙力均（黑眼眶）躺在地上，手搗住臉，瞪眼說：「陛下，您約束將領，不准殺略姦淫，否則立斬！來之後分散在各州城內，多給點錢，多給點田地耕牛，讓他們依全家戶口，跟中國之民雜居，然後納稅，又怎麼會內亂？他們許多人甚至在漢晉時期就是中國之民，至於高句麗人也想安定。高興都來不及。既然是滅國攻擊，遲早子民都要混雜，提前這麼作有何錯誤？這就是剛才臣說的，所謂用度計算之一！」

李世民（紫眼眶）暗暗微笑，走出門口，回頭斜眼，藐視且冷笑說：「胖子！你剛才提出了一個可怕的滅國策略，朕閱覽史冊都沒有一個有這麼厲害，恐怕白起、韓信乃至於李靖，都要向你討教一下。但有一句話怎麼說的？勇略震主者身危，功蓋天下者不賞。朕所以打你兩耳光，是讓你代替這些人打架受罰，然後一事不二罰，不斬你們所有人。但是……你永遠也別升官了。至於賞賜，朕再想想怎麼賞賜你。可能賞賜，連朕都無福消受的東西。」

說罷離開。

眾人面面相覷，聽他這麼說來，這意見被聽進去了，皇帝記得這個小官。

於是李世民下詔命，在揚州大造海船一千艘，並原本的海船四百，由牛進達率領，出兵直接到遼東半島南端登陸，然後率三萬兵北上交戰。高句麗軍出兵一萬精銳交戰，經過激烈的喋血戰，大破之，焚毀數個城池，並且擄掠平民上船全部遷入中國內地，給予搭建房舍與田地耕牛，分散安置。李世勣則從陸上突擊，也大舉裹脅平民回國。同時第二輪大型的巨艦三百多艘，再次登陸，連番激戰，又是焚城擄掠物資，大舉裹脅平民上船回國，同樣方法，安置在萊州地界分散定居，由地方官刻意將其與中國平民雜居。

平壤城。

高寶藏，或稱寶藏王。招見淵蓋蘇文，以及其三個兒子，還有群臣一起商議。

高寶藏說：「大莫離支，你看見了各城回的軍報。唐軍與隋軍一樣，下死手要拼滅我國。現在改變這種戰略，不斷擄掠民眾去中國，國力日損，你可有對策？」

淵蓋蘇文本來囂張跋扈，但此時見到這種策略，一時不知如何是好。低聲喃喃。群臣害怕他的殺戮淫威，也都不敢搶說話。

見到父親不說話，淵男生說：「中國乃大國，我等與之連番交戰，雖然都獲全勝，但自身國力損傷慘重，再打下去雖勝亦危，必須議和，派使入貢受封。」

高寶藏說：「已經入貢受封啦！選擇全國最美的貢女，甚至暗藏吸精破敗的淫術給他，但皇帝他也不要！現在用這種策略，明顯就是要從底層瓦解我高句麗之國！現在等於是生死搏殺了！你可有意識到？」

淵男生一時語塞。

淵蓋蘇文氣憤地說：「怪了，據各方消息，明明他李世民跟前隋楊廣一樣，是貪婪色胚，十足奢華淫棍。造宮殿愛美女，怎麼會碰到我們，就一改常態成了英傑，無法欺哄？」

高寶藏說：「大莫離支，你家族在中國還是隋時，就參加對中國之戰。如今變唐，對我敵視仍然不減，而作戰策略改變，省其國力而耗我國力，彼大國我小國，如此能支撐多久？」

淵蓋蘇文說：「王上勿驚，軍政之事我等駕輕就熟，如今對策並非沒有，所有平民都入城管制，糧食由後方城池地郡供應，編制騎射隊伍巡弋海岸。只要唐軍出現，全部聚殲。甚至我等可以從陸地反入他境，也裹脅其人民歸國。」

高寶藏搖頭說：「戰爭之事皆由大莫離支管理，這我不懂。但很明顯的是，不能再跟中國如此糾纏下去，南方還有新羅與我爭奪土地。本王堅持，派使者入長安，入貢謝罪。當然，土地一寸也不讓，這個原則本王知道。」

淵蓋蘇文說：「王上必欲入貢謝罪無妨，我等亦須戰爭，因為挑起戰端者是他非我。中國聯合新羅，我聯合百濟恐怕仍不足，須遣使至東側聯合倭奴國。說服他們，若『大國東略』，久之必全遭併滅。必能使之派兵助我。」

高寶藏說：「善，軍政大事，全聽大莫離支。」

於是派寶藏王弟入朝謝罪，再次貢女，這次比上次更加妖艷，同樣是有吸精神術者。李世民假意接受謝罪，但還是拒絕貢女，派人再把貢女護送回高句麗。

涿郡。

兩個非常妖艷的高句麗貢女，被護送到此，趙力均就被當護送使。兩個貢女共乘馬車，趙力均依令拿著皇帝詔命，駕車護送，前後則有十名騎兵與隨行官員。

在此途中趁空隙，送飲食時，還故意問她們年齡。

一女回答：「官人我二十六。」另外一女回答：「官人我二十五。」

趙力均（黑眼眶）胖臉色瞇瞇說：「小生三十，尚未娶妻。沒想到兩位高麗妹妹竟然會雅韻，這可是大唐重新使用的漢魏中原古音喔。」

「兩位高麗妹妹，該怎麼稱呼？」

「我們不告訴你，就稱我們是貢女就行了！」

兩女假裝害羞，故意把他推開。途中說是監督保護，實際上一直送秋波，但二女都故意不解。

「反正皇帝嚴命誰都不能碰貢女，否則斬立決，再漂亮也不能碰。」趙力均不斷提醒自己。

其實他超想要這兩個貢女，甚至還暗暗說：「其實若能用此二女一晚上，當場死了也值得。」

一隊人騎著快馬在官道攔住眾人，從衣冠上為首的是一個宦官。大喊：「有詔命，趙力均接旨！」

趙力均一行人下車下馬。

「大唐皇帝詔令：趙力均官職低微，語多乖妄，著令革去官職為民，圈禁於涿郡故隋行宮因人坊內官定房產不得外出。坊間房產與巨額財富均賞之，令高句麗所貢二女，為其妻妾，待二女皆有生子產女，方可除罪。不得拒絕同房共床或二女索求，若有抗拒以大逆論，立斬無赦。涿郡官員依詔監督執行，不得有誤。」

眾人一聽全部傻眼。只能依詔令執行。趙力均內心一爽，但又感覺當中有詭異，這種恩賞為何又要以大逆來恐嚇？

再次派大規模海船登陸作戰，薛萬徹和裴行方率軍三萬再次從萊州渡海入鴨綠江攻擊高句麗。唐軍先鋒在曷山與高句麗步騎五千人短兵相接，斬首八百餘人。

高句麗全軍也改變硬擊防守，全部改為偷襲船支。唐軍有百餘艘船被焚毀，軍士被殺三千，所幸救援即時，在傷亡慘重之下擊退偷襲的敵軍。唐軍見狀不妙，也緊急改變策略，一半兵力埋伏於船隊周圍。夜裡設伏，大破要乘夜偷襲水軍船隊的高句麗軍萬餘人。

薛萬徹舟師深入鴨綠江百餘里，派出一支奇兵偷襲大行城，至泊灼城南四十里登陸紮營。泊灼城主所失孫，率步騎萬餘人迎敵。薛萬徹遣右衛將軍裴行方領步卒，折衝尉羅文合為援軍繼進，自己領兵設伏突然出擊，大破高句麗軍，所失孫被斬殺。唐軍進兵圍泊灼城，高句麗派遣高文率烏骨、安地諸城兵三萬餘人來援，分為二個軍陣。薛萬徹也分為兩軍對陣，一接觸之下即沖潰高句麗軍，唐軍俘獲大批高句麗戰俘，並攻克了泊汋城。將所有俘虜，連同所有女眷，全部帶回中國安置。

高句麗全國大驚，此時淵蓋蘇文才知道，中國要拼死打到底，已經打起了國家支解殲滅戰，步步切割血淋淋吞食，那真叫作刀刀見骨！淵蓋蘇文見狀也跟你拚命了，不斷派兵衝過邊境，搶掠偷襲唐軍，也裹脅中國百姓回高句麗安置，不從則殺，沿途焚燒所有在中國境內的建築。

遼西軍大營。

忽然夜間起火，騎射隊四面攻擊，唐軍睡夢中被突擊，互相推擠慌亂應敵，三千多人被殺得全滅。周圍一個村莊，所有百姓被抓來。

一名高句麗軍官喊：「願意跟我們走的，站在馬後方，不願意者站在房屋旁。」所有男女老幼，早聽說不願意就會被殺，紛紛躲在馬後方。

「很好，全部帶走，回遼東城。」

於是把人帶走，一把火燒掉所有軍營與村莊。

發現高句麗軍會開始反向攻擊，遼西各地不得不盡量淨空，都為戰區，但如此遼東未復，遼西反而受創，而且當地駐軍又得勞動內地各道州去補給。

李世民大為憤怒，決心動員大國資源豐厚的優勢。陸地上確實高句麗已經打成精，沒辦法占多大便宜，只能將主力先全部都投入『海賊戰』。回顧全國，觀察山南道以西，沒有受過隋以來伐高句麗的影響，於是詔命山南道以西各地，大舉伐木，但此地人不會造船。於是把木頭沿江運至江陵一帶，大造海船並募荊襄水軍。準備集結三十萬人水軍，連同先前所有艦隊，從海上發動滅國性總攻擊。並繼續招募部隊，萬一這些艦隊還失敗，就從陸上增派數倍於先前親征的部隊，兩面配合進攻。決心發狠，回去跟隋煬帝一樣，動員數量，打總體戰。必要時再次動員百萬大軍出擊。畢竟，還沒想要真當海賊，也沒想要把百濟也拖下水，對此冒險一步很難下決心。

長安，大明宮。

李世民看著鋪在地上，巨大高句麗地圖，昏睡在旁。忽然驚醒，大喊：完啦！

兩個宮女急忙安撫，並送上湯藥，乃至丹丸。看到其中一女貌美，彷彿見過，想起她確實也被寵幸過，而且是服用跟著玄奘回國的天竺番僧，所進貢的長生春藥後，寵幸此女。

李世民（紫眼眶）喘口氣指著她說：「妳！朕記得，應該是姓武對吧？」

「奴婢五品才人，授賜號武媚。」

原來她就是後來的武則天。

李世民（紫眼眶）說：「剛才朕作了噩夢。這個噩夢，只有已故的皇后才能知道。如今朕也年老體衰，很多新的事情過目便忘，只有此夢原因，始終不忘。」

武才人機敏，比另外一個宮女反應快，便問：「依職責，武媚今日侍奉陛下，既然陛下噩夢是在今日，當由武媚來解。」

【武媚出現橙眼眶】

李世民（紫眼眶）苦笑了一下問：「妳會解夢？」

武媚（橙眼眶）說：「年幼時聽家父說過，不妨替陛下嘗試。」

李世民（紫眼眶）搖頭說：「算了！妳根本解不了！」

武媚（橙眼眶）說：「陛下不試，如何知道？」

李世民（紫眼眶）坐回作戰地圖旁，說：「隋朝蕭皇后去世才不久，朕已經命人將其棺槨，送到江都與朕的表舅合葬。貞觀四年，她回長安時，曾經說……」

講到此，忽然愣住。

武媚與另外一宮女繼續等待。

李世民（紫眼眶）低聲喃喃說：「朕必要滅高句麗，不然眼前雖然盛世，亦不會過三代。朕夢見，朕跟表舅隋煬帝一樣，李家子孫跟楊家子孫一樣，最後下場……」又愣了。

武媚（橙眼眶）說：「陛下英明睿智，既不失之於寬大，也不失之於殘暴，剛柔並濟，貞觀之政天下人稱頌，怎麼會跟隋煬帝一樣？」她企圖見縫插針，介入長孫皇后在李世民心中的地位。

李世民（紫眼眶）指著地圖笑說：「妳可真會說話。所以妳解不了朕的夢，朕的天下沒這麼簡單，若此國不滅。隋祚短淺，唐亦然。別忘了當年隋也是昌盛……」語氣停頓。

「好了，妳們都不能當長孫皇后，朕自己靜一靜，都出去。」忽然李世民醒神。

武媚與另外一宮女於是退出。

李世民越來越感覺，對賬的之人已經很近，但在這貞觀盛世的表象下，看不出任何危機。所以如隋朝那樣滅亡的方式，基本上不可能。仔細思考前朝歷史有沒有盛世忽然被滅者？除了王莽篡漢，沒有其他案例。但外戚篡奪，這條路也因為長孫無垢賢慧，長孫無忌亦沒有子孫專權，不可能出現。

自己之後也不立皇后，至少現在不會出現。

他實在是想不透。難道這一切都是虛假的？

開。

武媚還在猶豫，李世民（紫眼眶）問：「妳不是退出了？怎麼還在這？」

武媚（橙眼眶）說：「怕陛下再發噩夢。」

李世民（紫眼眶）怒喝：「滾出去！賤婢！」武媚嚇到，趴在地上爬著退出離

「對了！滾回來！」

聽到此，武媚爬著回抬頭。

「賤婢！去請太子來！」

武媚急忙爬著退去，把李治找來。

李世民於是關門對李治夜談，指著地圖告訴李治，萬一自己生前還是失敗，他一定要繼續這個政策併滅高句麗，否則唐朝必定會滅亡。李治不解。

李世民於是把隋煬帝故事，整個再詳說一遍。但李治天性愚鈍，而李世民又對此也只是半知半解，所以李治最終還是不懂為何是這樣。

李世民（紫眼眶）問：「朕當初就感覺你不會舉一反三，懦弱愚昧而不行！本該立別人當太子，要不是你舅舅，早就該讓你也滾！總之你記得，一定併滅高句麗，否則大唐雖盛也會亡！」

李治急忙磕頭稱是，然後反問：「併滅其國之後，大唐又將如何？」

李世民（紫眼眶）長嘆一口氣說：「這只能天知道。你自己多聽賢臣的話，虛

心納諫。最好能沿著這個奇怪的現象，找到背後的人間規則，但朕看你根本不是這個料……」

李治低頭遵命。

長安城。

來了一個和尚引發轟動，這正是通西天取經的玄奘法師回國。

李世民親自迎接，命人打掃清潔，備上齋菜，兩人會談。

玄奘（靛眼眶）說：「陛下赦免貧僧犯忌西行，反而親自迎接，還陪貧僧這樣談天說地，寵護有加，非常惶恐。」

李世民（紫眼眶）說：「何必這麼說呢？你西行這件事情，無過而有功！帶回來這些西天經典，這是於國家智慧有大功。朕由於忙於軍國大事，少於文書教化，你恰好幫朕補了這一塊。朕感謝都來不及，豈能怪罪？」

玄奘（靛眼眶）低頭說：「貧僧雖帶回西天經典，還需要時間詳加翻譯，並讓更多的人能閱讀。清淨的地方與刊行之事，貧僧斗膽請陛下協助。」

李世民（紫眼眶）說：「這是自然。對了，玄奘大師您通西天，那邊的文明可有什麼感想？真的是天上一般的世界嗎？」

玄奘（靛眼眶）搖頭說：「貧僧不打誑語。天竺實際上遠遠不如我大唐。或貧困，或愚昧，或災禍始終不止。而可取之處在於其佛陀經典智慧。也正是困厄的環境，才讓佛陀捨棄貴族身份，修行得道。」

李世民（紫眼眶）低聲說：「佛陀的智慧也不能度化當地？」

玄奘（靛眼眶）點頭說：「當地的文教，已經遠不如佛陀的時代，甚至貧僧發現，古天竺文字與現今的天竺文字，相互之間是不通的。非常擔心自己的翻譯，會與佛陀有差，所以才需要陛下協助安靜悟道之處，讓貧僧格義思維，復原佛陀的智慧。」

李世民微微點頭。

玄奘去天竺取經，看似平常，但與先前的張騫通西域一樣，是中國超個體三大混沌開眼，摸氣脈的事件之一，也是個大伏筆。留待後表。

同時間，受詔命在涿郡的趙力均，跟著兩個被訓練過的妖媚高句麗貢女，已經男女媾合三個月。剛開始夜夜春宵，快樂似神仙，甚至不想要離開。剛開始過了一個月後發現情況不對，已經陽痿，但奇怪的是二女子有辦法針灸讓他立刻回春，甚至懂得使用怎樣的藥物與配合，讓他身體可以再次雄起。但之後兩個月，力氣越來越不行，藥物也逐漸令人狂躁，體重下降一半，最後二女同時前後夾攻。

「沒用的男人！」

「接著用藥！」

趙力均（黑眼眶）苦臉，面目枯槁，已經從胖子變成瘦子，說：「除了妳們月事，已經每天，妳們兩個怎麼到現在都沒懷上？」

「我們為什麼要懷上？給我用力！」

兩個貢女繼續夾著他，用盡渾身解數。

趙力均（黑眼眶）苦臉被夾攻，交絞晃動說：「妳們這是要我的命……妳們這是在要我的命……」

最後翻白眼，兩貢女才得意地分開。

趙力均（黑眼眶）攤在地上，喘氣，好不容易緩過神，爬起跪下苦臉說：「妳們明知道，不懷孕，我就不能離開，為什麼……為什麼要這麼作？」

第一個貢女蹲下來說：「這是你的皇帝安排。他告訴我們兩個人，你提一個可怕的戰略，對付我們國家，足以讓我們國家滅亡。然後他問，我們兩個想不想替自己的國家復仇，把你弄死？」

第二個貢女說：「我們回答當然想！我們從十六歲被挑選為美人看始，就是不斷受訓練，來對付你們唐人，我們能做到想懷孕就懷孕，不想懷就不懷，只是沒想到你竟然會不懂男女身體構造，更容易擺佈。你的皇帝說，你的兵法策略比天底下最厲害的將軍，還要更厲害。若想要復仇，就掏空你。」

趙力均（黑眼眶）抖著說：「做這麼久，不懷孕，這如何可能？」

第一個貢女說：「怎麼不可能？你對藥物沒有我們懂，甚至對男女關係你也不太懂。」

趙力均（黑眼眶）激動地拿出暴力，握拳反抗說：「我不玩了。我不要了總行？我永遠不碰女人了！」

沒想到第一個貢女，先兩拳再一迴旋踢，他倒退數步。第二個貢女接著使用霸王肩，將其撂倒。

趙力均被打倒在地，本來他就知道自己根本沒有武力，只是想要威懾，但沒料到這兩個看似柔媚的高句麗女人，竟然會打鬪武術。當場被打跪在地上，搖頭晃腦，已經無力，倒地難起。

兩女子全裸站著，手叉胸前，一前一後，都對他露出險惡的目光。

第二個貢女叉手胸前說：「我們兩個十六歲就開始恐怖的訓練，可不是一般女子，即便我們一絲不掛，也能一個人扳倒五個持武器的甲士。」

趙力均（黑眼眶）躺咳著說：「我知道，我絕不敢造次，否則我也會被斬。只是裝腔作勢而已。」

第二個貢女叉手胸前冷冷一笑，向下狠狠地瞪眼說：「哼！量你也不敢！」

第一個貢女叉手胸前說：「另外告訴你，我們的外號是『刮骨二神女』，曾經一個高句麗高個子壯漢，陽具奇大，自稱閱女無數而不倒，被我們兩人同戰二十天就崩潰求饒，陽具永遠不能再用，成了你們唐人所說的『斷袖之癖』，自願去被其他男人玩。之後高句麗男人見到我們兩女同行，沒有不害怕畏縮，逃得遠遠的。沒想到你一個只會讀書寫字的唐人書生，竟然敢挑戰我們？先前載我們回國途中，你還色言色語，說能碰我們一晚上被斬殺也願意，手還不斷偷偷自瀆好幾次，當我們沒聽到沒看見嗎？我們可早就被訓練過，懂三種中原語言，你們的『雅韻』都懂！」

站著眼瞄，歪躺地上的他，陰狠很微笑說：「甚至你想趁我們晚上睡覺逃跑，這也是不可能的，我們練過二女冬陰功，睡覺都是輪流深淺互眠，甚至我跟她，已經從吐息中可以察覺相互動靜，躺在你身邊等於輪流警戒。你是沒有任何可以抗拒的機會。」

第二個貢女從一旁桌上，拿出詔命說：「你忘了你的皇帝詔命，還有外頭監視的州官嗎？抗拒就要斬，而且我聽說是你敢抗拒就將你腰斬，很可怕也。你還是乖乖吃藥，把自己精力再提上來，再上來一次我們今天就放過你。」

趙力均抖著哭，手摸下腹部，已經快塌陷，還有作痛，而且就算想打也打不贏，逃也逃不掉。

第一個貢女陰狠狠地說：「你想死在刀下？還是死在女人身體包夾中？」

趙力均（黑眼眶）哭著用手擦眼淚，說：「還是死在女人身體包夾中吧……不不，我不想死。求妳們了。嗚嗚……懷孕吧……嗚嗚……讓我走吧……求妳們給我活命……我沒娶妻生子。」

第二個貢女說：「我們兩個美若天仙的高句麗女，不就你的妻妾？讓你日夜春宵還要走？本來我們是被訓練對付你的皇帝，都已經做好犧牲自己生命的準備。但被你的皇帝識破，無可奈何，就讓我們來對付你也值！我們沒打算饒過你，繼續吃藥！否則拿詔命去找州官，斬了你！」

趙力均（黑眼眶）開始跪地磕頭大哭：「李世民賞的財產土地，我全給妳們……我不想死……饒了我……」抖著叩首，如同年邁老者力氣衰盡。

兩女對目，同時搖頭嘆氣。

第一個貢女凶狠地說：「看你可憐，給你一次活命的機會。我們現在開始不去避孕，但我們要用盡全力索取，倘若能讓我們發現真的懷孕，算你有造化，就不再索取，當你溫順妻妾。以後是死是活都得聽我們的命令，當然你們唐皇帝賞你名下的錢財土地，由我們兩個支配。你只是用來以唐人身分具名，替我們安置這些資產，防止被別人奪走。你對外是丈夫是主人，但私下必須當奴僕，我們兩個才是主人，乖乖伺候。還算你走運，明天我們兩人月經來，賞你休息半個月！但今日再配合一次！」

趙力均（黑眼眶）抖著說：「要拖延半個月，那能懷孕嗎？」

第二個貢女大喝說：「你真是個笨唐人也！你不是很厲害，連消滅我們國家的作戰方式都有？連你們的皇帝都恐懼你的用兵智謀？竟然該如何讓女人懷孕都不知道？」

趙力均（黑眼眶）哭著說：「我真的不知道……我只是個窮小吏，養不起妻，只會看著美女自瀆，我是個可憐書蟲，除了吃就是讀書，研究古怪之物，並無實用……我真的非常謝謝兩位高句麗妹妹，給我這段時間的快樂，但求妳們盡快懷孕。」

第一個貢女凶狠地說：「難怪被我們玩在手上！要懷孕得月經過後十四天前後！所以賞你休息半月！」

趙力均（黑眼眶）抖著緩緩磕頭說：「謝謝二位高麗妹妹，願意終身都當二位的奴僕。誠心願意終身當奴僕。」

第二個貢女大喝說：「快點吃藥！」

趙力均含著淚吃藥，忽然又提起勁，但身體一直抖動，兩女又是前後夾攻，甚至夾在桌子中間，但這兩女實在太貌美，身材也太正，趙力均又吃了藥，想當死魚都不行，爽快到昏厥過去。

次日他已經癱在床上起不來。兩女子餵他吃飯，扶他如廁，他一蹲進廁所當場崩屎尿，然後站不起來，跌倒卡在自流水洞口不能動彈，被兩女拉出來潑水沖洗。躺在地上哀號求死，兩女子同情之下，真讓他休息十五日，且溫柔地助他吃喝，但仍然用二女冬陰功，日夜監視。

之後身體稍微好了些，但竟然對女人身體還是欲望百出，十分難耐。

兩個貢女又來，超美曼身材，一如魔鬼一如天使，分進合擊，舞動著前後再攻。趙力均服用最後一次藥物，兩個女都輪，連出幾次大洩，最後在兩女子同時前後包夾在床上，同時衝刺階段。趙力均（黑眼眶）長喘一聲大喊：「勇略震主者身危，功蓋天下者不賞。我一個九品官竟也能擔當此話……千古一奇……如今得償所願，歡樂數月而亡。李世民……千古一帝…算你狠……但我詛咒你跟你的唐朝像我這樣死……」

兩女繼續猛烈衝刺交絞榨取。

「快樂的時候不要廢話！」「你不是想我們懷孕嗎？」

兩女呵叱完，發現他一陣抖動，已無反應，趙力均翻白眼，開心到滿面笑容，死亡。

兩女子冷冷分開。

「真死了也。」

「不過死得很開心，你看他還笑著臉，翻白眼在最高點死的。雖死，但幸福爽快。」

「剛才他好像在詛咒他的皇帝也去死。」

「今天我們為了把他掏光，用盡全力，沒有避孕，可能我們兩人都會懷孕，我們之後怎麼辦？」

「不要再找男人，實在厭倦了！不管高句麗男人還是唐男人，都好噁心。好在名義上我們是他妻妾，先前問過州官，這房產會歸我們，若是懷孕就生下來，在這住下，別再嫁人。替他守寡吧。天底下所有男人都不是我們的對手。」

「說的也是，男人好噁心都像禽獸，我也厭倦他們的生理反應。我們姊妹互相扶持，這裡財富夠我們下半生，養兒育女。可憐的趙力均，是你無福與我們長久，怨不得我們。」

於是把趙力均送出去埋葬。

後來，這兩個貢女確實都懷孕，產子生女。在這住下不再嫁人，二女子當然自成一對女斷袖。也讓子女都姓趙，也會去祭拜墳墓，有了傳宗接代，算是給趙力均一個死得瞑目。

他的詛咒，似乎超個體有感覺到，但不可能那麼快判決，得看唐朝皇帝後續的表現來決定，但針對唐朝皇帝的後續表現，將更嚴格審視。

自隋文帝三十萬大軍慘敗，隋煬帝第一次一百一十五萬大軍慘敗，第二次七十萬大軍敗退，第三次水軍十五萬直搗核心，但無功而返。唐太宗第一次精兵十七萬失敗，第二次第三次都改為水軍突擊殲滅戰，以多次打擊替代一次打擊，但高句麗也開始反制應對，一一支撐。

過不久，李世民因得痢疾，最後猛用天竺長生藥無效，崩亡。

當然，阿三的藥豈能相信？雖然那個年代，因玄奘取經，以為那是佛陀的故鄉。但李世民久經人世竟然還有如此迷思，遠來和尚會唸經，結果唸的是催命符。確實李世民的壽命與楊廣差不多。

李世民崩亡，廟號唐太宗，諡號被浮濫堆砌失去意義，也沒人理會。李治以國喪命主力部隊暫時息兵不動，以穩固政權。

兩國打累，趁李世民一崩，暫時先休兵幾年。

唐朝雄主李世民崩，淵蓋蘇文暗暗竊喜，認為刮骨美女的策略奏效。

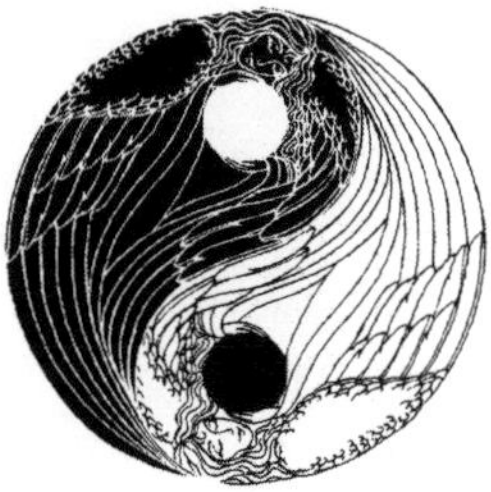

※※※※※　※※※※※　※※※※※

陰陽一體，古怪相連。既然一體相連又分二者。

陽怪：已經窩火到說不出話……我倆也拿出所有看家本領，讓吱吱知道，什麼叫作發狂？什麼叫打到朝代不斷輪替崩潰？我們還是要打！

陰古：……………縮地吱吱好像要卯足全力跟我們拼了喔，逼我們把整個大地都燒光喔！要把我們的底氣都耗光喔！吱吱以為自己真有這本事嗎？修為跟我們比還差一大截！

※※※※※ ※※※※※ ※※※※※

超個體決窩火到底，定親自介入。

國喪後，群臣再次提議攻打高句麗永絕後患，李治沒有主意，在廷議時，只堅持維持政策延續不變，讓群臣商議滅高句麗策略。

經過眾人不斷沙盤推演，連前隋朝參與過討伐高句麗還活著的將士，都來參與意見，上下融聚策略，終於還是依照先前兵部接受的方略：目前水軍戰艦空前眾多且強大，高句麗沒有水軍可以抗衡，所以繼續輪番突擊高句麗全境沿海，同樣展開焚城，焚毀一切，把所有居民都強帶回國，分散安置，如此高句麗居民不至於拼死反抗，繼續在每一次打擊都讓高句麗國力不斷下降。國內則募集主力部隊，繼續休養準備，等到實力足夠，先不打高句麗，先打高句麗的盟友百濟，在其土地站穩腳跟之後，聯合新羅形成南部打擊力量。然後以，南北兩方加上水軍集結，三個方向同時匯聚打擊。

如此混元一氣齊天聖拿出所有變化，不只刀刀見骨，還刀刀割喉。

這個久煉千靈縮地精，發現情況不妙，也卯全力採取反制措施。

高句麗方也是上下共謀戰術，知道自己水軍技術太差不可能抗衡，只能以部分兵力火燒靠岸的唐軍船艦。主要工作是所有縱深的城池，全部加緊互相連接道路，形成蛛網一般的縱深格局，分兵延著千里長城機動，時不時突擊長城外，也毀掉所有一切，搶奪中國的平民回國內縱深處安置，以此反制割喉戰，補充自己損失的長久元氣。同時自行結盟百濟與靺鞨部族，並且策動百濟去聯合倭奴國，拖他們下水。如此整個東夷區塊，從內陸連結到海島，從靺鞨、高句麗、百濟、倭奴國，四地形成地理一氣。再緊接著，動員剩下所有兵力，全力與百濟夾攻新羅，滅掉自己後方中國的內應，計畫最後回頭與唐死戰，迫使唐重演隋的改朝換代，爭取自身因連場大戰損傷所需的休養時間。

雙方都意識到生死對決來臨，都暗中卯足全力。各自準備且對眼對峙，殺氣交錯過後，高句麗首先出手，靺鞨、高句麗、百濟三方聯軍全力攻打新羅。

新羅本來趁高句麗與隋交戰時，奪取高句麗南方領土，之後高句麗趁隋唐交替喘過氣，不斷反擊把土地一步一步搶回。如今唐開始協助自己，大喜過望準備反攻，但沒料到三方聯軍忽然攻打自己。一下大敗，百濟與高句麗瓜分大片新羅領土，迫使新羅不斷遣使到長安求救。

營州都督程名振、左衛中郎將蘇定方發兵渡遼水，再次攻擊，同樣不斷見人就搶，移到後方。

高句麗大將豆方婁率三萬迎擊。雙方列陣，情緒緊繃。

蘇定方騎在馬上，用木製傳聲筒大喊：「將士們！自隋朝起，征伐高麗已過一甲子！我們的無數先人死在這山川大地，戰爭已經打到略民焚城，代表已經進入最後生死對決！今日我們有幸為收復遼東漢家中國故土而戰，一舉盪平高麗賊！」

將士們群起歡呼。

豆方婁也騎馬對高句麗軍大喊：「唐賊自隋起，就開始進犯我國！戰爭延續超過一甲子，我們數代人戰死沙場，如今唐賊已經略民焚城，必欲亡我！這是生死決戰，殺光唐賊保衛山河！」

高句麗軍也群起呼嘯。

雙方幾乎同時擊鼓。

高句麗軍一衝殺，立刻散成數路，分進合擊。唐軍也知道對方會用各種出奇的戰術，所以一開始只用盾牌弓弩抵擋，被衝破之後，瞬間分成兩股，左右夾攻對陣駢殺。

蘇定方身先士卒，與左右七進七出，身上的明光凱也已經被砍斷數條裂縫，鮮血直出。但仍繼續奮戰。戰場上打得昏天暗地，最終高句麗軍大敗，豆方婁身中數箭率殘兵遁走。

同時間。

右領軍中郎將薛仁貴也與破溫沙門的高句麗部隊死戰，雙方喋血不退，最終溫沙門也大敗潰退到山區躲藏。

兩唐軍合為一股，不斷繼續劫掠民眾，往後送回遼西城池安置。

淵蓋蘇文聽聞，不得不引軍回援，以保住自己的縱深連結網。唐軍水軍此時也攻入高句麗內地，四處略民，見人就抓送上船隻。淵蓋蘇文與唐軍一進一退交錯惡戰，時不時破壞沿岸唐軍水寨，唐水軍雖然還掌握制海，但靠岸登陸都得在陸上建立安全區域。

既然高句麗已經戰略動作，唐也快速反制，大舉渡海登陸在百濟的海岸上。此前淵蓋蘇文不斷提醒百濟王扶余義慈，要小心唐軍渡海登陸作戰。但扶余義慈以鄰為壑，認為與己無關，不予理會。結果忽然唐軍登陸，大驚失色，匆匆準備軍隊迎戰，但新羅軍又殺來。百濟軍大敗，最後首都被攻破，扶余義慈被生擒回中國安置，最終病死。百濟王子扶余豐逃往倭奴國，請求援助。

遂在百濟故地建立五個都護府，併之入版圖。

此時的高句麗使節團已經在東夷其他三地，到處宣稱『大國東略』，各地必須趕緊結盟。

倭奴國已經通過遣隋與遣唐使交流，知道隋唐之勢大。對於『大國東略』，非常恐懼。此時女性大君在位，後代稱齊明天皇主政。此女大君決心幫助百濟，與唐決戰，於是大舉集結兵力，並親自到九州島，但勞頓病死，太子中大兄回京素服稱制，接替大君之位，後代稱天智天皇，繼續準備渡海。

但聽聞唐軍強大，所以遙相呼應，暫時按兵不敢動作。百濟殘軍此時也感染唐軍與新羅軍的作戰方式，抓到唐軍俘虜就往倭奴國後方縱深遠處送，以至唐軍不得不分兵沿海戒備。

滅百濟之後，蘇定方率軍北上，直撲高句麗。高句麗軍與伏余福信的百濟殘軍聯合，南下迎戰。此時高句麗軍的作戰方式又改變，彷彿對蘇定方軍迎頭痛擊，實際上只派一部分兵力阻擋，主力與百濟殘軍突襲到後方，並且派使節去倭奴國催促。縮地精已經把組合交錯攻擊，打得駕輕就熟。

百濟王城。劉仁願將營。

「將軍，將軍，不好了，高麗與百濟殘軍包圍這裡啦！」傳令兵入營告知。

劉仁願大驚，急道：「全軍迎戰！還有，傳令營全部出動，快找援軍。」

傳令兵急問：「去哪裡找？」

劉仁願說：「就近有援軍就找，新羅軍也可以啊！」

說罷穿上明光鎧，帶上重步兵登城迎戰。但高句麗軍早在隋進攻時，就學習製作明光鎧，此時也裝備百濟軍，所以唐軍重步兵沒有優勢，城牆上下一團混戰。經過拼死反殺，才勉強守住此地。

夜晚，劉仁願忽見敵方軍營著火，遠處一團廝殺吶喊，一個傳令兵在城下喊說：「劉仁軌將軍率軍來援，請將軍率軍出城助戰！」

並且大聲報上暗語秘號，拿出劉仁軌印信。

核對之後，知道不是敵方詐術，於是全軍重甲衝出，裡外夾殺，終於把高句麗與百濟聯軍擊潰。收復百濟王城失敗，高句麗與百濟使節，輪流不斷催促倭軍出動。

倭軍尚未行動，唐軍再次下手，重新調整南北作戰序列。

在滅百濟後次年，遼東道行軍大總管契苾何力、浿江道行軍大總管任雅相、夫餘道行軍總管蕭嗣業、鏤方道行軍總管程名振、沃沮道行軍總管龐孝泰和含資道行軍總管劉德敏，共計率軍十六萬渡遼水。

這一條江水，自隋到唐，大大小小，已經不知道有多少次渡過。這次十餘萬人再次大舉過河，對面已經沒有敵軍阻擋，沿途也不再有大打小小騷擾的隊伍，敵軍全部退往千里長城一線各碉堡，以及各主要城池當中。

同時間，在百濟故地，平壤道行軍大總管蘇定方、平壤道大總管劉伯英、與新羅聯軍共計十三萬，率軍北上，南北合擊高句麗。

另外水軍集結精兵六萬人，在數個海岸分批登陸深入，而沿岸城池經過前些年的割喉見骨作戰，也幾乎沒有抵抗力。重點巡弋在鴨綠江外海，準備等陸軍破遼東後，同時策應。而高句麗在南方的佈陣，兵力較為寡弱，蘇定方率軍很經過幾場交戰，快將之全部擊敗，兵臨平壤城，將之團團包圍。

北路方面，大軍很快破遼東城，兵臨鴨綠江，淵男生率主力死守江邊。水軍從後側擊，而大軍強渡鴨綠江，淵男生率軍兩面死戰，但受到兩面夾攻，而且高句麗軍已經都剩老弱，於是大敗，陣亡三萬人，其餘部眾往內陸潰走。淵男生隻身逃回。

經過連場大敗，國力被一步步挖空的惡況已經顯現，高句麗方非常恐懼，決心拼死反殺唐軍。

蛇水大營。

淵蓋蘇文集結六萬主力軍，分兵駐紮，在此全力迎戰唐沃沮道行軍。

「如今遼東城已經無力守備，西線主力都退往遠處山城，那邊防守者都是婦女居多。而淵男生六萬主力潰敗，陣亡一半，殘軍也退到後方。平壤城被南路唐賊包圍，百濟故地成了唐賊的基地，情況真的非常危急。」

「最可怕的是，經過這幾年唐賊海盜式的掠奪，沿海民眾都被擄到中國，當地已經所剩無幾，我們又不斷徵兵練兵，國內糧食只靠婦女生產遠遠不夠。已經很多城池開始飢餓，四散到山區打獵，組織不起來。」

許多將領還在報噩耗。

淵蓋蘇文激憤地敲打軍議桌，喊說：「可惡的隋賊唐賊，如此以大國之勢屢屢攻我！不要提這些事情，注意力在眼前！先打贏眼前這一仗，百濟方面有倭軍幫忙！」

眾將領一陣沉默，大家真的有些厭倦，這麼長時期的割喉殲滅戰。

淵蓋蘇文知道眾人已經無言，於是自己強勢下軍令，佈署作戰。眾將領恐懼他的權威，同時為了保衛家人，終於也重拾戰意。

先是兩軍緊張對峙，接著同時瘋狂衝殺。

淵蓋蘇文趁兩軍交錯，旌旗混雜時，以騎射隊突擊，配合伏兵反殺，將沃沮道軍截成數段。主將龐孝泰與他的十三個兒子，帶領隊伍死戰。頓時殺得昏天地暗。

殺！鏗將！鏗將！殺！鏗將！鏗將！

戰場打得一團混亂，龐孝泰與自己十三個兒子，都持鋼刀喋血死戰，流箭矢石四處橫飛，士卒吶喊響徹山陵原野。就在混戰最激烈當下，忽然幾支騎射隊從側面殺入。

高句麗的最後預備隊，女騎射隊，也投入戰場。左右開弓射擊精準，箭無虛發，也無誤射，竟然能在混戰中箭箭射中唐軍。而且箭支經過改造，箭法經過訓練，每個女騎射手都能扭弓弦，發出旋轉穿透的射擊，竟能穿透明光鎧較為薄弱處，如此高超騎射，連突厥軍都不及，唐軍一個個倒地。

如此形成有梯次性質不同的戰術層疊，唐軍知道這是高句麗軍的慣用作戰方式，雖然也層疊防護最終還是失敗。龐孝泰被一箭射穿咽喉，十三個兒子瘋狂反殺，企圖攻擊女騎射手，但被高句麗步兵士卒持長刀拚死攔截，一團喋血對砍，但高句麗女騎射隊仍然穿梭，精準射擊，甚至可以彎腰，可以倒射，可以站在馬上旋轉射擊。隨著鳴鏑響箭呼嘯，唐軍仍一個個倒地。

最終龐孝泰兵敗，與十三個兒子全部戰死。所部幾乎全軍覆沒，一大批唐軍放下武器投降。

淵蓋蘇文本想殺光戰俘，但左右將領勸阻，現在國力已經瀕臨崩潰，高句麗急缺人力。除了不願投降者，其他人應當把這些人放到後方山城協助耕作勞役。淵蓋蘇文才勉強同意。

同樣的混戰場景，也在平壤城上下重演，平壤城內婦女也武裝登上城牆，引弓箭配合守軍抵抗，拼死反擊劉仁軌軍。一場激烈的混戰，數道猛攻，但唐軍全部都被擊退。

此時大雪紛飛，各路大軍在收到龐孝泰兵敗身死的消息，全部震驚。軍報加急也入唐長安。

同時北方鐵勒軍探知唐軍精銳都在高句麗死戰，於是大軍南下進入東突厥故地，準備蠶食漠南各地。李治恐懼東征各軍還會再敗，下詔令討伐高句麗的各路大軍撤退。

又一次失敗……

不過這次失敗，已經距離勝利不遠。各路軍有秩序分南北兩路退回，百濟故地的各都護府完好無損，而沿途同樣把看得到的東西焚毀，人與牲畜全部活著帶回領土安置。水軍也分批載運所略回江南或萊州安置。

長安城，因為波斯使節來朝，李治特別接見。

「波斯王皮路斯，請建波斯都護府，並入貢波斯公主一人與侍女十人，目前人都待在禮部，請陛下定奪。」

「波斯？那很遙遠矣。若建波斯都護府，等於內附於我大唐，這如何可能？該不會重譯之下，有所誤解？」經過使者通過翻譯，最後確認。

「啟奏陛下，確認無疑。」

「仔細詢問，他們好好的波斯國，為何要內附中國？」

使者與翻譯經過詳談。

「啟奏陛下，大食帝國崛起，其以宗教廣佈，信徒日增。波斯故地許多豪族，皆歸其信仰所制，波斯王權勢日衰，兵力逐漸難以抗衡。大食兵力數度往返，佔據其疆土。波斯王希望仰仗我大唐威力，鎮壓大食，以保其王室續存。」

李治聽了，頻頻點頭，思索良久，回答說：「我大唐目前疆域廣闊，四方都有與蠻夷交戰，真正的波斯都護府暫不能設置。但朕同意，給波斯王加授波斯都督頭銜，並先派使節團至波斯，協助提供鎧甲武器製作，戰陣兵法教授，並了解當地局面。至於波斯公主與其侍女，也不要入宮，令其住在長安安置，禮部提供住所與供養。中國才子若有意，自行追求提親，波斯公主自行決定可否罷。」

波斯使節聽了，大感意外，表達異議。

但是李治不聽，提早離去，禮部官員自行依旨意辦理。

高句麗的敗績，已經讓李治內心焦躁。從頭到尾，這已經敗了第幾回？倘若父親所說為真，那唐朝危機越來越近，但眼下連遠在天邊的波斯，都自願要內附為中國之地，至少是藩臣。危機如何可能？但想起劉秀拒絕通西域，以保障中國國力，於是自己也等於打太極拳，婉拒增設波斯都護府。

李治轉身就到兵部，下嚴令，一定要再次對高句麗發動總攻，一舉滅之。

百濟南端某島，倭軍軍營。

「以上就是整個軍情態勢。」使節如此說。

安曇比羅夫、阿倍引田比羅夫、上毛野稚子等十餘人，始終猶豫不決。

「你們不要被唐國給嚇到，我們不知道打敗他們多少次了，同樣是人，有何可懼？」

「話不能如此說，唐國乃大國，聽遣唐使說，之前就滅了許多國家。控弦百萬的突厥也不是對手，直達西域我們都沒聽說過的地方。與其作戰，我們要慎重起見。況且你們若多次打敗他們，為何他們還不斷出兵，你們為何還要我們參戰？」

「這什麼話？百濟若滅亡，唐將併其地，難道你沒聽說過『大國東略』嗎？如此倭奴國又豈可躲乎？我王上已經跟你大君立誓書，共扶百濟，如今誓書在此，豈可以畏縮不前？」

倭軍十餘將領面面相覷，皆色厲內荏。

阿倍引田比羅夫說：「不行！不行！與唐國作戰，必須有大君批准，我們受命帶著伏余豐回國境登百濟王位，沒有主動攻擊的號令。你不要再多說了！」

當然這些倭人也不傻，知道自己人數與地理雖都占優勢，但武器裝備與海船遠遠不如敵方，沒有國內大君的明確命令，替你高句麗與百濟枉送性命，實在不值得。於是只分兵五千，把伏余豐帶往周留城繼位。其餘不肯動作。

淵蓋蘇文不甘心，派遣使節團到九州島，請大君出兵。這倭奴國大君，後稱天智天皇者。聽到要跟唐軍作戰，也擔心引火燒身，剛開始堅決拒絕。但使節們再三拿『大國東略』來恐嚇他，不斷糾纏，嚇得倭奴國大君勉強同意，先命令上毛野稚子率軍三萬，去打新羅國，佔領沙鼻歧、奴江二城。

高句麗使節與新任百濟王相互商量，萬一倭軍真的懼戰，後果不堪設想。調查出唐軍補給百濟故地發生困難，兵力也較弱，而北方遼東戰場唐軍也幾次被打敗撤退。將此明確消息再次提供給倭奴國大君，使節團一行人不斷遊說，他才勉強同意命令倭軍全軍開拔。

百濟王率部分軍隊，從周留城赴白江口迎接倭軍。白江口係朝鮮半島上的熊津江，入海處形成的一條支流白村江的入海口。周留城則有百濟軍及倭軍聯合守衛。唐右威衛將軍孫仁師率七千水軍與劉仁軌會師後，分兵兩路進攻周留城。劉仁願、孫仁師以及新羅王金法敏統帥陸軍，從陸路進攻周留城。劉仁軌、杜爽率領唐水軍和新羅水軍從熊津進入白江口，溯江而上夾擊周留城。

劉仁願所部進逼周留城週邊。而百濟軍則因伏余福信之死，士氣極其低落，儘管有倭軍相助，但還是難以抵抗唐軍的進攻。周留城周圍的城池，逐一被唐軍攻克，百濟守軍相續投降。但周留城外的任存城地勢險要，為周留之扼口，唐軍圍攻一個月依舊失敗，周留城因此得以暫時保全。

在劉仁願率軍向周留城進軍的同時，劉仁軌率唐和新羅海軍駛向白江口，企圖溯江北上進逼該城。當劉仁軌所率海軍駛抵白江口時，與先期前來的倭海軍相遇。

倭船千艘，停在白沙，百濟精騎，岸上守船。劉仁軌立刻下令布陣，一百七十艘戰船按命令列出戰鬥隊形，嚴陣以待。倭軍戰船首先開戰，衝向唐軍水陣。由於唐軍船高艦堅利於防守，倭軍船小不利於攻堅，雙方戰船一接觸，倭軍立刻處於劣勢。

倭軍的指揮官慌忙下令戰船撤回本隊，其指揮互相計議說：「我等爭先，彼當後退。」

遂各領一隊戰船，爭先恐後毫無次序地衝向早已列成陣勢的唐海軍。唐軍統帥見倭軍軍旅不整，蜂擁而至，便指揮船隊變換陣形，分為左右兩隊，將倭軍圍在陣中。倭軍被圍，艦隻相互碰撞無法迴旋，士兵大亂。倭軍大將，樸市田來津雖然奮勇斬殺數十唐軍，但最終戰死，無力挽回戰局。

倭軍大敗，落水而死者不計其數。其餘紛紛乘船潰退。倭奴國大君很快在九州聽到大敗消息，非常恐懼，倘若唐軍大船攻入諸島，這必重演百濟故事。

恐懼慌亂後，馬上鎮靜，立刻想起兩件事情：第一件事情，聽聞遠祖曾經從中國東來的人身上，學過奇術，但幾經失傳，只剩下隻字片語，但遣隋遣唐使，可能可以把這些高端文化恢復。第二件事情就是，十幾個高句麗使者還在此等待消息。

命令衛隊數百人全副武裝，立刻把十幾個高句麗使者全部帶來。

倭奴大君當場大發雷霆，大罵說：「都是爾等巧言詐欺，害我開罪大國！萬一大國東略我國，豈不害我萬劫不復？倘若現在不立馬拿出謀略，以保我萬全，我今日就殺光爾等！」

高句麗使節團十幾人，聽到翻譯之後，立刻慌亂成一團。

其中一人透過倭奴翻譯者，回答說：「大國攻打我國，大大小小，數十次，最終都失敗。以我在貴國所見，我國與貴國山城格局大體相似，可以引用我國『蛛網格局，隱匿縱深』方略，連結地氣，人與土，土與山，山與城，城與城，城與人，全面形成更深的網狀結合，往返支援，那貴國安全必然固若金湯。當年隋皇帝以兩百萬大軍攻我，我國上下以此抵禦，將之擊潰。唐皇帝的府兵橫掃大陸所向無敵，但進入我國境也敗於此招。若大君仿效我國引地氣之略，必可無虞，請大君萬萬安心。」

倭奴大君聽了之後，大喜說：「貴使團，還有誰理解你所說策略？」

此人說：「我是文士出身，也從軍數年，參與構建軍略防禦，所以就我最理解。」

倭奴大君說：「好，請跟我侍從，到後院休息，本大君將拜尊下為國師，終身侍奉。」

於是此高句麗人跟著倭奴大君身邊的侍從，回到後院。

倭奴大君接著對使節團其他人大喝：「將其他所有人都綁起來，交給唐軍！告訴唐軍，我國自此以高句麗為敵，友好大國！」

倭奴兵一擁而上，把其他人拳打腳踢，最後都綁起。

高句麗使節團中有人聽得懂倭語，不等翻譯，當場大罵：「無恥啊！大君豈可違背自己誓書！」「天底下竟然有此盟友！」「可恥倭奴啊！」

在一陣叫罵聲中被押走。

之後倭奴大君還真的拜之為師，以此高句麗人的智慧，開始逐步復刻祖先的秘術。並在與唐軍接洽停戰後，把半島上所有倭軍全部撤走。

難怪後世的日本天皇們，稱此祖先大君，叫作『天智天皇』。發現失敗立刻把盟友使節當叛盟之資，馬上叛盟倒戈。叛盟之時還不忘記把盟友最具價值的東西，偷學到手，還不交等值學費。可真是『天智』矣。

之後倭奴國大君，逐步開始大規模改革體制學習唐朝，並且請此高句麗人協助，暗暗開啟『皇家機關秘術』的研製，後任大君學李治自稱天皇。最後到唐朝請示，將倭奴國改為日本國，請兩國和解，得到李治批准後，正式改名日本國。其皇家機關秘術，在前著《皇道無間第一部》已有敘述，在此不提。

唐與新羅在白江口大獲全勝，百濟殘餘勢力投降。於是劉仁軌等人，在百濟故地建立穩固基地，屯田練兵，大批的江淮軍隊，渡海到此地集結，向劉仁軌等人報到。等待本土的主力大軍集結完成之後，準備南北兩方加上水軍，三方向總攻擊。

靺鞨各部族，只是鬆散的聯盟，但他們也不傻，聽說四方聯盟，一方瓦解一方叛盟，情況不對勁。當中不少部族，藉口士兵思念家鄉，怨氣不滿，紛紛撤回北方山區。只有少數部族，因為與高句麗有密切生活貿易，還願意替高句麗守城。

淵蓋蘇文聽聞百濟滅亡，倭奴叛盟回國，靺鞨各部離去大半，唐軍已經在南方屯田練兵，大為恐懼。找來三個兒子，十餘名將領，背著高句麗王，緊急召開會議。

「事情已經緊急，我們沒有先滅新羅，反倒唐賊已滅百濟。目前我軍總兵力尚剩多少？」

「父親，我們若只算目前手上兵力，已經不足七萬，另外靺鞨人已經撤到不足兩萬人。」

「因為唐賊十幾次渡海來擄掠民眾，遼西平民都撤回中原內地，只剩大批軍隊戒備。所以我們擄掠數量遠遜於他們。長久來看，我們必敗。」

「如今我們的民眾也不敢靠近海岸，但田畝農耕區域都在該處，以至於荒蕪。後方山城都以畜牧遊獵為主，糧食遠遠不夠，全國都已陷入饑荒。除了靺鞨諸部，可以與我們交易，已無盟友。」

「大莫離支，我們求和吧！」

「我們早已經求和不知幾次，稱臣入貢也不知凡幾，但他們已經露出真面目，堅持要收回漢晉時期故地，這是我們不可能接受的！」

「大莫離支，若是只割遼東是否可以？畢竟生存第一，領土後代還可再做計較。當年我高句麗不也數次被打敗，而後又重新雄起嗎？」

「你以為他們只要遼東嗎？唐賊要我們徹底亡國！土地乃國家根本，遼東若讓，我八百年大高句麗強國必亡！他們說的漢晉故地是我們高句麗全部！我也已經透過刺探問出來，唐皇帝要高句麗徹底滅亡，我們只能投降！你認為這可能嗎？」

眾人拿出不辦法，

「只有抵抗到底！」淵蓋蘇文如此堅定地說。

雖然堅持，但也時勢比人強，最後淵蓋蘇文在憂慮之中老病去世。

三個兒子相互猜疑爭權，長子淵男生代為莫離支，到前方視察軍情備戰。讓兩個弟弟淵男建和淵男產留守平壤。淵男建和淵男產趁大哥不在誣陷他叛逃到唐，並逼高句麗寶藏王通緝淵男生。淵男生走頭無路，只好投靠唐。

終於走到這一步。李治詔命，右驍衛大將軍契苾何力為遼東安撫大使，率兵八萬援救淵男生。右金吾衛將軍龐同善、營州都督高侃為遼東道行軍總管，左武衛將軍薛仁貴、左監門衛將軍李謹行為後援。淵男生投靠唐朝後得到唐重用被授予平壤道行軍大總管之職。

再次對高句麗發動滅國性總攻擊！

《超個體之鬪—夢幻配樂：滅國攻擊的號角》

許多高句麗護城將領見到淵男生已經投降，紛紛放棄抵抗。

高句麗軍民紛紛痛哭流涕，有些人悲哀高句麗將亡，但許多原因是，這場自隋到唐超級漫長的戰爭終於要有結局，不要再這樣打下去，他們也支撐不住。所幸唐軍也知道這場戰爭的可怕，對於投降者都予以安撫，指派官員入城，不讓士兵進入。

由於淵男生為唐軍提供了可靠的高句麗軍事信息，建議唐軍避開，蛛網格局中無數虛假節點，直接打擊重要的軍政要害。

唐朝於是大幅增加了攻打高句麗的兵力。以李勣為遼東道行軍大總管兼安撫大使，以司列少常伯郝處俊副之，與契苾何力、龐同善增派十五萬兵力以擊高句麗。詔令，獨孤卿雲由鴨淥道，郭待封由積利道，在百濟故地駐守的劉仁願由畢列道，新羅金仁問由海谷道，並為行軍總管，與運糧使竇義積，皆受李勣節度，率軍北上夾攻。河北諸州租賦悉詣遼東給軍用。

李勣在推進途中遇到極其頑強的抵抗，困在新城之下，李勣已經知道高句麗已經國力衰竭，如此抵抗並沒有太大意義，因為戰略的梯次勾連已經破了，戰術的梯次勾連也就發揮不了深層效益。

於是不顧一切，投入全軍攻城器具，如隋煬帝第二次討伐時一樣，四道俱進。殺！鏗將！殺！鏗將！殺！鏗將！

唐軍不斷增加兵力，各種攻城工具一起併用，瘋狂猛攻之下終於攻破新城的失守對於高句麗西線來講是毀滅性的打擊，已經喪失所有防衛能力。薛仁貴也投入全軍拿下南蘇、木底、蒼岩三城，蛛網中另外三個重要節點也被攻破。與領路的淵男生順利在鴨綠江附近集合；薛仁貴攻取扶餘城後，又攻下大行城。高句麗軍殘兵只能往平壤潰退。

經過了漫長的冬天，終於江水解凍，春暖花開，水陸兩方各路唐軍在鴨綠江邊會師。

高句麗軍發動最後的反擊，這場混戰打得昏天暗地，從大雨滂沱打到雲開日見，高句麗將領全部都陣亡，整個隊伍也被切割成數塊，但高句麗軍竟然還拚死在作戰。最後預備隊都是女性，女騎射手，再次於戰場側翼突擊，增援已經支撐不住的高句麗男性士兵，但唐軍士兵用弩弓應對，女騎射手搭配步兵戰術已經效果不大，雙方死亡幾忽相對，以致女騎射隊雖然強悍，但亦傷亡不少。

唐軍將領們在全殲高句麗最後軍隊之前，做了最明智的決定，全軍退回在作戰當下，構築好的包圍陣地。

「停戰！停戰！不要再打了！」「停戰！停戰！不要再打了！」

淵男生事先也派了不少人勸說雙方停戰。此時他與唐軍將領薛仁貴、李勣，知道唐軍也傷亡慘重，於是共同乘馬帶隊鳴金，在已經把高句麗最後野戰部隊打得七零八落之後，緊急鳴金收兵，唐軍先退。

淵男生用高句麗語，邊騎馬邊用傳聲筒，在戰場上一邊鳴金，一邊大喊停戰。

「高句麗軍停戰！不要再打了！」「唐軍停戰！不要再打了！」

終於戰場停歇。

「我是淵男生！我們的平壤已經被包圍，國土已經四散，子民全民皆兵但飢荒死傷遍地，現在連婦女都投入戰場，不要再打下去啦！」「你們看看戰場四周！唐軍已經四面雲集，決心動用百萬大軍再攻，在周圍插滿旌旗陣地，我們家族也已經不想打下去！」「唐軍不想要殺光我們，反而他們希望與你們都一起活命，他們同意，先後撤二十里，你們放下武器，就發給糧食，全部回家！放下武器，發給糧食，全部回家！我淵男生以性命作保！」

淵男生帶著投降的高句麗軍走入群中，含淚不斷這麼說，請最後抵抗者不要再打。高句麗男女士兵環顧四周，將領已經全部陣亡，唐軍全部警戒隊形後撤。高句麗男女士兵頓時哭聲四起，紛紛下馬放下武器，互相擁抱在一起。

哭聲震天，唐軍讓出一條路給他們糧食，讓淵男生帶他們回家。

終於慘烈的玉碎戰，在最後關頭結束！

北路南下的唐軍沒有阻礙後，繼續推進到平壤城外，南路北上的唐軍也傾全部兵力來增援。高句麗經過了數個月的守城，高句麗壯丁已經所剩無幾，又是城內婦女都動員到城牆上共同抵抗。

高句麗王宮。

寶藏王把淵男建與淵男產兄弟倆人找來，此時他們已經不客氣了。

寶藏王大罵：「你們父親先前弒君，強勢要求與大國交戰。以致國家窮兵破敗，你兄弟之間猜貳，逼使兄長投敵。而今八百年高句麗四方崩解，只剩這一座孤城，婦女都已經登上城牆。還要再打下去嗎？」

淵男建與淵男產低頭莫言，群臣你一言我一語，都請求投降。

寶藏王說：「大國必要亡我，自隋到唐，與我交戰七十年。屢屢傾全國兵力而來，大大小小戰役無數，彼國傷亡不下數百萬，仍源源不絕投入兵力相殺，我軍民死傷更無法估計。最終用盡攻伐手段，乃至毀天滅地，奪民焚城，將我域化為修羅惡界，遍地烽火刀兵，黎民無處謀生。孤王為讓所剩黎民得以苟活，決心舉國投降。」

群臣紛紛喊好。

淵男產哭著大喝：「王上！臣堅決不降！誰言投降我必殺誰！」

寶藏王與群臣靜默。淵男產與淵男生帶兵離去。

寶藏王決定不跟這狂人家族玩下去，派高句麗僧人信誠，打開平壤城門，下王令所有男女停止抵抗，迎接唐軍。唐軍大舉攻入平壤，淵男建與淵男生所剩部眾一百餘人，被俘虜投降。與此同時，在南線由於金庾信的攻勢，淵蓋蘇文的弟弟淵淨土向新羅投降。

《夢幻配樂結束》

在遼東地域的唐軍，徹底將千里長城，截成數段剷平，把這個萬里長城的分岔，從地面上抹掉，並立刻設官管理，所有高句麗文物書籍一把火焚毀。苦戰七十年，高句麗終於滅亡！久煉千靈縮地精，終於在沒有煉成氣候狀況下，被徹底滅掉。否則中國超個體鬼局，所忌諱的『老三一門』故事，將會呈現在中國上演。這得下一部著作，後續再表。

長城毗連區上的『活化石』兼『釘子戶』，終於拔掉了！

在筆者的皇道無間第一部，日本一千三百多年後，在太平洋戰場的玉碎戰，實際上不是東亞人類歷史的第一次。而且如前著所言，那個玉碎戰，本質是裕仁在玩假的，名曰玉碎，實圖瓦全。日本是假玉碎。真正玉碎戰，有過地精修煉的高句麗早就玩過，而且這才是玩真的，死鬪七十年。整個民族四散支解，真的玉碎。

長安城。

展開大規模獻俘，寶藏王與從平壤城抓來的高句麗男女，在此跪拜，李治接受投降。把寶藏王與遼東附近至平壤城周邊，主要數十萬，地位層次較高的高句麗男女，全部帶入中國內地，分散在各州安置，並且要求他們與漢人互相雜居，不得串聯。寶藏王與所屬王族，遠放到巴蜀故地，從最東北放到最西南安置，永無後患！從此高句麗民族主體四散，一部分被帶到中國，一部分投奔新羅，一部分東渡到日本，成為渡來人。最後只有殘存一小部分在故地，後來與豪強結合企圖復國，但被其他契丹等部族控制，最終不成氣候而亡。

原來！所謂五胡亂華或五胡入華，最早規劃的是六胡，乃至更多。高句麗咬死不來，還賴在長城邊上築巢，自己不來中原受用，還要擋別人的道。甚至反向汲取整個華夏融合修煉過程中的養分，學著汲取周邊民族，融合地氣，讓自己的修為也大幅增加，最後還要搞分岔！亂你中國萬里長城大局！難怪中國真正的聖上，對高句麗這民族恨之入骨，要如此連番修羅惡鬥，不計一切代價，將其直接支解掉。

好在沒煉成就被滅，不然若千年後真成了『六耳獼猴』，所有縮地變化大功告成，大肆吸收你齊天聖的修為，那真後果不堪設想。

不打強不打弱，專打不長眼。

高句麗這種不上道且不長眼民族，『借局修練』還不閃遠一點，最後被這樣支解，可謂活該！

※※※※※　　※※※※※　　※※※※※

陰陽一體，古怪相連。既然一體相連又分二者。

陽怪：終於拔掉了！把吱吱徹底支解撕碎！

陰古：撕得好！借局修練又不閃遠一點，沒見過這種不長眼的惡質傢伙！支解到沒有恢復的可能！也沒搞清楚長城是誰蓋的，就跑來當釘子戶，擋道找死！

陽怪：呵呵呵，很久沒這麼動氣。總算滅掉這個地精。

陰古：說該是對賬了，害我們如此虛驚受怕，很不應該啊，呵呵呵。

陽怪：對賬結果……勉勉強強……唐還是有幫忙解決問題……頭一次這麼為難啊。

陰古：讓我們虛驚一場。

陽怪：虛驚是吧！那也給虛驚。過程，可以參考前面的漢，也一樣斬一半吧。

陰古：這判得好。對了，漢朝時候向西通氣脈，這時又向西通氣脈，有點詭異之狀。

陽怪：哪裡詭異？

陰古：你看……

陽怪：這……看來是否要再一次軍演，如同上次三國大軍演一樣？

陰古：先不要有動作，先體驗循環盛世之巔，把自身底氣先煉足再說。

※※※※※ ※※※※※ ※※※※※

原本李治聽聞新羅不肯內附，甚至廣收百濟與高句麗遺民反抗唐朝，非常憤怒。準備再次發動對新羅的總攻擊，但群臣勸阻。紛紛表示，中國自隋伐高句麗開始，就不斷內外用兵，國土雖更大，但戶口財富已經遠不及隋，如今大患已經剷除，請予民休息。

李治才放棄攻擊新羅。

從而新羅發起對唐的戰爭，主要是爭奪大同江南部的半島領土，但新羅此時收編高句麗與百濟的殘兵之後，兵力大增。詔命不強爭奪大同江以南，連場戰鬪之下，唐軍不得不撤往大同江以北，以此為界。而新羅沒有高句麗的地精能力，力量也遠不及長城邊緣，所以放棄對其滅國。

雖短期為敵，新羅倒是學到高句麗應對大國招數，得到百濟故地，並鞏固先前奪取高句麗的大同江以南領地後，再次向唐稱臣入貢請和，同樣是金錢美女都可，土地與入朝都拒談。並且恐懼自己會重演高句麗故事，也秘密在大同江以南，修築一條防線，稱百里長城。

這當然遠遠影響不了超個體的大局，更何況新羅不會有高句麗地精的能力。前後七十年的對東夷血戰，局面逐漸告終。

李治到了晚年逐漸昏聵，被皇后武照控制，幾次想廢后都被作罷。兒子李弘甚至被當時人懷疑是母親武照毒死。更有人懷疑她進而毒死李治。

先前武照用險惡招數奪取后位，如今竟然企圖奪取帝位，待李治一死，武照掌握實權。兒女們都害怕母親的殘忍無情，與父親一樣退讓不敢爭奪。李顯與李旦先後繼承帝位，先後被廢。接著武照鼓勵民間告密，提拔酷吏，大肆殺戮李氏宗親與士大夫，從賀拔岳與宇文泰以來成形的關隴貴族集團被恐怖的手段拔除。李氏宗親與故將起兵，都被消滅。

武照進而以皇太后身分繼承皇帝位，篡奪唐朝。竟然出現第一個女皇帝，將國號改唐為周。這周，不就是隋唐關隴貴族集團的最早前身？如今毀滅關隴貴族之後再改回周，並讓兒子改姓為武，無一不暗示與諷刺。

武周的政治進入殘酷與黑暗，武則天重用周興、來俊臣與武懿宗等酷吏，開始四處迫害李唐宗室與國家重臣名士，酷吏們趁機殺人斂財奪人妻女，從而君臣離心。在中原內部的一些東突厥遺民，趁機返回漠南反叛，重建突厥勢力。而回紇等族也開始崛起。戰爭又再次重開。

漢朝被斬成兩段，唐朝亦然，超個體對於強大的崛起時間段，都知道要自止。除了在暗示該王朝當權者，其讓中國真正聖上不滿意之處，也在醞釀下一個階段的歷史腳本。武則天的意義其實與王莽一樣，而武則天手段比王莽，更直接也更狠毒。

洛陽。

眾人聚集在監獄外，瘋狂叫好，眾人都似乎在等待一件事情。

一個從萊州一帶鄉野來的遊俠，見到此景甚為怪異，便問蹲在監獄外人群中的一個中年人。

遊俠（黑眼眶）問：「大叔，這麼多人在這，怎麼回事？」

中年人看了看他，聽了口音，便知來自遠方，原本洛陽士人不會想跟這種人交談，但此時情況不一樣，大家都帶著興奮感，所以回答說：「聽你口音，應該是東邊州郡之人。難怪不知洛陽事。今天我們都在等一個人公開處刑，大家都要吃他的肉，喝他的骨。」

遊俠（黑眼眶）大驚失色，問：「什麼人，這麼讓人痛恨？」

中年人說：「你不知嗎？就是最大名鼎鼎的流氓酷吏來俊臣，今天被處以極刑。所有被他冤殺的人都在等著他出來，棄市之後，分食其肉。但是另外一個人李昭德也被皇帝下詔處死，他就是被來俊臣害的，這個人就很冤屈了。恐怕來俊臣萬萬沒想到，自己才害死李昭德，馬上就要跟著李昭德一起死。是非公理自在人心。」

遊俠（黑眼眶）點點頭說：「聽聞以前還有一個叫做周興。」

中年人笑著說：「你消息慢這麼多年，他早就被來俊臣殺掉了。現在輪到來俊臣自己，實在太好了。只是武懿宗是大聖皇帝的宗親，所以還沒人有辦法扳倒他！」

遊俠（黑眼眶）問：「這來俊臣這麼厲害，是誰扳倒他的呢？」

中年人說：「這是他自己自作孽。殺的人多了，怕武懿宗搶他的飯碗，就想要蒐集太平公主與武氏一門的罪狀，想要用此下馬威，奪取更大的國權。可惜啊，他踢到鐵板，太平公主是誰？當今女皇帝陛下的親生女兒，有人就勸太平公主先下手為強，一起反告來俊臣殺人越貨，搶人妻女的罪狀，還稱他自比石勒。哈哈，果然一發命中。」

還正在聊。眾人一陣呼嘯。

「出來了！出來了！押出來了！」

李昭德與來俊臣各自囚車押解出來，李昭德在前，來俊臣在後。李昭德渾身拷打傷痕氏來俊臣所為，但來俊臣自己也渾身被拷打成傷。

李昭德大笑說：「來俊臣你這潑賊！萬萬沒想到要陪我一起行刑被斬吧！哈哈哈哈！蒼天有眼啊！蒼天有眼啊！今日太開懷啦！」

眾人一陣陪伴呼嘯。

「李相爺別擔心，我們會想辦法厚葬你，然後吃光來俊臣的肉！」

眾人又一陣呼嘯，鍋碗瓢盆與筷子都高舉出來。來俊臣面如土色，欲哭無淚。

「吃了他！吃了他！吃了他！吃了他！」

最後大刀斬下，斬李昭德的劊子手知道自己斬的是忠臣，所以下刀快砍脖子，而且留前咽喉不斬斷，使其沒有感覺到太多疼痛死亡，監刑官員讓人先收葬李昭德離開。斬殺來俊臣的，監斬官與劊子手也被人收買，直接腰斬，讓他疼痛萬分，然後故意假裝抵擋不住百姓搶奪，讓官衙故意支撐不住而放水四散，給洛陽百姓瘋狂搶奪來俊臣的肉，一下子眼睛被挖出，臉皮被剝掉，全身血淋淋被人分走。

遊俠本來好奇，看到這一幕轉到巷弄嘔吐，最後躲在一官坊旁。

「我陳永三十歲以來，第一次看到這種場面。」

忽然一個官衙從旁走過，笑說：「這種場面，我也是第一次見到。但這個來俊臣太可惡，還有人會繼續上奏，要把抄他家產。只有一個字，爽！」

陳永（黑眼眶）內心喃喃道：會出現這種場面，那個則天大聖女皇帝，難道沒責任？

轉面內心又想：罷了，還是別惹禍的好。來洛陽只是來買書的，何必管官事？

於是詢問人之後，走到東市書坊，但此地都只是賣廉價紙張與字畫，並沒有賣書。

陳永（黑眼眶）問：「掌櫃，是否有賣書？」

掌櫃白了他一眼，笑說：「書？已經很久沒人來買囉，所幸都要關門。」

陳永（黑眼眶）說：「我要買，有沒有一些奇談怪論的書？」

掌櫃疑惑說：「奇談怪論？」思索了片刻。

走進房內拿出箱紙，打開一看都是手抄本，字跡比較潦草，但還都能看得懂。

上面寫著《機關要術》。

掌櫃說：「這是隋末人寫的，已經是孤本手抄，有圖有文，你要不要？」掌櫃已經看出陳永的神情，是要這本書，真是個奸商。

詢問多少錢？擺出三個手指頭，說：「三百鏹。」

陳永（黑眼眶）瞪大眼說：「怎麼這麼貴？」

掌櫃手指地下說：「這一點都不貴！首先這是孤本手抄，第二這是你要的奇談怪論。你想要多怪就有多怪，我敢講，別說找遍洛陽城，即便你找遍全天下，也沒有比這更怪的書了。」

陳永不斷講價，掌櫃堅持一鏹不少。

盤算一下，老母親給的錢，也只剩下五百鏹，扣掉三百剩下兩百，沿途還能靠甚麼賺錢？但稍微翻閱一下，確實這手抄本有圖有文，內容與一般文書完全不同，不是一閱便過，肯定是需要反覆思索的文書。

最後只好妥協，把三百鏹交給掌櫃。

回到洛陽旅店客棧，關上門就看全部內容。陳永的父親從軍沒回，從小只跟母親長大，因為貧困又不愛耕田，本來習武但又討厭從軍被管，甚至徭役都不願意當，所以變成遊俠，但當遊俠又沒辦法行俠仗義，被人鄙視，所以也去讀書習字，但也當不成小吏。母親知此兒子無能，家鄉替他說媒者，善良人家一聽是遊俠好閒者，全都拒絕。所以母親靠手工女織存錢，給他錢財，讓他遠遊去娶妻，甚至囑咐他，因為他自己條件不好，就算找個寡婦也行。

他母親還真是懂道理，不似一般自以為是的愚夫愚婦，自己不怎樣卻要對方條件多高。止是陳永喜歡江湖奇怪，一時好奇才會尋奇書，把遠遊娶妻擺為次要。

「原本母親給八百鏹，來這剩五百，現在剩下兩百。能找哪家女子娶妻？找娼妓恐怕也不夠。看看這奇書，能不能給我一點啟發，看怎麼多賺錢去娶妻。」

這手抄本都是在講機關術，玲瑯滿目一堆結構圖看不懂，越看越窩火，感覺有些上當。

「被騙了他娘的！」

但倘若去找掌櫃退貨，肯定會被拒絕，自己在洛陽才看到高官酷吏都被斬殺分食，自己小小遊俠不敢惹禍。轉念罷了，可能自己還沒看懂，按住急躁，繼續研究。最後手抄頁尾，《機關要術》先寫出作者陳益民與黑藍雲月的傳奇遭遇，然後寫明看了一對更早的夫妻寫的『三元自然簡式』，以其簡潔又具有深度的核心，來延伸複雜且千變萬化的機理。道士們研究出的煙花、火藥術也是從此延伸，而他們將之延伸為控制千變萬化的機關之道。

疲倦地喃喃自語：「原來這《機關要術》，來自於『三元自然簡式』，那三元自然簡式，又來自哪裡呢？」

於是睡著。

睡醒之後，發現自己還是在冷酷的現實，不能再白日作夢，於是用防水桐油包紙將《機關要術》收藏好。準備繼續去找可以娶妻的機會。

陳永一個遊俠，拿著一把劍，窮酸落魄樣，四處晃蕩，當然找不到人要嫁他。不過就在這樣晃蕩找妻子的時候，不斷反覆看《機關要術》，甚至吃飯的時候內心都想著。

「怪哉！竟然說那個簡式，可以催動機關自行？可是沒有人力、獸力怎麼自行？倘若是說風力或水力，但這些自然之力，不可以被控制，怎麼可能可以導入人設定的機關術呢？」

「是不是可假設自然之力是水，水分布在不同之處。所謂的三元自然簡式，當作把自然界的水會聚在一個池中？而機關要術這些亂七八糟所寫的，就是對接這個水池，引導到處使用的方式？」

「我懂了，進一步來說！若這個簡式，是把混雜莫明的自然之力，變成簡單可控的陰陽二元，那麼機關要術就是圍繞這個陰陽二元為動力核心，來運轉自行！」

陳永不斷翻閱《機關要術》越看越明，喜出望外。

陳永（黑眼眶）大喊：「要是能把這實踐，我就發財啦！」

歡天喜地，到處去找洛陽官宦，告訴自己的發現。結果當然，但全部被轟出來，或白眼無人理睬。垂頭喪氣地離開洛陽城，身上只剩下一百五十鏹。

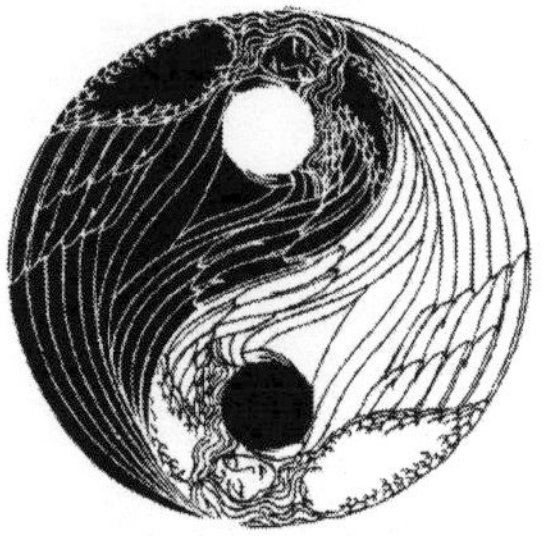

※※※※※　※※※※※　※※※※※

陰陽一體，古怪相連。既然一體相連又分二者。

陽怪：蠻多特殊的搓鳥。

陰古：不，不是搓鳥，而是逸品。是脈絡子傳承出來的脈絡，先前我們把底層的脈絡拉出來找滅掉吱吱的方法，所以我們能感覺很多。但是基於現實，逸品上不去喔。我們很愛你們這些小單位，但是基於整體運行，還是得下行，讓脈絡子掌握，多多忍耐一下。

陽怪：何不改一個，可以讓逸品能容易建置的假體朝代？使之整個時代。都稱為逸品？

陰古：是可以，但總感覺………不是很好………最好不要……搓鳥不管地位再高，都容易刮掉。逸品要是發揮效能，即便位階低微，那也是根深蒂固，且長久悠遠。好則大好，壞則難除。我們是要賭本性好壞？更何況我們還有自己的大年腳本。要被其影響？脈絡子傳承壓底即可。

陽怪：對了，漢時兩通西域，自源文明系斷了兩支。如今再次打通西域我們又摸了一次氣脈，似乎又已經斷了一支。好在我們可是吞食旁支有經驗了！但整體情況有點不對勁，還得再練。

陰古：這確實有點不對勁。照理說，所有的自源文明，都有機會跟我們一樣形成集體意識，把旁支都給逐步融合捕食。咦……算上我們，應該不止有四個自源文明系。至少還有一支，我們未見者。

陽怪：還有一支？

陰古：對，氣脈摸久了，能感覺出來還有一支，而且這一支與我們的關聯性更深，極可能是我們的『罔兩型』！但目前沒有證據，來證明我這個直覺！也絲毫沒有摸出，它的方位在哪裡。照理來說它也應該如我們這般，有了一定氣候，怎麼卻沒有任何一丁點的具體氣息？

陽怪：航海已經有成熟條件，陸上若沒有消息，是否要現在開始從海上去找？

陰古：慎重一點，先一點點通海，別驚動到那股力量。我們的融合捕食的功力，還需要加強，現在不是去找它的時候。各項遊戲都成熟了，再去找它不遲。

確實，這個時代已經有，智能突破文明本質型態，產生工業革命的能力，而且是截然不同於今日型態的工業革命路線。但超個體卻從當中，體察很深遠的大年問題，不樂意這麼作，甚至產生反向壓制。這等於壓制自己的慾望，不斷地壓制。

※※※※※ 中軸線訊息 ※※※※※

承前

∵本←→異 群（本）→1 當P群（本）=1，代→-1 ，本→0

當本=0 母=1／代（+本）

※※※※※ ※※※※※ ※※※※※

陳永離開洛陽後，只感覺一文錢壓死英雄漢，一天吃一餐回家找母親，懷疑自己是否要去乞討？經過一城邑外驛站。只見到一群官衙，在官道上押解數名婦孺，尤其婦人都被上枷鎖，而當中有些婦女姿色不錯。

陳永（黑眼眶）很自然躲在道旁，在一休息驛站，詢問驛站主：「這些官衙怎麼會押婦孺往洛陽？怎麼看也不會是江洋大盜。」

站主說：「他們都是因罪，被沒收為官婢的婦人。丈夫被充軍或被斬首，她們跟自己生的小孩，得去司農當官婢，小孩也只能跟著當奴。聽說來俊臣被殺，但因他被迫害的判決，仍然有效。」

陳永（黑眼眶）一聽窩火，喃喃說：「天底下哪有這種事？明知道來俊臣是惡人，他也已經被處刑，他冤枉的人理應重審釋放。如此豈有公理王法？」

站主冷冰冰指著該處說：「這就是公理王法。」

陳永（黑眼眶）咬牙切齒，忽然一醒神，自己不就缺妻子嗎？若是能劫下她們或許有結果！但仔細看一下周遭，官衙有十幾人，自己只有一個人，雖然學過武術，但怎麼劫？即便劫下，肯定會被通緝，至少有三個婦女與七個兒童，自己又該怎麼安置？況且劫下就極可能要殺人，自己不就從遊俠成了江洋大盜？自己又會不會結局是被送到法場？

「顧不了她們，看來我還是忍忍吧！我連看到法場都會嘔吐，怎麼能殺人？」

但是在驛站，看到官衙兇惡，有時也佔這些婦女便宜，甚至打一個婦女的兒子的耳光。看著那個小男童抱著的哭泣，還有他母親身上枷鎖的無助。陳永忽然壓抑不住。

「顧不了這麼多！反正我也缺錢，殺！」

陳永抽出佩劍，快步衝上去刷一聲，把打人的官衙人頭砍下。

不只所有官衙，驛站中所有人都大驚失色。十二官衙同時抽出佩刀，陳永衝上前與他們瘋狂砍殺。陳永在作遊俠之前，也是拜過一個江洋大盜作師傅，只是自己本性比較善良，所以再繳了學費之後就不願意繼續跟隨他。萬萬沒想到自己現在，忍不住一時之氣，也要成了江洋大盜，而且是直接攻擊官府人員。

「滾你奶娘！滾你奶娘！」陳永（黑眼眶），邊罵邊髒話。

鏗將！鏗將！

陳永瞬間發狂，施展凌厲的殺戮，圍攻的十二個官衙，當場被殺八個，其餘四個見狀不妙，上馬逃走，肯定是叫支援。

陳永揮掉劍上的鮮血，把死掉官衙身上的錢全部拿走。

對躲在遠處的站主與其他旅客大喊：「我現在要放火燒站！誰敢擋我就跟他們一樣！全部給我滾出去！」

所有人嚇得紛紛逃走。

於是旁邊灶下抽出柴火，四處點燃，整個木造房開始著火。還有幾匹馬也開始嘶叫。

躲在驛站綁馬坊的三個官婢與七個小孩，聚在一起大哭。

陳永（黑眼眶）坐上一匹馬，說：「不想被沒為官婢的話，就跟我一起走，我有地方讓妳們過好日子！」

一個婦女哭著說：「我們是被造籍在官冊的官婢，哪有地方可以去？」

陳永（黑眼眶）哈哈笑說：「夫人別這麼傻了，官冊有個鳥用？妳改個名字變個裝扮，誰能認誰？妳們放心吧，殺人放火與搶錢的是我，妳們只管自由。除非妳們自願去當官婢！就在這等，不然跟我走，我是好人，專門打報不平，妳們不用擔心。想離開我都不會阻擋。」

三個婦女，於是都決定帶著小孩跟著走。陳永砸開她們三人的枷鎖，讓她們帶著小孩上馬。

陳永（黑眼眶）說：「剛才逃走的人，肯定很快會找人來，我們得快一點走相反的路。」

於是陳永帶著她們刻意離開官道，走一段路，到了一小溪邊，手一摸胸口，都是鮮血，才發現自己也早就中刀傷，當場昏倒在地。

三個婦女與小孩們，跟附近農戶買了些食物與醫藥，找了一個小村莊，用一間茅草屋，躲了兩日。

陳永（黑眼眶）醒來之後，所有婦女與小孩都在身邊。

「妳們怎麼不離開？」

一個較為貌美的女子說：「我們能去哪？你搶誰不好搶，偏偏搶官。但我們看你，怎麼都不像是賊，為何殺人越貨？」

兩個婦女一個端水，另一個端湯藥都端來。

陳永（黑眼眶）喝了一口水，還有湯藥，神情落寞地說：「我是臨時起意。身上的錢用光，還有想娶妻的錢也沒了……啊！我的書呢？」

一個七歲男童，把書拿來。其他小孩，有男孩也有女孩，也都笑鬧成一團。

陳永（黑眼眶）問：「你們不怕我嗎？」

小孩子紛紛說不怕。

貌美的女子說：「我們都看出你沒有殺氣，別小看我們的眼光。我叫于春雪，睢陽人士，這兩個女孩是我的女兒。丈夫牽連官場結黨案，被判斬首，我被沒為官婢。她們的丈夫也是這樣。」

婦人說：「我叫江紅，也是睢陽人，我兒子被打，你拔劍殺了虐人官僂。我很謝謝你。」

另外一個婦人說：「我叫王美儀，定州人，這四個都是我小孩。」

小孩們也紛紛自我介紹。

吃了些食物，陳永帶著她們出外看情況，發現自己雖然在村莊，但距離官道很近。

陳永（黑眼眶）說：「我家住萊州地界，我現在得剃光頭，假裝僧侶。回去找我母親之後，躲起來。妳們看是否要跟我走？但我想，妳們還是留在這村吧！」

江紅說：「我們人生的地不熟，讓我們待在這做甚麼？你老實說，你真的只是為了搶官差的錢，才動手殺人？總不可能因為我兒子挨打，你就冒這麼大險吧？」

陳永（黑眼眶）說：「原因很複雜啦……這麼說吧，我痛恨官府沒收人為奴婢，我母親讓我娶妻的錢，我花光了，甚至為了買這本書，沒有路費回去。所以動念頭想搶官婢為妻。本來也不想殺人，但看到你兒子被打，讓我想到自己年幼時與母親相依為命，激憤之下情緒投入，沒想那麼多。所以錢，女人，情緒，打報不平，正義感，這些都有。」

三個女子一陣哈哈笑。

于春雪忍著笑說：「原來你是想要搶我們為妻？你原本是做什麼的？哈哈哈哈。」終於忍不住大笑。

三女子一直大笑不停。

陳永（黑眼眶）面紅耳赤說：「我被人稱遊俠。其實我會讀書寫字，也會劍術武學。甚至我的書，讀到沒有一個人，能在我面前說有學問。但就是生活比較困頓，有一餐沒一餐，有時賺錢有時窮。所以你們別把我當一回事，更何況，我現在很後悔殺人把你們劫出，應該不管你們才對。」

王美儀笑著說：「為何又後悔了？」

陳永（黑眼眶）說：「我沒有那麼多錢養老婆小孩，妳們遲早也會去告官抓我。所以我不該把妳們救出來的，這樣我會連回家找母親都不行。」

于春雪笑說：「哈哈，你那麼看不起我們？那你就大錯特錯。哈哈哈哈。」

江紅說：「你救了我們，免於沒為官婢受人羞辱。即便我們不想嫁你，也不會告你的，我們至少也曾當過低階的官宦夫人。哈哈哈。」

三個女子總是哈哈笑。

陳永（黑眼眶）激動地苦臉說：「好了！別笑了！」

「唉啊，還真兇。」於是逐漸停止笑容，沉靜一下，又忍不住笑，甚至小孩們也笑。

陳永（黑眼眶）苦臉說：「那就笑囉……等妳們笑完，我們找兩個牛車，都改裝一下，回萊州找我母親。這些錢可以當路費，我有劍也可以保妳們路上安全。回萊州之後，妳們可以自由改嫁或從誰，千萬別去官府告我就好。」

于春雪繼續笑說：「你不想娶我們為妻了嗎？」

陳永（黑眼眶）竟然掉眼淚說：「我沒有錢。所以妳們還是別跟我。」

三個女子與小孩們停止笑聲。

于春雪說：「我們本來都是低階官吏的妻子，不怕吃苦。丈夫又出這種事情，本來都是官婢，等待受辱之人，才不會在乎錢財。至少我不會，妳們兩人呢？」

另外兩個女子也都堅持不會。

陳永（黑眼眶）說：「路途上我們假裝是親戚吧。回萊州之後再說，我會不會被認出，能不能躲過官府追查，都不知道。真的發現自己沒事，我才會去想婚配的問題。」

於是眾人花錢，改換服裝與髮飾，買了兩台牛車，載著她們，走了一個月。不敢去驛站，都花錢借宿村莊或城邑的民宿，甚至在野外守夜，終於安全一起回萊州。

陳永的母親見了，他竟然帶著三個女子與七個小孩回家。

「兒啊！沒搞錯吧！她們？是你娶回家的？」

陳永搖頭說不是，於是把殺人越貨這段省略，說她們是被強盜搶走，而自己偷偷救她們回來。三個女子與小孩們，在路途上就串供好，也配合這麼說。

陳母說：「我在萊州城，是小有名氣的紡織女工。我歡迎妳們，可以一起來做這個。」

女子們都非常開心，有了歸宿。但陳永絕口不提婚配，總感覺自己遲早會被抓。

心思：千萬別連累到母親，我看我在家也不能久待，若有一點風吹草動，我就得逃，但這種狀況我們又能去哪？

三個女子帶著小孩，藉口是外地親戚，在當地就住下。

果然出現江洋大盜的通緝畫像，以及劫走三個官婢的消息都在官府傳開，甚至年老的武則天都聽聞了此事情。

一個月後。

于春雪問：「你真沒打算娶我們為妻妾？」

陳永（黑眼眶）抓住于春雪的手說：「我想，不如妳嫁我吧！但我們不能在萊州久待，遲早會被發現的。」

于春雪拉開手說：「天高皇帝遠，怎麼會發現？」

陳永（黑眼眶）說：「小孩們在這裡，也已經混熟了，甚至都安排去學堂上課。妳們三人知道厲害口風緊，難保小孩們哪一天不會說漏嘴，傳到官府那邊。」

于春雪說：「這不會的，小孩們都很乖，盡管放心。」

陳永（黑眼眶）說：「妳不想嫁我就罷了。」

于春雪冷冷地回說：「我沒說我不嫁你，但我兩個女兒，你能視如己出？江紅、王美儀兩人怎麼辦？她們跟妳母親也很親近呢。」

陳永（黑眼眶）說：「我當然會視妳兩個女兒為己出，保護她們長大嫁人，我沒有能力娶妾，能娶妳為妻我就很幸運。她們跟我母親親近，也是因為我母親是出名的女紅，所以可以幫她紡織賺錢生活。萊州還有很多男人可改嫁，未必該找我。」

于春雪才主動再把手握住陳永。兩人終於結婚，萊州城鄰居們也來祝賀。母親很開心看到自己的兒子能娶妻，甚至把自己所有積蓄都給了二人。

但是消息還是走漏，開始有官衙在萊州城搜索可疑人，甚至開始核對戶籍人口。眾人只能坦承跟母親說。而且朝廷再次下了命令，夜晚宵禁以及禁止人口隨意跨地界流動。通商都必須許可證明。

陳永與于春雪，只能藉口販賣母親的女紅紡織，偽造許可證明與身分，帶著母親逃離萊州，但《機關要術》陳永仍然隨身攜帶，他認為自己總有一天會用到。他們一家往睢陽去。江紅與王美儀在萊州繼承陳母的紡織業，之後也幸福再婚。

且先按下陳永的事情後表。

在來俊臣被處刑次年，武則天病篤，臥床不起，只有寵臣張易之、張昌宗兄弟侍側。宰相張柬之、崔玄暐與大臣敬暉、桓彥範、袁恕己等，交結禁軍統領李多祚，佯稱張易之、張昌宗兄弟謀反，於是發動兵變，率禁軍五百餘人，衝入宮中，殺死二張兄弟，隨即包圍武則天寢宮，要求武則天退位。

武則天被迫禪讓帝位予兒子李顯，國號再次改回唐。李顯上尊號稱武則天為「則天大聖皇帝」。武則天崩逝於洛陽上陽宮仙居殿內，享壽八十一歲。遺制去帝號，改稱「則天大聖皇后」。

神龍二年五月，武則天與唐高宗李治合葬於唐乾陵，留無字碑。

朝代幾乎自動，又改回唐，只是關隴貴族集團已經瓦解。就像當年的新莽，自動又改回漢，但整個宗室結構改變一樣。流程雖異，整個暗示與意義，非常一致，告訴統治者，誰才是中國真正的聖上。然而只有強盛有貢獻的朝代犯了錯，才有資格被這樣一刀兩斷，不然只有一刀斃命的份。但所有人都還是迷於眼前假象，無人能識此暗示。

李顯回來當皇帝之後，竟然被韋皇后與女兒安樂公主脅持，韋皇后希望自己能當武則天第二，而安樂公主也要求李顯封她當皇太女。李顯先前被母親壓制，而後又被妻子與女兒壓制，從而李顯與另外一個女子所生的皇太子李重俊也跟著被迫害，李重俊發動兵變，但被鎮壓且被殺死。

李顯一死，韋后與安樂公主控制的李重茂繼位，李隆基與太平公主發動兵變，殺掉韋后與安樂公主並廢除少帝，擁護李旦重新繼位。後李隆基與太平公主兩幫勢力又決裂，李旦主動把位置讓給兒子李隆基，李隆基發動政變殺死太平公主一黨，終於李唐政權逐漸穩定。

開元四年。太上皇李旦崩，全國國喪。李隆基單獨密招姚崇覲見。

李隆基（粉紅眼眶）說：「有些事情，朕只能單獨與卿相談。我大唐經過則天大聖皇后、韋后、安樂公主、太平公主這一些女人篡弄，失去先前太宗皇帝時期的盛世。如今當勵精圖治，以恢復大唐盛世，所有國政朕信任愛卿，勿有多疑。」

姚崇（金眼眶）說：「陛下在開元二年，詔令節儉。全國上下嚴格施行，當今全國人等，都認定陛下納諫可比太宗皇帝，故陛下只要堅持事事比之太宗，大唐中興這是必然。」

李隆基（粉紅眼眶）笑說：「這是當然。太宗皇帝千古明君，朕一定事事學習。只是太宗皇帝也是風流才子，閱女無數，這一點朕也頗為仰慕。女人只要好好教育，其實也是」

姚崇（金眼眶）一愣，感覺這李隆基似乎內心深處總有點陰暗，於是變色說：「陛下，倘若文德順聖皇后若長壽，能過太宗皇帝，為皇太后輔助高宗。當不致會有則天大聖皇后，篡唐為女皇帝之事！」

李隆基一聽瞪眼，這武則天再怎樣也是我李隆基祖母，你拿我高祖母壓我祖母不成？但他說得沒錯，長孫皇后賢良聰慧，倘若不是三十五歲就駕崩，能在李治時期當皇太后，武則天只能終身當尼姑。李治不過在位三十四年，女人好好保養活過八十也可能，甚至可以爭取當太皇太后。即便武則天能回來，在長孫皇后眼皮底下，也不敢造次。

李隆基（粉紅眼眶）變臉，嚴肅說：「愛卿啊！你這是拿朕的高祖母來壓朕的祖母喔！」

姚崇（金眼眶）急忙行禮叩拜說：「陛下納忠言，所以臣知無不言，無論自身安危。則天大聖皇后篡唐為周，自當女皇帝，震駭古今，同時興酷吏殘殺宗親與忠良，這些事情眾所皆知，無可迴避。只是則天大聖皇后年老最終醒悟，除酷吏，退武氏，否則大唐後果不堪設想。臣舉此事，萬不敢抨擊則天大聖皇后，只是說無論男與女，無論朝廷或後宮，甚至侍奉陛下左右的內官，都當以賢良抑制奸邪。這也是杜絕災禍的不二法門。」

李隆基（粉紅眼眶）轉而微笑，扶起姚崇說：「朕知道，這是試探你呢。事實就是事實，朕不會曲言迴避。你說的完全沒錯，文德順聖皇后若長壽，那則天大聖皇后甚至不能回宮，即便偷偷回宮也不可能為后。當然也可能不會有父皇與朕，不過以大唐的角度來看，這才是杜絕災厄的幸運之路，當以賢良抑制奸邪。人世間的事情就是如此，愛卿之言朕完全接納，萬勿猜疑。」

此時的李隆基雖然內心有陰暗面，但還是肯聽忠臣之言。君臣暢談內心許久才罷。

如此開啟了，開元之治。

但這並不值得高興，因為斬斷唐朝成為兩半，就是在示警。漢朝以外戚被斬兩半，但東漢並沒有看懂示警。唐朝以女禍被斬兩半，武周後的唐朝，仍然也沒有看懂示警。

李隆基的後宮宮女數量開始大增，直追楊廣，四處求色，在盛世表象下，開始要走向腐敗之路。